# 社会心理应激积极效应研究

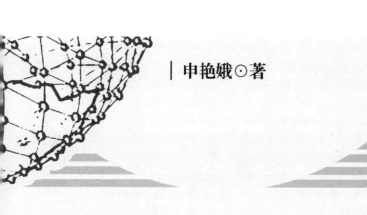

| 申艳娥 ⊙ 著

清华大学出版社
北京

## 内 容 简 介

社会心理应激与压力无处不在，关注社会心理应激的积极方面，即正向社会心理应激是未来应激研究不可或缺的方向。本书以系统论和唯物辩证法为方法论指引，以进化心理学和积极心理学为理论基础和价值导向，以寻求建构更全面的应激理论模型为立足点，遵循多角度、多层面、多方法论证的研究思路，通过五个基础理论研究和三个应用研究对正向和负向社会心理应激的测量、后果效应、影响因素、神经基础及其在社会生活实践中的应用进行了系统的探讨。并基于"应激下可以保持健康、应激中可以受益"的理念，着重探讨了正向社会心理应激的心理机制及其实践应用。这为丰富和发展全面的应激理论模型提供了研究基础，为高应激职业人员的选拔提供理论依据，并有助于民众的社会心理建设。本书对于应激心理学领域的学习者和研究者具有一定的参考价值。可供心理学专业人士、学者和一般读者阅读和参考。

本书封面贴有清华大学出版社防伪标签，无标签者不得销售。

版权所有，侵权必究。举报：010-62782989，beiqinquan@tup.tsinghua.edu.cn。

**图书在版编目（CIP）数据**

社会心理应激积极效应研究/申艳娥著 .—北京：清华大学出版社，2024.1
（清华汇智文库）
ISBN 978-7-302-64263-3

Ⅰ.①社… Ⅱ.①申… Ⅲ.①心理应激－研究 Ⅳ.① B845

中国国家版本馆 CIP 数据核字 (2023) 第 138657 号

| | |
|---|---|
| 责任编辑： | 陆浥晨 |
| 封面设计： | 汉风唐韵 |
| 版式设计： | 方加青 |
| 责任校对： | 宋玉莲 |
| 责任印制： | 刘海龙 |

| | |
|---|---|
| 出版发行： | 清华大学出版社 |
| 网　　址： | https://www.tup.com.cn，https://www.wqxuetang.com |
| 地　　址： | 北京清华大学学研大厦 A 座　　邮　编：100084 |
| 社 总 机： | 010-83470000　　邮　购：010-62786544 |
| 投稿与读者服务： | 010-62776969，c-service@tup.tsinghua.edu.cn |
| 质 量 反 馈： | 010-62772015，zhiliang@tup.tsinghua.edu.cn |
| 印 装 者： | 三河市春园印刷有限公司 |
| 经　　销： | 全国新华书店 |
| 开　　本： | 170mm×240mm　　印　张：20　　插　页：1　　字　数：357 千字 |
| 版　　次： | 2024 年 1 月第 1 版　　印　次：2024 年 1 月第 1 次印刷 |
| 定　　价： | 168.00 元 |

产品编号：096591-01

# 序

生活中，压力无处不在。
Without stress, there would be no life.

——汉斯·塞利（Hans Selye）

  我在学生时代阅读了德国哲学家弗里德里希·尼采的著作《偶像的黄昏》，被其中一句名言"What does not kill me, makes me stronger."（凡杀不死我的，都会让我变得更强大。）深深吸引和鼓舞。其原引自罗马诗人奥鲁斯·弗利斯·安提亚斯的诗句："伤口能滋养心灵，强健身体。"尽管通常的社会生活压力还算不上"伤口"，但这一信念多年来让我砥砺前行，让我相信压力中可以受益，让我理解了什么是"生活以痛吻我，我却报之以歌"。然而，2017年发表在 Science 子刊《科学转化医学》（Science translational medicine）上的一项研究及同年 Altmetric 指数排名第二的一项研究触发了我强烈的认知冲突。这些研究似乎深刻强调了应激的消极影响[1]。由此，我开始查阅大量文献，采用知识图谱可视化分析技术对近十几年应激领域的研究主题和热点进行了分析，发现以往研究综合反映了应激研究的消极导向及病理学研究的主导地位，也反映了研究者及民众对于应激概念强烈的消极刻板印象。由此，这一现实及由于对应激分类或性质不加区别所进行的研究并进而造成研究结论的不一致成了本书的研究初衷。

  当然，这些研究工作从人类生存的角度看具有重大意义，关注压力的消极方面具有维护个体生存的重要价值，但人类还需要成长和发展。事实上，当我们面对生活中的各种困境时，确实存在两类人：一类是"何妨吟啸且徐行"，压力使其变得更强大；而另一类却是"别有幽愁暗恨生"，压力使其失去斗志甚至完全崩溃。那么，到底是什么让人们在压力面前有着截然不同的反应呢？这也是很多研究者所困惑的。应激面前的这两类人即为本书中的正向应激者和负向应激者，这也是个体间巨大的差异所在。压力可以成就一些人，也可以毁掉一些人。从尼采的哲学意义上来看，人类可以通过自身能力来改变自己的命运，而只有让人们意识到自身的潜力和力量时才有可能去改变自己的命运。

本书的重要意义就是让人们认识到自身的力量。我们需要正确且积极地理解我们所面临的苦难。我们认为，如果压力或困境让你变得脆弱和痛苦的话，那只是因为你并没有正确地理解压力。我们相信，基于探讨如何提高自身的机能以积极应对人生中的困境、正确地认知和理解生活与压力，从而在压力中受益是具有重大意义的。但心理学与哲学不同的是，我们需要通过科学的实证来论证我们的观点，至此开始本书的研究之旅。

非主流的研究之路通常是几番起伏总不平。研究最开始就曾遭到过各种质疑，有学者认为压力具有积极效应是个"伪命题"。例如，有人认为人在压力大时就会睡不好，这怎么能说压力具有积极效应？我们认为，首先一切认知需建立在共同的概念理解的基础上。压力是个动态过程而非静态，我们不能仅从一个点、一个维度去判断事物，这就容易陷入片面，且个体的差异性是客观存在的。这表明人们在认知上对压力本身仍然缺乏充分的了解。恩格斯指出：验证心理活动因果关系的根本途径就是人的活动和实验。鉴于此，我们早期进行了大量的预实验来探明应激积极效应的存在。显然，当下这已被实践活动所证实。需要特别指出的是，正向应激与负向应激（eustress & distress）是已被国际学术界认同的概念，生物科学领域的氧化应激方面也开始关注和重视相关的"eustress"。此外，还有一个令人印象深刻的分歧点就是关于正、负向应激的概念和测量。国外学者认为，正、负向应激的测量应该从认知评价角度着手，认为两者差异的核心就在于认知的不同，并且这一观点具有可靠的理论支持，即认知评价理论，但这同样有可能陷入一元单项决定论。应激这个"东西"并非如此简单，人类的认知与情绪情感、心理反应及行为不是一对一的关系，即积极的认知评价并非必然带来积极的心理状态。例如，我可以认为该刺激事件对我是有好处的，但我就是那么痛苦，没办法变好，那么这如何称为积极？由此，我们进行了大量的相关文献的梳理，从中国文化到概念本身，与之进行了长达58页的辩论。或许在这个问题上确实存在文化差异，需要跨文化的比较研究。尽管万事开头难，但每一次我们的研究团队都越挫越勇，每一次的实验结果都让我们再一次坚定研究信心。或许发表是困难的，但研究是有意义的。作为一名学者，我认为全面地把我们观察研究出的结论和实证证据传播给更多受众是非常重要的。因此，我把我们研究团队的相关重要研究内容进行了整合、修改和扩充并予以出版，希望能够帮助人们找到那些可以增进幸福的因素，从而促进积极精神。此外，从社会发展来看，希望感等积极的、指向未来的思维认知在社会发展中具有重要意义，且当前我国和平稳定并日渐强大，必然孕育着积极的思想，因此正向社会心理应激的研究也符合时代和社会发展趋势。

本书基于应激具有积极效应、压力下可以保持健康、应激中可以受益的理念，主张应从唯物辩证法及系统论的观点出发，全面地看待和研究应激问题，从更符合人性和应激复杂性的三元交互决定论视角探讨应激与其他变量间的因果关系问题，并致力于建立包括正、负向社会心理应激的全面社会心理应激理论模型。总体以系统论和唯物辩证法为方法论指引，以现象学、班杜拉三元交互决定论、进化心理学和积极心理学为理论基础和价值导向，遵循多方法、多角度论证的研究思路，并严格遵循因果关系建立的逻辑。首先，在横向数据研究的基础上建立相应的研究工具，并对研究问题进行初步验证；其次，在横向研究发现的基础上，进一步采用实验研究范式进行特定的研究设计及利用结构方程模型（structural equation model，SEM）再次验证变量间的因果关系；再次，采用认知神经科学技术对研究的主要问题进行验证；最后，在认知偏差、风险决策和教师工作领域等社会实践领域开展应用研究。总体研究主要采用了可视化文献分析法、问卷调查法、行为实验法、模型建构法、事件相关电位（event-related potential，ERP）技术和脑电图（electroencephalography，EEG）技术，通过五个基础研究及三个应用研究对正向和负向社会心理应激的测量、对后果效应、影响因素、神经基础及其在社会实践中的应用进行层层递进的探讨。

主要研究内容如下。

**研究一**：首先，开发了中文版正、负向社会心理应激心理反应量表，并考察了其信度和效度；其次，采用高阶模型建构重新论证了正、负向社会心理应激是两个彼此独立又相互联系的结构；最后，进一步明确各自的心理指标。由此论证了正、负向社会心理应激分开研究的必要性。

**研究二**：首先，根据问卷调查法获取的数据建立逻辑回归模型，着重论证正向社会心理应激的积极效应；其次，考察了压力有害健康的认知对健康的影响；最后，通过结构方程建模初步论证了压力数量、压力有害健康的认知及正向和负向社会心理应激与健康之间的关系。

**研究三**：为能够在更加可靠的因果关系论证的逻辑上检验假设，本部分在横向研究的基础上进一步采用实验范式再次验证变量间的关系。首先，论证了经典的社会心理应激实验室诱发范式：特里尔社会应激测试（Trier social stress test，TSST）在中国大学生中的适用性，并考察了其诱发性质；其次，对由TSST获取数据建立的正、负向社会心理应激模型进行检验；最后，明确应激源、应激认知、正向和负向社会心理应激心理反应、健康与行为的关系。

**研究四**：以上研究论证了正、负向社会心理应激的效应，尤其是正向社会心理应激的积极效应，那么就有必要对其影响因素做进一步分析。本部分分别从行为、个体特质、认知评价、生理反应及情境因素五个方面探讨了正、负向社会心理应激的影响因素。

**研究五**：以上研究均论证了认知因素对正、负向社会心理应激的重要意义，我们需探讨在应激发生时其相应的认知加工特点是怎样的，正向社会心理应激在大脑神经活动上是否也具有积极效应的证据。为此，我们采用 EEG 和 ERP 技术分别对正、负向社会心理应激发生时及发生前后的脑电神经特征进行了探索性研究。

**研究六**：在认知偏差领域探讨了正、负向社会心理应激对后见偏差的影响，并探讨了应激状态下人格特质与后见偏差的关系，即应激状态下哪些人格特质更容易或更不容易产生后见偏差，以及人格特质在正、负向社会心理应激与后见偏差之间的作用。

**研究七**：在风险决策领域探讨了生命威胁应激情境下正、负向社会心理应激对风险决策的影响，并对采用虚拟现实技术诱发生命威胁应激的个体进行访谈，以验证在生命威胁情境下诱发正、负向社会心理应激的有效性。

**研究八**：在中小学教师的工作实践领域探讨了正、负向工作压力对其健康的影响及其影响机制，并通过建构有调节的并行中介模型检验正、负向工作压力在工作压力程度与健康之间的中介效应是否受到给予社会支持的调节。

关注正向应激或积极压力应是未来的应激研究方向，我们有充分的理由相信，本书提出的整体压力模型将在未来的研究中得到证实。尽管本书立足于建立包括社会心理应激源、前因变量、中介或调节变量、后果变量等全面的应激模型，但在整体模型的论证上仍然缺乏更多实际数据的支持，今后应扩大样本在更多领域予以论证。

本书完稿之后虽经过反复校阅，但可能仍有尚未发现的疏漏与不当，且本书是对该领域的初步探索，难免存在不足，敬请读者及同行专家匡正缺失、不吝指正，也欢迎各领域学者对书中观点提出质疑和批评。

申艳娥<br>2022 年 6 月

# 目录

## 第1篇 总论 ··············································· 1

### 1 文献综述 ············································· 2
#### 1.1 应激的概念及分类 ····························· 3
#### 1.2 应激的理论及模型 ····························· 11
#### 1.3 社会心理应激响应特征及其测量 ··········· 19
#### 1.4 社会心理应激诱发范式 ······················· 23
#### 1.5 社会心理应激的后果效应 ···················· 27
#### 1.6 社会心理应激积极效应的影响因素 ········ 30
#### 1.7 社会心理应激的神经基础 ···················· 33

### 2 问题提出与研究方案 ······························ 37
#### 2.1 研究依据 ·········································· 37
#### 2.2 当前研究存在的问题 ·························· 49
#### 2.3 研究方案 ·········································· 52
#### 2.4 研究意义 ·········································· 55

## 第2篇 基础研究 ······································· 57

### 3 研究一：正、负向社会心理应激心理反应量表的修订及其心理指标的建构 ·············· 58
引言 ························································· 58
#### 3.1 子研究1 中文版正、负向社会心理应激心理反应量表的开发与验证 ············································· 60
#### 3.2 子研究2 正、负向社会心理应激心理反应指标的建构 ··· 81
引言 ························································· 81

## 4 研究二：基于问卷调查的正、负向社会心理应激模型建构 ………… 88

引言 ……………………………………………………………………… 88
4.1 研究目的 …………………………………………………………… 94
4.2 研究方法 …………………………………………………………… 94
4.3 研究结果 …………………………………………………………… 96
4.4 讨论 ……………………………………………………………… 109

## 5 研究三：基于实验范式的正、负向社会心理应激模型建构 ………… 112

5.1 子研究 1　特里尔社会应激测试在中国大学生中的适用性 … 113
5.2 子研究 2　特里尔社会应激测试的应激诱发性质 ………… 126
5.3 子研究 3　基于 TSST 的正、负向社会心理应激模型建构 … 130

## 6 研究四：正、负向社会心理应激的影响因素 ………… 142

6.1 子研究 1　唾液皮质醇对正、负向社会心理应激心理反应的影响 …………………………………………………… 144
6.2 子研究 2　助人行为、毅力与自我效能对正、负向社会心理应激心理反应的影响 …………………………… 150
6.3 子研究 3　任务难度与积极反馈对正、负向社会心理应激心理反应的影响 …………………………… 159
6.4 子研究 4　正向认知重评对正、负向社会心理应激心理反应的影响 …………………………………………… 165

## 7 研究五：基于 ERP 和 EEG 的正、负向社会心理应激神经基础 ………… 174

7.1 子研究 1　适用于 ERP 研究的社会心理应激诱发范式 … 177
7.2 子研究 2　正、负向社会心理应激的 ERP 与 EEG 探索 … 189

## 第3篇 应用研究 ······ 205

### 8 研究六：正、负向社会心理应激对后见偏差的影响 ······ 206
- 8.1 研究目的 ······ 209
- 8.2 研究方法 ······ 209
- 8.3 结果 ······ 212
- 8.4 讨论 ······ 217

### 9 研究七：生命威胁情境下正、负向社会心理应激对风险决策的影响 ······ 220
- 9.1 子研究1 气球模拟风险决策任务的适用性 ······ 223
- 9.2 子研究2 生命威胁情境下正、负向社会心理应激对风险决策的影响 ······ 226

### 10 研究八：正、负向工作压力对新生代中小学教师健康的影响 ······ 240
- 引言 ······ 240
- 10.1 研究目的 ······ 242
- 10.2 研究假设 ······ 242
- 10.3 研究方法 ······ 243
- 10.4 研究结果 ······ 245
- 10.5 讨论 ······ 251

## 第4篇 总讨论与总结论 ······ 255

### 11 综合讨论 ······ 256
- 11.1 关于研究结果 ······ 256
- 11.2 关于研究工具与研究方法 ······ 261

### 12 研究评价与展望 ······ 264
- 12.1 研究价值与创新 ······ 264

12.2 研究局限 ………………………………………………… 266
12.3 研究展望 ………………………………………………… 268
**总结论** ……………………………………………………………… 274
附录1 正、负向社会心理应激心理反应量表
　　　（预测版列举）…………………………………………… 276
附录2 正、负向社会心理应激心理反应量表（后测版）
　　　及社交倾向测量节选 …………………………………… 278
附录3 正、负向社会心理应激心理反应量表（前测版）
　　　及毅力、自我效能测量节选 …………………………… 280
参考文献 ……………………………………………………………… 282
致谢 …………………………………………………………………… 308

# 第1篇 总论

# 1 文献综述

在当前全球化、信息化、老龄化进程日益加快,高压力不可避免的时代,社会心理应激与压力无处不在,应激的研究再也不能只停留在消除或减少的阶段。我们需要呼唤一种尽管身处泥泞,但眼中仍有星光的精神。长久以来,应激研究的重点及重要意义之一就是其对健康的影响,但大多数的应激研究聚焦于病理学和创伤治疗方面,过多地强调了应激的消极影响,尤其是对应激引起的健康损害及其干预应对已经进行了大量的研究,如应激对心血管疾病的消极影响[3-6]。并且人们似乎对压力已经形成了消极刻板印象:认为压力就是不好的东西,我们对此应感到害怕、回避和拒绝。例如,发表在 Science 子刊《科学转化医学》(Science Translational Medicine)上的一项研究深刻强调了应激对健康的不利影响,并且媒介认为这一观点得到了得克萨斯大学安德森癌症中心的研究支持。该研究认为,应激导致的去甲肾上腺素(norepinephrine)与肾上腺素(epinephrine)的分泌增加会激活癌细胞,从而促进肿瘤生长,并且会促进肺癌耐药性的生成[1]。此外,根据反映学术研究社会影响力的 Altmetric 指数(2017),最受全球媒体关注的 100 篇研究中排名第 2 位的一项研究表明,应激与心理健康问题显著相关[2],该研究似乎论证了压力对心理健康具有重大不良影响这一研究结论。发表于《自然生物学技术》(Nature Biotechnology)、Altmetric 指数(2018)排名第 11 位的一项研究亦表明,以焦虑、抑郁为主要体现的心理健康危机似乎也主要与压力有关[7]。也有研究认为,高压力会引起大脑萎缩并严重损伤大脑高级"执行"区域的功能及前额叶皮层(prefrontal cortex, PFC)的高级认知功能,并且大脑前额叶灰质的萎缩程度也与压力有关[8, 9]。这就会在一定程度上引起更多人对应激的误解。当然，从人类生存的角度看，我们必须肯定这些研究工作的重要意义。从进化角度看，关注压力的消极方面具有维护个体生存的进化价值，但个体还需要成长和发展。因此，我们认为研究只关注应激的负面影响是远远不够的，还应关注其影响个体健康成长的积极方面[10, 11]。我们需要从唯物辩证法及系统论的观点出发，全面地看待和研究应激问题，例如，在探讨应激的影响效应问题时，应首先搞清楚应激的性质，正向应激与负向应激的影响效应不可一概而论。尽管已有大量研究表明了应激对健康、认知能力等的消极影响，但也有可靠文献表明，压力亦有有益的影响，如增强认知加工能力[12]、提高决策能力与行动能力[13]，甚至有益于健康和减少死亡风险等[14, 15]。综上，以往压力影响效应的相关研究存在不一致的结论，这可能就是因为缺乏对压力性质的区分[16]，从而限制了研究人员整合研究结果、探索压力和效应结果之间关系的能力。因此，我们需要转换思路：着眼于旨在提升人类幸福感的重塑力量的方式，关注正向心理应激即积极压力的研究。我们无须消除或减少压力，而是应探寻如何改变其性质，积极应对人生的逆境和挑战。这是本书的立足点。本书基于应激具有积极效应、压力下可以保持健康、人们可以在应激中受益的理念，对社会心理应激问题展开全面探讨。

本部分将通过文献综述及近十年对应激领域的主要研究内容和热点的梳理，从应激的概念及分类、应激的相关理论及模型、应激的相关研究范式及测量指标、应激的后果（效应）研究、应激的前因（影响因素）研究、应激的神经基础研究、当前应激研究的主要内容、热点及趋势等几个方面进行阐述，并以此作为提出问题的基础。由于本书主要涉及正向社会心理应激和负向社会心理应激，其他类别的应激相关内容不再赘述。且由于当前应激领域绝大多数研究均过多关注了负向应激，因而本综述部分将侧重正向应激的阐述。

## 1.1 应激的概念及分类

### 1.1.1 应激的概念

应激是英文"stress"的中文翻译，作为术语在我国首先被广泛应用于医学界，之后被临床心理学学者采纳并应用。另一个常见的中文翻译为"压力"，这一表达在医学领域之外及日常生活领域被更多使用，在我国台湾相关研究中采用的是"压力"这一翻译。"stress"在不同学科又有不同的含义和翻译，如在物理学中意指加于物体上的外力或压力，在工程学中称为负荷或应力。在我国心理学界"stress"这一术语称谓并未统一，或许是因为不同研究者的使用习惯，或许有些学者受医学研究的影响而更多接受"应激"这一翻译，但从心理意义上，"应激"与"压力"在英文表达上是一致的，均为"stress"。由于至今为止关于"stress"的含义尚未统一，仍未存在被学术界普遍接受的概念，甚至具有300余种界定[17]，因而"应激"与"压力"的含义是否在不同研究中具有不同的理解，本研究未考证。本研究认为两者无区别，可以相互通用，并且有时需要配合日常表达习惯，因而没有特别统一表达。

"stress"源于拉丁文的"stringere"，意思是"费力地抽取"或"紧拉"[18]，在法语中为"estresse"，意思是狭隘或紧缚。"stress"最初在17世纪用来表示"困难、困境、逆境或苦难"（hardship, straits, adversity or affliction），在18—19世纪用来表示"力量、压力、紧张或强烈的努力"（force, pressure, strain or strong effort）[19]。19世纪中叶法国生理学家Claude Bernard（1813—1878）的观点首先为应激概念奠定了基础，认为对有机体完整性的挑战就会诱发有机体各种反应以对抗平衡被打破的威胁。20世纪20年代，美国生理学家Walter B.Cannon（1871—1945）继承了Bernard的思想，提出的"战斗或逃跑反应（fight-or-flight response）"构成了应激概念的雏形。他首次提出了"内稳态（homeostasis）"这一术语，表示有机体面对环境变化保持内环境平衡稳定的过程，并强调了交感神经系统是体内平衡的基础，认为应激反应具有特异性并且关注了心理刺激的意义。20世纪30年代，加拿大内分泌生理学家Hans Selye（1907—1982）继承发展了Cannon的开创性研究，首次使用了"stress"一词，并引入医学界被广泛接受。1936年Selye对应激提出了较明确的界定：应激是有机体在受到威胁（不利因素或有害刺激）时所产生的生理和生化方面的变化，是对施于身体任何要求的非特异性反应，包括愉快的或不愉快的，主要为交感—肾上腺髓质反应和下丘脑—垂体—肾上腺皮质轴反应[20-22]。这是一种基于动物应激模型的生理反应观点，后来应激被视为一种以生活事件的形式出现的刺激，称作压力源[23]。自此对应激的研究不断深入，开始扩展到社会学、心理学和管理学等学科领域。研究者们开始认识到心理因素、对刺激的认知评价与应激密切相关，因此更为接受的观点是认为压力是一种适应性反应，由个体差异和（或）心理过程介导，是任何外部（环境）行动、情况或任何对人的心理或生理要求过高的事件的结果[24]。当前医学领域认为应激的现代概念是：当有机体内环境稳定受到威胁时，机体对刺激产生特异性和（或）非特异性反应，以使机体维持在新稳态。新稳态如果继续被破坏，则将进一步发展，直至该系统崩溃，在其他系统内再寻求稳态[21]。以上基本是从生理学和医学角度出发对应激的理解，但仅仅从医学角度对应激进行理解有可能会陷入病理性的消极应激的观念。而心理学视角强调的是有机体对客观环境或经验可能造成潜在危害的感知和评估。当环境需求被认为超出了有机体的应对能力时，个体就会给自己贴上压力的标签，并经历随之而来的消极情绪反应。应激的心理学模型认为，刺激事件本身只影响那些认为自己有压力的人，压力评估不仅取决于刺激条件或反应变量，还取决于人们对其行为的解释[25]。截至目前，在心理学研究历史中对应激的界定大致可分为三类：刺激取向观点、反应取向观点、互动取向观点[26]。这三种取向分别对应环境的视角、生理的视角和心理的视角[27]。

（1）刺激取向观点。该取向强调应激就是应激源本身，应激被认为是能够引起个体产生紧张反应的外部环境刺激或事件。根据刺激的来源一般可以分为以下几种类型：①灾难事件，如地震、车祸等；②重大生活事件，如结婚、丧偶等；③生活中的琐事，如忘记带钥匙、吵架等[26, 28]。该取向重要的研究代表首推 Holmes 与 Rahe，他们于 1967 年开发了社会再适应评定量表（the social readjustment rating scale，SRRS），并影响后续的应激研究达 30 年之久[29]。该取向对应激的理解具有明显的缺陷，忽视了个体的主观能动性和个体差异性。针对同一刺激事件，不同的个体可能具有不同的感受和反应，甚至对某些个体可以构成应激而对另一些个体则相反。

（2）反应取向观点。该取向将应激的焦点放在个体面对应激情境所产生的反应上，如紧张度、心率、血压、情绪等，认为压力是个人面对威胁或挑战情境时的生理或心理反应。最具代表性的是 Cannon（1932）提出的战斗或逃跑的反应，以及 Selye（1956）提出的非特异性反应。由于该取向观点着眼于应激反应，因此应激测量时主要以反应作为应激的指标，如心理反应、行为反应、生理反应等。该取向对于应激的界定也存在不足，不同应激源可能导致不同反应；即使没有应激，个体也会表现出各种反应，且由于其强调非特异性反应而存在忽视个体差异的问题。

（3）互动取向观点。该取向强调刺激与反应之间的交互作用、个体与环境之间的交互作用。该取向认为压力是指当个体面临外在环境刺激时，经认知评估，感到外在环境刺激会给自身造成相当程度或过度的负荷，并感到个体资源无法应付的情况。因此，应激取决于个体—环境的适配（person-environment fit）[30]。互动取向融合了刺激取向与反应取向，其中以 Lazarus 的应激理论最具代表性。该理论认为压力的产生必须先有压力源，再经个体认知评估与应对的过程后，当个体认为情境威胁很大，甚至已超越个人能力所能处理的范围时，将感受到压力；反之，若个体不认为情境对自己有威胁，则个体将不会感受到压力[30]。

互动取向的观点突破了刺激取向或反应取向一元单向决定论的局限，兼顾了压力的整体性及个体对压力认知评估的重要性，当前被很多研究所采用，因此本研究将应激概念建立在此基础上。但正如班杜拉所说，无论是一元单向决定论还是相互作用的互动论，都不足以对人性表现及行为内部过程的心理机制做出完备的说明[31]。纵观心理学研究历史，任何一元单向观点必然会在研究中导致各种理论困惑。本书认为从系统论及应激的复杂性出发，班杜拉的三元交互决定论更符合人性存在的方式，因此基于这一较为完善的关系论框架对应激进行理解和研究可能更具科学性。此外，鉴于身心彼此相互作用及不可分割性，我们同时也需要吸收医学领域关于应激的观点，将应激置于个体（内部因素）、行为、生理以及环境因素之间的交互作用中进行综合考量，其中人的主体性及认知因素具有重要意义。值得一提的是，近两年关于应激的概念理解已经有了更加具体细致的变化——主要体现在分类上。有研究者明确指出负向应激（distress）即为压力（stress），是指对压力源的消极反应，并导致负面影响和心理健康损害[11]。本研究基于以上对应激开展相应研究。

### 1.1.2 应激的分类

关于应激的分类目前尚未有公认的分类体系，主要的分类总结如下。

（1）根据应激源持续时间的长短，可将应激分为急性应激（acute stress）和慢性应激（chronic stress）[21, 32]。急性应激是指突然发生的刺激，如突然发生的自然灾害（地震、车祸等）、各种急性伤害（烧伤、中毒等），持续时间一般为数分钟或数小时，但不超过 24 小时。急性应激的一个关键组成部分是提高警惕，使高度突出的信息优先被处理，以促进生物体的生存。慢性应激则是指应激源持续时间超过 30 天或应激源持续时间较短，但对个体的影响持续 30 天以上的应激[33]，即应激源持续时间长或造成长期影响的应激[34]。如长期处于高负荷的工作状态、慢性疾病、长期未解决的冲突、长期的不确定性、多重不可控的要求和复杂性、回报不足、资源剥夺和选择限制等[35]。

（2）根据应激的来源属性，可以划分为躯体（生理）应激和心理应激。比如，寒冷、疼痛、辐射、电击等各种生物、物理、化学的刺激直接作用于肉体使体内环境发生改变的为躯体应激；由各种心理因素（如畏惧失败、控制不足等）刺激经过大脑认知产生的应激属于心理应激。心理应激主要是社会心理应激，即由社会心理因素，如社会评价威胁、竞争、人际冲突、角色冲突、缺乏认可等因素引起的应激[36]。

（3）根据应激的反应及结果，可分为正向应激（eustress）和负向应激（distress）。正向应激（eustress）一词中的"eu"来源于希腊文，意为"好"，如包含在和谐、幸福、精神欢快这些词中；负向应激（distress）中的"dis"来源于拉丁文，意指坏的、不好的，如疾病、不和谐、不满这些词中都包含有"dis"。目前，对此分类不同领域不同学者鉴于自身的理解翻译不同。如有的将"eustress"称为健康的应激、良性应激、积极应激；有的将"distress"称为不良应激、恶性应激、消极应激[37]。Selye（1976）认为正向应激即为积极（正）效价的压力，消极（负）效价的压力即为负向应激[46]。在"情绪效价"的含义中，效价是情绪的一个维度，有正向和负向之分，可以说"正向情绪效价"和"负向情绪效价"[38]。因此，本书鉴于表达的简洁性和清晰性，借鉴了正向情绪和负向情绪的表达方式，采用正向应激和负向应激的称谓。我国学者认为正向应激是指从应激的结果角度看，机体在应对应激过程中适应了外界刺激并维持了机体的内部平衡；负向应激是指应激结果导致机体内稳态的失衡，出现了一系列功能代谢紊乱或结构损伤，甚至发病的情况[39]。

综上，由于本书主要探讨正向社会心理应激和负向社会心理应激，尤其重点关注正向社会心理应激，因此有必要对此进行进一步阐述。但对于急性应激或慢性应激分类方面，鉴于本书中未针对此进行讨论及严格的区分或变量控制，如急性社会心理应激诱发时并未排除被试存在慢性应激等状况，因而本研究不予以特别区分。

### 1.1.3 正、负向应激的界定

长久以来由于应激的认识与研究是由医学模型发展而来，个别研究过度甚至绝对地强调了应激的消极效应或对人的负面影响。尽管已经有研究者指出并论证了应激的积极反应及其与健康的有益联系，但相关研究仍然十分缺乏，对于什么是正向应激或积极压力的论证较少。当前研究认为区分这两种类型的应激是非常重要的，这将有助于避免因应激的一般概念所造成的误导。这种误导可能会影响更广泛的应激相关研究，例如，在应激分类的研究中大多只是着眼于不同水平（强度）的应激分类，由此在应激的干预中也就仅关注到了应激的水平（强度）这一维度。如有学者采用 EEG 技术或深度信念网络等技术对应激水平进行了分类，认为强度大且影响大的为负向压力，需要特别予以识别和干预[40-43]。但事实上高应激水平（强度）并非一定具有负向影响，其也可能是力量的来源。例如，有研究表明面对癌症等使人痛苦的疾病时，人们往往一开始就认为这是一种高水平应激，几乎没有什么积极的方面，但事后个体可能会从该经历中明确它积极影响的一面，如家人关系的改善、精神方面的成长等[44]。

其实正向应激早在1976年就由Selye提出，他将积极压力这一概念作为应激理论的一个组成部分。Selye认为当个体的身心资源足以应付外界要求并享受压力的刺激，即为正向应激或积极压力（good stress，eustress），是一种受欢迎的、有益的、令人愉快的压力；同时认为当个体无法应付外在要求并感到身心耗损，即为负向应激或消极压力（bad stress，distress），是不受欢迎的、无益的、不愉快的压力[45]。Selye界定的应激一词主要是指有机体对应激源的非特异性生理反应，因由此造成的效应不同而区分为正向应激与负向应激。他认为正、负向应激引起的生理反应一致，即具有相同的非特异性反应，但正向应激肯定比负向应激具有更少的破坏性效应，两种性质的应激结果主要取决于是否能成功应对[46]。Selye主要在三个要点上阐述了正向应激：情绪方面是愉快的、效果上是有益的（如促进个体成长或发展）、生理反应上是非特异性的（与负向应激无差别），并且否认了认知评价的作用。

Quick（1998）在概念上继承了Selye的观点，认为应激反应具有普遍性和模式化，当面临要求或应激源时，有机体会无意识地自动动员身体的能量资源加以应对。他认为负向应激就是个体对刺激的消极反应，通常与功能紊乱和不良的健康结果相联系。正向应激是指面对压力性事件或压力反应时的健康、积极、有益结果的应激。不同个体的基本应激反应是一致的，不论急性还是慢性应激，其心理和生理反应都具有模式化的特点。这些应激反应受第三方变量的影响，进而导致个体应激结果差异[47]。Quick将积极压力界定为能够引起积极的、建设性（有积极助益）结果的应激反应效应，并认为正向应激在本质上指向良好的健康状态和高效率的行为表现[47]。这比Selye的解释更加具有操作性，但他又认为正向应激基本上是指没有痛苦、没有消极压力的，正如健康是指没有疾病一样，似乎混淆了性质和强度这一问题，认为正、负向应激与压力反应强度和频率有关。他们根据Yerkes-Dodson定律将正向应激理解为最佳水平的应激，过低或过高水平的应激为负向应激。研究者Milsum（1985）也认为积极压力（正向应激）是意味着正确的、合适的，或最佳水平的应激[48]。两者均欲从数量上或程度上对正、负向应激进行区分。这就陷入了逻辑上的悖论，仍然未彻底地关注个体的主观能动性和认知的力量。事实上，在实践中经历更多应激的个体不一定都是负向应激者[49, 50]。Allen（1983）认为积极压力与消极压力可以在质的方面进行区分。同等程度的压力可能是积极的也可能是消极的，这取决于个体对应激源的主观解释[51]。

根据 Selye 的观点，愉快与非愉快的应激源主要是心理上的区分，而不是生理上的；主要是基于对应激源的认知评估将其区分为积极还是消极，且这不受非特异性生理反应的调节。应激反应本身比单纯的非特异性生理唤醒要复杂得多，它还涉及生理上的特异性反应、心理反应、行为反应等。Selye 仅仅指出了正、负向应激压力是指非特异性生理应激反应的积极或消极效应，但不知这一效应是如何发生的，也很难解释非特定的反应如何协调非特定原因和特定效果之间的关系。由此，我们可以推论应激的心理反应过程在其中具有决定性作用。据此有研究者注意到了 Selye 的问题，并提出了解决策略，例如，Simmons（2001）认为应从应激心理反应的角度对正、负向应激进行概念化，而非应激反应的效应方面[52]，并基于大量与应激相关的生理和心理方面研究的证据修正了正、负向应激的概念。Simmons 认为以往相关应激生理方面的研究也表明了应激反应可从性质上区分为积极与消极两个维度。

早在 20 世纪 60 年代就有学者提出认知评估及心理反应在应激理解中的重要性。如 Lazarus（1966）认为个体是否或者如何对刺激做出反应主要取决于个体本身对刺激和情境的认知评估。应激反应是多维的，包括心理的、生理的和行为方面，其中心理过程在应激刺激和应激反应之间具有重要调节作用[30]。之后，Lazarus 和 Folkman（1984）进一步拓展了这个观点，认为认知评估及其导致的结果是复杂且具有混合性的，其中积极评价和消极评价是两个基本的分类。积极评价是指应激源对个体的健康和幸福具有积极作用。同时，他们认为愉悦的或积极的情绪（如渴望、兴奋、愉悦的心情）是正向应激的指标。而负向应激是指应激源被个体评价为具有潜在伤害的应激，以消极情绪（如害怕、焦虑、愤怒）为特征[140]。总体上正向应激是与积极情绪和健康的身体状态相联系，而负向应激与消极情绪和不好的身体状态相联系。但他们认为总体来看人们对应激的积极评价是极其少见的，大部分人总是会认为应激具有负面影响。因此，尽管他们在理论上承认了正向应激的存在，但否认和质疑了正向应激在实践中的存在。Mason（1975）认为应激反应的不同或差异是由心理机制造成的。应激反应需要更复杂、更高层次的心理系统予以解释。其中，更高层次的心理综合机制是环境刺激和个体压力反应关系的首要中介，而不是 Selye 所提出的低水平的生理或生化机制[53]。Frankenhauser（1981）也强调个体对心理社会环境的神经内分泌反应主要取决于个体对情境的评估和刺激对个体的情绪影响，而不是刺激本身的特质[239]。Lovallo（1997）认为应激源的效应主要取决于个体对情境的解释，有机体应激反应的不同是基于对应激源是积极还是消极的判断，并提出了一个基于对事件评价的应激反应的神经生理学解释[54]。

以上研究均一致强调了心理反应在应激中的重要性。此外，Edwards 和 Cooper（1988）也对正向应激的概念进行了较多的论证，认为积极压力的测量应涉及积极的心理状态，且积极心理状态应包括但不局限于满意、快乐和积极情绪，消极心理状态包括但不局限于焦虑、敌意和消极情绪[55]。

进入 21 世纪后，Simmons（2000）主要吸收了 Edwards 和 Cooper（1988）及 Lazarus 和 Folkman（1984）的观点，主张关于正、负向应激的界定应从应激反应的积极与消极情绪、行为及生理方面进行表征，而不是从应激反应的效应上进行界定。提出正向应激是指基于对压力源的积极评价而产生的积极心理反应，负向应激是指基于对压力源的消极评价而产生的消极心理反应。其中心理状态是主要的评价指标，积极反应的指标是积极的心理状态，如积极情绪、希望、意义感、可控性；消极反应的指标是消极的心理状态，如消极情绪、疏离、焦虑、敌意[52]。至 2000 年，多数研究均支持正向应激主要与积极情感的心理状态相联系，负向应激主要与消极情感的心理状态相联系。当前多数研究对于负向应激的理解似乎没有什么异议，但关于正向应激的界定自 Simmons（2001）研究之后基本没有大的进展。如有研究认为正向应激就是积极的压力反应，会带来动力和挑战；负向应激就是消极的压力反应[56]。但也有人从结果上进行界定，认为正向应激是短时间内的压力，会引起免疫系统修复及免疫力增强的生理变化[57]。有研究认为正向应激与积极感知、认识增强有着不可分割的联系，并且通常与更好的生存、健康或寿命延长有关[58]。此外，根据 Hobfoll（1989）的资源保存理论，正向应激者倾向于努力维持、保护和建立资源，负向应激者则倾向于失去这些东西。负向应激是指对应激源的消极反应，导致负面影响及心理健康损害，而正向应激则被定义为对逆境的积极反应，反映在积极情感和幸福感的获得上[11]。综观，多数人认同了 Simmons（2001）、Nelson 和 Simmons（2011）以及 Quick 等（1998）的观点，认为正向应激是对应激源的积极心理反应，与健康、积极、建设性的结果相联系，并与希望感、积极情绪等积极心理状态有关[59, 60]。并且认同正向应激涉及积极的认知评价，认为正向应激是经认知评价获得的积极的或好的压力，它既是对应激源的积极回应，又是这个过程的积极结果[61, 62]。

综上，正、负向应激概念发展至今，两者界定的要素基本在这几个方面达成共识：①认知评价；②心理反应；③应激结果。本书综合 Simmons 和 Quick 的观点，认为应从应激反应及应激反应结果两个方面对正、负向应激进行理解。鉴于人们从实用性逻辑上判断一个事物的好坏必然会涉及其造成的结果，因而我们既要从应激反应的角度界定正、负向应激，也要从结果的角度进行理解。积极或消极反应可表现在生理、心理和行为方面，但目前对于两者在生理和行为上的反应及从结果角度界定正、负向应激仍有待数据支持。本研究认为正向应激是指个体经积极认知评估对应激源的积极反应，主要表现为积极的心理状态并与积极的结果相联系；负向应激是指个体经消极认知评估对应激源的消极反应，主要表现为消极的心理状态并与消极的结果相联系。

在正、负向应激的关系上，Lazarus（1993）认为压力不可能是一个单一的维度，应激发生时可能会涉及不同的情绪状态，有些是积极的，有些是消极的。积极与消极评价导致了彼此独立又相互联系的应激反应，即针对同一个压力源，积极和消极的应激心理反应可同时产生[30]。因此，正、负向应激是彼此独立但又相关的两个结构。Simmons（2001）将二者比喻成浴缸里的热水与冷水，一次舒适的沐浴必须同时兼顾两者才能获得最佳的水温[52]。从以上观点来看，我们认为正、负向应激的鉴别或分类可能是基于一个比例问题。面对刺激事件，如积极反应多于消极反应则是正向应激，反之则是负向应激，但这个比例问题仍有待探讨。

## 1.2 应激的理论及模型

纵观应激理论发展历史，研究者从不同学科角度形成若干应激理论或模型。本部分按照 Cox（1978）对应激理论的分类[63]，分别从早期、当代和现代时间段上各选取具有影响力且与正向应激相关的理论进行阐述。由于早期理论具有一元单向决定论的局限，因而重点介绍当代和现代的应激理论。其中早期理论主要包括刺激取向和反应取向的应激理论，当代理论主要包括结构和过程取向的相互作用应激理论，现代理论主要是包括正、负向应激的趋向于整体的应激理论。

### 1.2.1 早期应激理论

**1）刺激取向的应激理论**

刺激取向的应激理论基于物理学的理论，主要观点为：应激是刺激引导的，外部环境刺激导致一系列应激反应；应激是一系列的原因，而不是一系列的症状；应激即事件的刺激，如重大生活事件、生活困扰等。当压力超过个人所能忍受的阈值就会造成伤害[63]。该理论研究的重点是什么刺激会构成应激源，这些应激源具有哪些共同的特点。研究表明，构成应激源刺激特点的主要是超负荷和不可控。该理论忽略了个体差异性和人的主体性。

**2）反应取向的应激理论**

反应取向的应激理论是20世纪60年代的主导理论，主要涉及唤醒理论，代表人物为Cannon和Selye，尤其以Selye的一般适应综合征（general adaptation syndrome，GAS）理论为代表。早期反应取向的应激理论基于医学和生物学，认为应激是有机体对威胁刺激的生理反应。Cannon主要关注的是交感—肾上腺髓质系统（sympathetic-adreno-medullary system，SAM），主要涉及儿茶酚胺、肾上腺素和去甲肾上腺素的分泌；Selye主要关注的是下丘脑—垂体—肾上腺轴（hypothalamic-pituitary-adrenal axis，HPA），主要涉及皮质醇的分泌。在所有基于生理反应的应激理论中，唤醒理论的应用最为广泛（Hebb，1955）。这一理论使用"唤醒水平"作为整个机体兴奋水平的非特异性指标（Hockey，1984）。唤醒水平可采用某些客观指标来测量，例如，EEG或者是反映自主神经系统活动的指标（如皮肤电反应和心率等）。

Cannon（1932）认为应激是个体体内平衡受破坏时触发的自主神经系统的兴奋，以"战斗或逃跑反应"来描述压力。外界条件变化（如温度）或者体内某些物质不足时（如血糖过低）都可能使体内平衡受破坏，为抵抗这种破坏，人体就会出现生理反应，交感神经系统与内分泌系统被快速唤起。这种生理学上的协同反应会激起有机体攻击威胁刺激或是逃离威胁情境，因此称为"战斗或逃跑"反应[498]。Cannon的观点得到了Selye的支持和发展。Selye的应激理论是基于对动物的实验观察和研究，其观点主要为：①压力是有机体对任何给定刺激的非特异性反应，包括愉快的和非愉快的刺激；②所有生物有机体都有一个先天的驱动力，以保持体内的平衡状态；③应激反应是按阶段发生的，各阶段的时间进程和进度依赖于抗拒的成功程度，而这种成功程度则与应激源的强度和持续时间有关；④有机体的能量是有限的，一旦能量用尽就会面临死亡[64]。Selye提出了三阶段的GAS理论[46]，激发了20世纪80年代侧重应激生理机制的研究。这三个阶段分别为：①警觉反应阶段，此阶段交感神经系统激活，肾上腺皮质激素通过血液循环扩散到全身，导致心率和呼吸加快等生化反应。在该阶段，机体调动能量为应对压力做准备，若压力源在此期间消失，机体可迅速恢复体内平衡；②抗拒阶段，此阶段机体的能量开始下降，适应能力逐渐被消耗，并试图恢复原有的正常状态。此阶段最大的特点是HPA轴被激发，如应激源持续存在就会引起适应性疾病，降低免疫系统的功能；③耗竭阶段，Selye认为有机体抗拒压力的能力（资源）是有限的。如果无法克服压力，个人的资源将耗尽，生理唤起将降低，最后有机体将因为耗竭而崩溃。此时，自主神经系统中的副交感神经将无法发挥原本平衡交感神经的功能，最终导致有机体死亡[65]。之后 Dohrenwend（1961）和 kagan（1971）进一步修正发展了这一理论，将心理社会因素同躯体障碍联系了起来[22]。反应取向的应激理论尽管是应激研究的基石，但由于其忽视了个体差异及心理反应，因而缺乏对研究数据的解释力。并且该理论似乎只关注了个体生理内部反应的因素，忽视了外在环境刺激的特点，因而也受到了质疑。

## 1.2.2 当代应激理论

20 世纪 70 年代以后，心理学的相关研究逐渐增加，应激研究者主要关注了个体与环境的交互作用，并且开始重视个体在交互作用中的主体能力及心理过程的作用，如认知评价的作用。此阶段的理论关注到了个体差异，认为压力是环境要求与处理这种要求的能力之间的关系，主要包括结构导向和过程导向的理论。

**1）认知评价理论**

Lazarus 和 Folkman（1984）提出认知评价理论，该理论建立在现象学的基础上。现象学认识论认为，行为的原因不是事件本身而是对事件的知觉，客观世界是主体构造出来的，行为取决于对事件的知觉和了解方式[66]。这也是本研究的理论基础之一。

该理论认为问题不在于发生了什么，而在于怎么看待它，刺激本身是"中性的"。应激反应是个体对刺激或事件认知评价的结果，个体感受和评价刺激的方式赋予了刺激的意义，从而决定应激发生与否及其程度如何。该理论强调三点：①压力是指个人与环境之间的关系；②关系的重点是认知评估；③刺激必须为对个体构成威胁的、有挑战或有害的才称为压力。Lazarus 和 Folkman（1984）认为，该过程中的认知评价可分为：初级评价、次级评价和再评价。初级评价包括：①是否有关，即个体评估刺激与自身是否具有利害关系；②是否正向，即个体评估刺激对其自身是否有利，而非有害；③是否负向，即个体评估刺激是否对自身有害或是感受到负向的结果[30]。次级评价是复杂的评价过程，需分析评价有哪些可行的应对方式及是否有效，并衡量个体是否有足够的应对能力和资源去面对威胁，最后主观的压力经验将在初级评价与次级评价间取得平衡[238]。Folkman 和 Lazarus（1984）强调初级评价与次级评价过程两者其实无前后顺序的差别，只是关注焦点不同，两种评价过程几乎是同时进行的。再评价（认知重评）指的是环境中增加有助于个体对抗心理压力的资源或是信息，促使个体改变原先与环境关系的评价。即个体进入再评价过程，是因为个体或环境之间，其中一者或两者产生变化，个体再次进行初级评价与次级评价。认知评估是一个随着时间的推移而展开的过程，个体可能会根据对可用的应对资源的评估改变对压力的最初评估，这称为二级（次级）评估。三级评估通常发生在应激刺激结束后的很长一段时间，可能涉及对应激事件的影响和意义的长期评估[67]。该理论的重要意义在于重视了人的主体能力在刺激与应激结果之间的价值，正视了刺激的积极或消极影响因人而异。尽管该理论认识到了正向应激的存在，但在其研究思路及实践中仍然走的是消极路线，对应激的消极反应及其应对进行了大量的研究。

**2）工作要求—控制模型**

工作要求—控制模型（job demand-control model，JDC）是 20 世纪后期最重要的压力模型，其吸收了流行病学的观点并与工作满意度及动机的研究相结合[68]。该模型所建构的理论是为了提升员工的工作生活品质，并且主张可以运用该模型预测员工的行为与身心健康。JDC 模型指出，压力的形成是源于工作环境中的两个主要特征之间的交互作用，即工作要求与工作控制，其中工作控制包含技能运用性及决策自主性[68]。此外，JDC 模型根据工作要求与工作控制的高低水平组合成四种工作情境，并且对工作压力产生不同的影响，如图 1-1 所示。①高压力工作，即高工作要求—低工作控制所组成的工作情境，其压力程度最高，最容易使员工产生压力与疾病。②积极工作，即高工作要求—高工作控制所组成的工作情境，是指个体会通过个人的能力或组织所赋予的资源与权限来应付工作负荷所带来的压力，在此状态下可以促进员工主动学习与成长并且有益于员工健康。③低压力工作，即低工作要求—高工作控制所组成的工作情境，员工对此所感到的压力程度为最低。④消极工作，即低工作要求—低工作控制所组成的工作情境，是一种没有动机的工作情境，工作活动的程度相对较低。该模型提出了两个假设：①压力假设，高工作要求—低工作控制导致高压力工作，并对健康产生威胁；②学习假设，工作要求和工作控制均处于高水平时，导致有益的压力，可促进个体发展与成长。其中学习假设在一定程度上论证了正向应激的存在及其构成条件。该模型为企业进行压力管理提供了操作性非常强的理论依据，并且工作控制、工作要求这两个工作特征因素各自和压力结果变量之间的关系得到了较为一致的验证结果，但 JDC 模型中关于压力取决于工作要求和工作控制的交互作用的重要假设一直受到质疑[69]。

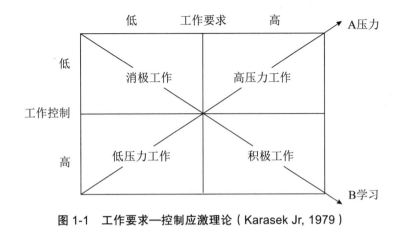

图 1-1　工作要求—控制应激理论（Karasek Jr, 1979）

资料来源：De Jonge, J., Janssen, P. P. M., and Van Breukelen, G. J. P.. Testing the Demand-Control-Support Model among Health-CareProfessionals: A Structural Equation Model. Work & Stress, 1996, 10(3): 210.

研究表明，如果将应对资源（如社会支持）考虑在模型中，就会提高其预测力。因此，1980 年，JDC 模型中加入了社会支持这一变量，被称为工作要求—控制—支持模型（job demand-control-support model，JDCS）[70]。该模型强调三种变量之间的交互作用，社会支持是重要的中介变量。JDCS 模型的跨文化适用性研究在文化差异比较大的亚洲地区和欧洲地区大都表现出支持性结果。该模型主要观点为：高要求—低控制—低支持的工作往往导致工作压力和生理疾病，罹病的危险性已在许多慢性病及心血管疾病的实证研究中被证实。高要求—高控制—高支持的工作将利于学习、动机和技能的发展[70]。以上模型反映了应激研究对中介或调节变量的重视，开始跳出一元或二元决定论的框架，走向多元理论的建构，并且社会支持资源自此在应激研究中成为核心中介变量。

### 3）付出—回馈失衡模型

付出—回馈失衡理论架构于社会学的社会交换理论之上，是由德国社会学家 Johannes Siegrist 在 20 世纪 90 年代提出的。该理论模型将压力分为付出与回馈两部分。付出因素又分为外在付出（extrinsic effort）与内在付出（intrinsic effort）。外在付出指的是个体因外在要求而执行的付出反应，如时间；内在付出则与个体的人格特质及工作过度投入（overcommitment）有关。依据社会交换理论，工作付出主要在于换取合适的回馈。回馈分为：①物质金钱回馈；②心理回馈（如自尊、自我价值、社会支持）；③社会层次回馈（声望、权力、社会地位控制）等方面[71]。Siegrist（2012）认为外在付出、内在付出、回馈三者都是付出—回馈失衡理论的重要因素，高外在付出与低回馈获得会产生付出与回馈失衡的现象,应激因此产生[72]。之后该理论将付出与回馈因素拓展至付出、过度投入和回馈三要素模型,并提出内部假设、外部假设和交互假设,分别是付出—回馈失衡导致生理疾病的产生、过度投入能增加负面健康的风险、过度投入能加强付出—回馈不平衡对生理健康的负面影响。Siegrist 认为该理论如与工作场所的压力干预或健康计划等结合,将更能降低因工作压力所带来的健康危害[72]。该理论以巨观的角度(全球经济)兼顾了人的特性与外在环境特征,具有坚实的理论基础,并关注了个体能动性、个体资源及人格特质在应激生成中的重要作用。

**4)交互作用模型**

交互作用理论由 Cox 等基于 Lazarus 和 Folkman(1984)的认知评价理论发展而来[73, 74]。该理论主要关注了个体水平的压力过程,在以下五个方面发展了认知评价模型:①着重强调了个体的压力感知是应激结果的关键;②在压力模型中引入了个人能力、情绪智力、抗压性和韧性等概念;③认为要求过高或过低都可能会产生应激;④关注了个体内在需求和被个体看重的要求的认知评价;⑤关注压力评估过程。该理论尽管重视了压力过程,但其涉及的各种要素却难以操作和测量,即从该理论出发进行压力的测量缺乏可行性。

## 1.2.3 现代应激理论——整体模型

**1)结构与过程整合模型——应激的整体化模型**

20 世纪末至今,应激理论开始关注应激发生的机制及过程,试图将结构导向的理论与过程导向的理论进行整合,以建构整体化的应激模型。Cox(2005)认为整合的模型应考虑以下五个要素[75]:①前因变量,传统的危险因素(如心理社会危险因素);②引起应激情绪体验的认知过程;③压力情绪体验所带来的心理、行为、生理反应及应对;④后果变量(即应激结果或效应),压力所产生的比较广泛的影响,大多表现为身体不适和不良行为;⑤大环境的反馈,即压力应对的最终效果或影响。此外,也有研究者强调应将应激反应的积极和消极两方面内容整合在一个模型中建构整体模型[52]。Simmons(2001)提出了一个应激的整体化模型,如图 1-2 所示。该模型假设应激源与应激结果没有直接关系,即压力与健康没有直接的关系。面对绝大部分的应激源,个体可能会同时产生积极的反应和消极的反应,两者截然不同且彼此独立。积极压力对健康等具有正向的影响,消极压力对健康等具有负向的影响。该模型包括了对个体的认知评价及对正、负向应激产生影响的个体差异变量,尤其是能够促进正向应激的个体差异。但该模型没有体现出认知评价这一关键要素，也没有体现出正、负向应激的生理和心理方面的指标[76]。

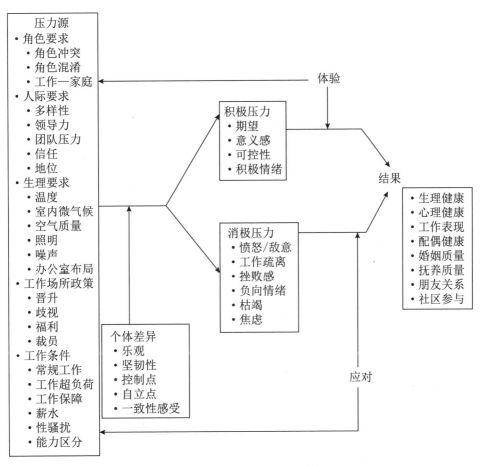

图1-2 应激的整体化模型[76]

资料来源：James C, Lois E. 职业健康心理学手册. 北京：高等教育出版社，2010：88.

## 2）正向与负向整合模型——人力资源发展积极压力模型

另一个包含正、负向应激的模型是基于Quick（1998）的预防性压力管理理论（theory of preventive stress management，TPSM）而建立的人力资源发展积极压力模型（the HRD eustress model）[59]，如图1-3所示。该模型旨在对正向应激与工作绩效之间的关系进行解释，构建了如何将应激源从威胁转化为能量的对话，并为员工和组织带来积极的结果。员工面临工作要求时会在需求和应对资源方面评估这些要求的性质从而产生正向应激或负向应激。该模型中包含了促进正向应激生成和预防负向应激的实践措施，反映了组织内部压力的持续和交互性质。面对同一个应激源个体会同时产生正、负向应激，且无论结果是积极还是消极，这都将导致个体再次面对新的压力。该模型突出了认知评价在正、负向应激生成中的作用，并且认为正向应激也可能由于过量而产生消极结果。这种辩证的观点是值得探索的，但它忽略了人格特质等个体差异特性在其中的作用。

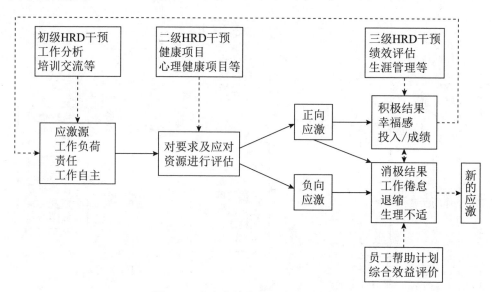

图 1-3　人力资源发展积极压力模型

资料来源：Hargrove, M. B., Becker, W. S., & Hargrove, D. F.. The HRD eustress model: Generating positive stress with challenging work. Human Resource Development Review, 2015, 14(3): 285.

### 3）跨学科压力模型

跨学科压力模型整合了应激情境、应激经历、习惯性反应和急性应激过程，认为可以通过考虑个体层面因素（如年龄和人格）、生活背景（包括社会经济地位和历史压力源暴露）、习惯性反应及与压力源神经反应之间的相互关系来建构更为整体的压力模型。该模型表明了个体和环境、背景因素及压力过程是如何在生命周期中相互作用以形成生物衰老和疾病，如图1-4所示。该图表明，压力源是在个体的生活背景下经历的，这些背景因素包括个人层面的特征，如人格和人口因素、当前和过去的压力源暴露、生活环境及保护因素，这些因素都共同决定了个体的应激基线适应状态，以及其对压力感知和赋予其意义的视角。环境因素和习惯过程共同影响了急性压力和日常压力源的心理生理反应。这些反应如果失调，则会导致适应负荷，最终导致生物衰老和疾病[16]。

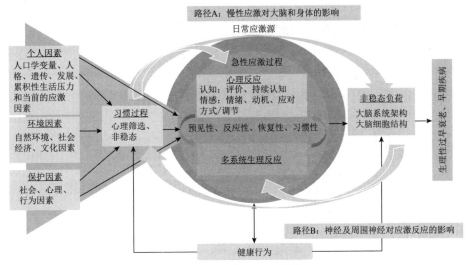

图 1-4　跨学科压力模型

资料来源：Epel E S, Crosswell A D, Mayer S E, Prather, A. A., Slavich, G. M., Puterman, E., & Mendes, W. B. More than a feeling: A unified view of stress measurement for population science. Frontiers in neuroendocrinology, 2018(49): 146-169.

综上，各应激理论均从自身的理论和实践出发，从不同角度对应激进行了不同的分析，各自具有值得借鉴的地方。目前取得的共识是应从多元角度和系统的观点出发建构应激理论。未来整体的应激模型应包括更广泛的应激源、正向与负向应激及其心理、生理和行为指标、除了健康的重要的结果变量（如行为效率）以及反应与反应效果之间的调节变量。在关注消极压力的预防模型的同时，应积极探索促进正向应激生成的模型。这也是本书进行理论模型建构的依据和出发点。

## 1.3　社会心理应激响应特征及其测量

面对应激事件时，人们通常会产生各种应激反应，主要表现在生理反应、心理反应和行为反应方面。压力的测量本质上是复杂的，因其涉及多个层面。目前为止，压力测量缺乏一致性和彻底性，尤其是在应激行为方面的标记尚无定论，因而以下主要就生物标记和心理反应方面做一阐述。总体如图 1-5 所示。

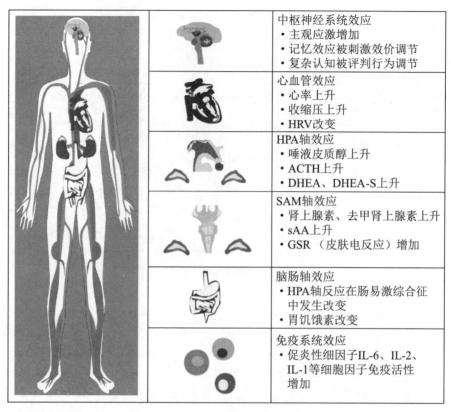

图 1-5　应激的生理反应和心理反应

资料来源：Allen A P, Kennedy P J, Cryan J F, Dinan, T. G., & Clarke, G. Biological and psychological markers of stress in humans: focus on the Trier Social Stress Test. Neuroscience & Biobehavioral Reviews, 2014(38):116.

### 1.3.1　社会心理应激生理反应指标及其测量

心理应激产生的应激生物标记主要表现在以下几方面。①下丘脑—垂体—肾上腺 HPA 轴效应，包括促肾上腺皮质激素（ACTH）、唾液皮质醇、抗利尿激素、脱氢表雄酮（DHEA）和硫酸脱氢表雄酮（DHEA-S）。②交感—肾上腺髓质系统 SAM 轴效应，交感神经—肾上腺髓质反应可使用 α- 淀粉酶、皮肤电反应进行追踪。心理应激可诱发唾液淀粉酶（sAA）增加，其峰值在应激后立即出现，皮肤电反应也显著增加。心理应激还增加了 sAA、血浆肾上腺素和去甲肾上腺素的分泌，其中 sAA 和儿茶酚胺可以用来评估 SAM 轴的活性。③在心血管效应方面，心率在应激发生全程持续上升，大约 5 分钟后恢复到应激前水平。心率的峰值出现在应激开始及 1 分钟、15 分钟、30 分钟后。心率变异性也能提供对交感神经和副交感神经系统的观察。HRV 的测量包括高频范围

0.15~0.4Hz 内的能量（HF），其反映了副交感神经的张力；低频范围内的能量（LF；0.04~0.15Hz）被认为是交感神经张力的标志。而 HF 与 LF 的比值，表明交感神经活动与迷走神经活动之间的相互作用。此外，心理应激的生理反应还表现在免疫系统和脑肠轴（brain-gut axis）方面。急性社会心理应激会激活有机体的大脑和身体的各种适应性反应。这些过程主要发生在两个相互关联的生物系统的活动中——自主神经系统（ANS）和 HPA 轴，且 ANS 和 HPA 轴的应激诱导反应分别释放出儿茶酚胺和糖皮质激素。应激反应主要体现在交感神经系统和 HPA 轴上。应激首先激活交感神经系统，通常在几秒内就会将其激活，并抑制副交感神经系统[77]。然后激活 HPA 轴，HPA 轴激活相对较慢。一般先由下丘脑室旁核神经元分泌促肾上腺皮质激素释放激素（CRH），该激素能刺激垂体分泌 ACTH，ACTH 再作用于肾上腺皮质，导致糖皮质激素的分泌，主要是皮质醇[78]。皮质醇是 HPA 轴主要终产物，被称为应激激素。

研究认为，消极的社会心理刺激反应与以下几种激素的增加有关：ACTH、皮质醇、抗利尿激素、内啡肽、生长激素（GH）、肾上腺素。同时消极的社会心理刺激反应也与促黄体激素（LH）和睾丸素的下降有关[79]。这可作为负向应激的生理指标探讨的依据。元分析研究表明，与负向应激相比，正向应激具有不同的 HPA 轴反应。这一观点支持了 Mason 关于应激反应特异性的假设，与 Selye 的一般适应假说相反。研究发现，压力对于不同的压力源具有高度的特异性[80]。

综上，心理应激主要在生理上表现为可靠且显著地诱发 HPA 轴及 SAM 轴的活动。大量研究表明，应激诱发后 ACTH 和唾液皮质醇分泌显著增多，且最近研究表明脱氢表雄酮、硫酸脱氢表雄酮及 SAM 轴的活动也显著增强，主要表现为肾上腺素和 sAA 的增加。也有证据表明，心理应激可以改变心血管活动（如增加心率和收缩压）及免疫系统的活动，例如，通过激活促炎性细胞因子白细胞介素-6（il-6）增加免疫系统的活性[81]。总之在所有心理应激生物指标中，唾液皮质醇具有最多的优势。因此，在测量上，我们主要关注 HPA 轴的测量。对不同时间段社会心理应激在 ACTH、唾液皮质醇和全血浆皮质醇上的反应进行测量比较发现，下午晚些时候进行唾液皮质醇测量的时间窗口比上午的要宽。因此，很多研究都限制了其在下午的测试时间[82]。此外，研究认为应在应激源发生全程进行心率及 HRV 的无间断测量，这比在演讲和算术任务过程中进行血液和唾液样本的测量更具有优势；但在解释心率变化时应予以注意，因为心率可能比 HPA 轴的活动对压力刺激的反应更不明确。因此，还需要同时评估应激的主观心理反应[83]。

## 1.3.2 社会心理应激心理反应指标及其测量

受应激医学模型的影响，多数研究认为应激主要是一种负面的主观情绪体验，主要情绪反应是焦虑、抑郁、恐惧和愤怒[22]。特里尔社会应激测试（Trier social stress test，TSST）诱发的应激在自我报告的压力与焦虑上显著增加，但在自我报告的冷静上显著减少。社会心理应激导致了更高程度的生理觉醒，但在自我报告的警觉上没有显著增加。在使用积极与消极情感量表（positive and negative affect schedule，PANAS）、多维情绪问卷和视觉模拟量表进行情绪测量的研究中，社会心理应激均显著恶化了负面情绪[84, 85]。以往研究的元分析表明，sAA与消极情绪之间存在正相关，但皮质醇与消极情绪之间存在负相关。TSST 10分钟后，高水平的消极情绪与低水平的唾液皮质醇显著相关，皮质醇可能对压力的主观心理影响有保护作用[86]。然而，另一项对先前研究的分析发现只有25%的研究表明皮质醇和感知的情绪压力有显著的相关[87]，这可能是由于HPA轴对TSST的反应滞后于主观心理反应。来自9个不同研究的数据分析表明，在TSST过程中（公共演讲和心算任务之间），主观情绪分别与皮质醇和心率反应呈高度相关。因此，在公共演讲和心算任务之间收集情绪数据是很有必要的。由于不同被试的皮质醇唤起水平可能具有不同的解释，如同样的唤起水平，有的被试是因感到兴奋激动，而有的是因难过，因此有必要在TSST过程中进行主观数据的收集。有研究采用压力评估问卷以确定积极和消极的反馈条件下的应激是被视为挑战还是威胁，这可用以区分正向应激和负向应激[88]。在使用量表测量社会心理应激主观反应方面，研究多使用具有一定信效度的李克特式量表和视觉模拟评分法[81]。

目前对于应激的心理指标的测量主要是自陈量表或问卷。从国内关于压力测量的研究现状看，大部分关于压力的问卷或量表主要集中于单独测量消极压力方面，如大学生压力量表、中国护士压力源量表、中学生应激源量表等[89-91]。少部分问卷单独测量了积极压力，如大学生良性压力问卷、工作积极压力问卷[92, 93]。此外，大多数问卷测量针对的是不同职业、不同群体的压力来源，主要是以刺激取向的压力理论及对压力认知评价理论的观点为理论基础，如大学生压力量表、大学教师工作压力量表、临床医生工作压力源量表等。针对同一压力源，同时测量积极、消极压力的量表或问卷极少，现有的中文版相关量表主要关注的是挑战性压力和阻碍性压力的测量，如有中国学者对挑战性压力和阻碍性压力问卷[94]进行了中文版的修订和适用性研究[95]。该量表主要是通过个体近 3 个月对挑战性压力来源及阻碍性压力来源所感受到的压力程度进行正、负向压力的评估，是一种基于刺激取向应激理论的评估量表。其次，综观国外相关量表，针对同一应激源同时测量正向与负向压力的量表亦屈指可数，除了 Cavanaugh 编制的挑战性压力和阻碍性压力量表（challenge and hindrance-related self-reported stress scale），还有 Simmons（2000）从心理反应角度编制的正、负向应激心理反应量表（eustress-distress psychelogical response scale，EDPRS）及 Rodriguez 和 Kozusznik（2013）从认知评价角度编制的瓦伦西亚正、负向压力评估量表（Valencia eustress-distress appraisal scale，VEDAS）。还有一些研究采用的正、负向压力测量工具主要是将某变量作为正、负向应激的指标，并未进行相应量表的编制或心理测量学特性的论证。如 litter 等（2006）针对牧师的一项研究，采取宽恕行为、积极情感和工作投入作为良性压力的指标，采用报复行为、消极情感和工作倦怠作为负向压力的指标。Claryn 和 Carina（2014）分别以活力和紧张作为积极压力和消极压力的指标[196]。

研究认为，对于已经发生且有清晰结果事件的评价具有一维性：积极或消极；但对于模棱两叫事件的评价会更多地出现积极和消极情绪同时存在的情况。现实生活中大部分的任务都具有模棱两可性，因此一般个体会同时产生积极和消极反应。Folkman（1997）的一项纵向研究结果也支持了这一观点，发现除了消极的心理状态之外，护理人员在照料即将离世的患者和丧子的过程中也经历了积极的心理状态。因此，研究认为如果积极和消极的心理状态同时出现的情况能够在持续且极度苛刻的环境中发生，那么就有理由期望它们在任何给定的压力下都会如此。因此，我们可以认为应激源下正、负向情绪（心理状态）同时存在[187]。

## 1.4 社会心理应激诱发范式

社会心理应激诱发范式主要是根据社会评价威胁及失控这两大社会心理应激核心要素来设计任务以诱发个体的应激反应。常见的诱发范式有视频观看诱发技术、TSST、特里尔心理挑战测试（trier mental challenge test，TMCT）、蒙特利尔成像应激任务（montreal imaging stress task，MIST）以及歌唱压力测试（sing a song stress test，SSST）等。其中，新近发展的曼海姆多成分应激测试（mannheim multicomponent stress test，MMST）尚未成熟，其诱发效果还需验证[81]。本部分着重介绍急性社会心理应激诱发范式 TSST 和用于应激神经机制研究的 MIST。

## 1.4.1 视频观看诱发技术

社会心理应激诱发范式的应激诱发方式是让被试观看情绪视频片段来诱发应激反应，如要求被试观看一系列身体攻击或性侵犯等内容的暴力电影片段[96]。研究结果表明观看情绪视频能够有效激活 SNS 和 HPA 轴[97]，但也有研究显示，情绪片段诱发技术在应激生理唤醒的指标上，如唾液皮质醇、心率等效应不明显[98, 99]。关于正向应激的诱发范式也有研究者进行了探索，其中视频游戏被认为是一种诱发正向应激的方式，其久坐的性质使其适合于研究正向应激对 HPA 轴的影响。研究结果表明，视频游戏对皮质醇水平的影响结果为皮质醇水平遵循正常的日下降规律。一个 24 项研究多层次混合效应的元分析显示，在视频游戏中，皮质醇水平随着时间的推移而降低，视频游戏并没有显著激活 HPA 轴[80]。

## 1.4.2 特里尔心理挑战测试

特里尔心理挑战测试，由计算机心算任务和负反馈组成[100]。在这个测试中，受试者必须解决电脑上呈现的心算任务。这些心算任务根据难度分为五类。第一类为简单的加减法，如"2+3 = ?"；第二类为加减混合，如"2+2+4-7 = ?"；第三类为简单的乘法或除法，如"49/7 = ?"；第四类为多个乘法或除法，如"7×7/3×2 = ?"；第五类为多重加减乘除，如"8+2×1-3×3 = ?"。受试者有 5 秒时间来解决所有类别的单个任务，因此在同一时间段内，他们不太可能在较高的类别中产生正确的答案。正确的答案总是 0~9 的自然数，因此被试可以通过敲击键盘上的一个数字来回答单个任务。如果被试答对一个题，那么就会在被试的"成功账户"中增加一个点（如果受试者没有及时回答这个问题，或者回答不正确，那么计算机就会发出警报声，并从他或她的账户中减去一个点）。3 分钟后，所有被试的测试被中断，每个被试的名字及个人账户余额情况被主试写在教室前面的黑板上。TMCT 在群体测试中被证明可以显著提高皮质醇水平[101]，成为通过认知任务诱发心理应激实验任务设计的基础。

## 1.4.3 特里尔社会应激测试

特里尔社会应激测试是当前普遍采用的用于诱发人类社会心理应激反应的实验室应激研究手段[79]。该范式要求被试参加一场模拟面试。面试任务为 10 分钟面试准备、5 分钟公众自由演讲（胜任力演讲）及 5 分钟的口头速减运算任务。在面试过程中，被试要接受"面试官"的提问及评判，要在此模拟面试任务中体验到"失控感"及"社会评价威胁"，由此诱发被试产生相应的应激反应。在面试任务实施之前被试将被告知其语言陈述以及非语言的肢体表现都将由 3 个资深的专家（不同性别）当面评判，同时整个面试过程都将被摄像和录音。被试将有 10 分钟的时间准备面试，在准备的过程中可以用纸笔记录，但在正式面试过程中不允许用纸笔。该范式在面试实施过程中采用如下几点基本控制：①在面试过程中，如果被试的胜任理由的陈述时间少于 5 分钟，"面试官"首先态度表现平淡，然后说"你还有一些时间，请继续。"；②如果被试的陈述时间再次少于 5 分钟，"面试官"沉默 20 秒，然后再开始提问准备的其他问题；③ 5 分钟陈述时间到后，"面试官"要求被试停止陈述并且完成口算作业，从 1022 开始依次减去 13，要求越快越好，越准确越好；④如口算任务中被试报告的结果出错，"面试官"立即说停止，并要求从 1022 重新开始；⑤ 10 分钟时间到后实验停止，被试被带回房间休息。整个测验持续 60~70 分钟，每隔 10 分钟提取被试的血液样本和唾液样本，同时被试的心率也被记录下来。

TSST 作为一种研究压力的实验范式，把社会生活中的压力事件变成了一种可重复的压力情境，为高效地研究压力问题带来了很大的便捷，也为压力的实验研究提供了重要保证。当前根据 TSST 又发展出了不同版本，如 TSST 儿童版（TSST-C）、TSST 团体版（TSST-G）、TSST 修改版（TSST-M）、TSST 面试委员会虚拟现实版（virtual/imagined TSST committee）、TSST 混合版（hybrid versions of the TSST）。研究认为将 TSST 与药理学挑战和冷加压任务结合起来，可能更有助于详细地研究心理社会应激对人类心理生理的影响[81]。

### 1.4.4 蒙特利尔成像应激任务

由于应激测量的主要是生理方面及内分泌方面的间接生物标记，如心率的变化及唾液皮质醇水平，而关于大脑对于应激的反应活动缺乏直接测量的手段。这主要是由于缺乏适用于脑功能成像的应激诱发手段，蒙特利尔成像应激任务由此诞生。蒙特利尔成像应激任务来自特里尔心算挑战测试，由一系列计算机心算任务以及社会评估威胁组件构成。在实验条件下，任务的难度和时间限制被操纵为刚刚超出个体心智能力。在每个实验阶段（成像单元中），程序被设置为一个时间限制，这个时间限制比被试的平均响应时间少 10%，这种方法会导致较高的失败率。该范式中被试被要求要有一个最低成绩表现，其数据在研究中才会被使用，即其成绩必须接近或等于所有受试者的平均成绩[102]。以往研究表明，MIST 范式是一种有效的应激诱发工具，可用于研究压力知觉和过程对生理和大脑活动变化的影响。尽管 MIST 被证明能够有效诱发压力反应，但不如传统的 TSST 那么有力。如 MIST 中的皮质醇水平显著升高，但很温和（相对于基线水平，这一比例是 50%），而 TSST 诱发的皮质醇水平为基线的 2~4 倍[81]。

### 1.4.5　用于事件相关电位研究的心理应激诱发范式

有研究者为探讨心理应激发生时的时间加工进程对 MIST 进行了改进，摒弃了加法和减法，仅通过难度不同的乘法作业诱发个体的急性心理应激。实验内容主要是通过在相同时间内对困难和简单的乘法算式进行估算，并判断其结果是否小于 10。其中，难度较大（结果接近 10，不容易被估算，如"2.15×4.92 = 10.58"）的算术作业为应激条件，难度较小（结果明显大于或小于 10，如"1.23×3.94 = 4.85"）的算术作业作为控制条件[103]。之后研究者又对该方式进行了改进，改为采用相同难度的心算任务，通过缩短应激条件下题目的呈现时间来增加时间压力进而造成任务的不可控性，而控制条件下题目呈现时间的被延长至足够被试在放松无压力的状态下完成题目。此外，通过负面反馈中被试个人表现与平均表现的直观比较造成社会评价威胁[104]。尽管该范式通过主观情绪自评和客观躯体反应（HPA 轴、SAM 轴）对心算任务诱发急性心理应激反应的有效性进行了检验，但仍存在很多有待重复验证的问题。

### 1.4.6　虚拟现实技术心理应激诱发范式

虚拟现实技术心理应激诱发范式通过虚拟仿真技术构建出高空场景（摩天大楼），结合实体台阶让参与者在虚拟高空场景中完成 3 个由易到难的任务。任务包括帮助参与者适应高空环境——持续 5 分钟的高空体验活动、30 秒内救下悬空木板末端的猫并返回楼内的高空救猫任务以及持续 3 分钟的躲避飞鸟任务，通过在高空救猫任务和躲避飞鸟任务中提示时间、躲避失败发出警报等来诱发个体尽可能接近自然状态的应激状态[105]。研究表明参与者完成应激任务后的主观报告显示其消极情绪显著增加，且检测到应激任务后唾液皮质醇水平显著提高，目前初步验证了基于高空 VR 场景的应激诱发的有效性[105]。

### 1.4.7　马斯特里赫特急性应激测试技术

基于 TSST 范式中不同面试官可能存在不同意见、容易产生分歧等弊端，Smeets 等结合 TSST 范式和生理范式的特点提出了马斯特里赫特急性应激测试技术（Maastricht acute stress test，MAST）[106]。该范式在应激诱发阶段中被试需要完成 5 次生理应激以及 5 次心理应激。具体操作为：被试将双手放入 2℃

的冰水中,时间到后双手拿出开始进行心算任务,心算任务时间结束后再将双手放入冰水中,如此循环5次,每次持续时间为60~90秒。被试若计算错误,将接受负面反馈并重新开始计算。已有研究表明,MAST在主观报告和生理反应上均具有应激诱发有效性[107]。

### 1.4.8 曼海姆多成分应激测试

曼海姆多成分应激测试综合了不同类型的任务诱发心理应激。首先是认知任务,被试需要尽可能快地将最新见到的两个数字相加,同时选定答案。作答中如果出现错误,将会出现白噪声刺激并且被试所得报酬减少。其次是情绪任务,呈现给被试的材料变为情绪图片,通过对积极、消极情绪图片的显示时间长短与比例的控制诱发心理应激[108]。Reinhardt等在2013年的研究中表明了MMST范式的应激诱发有效性[109]。

综上,TSST是当前最为广泛使用的急性社会心理应激实验室诱发手段。大量的研究证据已表明,该范式能够可靠诱发最为典型有效的应激反应生物标记——唾液皮质醇水平。正向应激研究的另一个问题是缺乏诱发正向应激的标准情境和研究范式。以往研究使用了舞蹈、瑜伽、视频观看和视频游戏来引发积极压力,这些诱发方式包括体力活动、可控性以及诱导浸入[110, 111]。但这些诱发方式产生了相当复杂的结果,或降低或增加,或并没有改变皮质醇水平。因此,本研究将参照经典的TSST范式作为正、负向社会心理应激诱发的工具。

## 1.5 社会心理应激的后果效应

与心理应激有关的后果或效应非常之多,但纵观应激研究历史及人们的关注点,似乎应激研究的重要意义就在于其对健康的影响。医学领域更多关注生理健康方面,心理学领域更多关注的是心理健康方面,管理学领域更多关注的是工作绩效方面。因此,本部分主要就健康、认知、行为绩效方面进行阐述。

### 1.5.1 社会心理应激与健康的关系

纵观应激研究历史,自Selye之后绝大多数研究关注的都是应激对健康的消极影响及其在疾病中的作用。尤其是医学领域对应激与疾病的关系进行了大量的研究,并且似乎在绝对意义上认为应激作为人类多种重大致死性疾病的重要病因已经得以确认[39]。研究发现,抑郁症、冠心病、胃溃疡、气喘、糖尿病、事故伤害等均与压力有某种程度的相关。因此,压力对幸福与健康具有不良影响的观点似乎变为各种相关研究的"众所周知",并由此形成"应激医学"这一学科。将压力与负面健康结果联系起来的累积性科学成果是巨大的,基本核心观点是压力可以通过自律神经和神经内分泌反应直接负向影响健康,也可通过改变健康行为间接负向影响健康[112]。因此,关于应激对健康的负面影响我们在此不再赘述,本部分将着重阐述持不同观点的已有研究。当然我们并不否认这些研究的科学性及结论,但我们对应激性质不加区分的研究视角表示质疑。从这个意义上,本研究认为以往相关研究结论可能多数指向的是负向应激,且应激间接影响健康的中间机制是更加值得关注的。

一直以来,应激与健康的关联性是许多研究所关心的焦点问题。有研究者通过对已有相关文献的回顾,认为应激与疾病的相关系数很少大于0.3[113]。此外,一些研究者在进行文献回顾时发现,已有研究所得到的结果其实并不那么一致。有些研究显示应激与健康存在正相关,而有些研究显示两者具有很低的关联性,甚至相关不显著[114-117]。如有研究认为应激通过削弱免疫系统危害健康,长期的皮质醇分泌会将更多能量导向血糖,进而导致免疫系统用来合成蛋白质的能量减少,但也有相反的研究结论。因此,目前长期的皮质醇分泌与免疫系统的关系不确定。许多研究者开始考虑压力与健康之间并没有直接关系,而是压力与健康之间可能存在一些调节变量[28]。一项元分析表明,总体压力与总体健康间的关联性为0.359($p < 0.001$),但不同领域进行的研究认为压力与健康间关联性的大小有差异存在,而且在不同类别的应激间的研究呈现相当大的分歧,也有部分研究认为应激与健康相关不显著[115, 120]。在这些研究中大多支持这样一种观点:应激源主要是通过主观压力的中介作用才会对健康造成冲击。压力与健康状况的关联是因为压力会导致行为改变(如对待压力的行为方式)。事实上压力造成的健康问题很难排除其他与压力无关的因素的影响[20]。此外,值得重视的是,一些研究已经论证了压力对健康可能存在的积极影响。有研究认为适度的皮质醇增加会使免疫系统做好对抗疾病的准备,如病毒感染或肿瘤[21]。在应激与健康关系的调节变量的研究中,有一项研究颇受瞩目。该研究认为,压力有害健康的认知与个体所经历的压力数量彼此共同作用将导致最差的健康结果。那些遭受了大量压力且相信压力有害健康的个体,其过早死的风险增加43%[122],对压力的消极认知本身比压力的数量及压力的严重程度更能对个体健康产生不利影响。在过去12个月内遭受过很多压力的个体报告自己健康不良的概率是没有压力个体的1.75倍。与不具有压力消极认知的个体相比,认为压力对健康具有一些或很多消极影响的个体报告健康不良的概率增加了2~4倍。在心理健

康方面，压力水平越高的个体报告心理上的困扰越多，心理健康水平越低。与那些在过去的 12 个月里几乎没有压力的人相比，那些报告有压力的人（遭受中等程度压力或很多压力的人），更有可能报告他们正处于心理困扰。其中那些有很多压力的个体所遭受的心理困扰可能是没有压力个体的 7.35 倍[123]。该研究总体认为，压力有益的认知会促使生理系统变得无所畏惧，如认为压力有益，则生理及神经系统反应也将随之朝有益的方向改变。这就为论证压力可促进健康提供了可能。并且有研究表明，个体把刺激看作挑战就会增强心血管功能，反之看作威胁就会削弱心血管功能[124]。Rose（1987）的一项历时 3 年的纵向研究表明，那些皮质醇水平最高的男性的工作表现更令人满意；且与皮质醇水平较低的人相比，他们的患病频率较低，也往往更少存在健康问题[125]，Rose 认为这是因为这些被试将刺激看作是挑战及有益于自身的刺激。研究结果表明，与癌症等疾病相关的去甲肾上腺素升高是由与负面情绪相关的反应引起的，而不是来自能量消耗的增加，这可以理解为去甲肾上腺素的分泌更可能是因为情绪而非应激本身。近年来，有研究从应激的生物学标记——唾液皮质醇角度开始探讨应激对健康的影响，研究也得出了不一致的结论。有研究发现，较平坦的皮质醇斜率与不良的生理和心理健康结果之间存在关联，如抑郁症、心血管疾病、炎症、疲劳、肥胖和自杀企图等[112, 126]。但也有一些研究并未发现日间皮质醇斜率与健康之间的关联，或产生不一致及相反的结果[127, 128]。

## 1.5.2 社会心理应激与认知、行为绩效的关系

研究认为，适度的皮质醇增加具有积极意义。如研究表明，适度的压力能够通过皮质醇及其他应激激素增强记忆，同时皮质醇分泌激活了后脑的蓝斑并向脑的更广泛区域释放去甲肾上腺素以促进记忆的储存，因此适度的应激对免疫系统和记忆等是有益的[129]。TSST 产生的内分泌效应会导致认知改变，如在要求自由回忆单词的陈述性记忆任务中，TSST 中皮质醇升高的被试表现得更好[130, 131]。有研究表明，心理应激导致了再认任务中对语义相关的干扰词的错误识别，但这种影响在其他地方没有被发现[132]。TSST 中高皮质醇反应者表现出更糟糕的情绪和对情绪中性图片的延迟回忆。由 TSST 诱发的应激导致了对中性词汇记忆的减弱，但对情绪词汇的记忆没有减弱反而增强。TSST 减少了对积极词汇的回忆。TSST 诱发的压力导致了对中心事件信息的更好的识别，增强了对于应激源相关信息的记忆[133]。以上表明，心理应激的认知效应可能受情绪效价和刺激相关性的调节。研究还表明心理应激损害了高皮质醇反应者对于中

性刺激的工作记忆，但提高了中性图片的情绪记忆[134]。这表明心理应激对认知具有正向影响的可能。此外，应激生理反应方面的研究表明，TSST 诱发的社会心理应激导致皮质醇显著增加的同时，催产素也显著增加[135]。而神经肽的催产素在社会认知和行为的调节中具有重要作用，例如，依附父母的照顾、配偶关系[136]。催产素作为一种潜在的生物机制，对积极的社会互动产生应激保护作用[137]。

行为绩效方面，有些研究指出压力与工作绩效存在负相关，通过元分析的方法支持了工作压力与工作绩效之间的负相关关系[138]。但也有相反的观点与研究结论。如 Scott（1966）提出工作压力与工作绩效之间存在正相关关系的理论。该理论认为工作压力是一种激励力，能够刺激人的工作情绪和动机，从而促进工作绩效的提高。在低压力时，个体没有承受任何挑战，因此不可能有高的绩效。中等压力时，个体经历了一定的挑战，从而获得了中等的绩效[62]。与此相对应，在高工作压力时，个体承受了最佳的工作挑战，从而获得了最好的工作绩效。这一理论似乎完全忽视了应激的消极影响。对此有学者提出需要探讨应激程度的合理区间问题，但本研究认为正、负向应激心理反应是更重要的影响因素。LePine（2005）的一项元分析表明，挑战性压力源对绩效有正向的直接影响[139]，如 Folkman 和 Lazarus（1985）对本科生的研究就支持了这一结论[140]。总体研究认为，应激如果得到妥善处理将会产生积极的反应与结果[141]。

综上，我们认为以往关于应激与健康、认知、行为绩效关联性不一致的结论，除了应考虑应激的程度、基于时间维度的急性与慢性应激，关键是要考虑基于应激反应和影响效应的积极或消极性质。因而，在应激源不可移除的情形下，重要的是如何将负向应激转化成正向应激，且分别研究正向与负向应激对于健康的影响更是至关重要的。此外，压力有害健康的认知与不良健康结果有关。这就为我们正确认识压力或应激提供了一个新的视角，并为我们正确看待压力及其与健康的关系提供了依据，从而否证了历史上"压力有害"的观念。应激可能不仅不会对健康造成有害影响，还可能具有积极效应。

## 1.6 社会心理应激积极效应的影响因素

根据更符合人性的班杜拉三元交互决定论、已有研究的应激理论及相关研究，影响应激反应的因素主要为刺激本身、主体内因素、环境因素和行为因素。其中主体内因素是目前应激研究者重点关注的，包括主体的生物因素、人格特质及各种心理能力；但环境因素和行为因素方面关注较少。基于本书的主旨，本部分将重点介绍应激积极效应的相关影响因素研究，即促进正向应激生成的因素。当前较为一致的观点是认同认知因素在其中的影响。应激源的影响效应受个体认知调节，主要的认知评估涉及压力源是否会带来损害的主观感受及其可能的严重程度，这一风险评估进而引发初级应对机制。风险认知的增加会提高负向的心理压力，并进而与负向的健康结果联系。基于这一理论框架，研究认为，在决定或预测未来压力后果中，与压力有关的健康风险认知是关键因素。

应激研究的一个重要内容就是关注压力感知的个体差异，比如，面对同样高需求的工作环境或压力，有些个体产生了积极的心理反应并获得积极结果，而有些则相反。关于应激反应个体差异的研究尚未系统化，基本一致的观点是乐观、控制点、坚韧性、自立性、一致性、心理弹性等个体特质是应激积极效应发生的重要影响因素。积极认知评价促进正向应激。现就相关主要研究结论列举如下。①研究发现，希望和乐观的性格特征可以预测护士的积极工作压力[142]。研究认为乐观特质的个体与良好的心理状态、坚持、成就、健康有关，他们倾向于采用积极的应对方式，具有活力与复原力，进而影响个体积极的初级压力评估及次级评估，由此决定积极压力的程度。因此希望和乐观是影响个体积极压力的重要个体特质[143, 144]。②坚韧性及其三个维度（投入、挑战性和控制感）方面，研究认为投入与控制感有助于降低对威胁的评价，并增加寻求支持行为，从而在二级评价时生成有能力应对压力的认知，或者倾向于在初级评价时做出非威胁评价或机遇评价，并倾向于寻求支持由此做出积极的二级评价[145-147]。③控制点方面，外控者在初级评价时倾向于做出威胁评价，在二级评价时倾向于认为缺乏相应的应对资源，认为自己不足以应对；内控者倾向于在初级评价时做出机遇或挑战等非威胁评价，在二级评价时倾向于生成有足够资源应对的认知[148, 149]。④自立性是指个体与他人构建关系的个性模式，即依恋关系模式。其中，自立性属于安全型依恋模式。自立性个体倾向于与他人形成富有弹性的人际关系，较少报告消极压力的症状，更善于争取必要的社会支持，这使他们更能够将要求视为机遇，在初级评价阶段做出非威胁评价。因此，依恋倾向被看作影响压力性质的个体特质[150]。⑤一致性感受（心理一致感）是指对人生是否能被理解、是否可控、是否具有意义的一种看法。一致性感受的核心是个体拥有一种深入、持久且具有动力性的自信心。安东诺夫斯基理论（Antonovsky's theory）认为一致性感受高的个体在初级评价时更倾向于做出机遇评价，在二级评价时做出能力、资源评价，认为自己拥有足够的资源能有效应对压力并采用有效的应对方式，更善于调用自己与他人的资源，进而促进健康与幸福[151]。⑥心理弹性是应对压力的重要资源。过去经历过中等程度逆境的人对近期逆境通常会表现出更大的适应力。这就表明先前的压力经验有助于个体处理当前的压力。因此,具有弹性特质的人即使面临很大的压力也可能不会具有压力有害的认知。由此,弹性特质可能是产生积极压力的重要个体特质[152]。⑦自我效能,被认为是最重要的心理资本,是积极发展的心理状态之一,主要是指面对挑战性任务时信心十足并付出必要努力以获取成功的特质。研究认为在人格特质差异上,正、负向应激受自信及自我效能的影响。高自信与高自我效能感的个体,经历的压力越大其表现越好,他们更容易将压力源看成是挑战,进而更倾向于关注压力带来的好处[153]。

此外,根据 Hobfoll(1989)的资源保存理论[154],当个体在应激下存在资源损失威胁、实际的资源损失情况或者资源投资后缺乏收益时,就会导致个体缺乏对环境的适应,从而产生负向应激。而正向应激者则相反,他们在应激下倾向于获得和保存资源。Hobfoll(1989)将这些个体资源分为四种类型。①第一类资源是因其物理性质而被重视的资源,如拥有一个家,具有足够的空间和居住条件。②第二类资源是条件资源,如拥有一份工作或婚姻,即归属感和安全感的来源。拥有一个稳定的伴侣(无论是否结婚)是心理支持的一个重要因素。③第三类资源是个人特质,主要是指积极的人格属性或心理资源,如乐观、弹性和自尊等。这些资源与正向心理应激具有显著关联[155]。④第四类资源是能量资源,主要是指可以用来获得其他资源的资源,如时间、金钱和知识。其中,时间的结构化和组织的幸福感至关重要[491]。同样,社会阶层作为金钱和学习水平之间的综合表现也是一个重要的因素。此外,霍夫鲍尔认为社会支持也是一种价值资源,是实现其他资源的手段或载体。情感、工具或物质,以及与休闲有关的社会支持都可能是应激积极效应生成的影响因素[155]。

新近的一项关于正向应激心理资源的研究表明,生命力这一个体特质可以解释正向应激 49% 的变异,其次是好奇心、自尊心和对环境的掌控感。但三者联合对正向应激方差的解释不超过 4%[11]。其中,尽管对环境的掌控只解释了 0.9% 的变异,但研究认为其涉及个体选择、创造及管理空间的能力,有助于个体适应或达成社会需求、价值观和个人目标,因此是促进应激积极效应的重要因素[156]。此外,在另一个资源序列研究中,投入体育活动的时间也预示着应激效应变化。研究表明,在体育运动方面投入较多时间的人比那些投入时间较少的人获得更大的幸福感[11]。

除了个体特质外,外界环境(如社会支持)和个体行为因素(如助人行为)也被认为是影响应激效应的重要因素。研究认为,在长期稳态应变负荷状况下,那些具有较高社会性的个体(与他人相处良好)相对更少生病,即高社交倾向会缓解压力导致的健康问题。社会支持、积极反馈、积极认知是正向应激的生成条件[137]。一项历时 5 年的追踪研究表明，向他人提供帮助会降低压力与死亡率之间的联系。在控制了年龄、基线健康以及关键的社会心理变量后，Cox 比例风险回归模型揭示了帮助行为和压力事件之间的重要关系。压力并没有预测过去一年提供帮助给他人的个体的死亡风险（HR = 0.96；95%CI = 0.79，1.18），但压力却对那些没有提供给他人帮助的个体的死亡率具有显著预测作用（HR = 1.30；95%CI =1.05，1.62）。研究表明，帮助他人的行为可以降低压力和死亡率之间的联系并由此可预测死亡率的降低[119]。关爱所爱的人，特别是支持父母的行为，可产生催产素、催乳素和内源性阿片类物质，由此产生缓解压力的作用[307]。

## 1.7 社会心理应激的神经基础

众所周知，大脑是心理应激的核心物质器官，是感知和应对社会心理应激源的主要器官。当大脑感知到应激源时会激活相应的神经环路来适应机体需要，分泌 CRH 与加压素（vasopressin，AVP）作用于行为与代谢上的应激反应，包括调节 HPA 轴的活动。而由 HPA 轴分泌的类固醇类激素通过应激系统中的盐皮质激素受体（mineralocorticoid receptor，MR）和糖皮质激素受体（glucocorticoid receptor，GR）共同作用于大脑边缘系统的神经元[157]。大脑是压力反应的核心媒介，它基于外部刺激及个人对预期的记忆库对压力进行新的评估[16]。此外，大脑动态地对内部刺激做出反应，促进适应。然而，大脑不仅仅是一个调节器，累积的压力会直接影响神经功能和结构。经历慢性压力和重大生活事件后，特别是在敏感的发育期，可能会导致神经功能和结构的改变，从而形成未来的情感和生理压力反应。由此应激研究的一个重要问题是：应激发生在大脑中的哪个区域？研究认为，神经压力反应并不在大脑的任何特定区域，而是反映在内在的神经网络中[16]。神经影像学研究证明，内侧前额叶皮层（medial prefrontal cortex，mPFC）、前扣带皮层、脑岛、杏仁核、丘脑和海马体等调节 ANS 功能，以协调血流动力学和免疫系统对应激刺激的反应[15]。例如，Gianaros 及同事的研究表明，应激与 mPFC 和大脑皮层周围的活动增加有关，这一研究结论与对动物的研究一致，显示 mPFC 在应激相关的心血管反应中起着关键作用[158]。

研究表明与急性心理应激密切相关的脑区主要有杏仁核、海马体、前额叶和扣带回，不同的应激水平对不同的脑区产生不同的影响[159]。相对较一致的结论是，应激影响前额叶、边缘系统、基底核等广泛脑区[160]，并会损害前额叶（尤其是背外侧前额叶）的功能，但会增强杏仁核的功能[161]。在应激下，大脑由前额叶慢速的、思考的、自上而下的调控变为由杏仁核和皮层下结构引起的快速的、反射性的、自下而上的反应。有研究者采用动脉自旋标记脑灌注成像技术探查被试在心理应激任务中大脑皮层的血流量，结果发现腹右侧前额叶皮质在心理应激反应中起关键作用[162]。此外，采用功能性核磁共振技术探查被试在心理应激任务中的大脑激活的研究表明，皮质醇显著升高的被试表现出边缘系统（包括海马体、下丘脑、眶额叶皮质和前扣带回皮质）的显著负激活，其中海马体负激活的程度与唾液皮质醇的释放量成正比[163]。研究发现在两种应激类型（生理与心理）下，大脑区域（包括额下回和前脑岛）之间存在重叠的环路。心理应激时右侧颞上回的特化活动和纹状体的神经活动减少，而生理应激时表现为岛叶、纹状体或扣带回的神经活动增加。较高的应激水平与 PFC 内几个区域（包括 mPFC、前扣带回和脑岛）的灰质减少有关[163]。高压力也与 PFC 的白质减少有关[164]。在一项对绝经后妇女的前瞻性队列研究中，近 20 年的平均感知压力得分较高者预示着海马体灰质较小[165]。以上应激相关的神经活动研究基本是建立在应激的消极效应上。

在应激神经机制的相关研究中，论述较为完整的是 Lovallo（1997）的研究，其阐述了不同性质应激反应的脑机制的问题。Lovallo（1997）提出了一个基于对事件评价的应激反应的神经生理学解释（图 1-6）[54]，以进一步支持压力反应是复杂的而不仅仅是非特异性的这一观点，并且为有机体潜在反应的不同是基于对应激源积极还是消极的判断这一观点提供了神经基础上的证据。他认为，心理应激发生时，首先感官将收集到的信息通过丘脑传递，然后在 PFC 形成信息的意义或价值。此时，来自各个感官的信息被整合到一个统一的整体中从而形成关于外部环境的准确图像。个体经认知评估获得事件的意义和重要性的信息。PFC 处于一系列事件的开始，产生正常的情绪反应并引起相应的生理应激反应。下一步是情绪的生理形成，在对环境事件的反应中形成的情绪是由前额叶、位于大脑颞叶的海马体和杏仁核之间的相互作用产生。情绪产生后，杏仁核向下丘脑和脑干发出信号。杏仁核是感觉输入与刺激评价转换的焦点，同时也是自主和内分泌反应形成的焦点。脑干反应子系统在组织诸如心血管反应和骨骼运动功能等方面是很重要的。脑干反馈系统协调整个中枢神经系统的兴奋程度和行为状态，以响应杏仁核或其他淋巴系统的指令。无论个体把刺激评估为积极还是消极，这些子系统共同整合为一个整体系统，以控制情绪反应的下丘脑区域来协调应激反应的 ANS 和内分泌方面。下丘脑导致垂体分泌促肾上腺皮质激素释放因子（corticotropinreleasing factor，CRF），进而 CRF 引起 β 内啡肽的释放和 ACTH 的分泌，ACTH 又导致肾上腺皮质分泌皮质醇[54]。

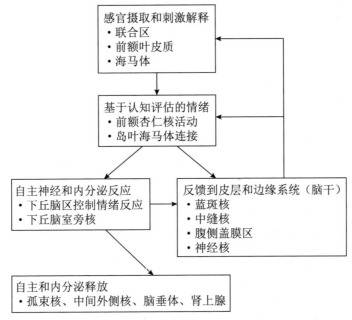

**图 1-6　基于对事件的感知和解释产生生理反应的主要步骤**

资料来源：Lovallo W R. Stress and health: Biological and psychological interactions. Sage publications, 2015: 82.

对于为什么不同个体针对同一个应激源有不同的认知评价和情绪，Lovallo 提出了两种解释。第一个解释是，积极和消极情绪是由大脑额叶和颞叶的不同子系统产生的。一个系统是与大脑边缘系统的中隔区相联系，通常被称为大脑的快乐中枢，它与杏仁核和海马体相联系。他认为这个快乐中枢可以帮个体将工作记忆中的内容与积极或消极情绪联系起来。另一个系统为行为抑制（戒断）系统，他认为这是焦虑的核心。这个系统似乎组织了对厌恶刺激的自主反应和行为反应。这项研究在生理学上证明了积极和消极的情绪是独立分开的，而不仅仅是单一维度的两极。第二个解释是，大脑额叶在情绪的产生方面可能是不对称的，不同的人可能会有典型的、不同程度的结构激活。有研究表明，积极压力与消极压力的个体具有不同的脑机制。积极应对压力的人左脑额叶更活跃，皮质醇水平上升缓慢（并非不上升）；而消极应对压力的个体右脑额叶更活跃，皮质醇大量升高[167]。

此外，应激的效应在大脑神经基础上也存在很多不一致的证据。如研究表明在啮齿类动物中，短暂的急性应激反应已经被证明有利于学习和记忆，这一现象依赖于像海马体这样的外下丘脑的大脑再生。但也有相反的结论，过度暴露于应激下释放的糖皮质激素 GCs 对啮齿动物的大脑具有不利影响，特别是在海马体，几个月的过度暴露会导致海马锥体神经元永久丧失功能。但还没有证据表明人类的 GCs 可引起同样的损伤。应激性糖皮质激素是否会导致脑萎缩？在创伤后应激障碍（post-traumatic stress disorder，PTSD）和抑郁症的研究中，大脑在创伤或最后的抑郁发作后的几个月内出现了萎缩，而此时患者并没有分泌过多的 GCs，且 PTSD 和抑郁症与一般意义的应激有本质的区别。研究认为，PTSD 和抑郁症的研究提出了一个因果关系的问题。在这些研究中，小的海马体可能是造成创伤或压力的一个原因[168]，而不是结果。

以往研究中采用脑电图和事件相关电位技术对应激的神经机制进行研究的不多。Yang 等（2012）利用估算任务对心理应激的时间进程进行了 ERP 研究，结果发现应激条件下的后部 N1 波幅小于控制条件，说明应激降低了被试的辨别能力。P2 潜伏期在应激条件下缩短，表明应激加快了感知觉的加工[103]。Qi 等（2016）基于 Yang 等（2012）的研究范式做了类似研究。结果发现在应激条件下出现了更大的 N1 波幅和更小的 P2 波幅，表明应激使被试产生更高的警觉水平，并损害了后期的注意分配[104]。有研究为确定以幽默为主的正向应激与负向应激在 EEG 上的辨别指标，对二者在左右半球的功率谱密度（power spectral density，PSD）进行了差异分析，并采用绝对功率谱密度对前额叶 F3 和 F4 电极点的 $\theta$（3~7Hz）、$\alpha$（8~12Hz）、$\beta$（13~29Hz）进行了分析。结果表明，正向应激的 PSD 在 $\theta$ 频段和 $\alpha$ 频段上显著增加，但在 $\beta$ 频段上，正向应激的 PSD 显著降低。对比负向应激，与积极情感相联系的正向应激在左额叶 F3 电极点上的 $\theta$ 和 $\alpha$ 频段的 PSD 显著增加[169]。

综上，以往研究中存在诸多不一致的结论。关于心理应激的相关脑神经机制的研究大多是从脑成像角度出发来探究心理应激发生时的大脑空间定位，较少采用 ERP 技术进行应激的相关研究。此外，大多数研究主要关注的是应激对各种认知功能影响的脑神经机制，如应激对注意、执行功能、学习、记忆、情绪加工等方面影响的脑机制[161, 170]，而关于心理应激发生时本身的神经机制或相对应的神经基础研究较少，尤其是针对不同性质、不同程度应激的神经机制研究更少。本书重点关注的是心理应激本身的神经基础，并期望能够找到正、负向社会心理应激在神经基础上的证据。

## 2 问题提出与研究方案

### 2.1 研究依据

社会心理应激与压力无处不在，我们较熟知的社会心理应激源就是新冠肺炎疫情[171]。《社会心态蓝皮书：中国社会心态研究报告（2020）》认为疫情前后个体对陌生人的信任（即普遍信任）有明显下降，疫情期间的自我隔离等形式一定程度上造成了人际疏离，陌生人成为"危险的陌生人"[172]。但值得我们关注的是，面对疫情这一共同的社会心理应激源，一些人更多地选择了信任与合作，如有个体或组织积极提供物质援助，为素不相识的人提供心理支持等。由此我们看到，在共同社会心理应激下，有人选择信任与合作而有人则相反。这就是本书所阐述的正向应激者与负向应激者。探讨两者的差异及其识别、干预，以及该现象背后的原因与机制，具有诸多现实社会意义。例如，从社会心理应激视角探究如何促进社会心理应激下的信任与合作问题就是其中之一。这是本书研究的出发点。

由引文分析可视化技术所绘制的 CiteSpace 知识图谱具有对领域现状的解释功能与对领域未来前景的预见功能，可以帮助我们有效地找出该学科目前的发展方向，直观地展现研究领域的热点、研究趋势和理论基础等相关信息[173, 174]。因此，为在众多信息中有效了解应激研究领域的研究前沿、研究主题和现状，本研究采用知识图谱可视化技术对国内外应激与压力领域的相关文献进行了分析。这可以保障本研究建立在坚实可靠的研究基础之上，并具有相当的学术指导价值。

## 2.1.1 国外应激相关研究

首先使用 CiteSpace 软件对 2008 年 1 月—2022 年 1 月收录于科学网（Web of Science，WOS）核心合集的应激领域的学术文献进行可视化分析。为保障检索的精确度和准确度，并尽可能确保全面性和专业性，本研究采用了精确专业检索策略。检索策略为：标题 =（stress）NOT 主题 =（oxidative stress）。经检索得到 250575 条检索记录。使用 WOS 数据库自带文献精练功能，选择文献类型为 article 和 review，WOS 收录类别为 psychiatry（精神病学）、psychology（心理学）、psychology applied（应用心理学）、psychology biological（生物心理学）、psychology clinical（临床心理学）、psychology developmental（发展心理学）、psychology experimental（实验心理学）、psychology multidisciplinary（多学科心理学）、psychology social（社会心理学），并选取金色开放渠道（gold open access）文献，共获得相关文献 2571 条。经采用 Citespace 软件对关键词进行共现分析，绘制出该研究领域的知识图谱。即对关键词的出现频次和中心度进行分析，以了解近 14 年来国外应激领域的研究主题及热点。结果如图 2-1、图 2-2 和表 2-1 所示。

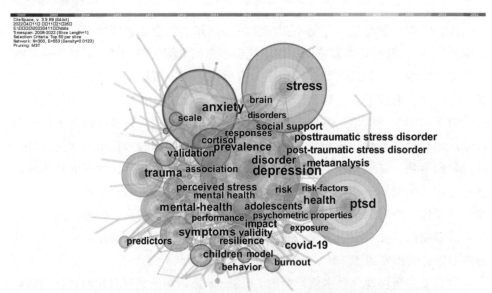

图 2-1　2008—2022 年（WOS）应激领域关键词知识图谱

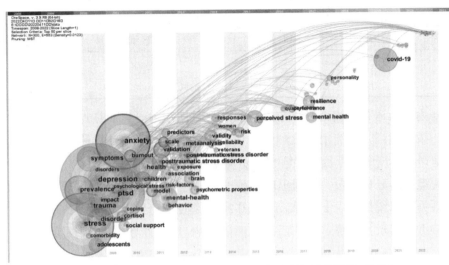

图 2-2　2008—2022 年（WOS）应激领域关键词时区图

表 2-1　2008—2022 年（WOS）应激领域关键词按频次、中心度排序

| 排序 | 关键词 | 频次 | 关键词 | 中心度 |
| --- | --- | --- | --- | --- |
| 1 | depression | 585 | anxiety | 0.3 |
| 2 | stress | 489 | prevalence | 0.16 |
| 3 | PTSD | 456 | stress | 0.14 |
| 4 | anxiety | 421 | children | 0.14 |
| 5 | trauma | 266 | scale | 0.14 |
| 6 | prevalence | 237 | cortisol | 0.14 |
| 7 | health | 223 | validation | 0.13 |
| 8 | symptoms | 220 | model | 0.12 |
| 9 | mental-health | 219 | amygdala | 0.11 |
| 10 | disorder | 214 | PTSD | 0.1 |
| 11 | covid-19 | 188 | impact | 0.1 |
| 12 | PTSD | 154 | adolescents | 0.1 |
| 13 | impact | 150 | burnout | 0.1 |
| 14 | validation | 146 | mental-health | 0.09 |
| 15 | perceived stress | 145 | health | 0.08 |
| 16 | children | 141 | metaanalysis | 0.08 |
| 17 | adolescents | 140 | resilience | 0.08 |
| 18 | metaanalysis | 137 | PTSD | 0.07 |

续表

| 排序 | 关键词 | 频次 | 关键词 | 中心度 |
|---|---|---|---|---|
| 19 | resilience | 115 | behavior | 0.07 |
| 20 | risk | 113 | psychological stress | 0.07 |

根据关键词词频的高低可以快速判断某个时间段内研究的热点主题。关键词出现的频次越高，研究的热度越强。中心度也是反映研究热点的重要指标之一，关键词中心度的高低反映了研究人员对某一热点的关注程度[174]。经对该研究领域关键词的分析，按关键词出现的频次高低进行排序后，将频次排名前20位的高频关键词统计如表2-1所示。由图2-1、图2-2可知，关键词"抑郁"是最大的节点，其次是应激、创伤后应激障碍、焦虑等，但焦虑的关注度最大。由关键词频次排序可知，位于前五位的关键词分别是抑郁、应激、创伤后应激障碍、焦虑和创伤；由关键词中心度排序可知，位于前五位的研究关注点是：焦虑、患病率、应激、儿童和量表。结合关键词的频次和中心度排序，可以看出国外该领域近14年的研究主要集中在以下几个方面：①焦虑、抑郁和创伤的研究占据了相当大的比例；②较多关注应激与创伤、疾病、心理健康、健康及危险因素的关系；③研究热点主要集中于抑郁、焦虑、心理创伤及创伤后应激障碍方面；④应激的研究工具及测量逐渐受到研究者的重视，研究者开始关注应激量表的有效性及皮质醇对于应激的生物标记作用；⑤逐渐重视应激对行为的影响；⑥逐渐重视应激下个体差异的研究，如复原力的影响。由关键词时区图（图2-2）我们可以看出，大约从2017年起，研究开始着重关注复原力及人格特质的影响，2020年新冠肺炎疫情作为显著的心理应激源备受关注。总体来看，应激研究的这14年间，消极角度的应激研究处于主导地位，尽管积极心理学的兴起及应激的积极效应的提出由来已久，人们更多地还是关注了应激威胁性的一面；但我们也可以看到研究者最近几年对应激积极一面的关注，如对复原力、心理弹性、正念与应激关系的关注。值得欣喜和鼓舞的是，通过与2008—2018年数据分析结果的比较，这个积极的趋势显而易见。

基于同样的检索策略和数据分析方法，2008—2018年WOS核心合集相关应激领域的文献经检索得到131791条检索记录，基于同样的文献精炼功能，共获得相关文献1532条。对比2008年1月—2022年1月间发表的相关文献，发表数量四年间激增近乎一倍。结合图2-3和表2-2可以看出，关键词排序第一位由应激变为抑郁，且中心度的变化尤为明显，由对应激的脑机制关注转为焦虑、患病率及应激量表的研究。总体来看，尽管这四年应激研究的热点仍然是负向应激研究占主要地位，但关注健康与心理健康、抑郁及复原力的研究变化也较为明显，且关于单纯神经机制方面的研究有所减少。其积极变化既体现在应激的研究工具和方法的研究方面，也体现在基于模型的理论建构和关系研究方面。其中应激积极效应的重要因素：复原力的关注和关键词频次第65位的负向应激的研究增加，都显示了近年来研究者对正向应激的关注，以及应激的正、负性质区别研究的趋势。

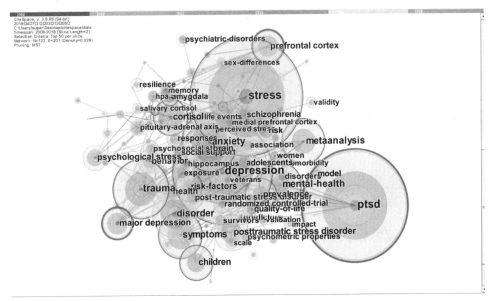

图 2-3　2008—2018 年（WOS）应激领域关键词知识图谱

表 2-2　2008—2018 年（WOS）应激领域关键词按频次、中心度排序

| 排　序 | 关　键　词 | 频　次 | 关　键　词 | 中　心　度 |
|---|---|---|---|---|
| 1 | stress | 316 | brain | 0.22 |
| 2 | PTSD | 297 | prefrontal cortex | 0.21 |
| 3 | depression | 284 | major depression | 0.21 |
| 4 | anxiety | 160 | PTSD | 0.2 |
| 5 | trauma | 160 | risk-factors | 0.2 |
| 6 | disorder | 131 | symptoms | 0.17 |
| 7 | symptoms | 128 | amygdala | 0.17 |
| 8 | meta analysis | 123 | perceive stress | 0.17 |
| 9 | mental-health | 121 | meta analysis | 0.16 |
| 10 | posttraumatic | 108 | depression | 0.15 |

续表

| 排序 | 关键词 | 频次 | 关键词 | 中心度 |
|---|---|---|---|---|
| 11 | cortisol | 99 | prevalence | 0.15 |
| 12 | children | 99 | anxiety | 0.12 |
| 13 | prevalence | 91 | mental-health | 0.12 |
| 14 | preforntal cortex | 88 | cortisol | 0.12 |
| 15 | major depression | 87 | stress | 0.11 |
| 16 | health | 86 | trauma | 0.11 |
| 17 | brain | 80 | mindfulness | 0.11 |
| 18 | psychological stress | 75 | socioeconomic-status | 0.11 |
| 19 | risk-factors | 74 | children | 0.1 |
| 20 | behavior | 73 | schizophrenia | 0.1 |

### 2.1.2 国内应激相关研究

采用 CiteSpace 软件对 2008 年 1 月—2022 年 1 月收录于"中国知网"应激领域的学术文献进行了可视化分析。检索策略是标题包含"压力"或者"应激"但不包含"氧化应激""应激性""热应激""压力性""内质网应激"，学科限定为心理学、社会学、医学，主要来源是期刊、博硕士研究和会议研究。共获得相关文献有 6280 条，其中社会科学有 1347 条，科技有 4940 条。经采用 CiteSpace 软件对关键词进行共现分析，绘制出该研究领域的知识图谱，即对关键词的出现频次和中心度进行分析，以了解近 14 年来国内应激领域的研究主题及热点。

结果如图 2-4、图 2-5 和表 2-3 所示，关键词频次排名前 5 位的是应激反应、创伤后应激障碍、工作压力、护士和心理压力；中心度排序前 5 位的是抑郁、护理、应对方式、心理健康和应激反应。结合知识图谱来看，国内研究大多处于描述研究阶段，较多关注应激障碍等消极方面，多注重应激反应的研究。且多集中于医学领域，心理学学科领域相关研究较少。在国内研究中相关术语有一定分歧，如在社会科学领域多采用"压力"这一表述，科技医学领域多采用"应激"这一表述。从历史发展变化看，从早期关注压力源的研究到关注应激反应的研究，似乎至今无大的进展，尤其缺乏对应激机制的研究，但尤为突出的是近两年也开始关注内部心理状态的研究。总体来看，国内还较少关注到心理弹性和复原力等重要的应激反应影响因素，但同国际同领域一致的是重点关注了应激与抑郁、心理健康的关系。此外，国内似乎比较关注工作压力或职业压力及应对方式的研究，在人群方面特别关注了高应激职业，如医护人员，但缺乏对应激发展性方面的群体的研究，如青少年。综合来看，国内研究总体集中体现在描述性基础研究方面，在影响因素上较多关注的是外部因素，如社会支持，基本认同的是刺激取向的应激观点，几乎没有体现出对积极压力或正向应激的关注。

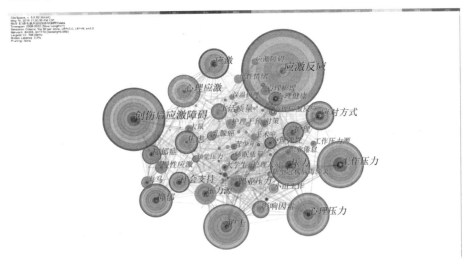

图 2-4　2008—2022 年（中国知网）应激领域关键词知识图谱

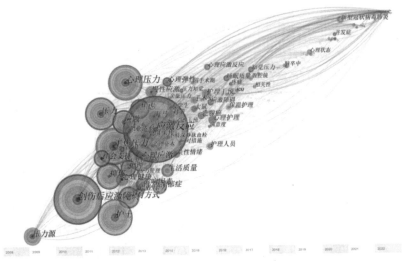

图 2-5　2008—2022 年（中国知网）应激领域关键词时区图

表 2-3　2008—2022 年（中国知网）应激领域关键词按频次、中心度排序

| 排 序 | 关 键 词 | 频 次 | 关 键 词 | 中 心 度 |
|---|---|---|---|---|
| 1 | 应激反应 | 548 | 抑郁 | 0.19 |
| 2 | 创伤后应激障碍 | 412 | 护理 | 0.17 |
| 3 | 工作压力 | 315 | 应对方式 | 0.12 |
| 4 | 护士 | 311 | 心理健康 | 0.12 |
| 5 | 心理压力 | 304 | 应激反应 | 0.11 |
| 6 | 压力 | 276 | 应激 | 0.11 |
| 7 | 心理应激 | 237 | 压力源 | 0.11 |
| 8 | 抑郁 | 229 | 慢性应激 | 0.11 |
| 9 | 应激 | 209 | 海马体 | 0.1 |
| 10 | 应对方式 | 195 | 并发症 | 0.1 |
| 11 | 焦虑 | 170 | 创伤后应激障碍 | 0.09 |
| 12 | 压力源 | 166 | 工作压力 | 0.09 |
| 13 | 社会支持 | 152 | 心理压力 | 0.09 |
| 14 | 护理 | 142 | 心理应激 | 0.09 |
| 15 | 抑郁症 | 140 | 压力 | 0.08 |
| 16 | 职业压力 | 137 | 焦虑 | 0.08 |
| 17 | 影响因素 | 134 | 应对策略 | 0.08 |
| 18 | 生活质量 | 124 | 抑郁症 | 0.07 |
| 19 | 心理健康 | 115 | 护士 | 0.06 |
| 20 | 慢性应激 | 105 | 影响因素 | 0.06 |

## 2.1.3　正向应激相关研究

我们以正向应激和积极压力为标题（标题 = eustress& 标题 = "positive stress"）对 2012 年 1 月—2022 年 1 月收录在 WOS 核心合集里的文献进行检索，包括所有文献类型及 WOS 核心合集所有类别，共获得 97 条相关文献检索记录，对比 2008—2018 年的相关文献（60 条），4 年间增长了 37 条。尽管从总数量上看似乎微不足道，但几乎增长了 30%。我们采用 CiteSpace 软件对关

键词的出现频次和中心度进行分析，以了解近 10 年来正向应激领域的研究主题及热点。结果如图 2-6、图 2-7 和表 2-4 所示。关键词频次排名前 5 位的是应激、抑郁、氧化应激、（情感）表达和健康；中心度排序前 5 位的是抑郁、氧化应激、健康、复原力和影响力（冲击）。总体情况体现在以下几个方面：①近 10 年的相关研究总体比较松散，主要集中在对健康的影响及行为效能方面，总体看到了应激的积极效应；②在主要影响因素上关注了社会支持、忍耐力、心理韧性、积极情感方面；③大约从 2015 年开始凸显对正向应激的关注，主要集中在健康、幸福感、工作满意度、行为绩效、工作投入和个人成长等方面；④值得注意的是，生物科学领域关于氧化应激的部分研究中涉及了正向氧化应激，也就是说在氧化应激领域的学者也在关注生物意义上的正向应激反应。这或许是心理应激领域可以借鉴的方面。经 WOS 数据分析，心理学学科本应是进行正向心理应激研究的主要研究学科，但在 WOS 的心血管系统类别里最多。从发表年份看，从 2015 年开始有上升趋势，这表明医学界开始渗透心理学的观点，也开始关注应激的积极效应。

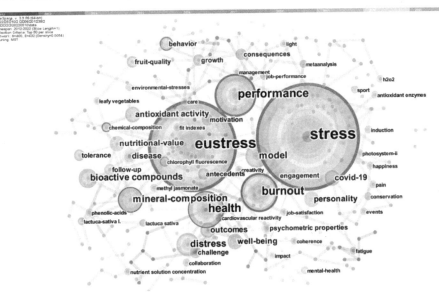

图 2-6　2012—2022 年（WOS）正向应激领域关键词知识图谱

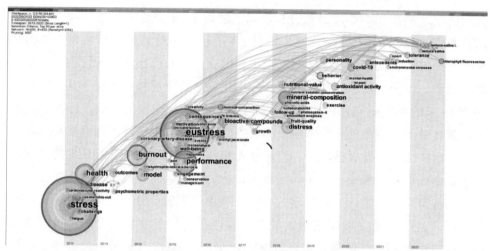

图 2-7　2012—2022 年（WOS）正向应激领域关键词时区图

表 2-4　2012—2022 年（WOS）正向应激领域关键词按频次、中心度排序

| 排　序 | 关　键　词 | 频　次 | 关　键　词 | 中　心　度 |
| --- | --- | --- | --- | --- |
| 1 | stress | 118 | depression | 0.2 |
| 2 | depression | 73 | oxidative stress | 0.18 |
| 3 | oxidative stress | 62 | health | 0.17 |
| 4 | expression | 54 | resilience | 0.17 |
| 5 | health | 50 | impact | 0.17 |
| 6 | model | 40 | gene | 0.16 |
| 7 | social support | 38 | stress | 0.15 |
| 8 | anxiety | 37 | model | 0.14 |
| 9 | tolerance | 37 | social support | 0.14 |
| 10 | PTSD | 34 | positive affect | 0.12 |
| 11 | resilience | 31 | activation | 0.12 |
| 12 | risk | 30 | PTSD | 0.1 |
| 13 | trauma | 28 | performance | 0.09 |
| 14 | performance | 27 | eustress | 0.09 |
| 15 | responses | 27 | expression | 0.08 |
| 16 | growth | 27 | negative affect | 0.08 |
| 17 | behavior | 27 | risk | 0.07 |
| 18 | emotions | 27 | responses | 0.07 |

续表

| 排序 | 关键词 | 频次 | 关键词 | 中心度 |
| --- | --- | --- | --- | --- |
| 19 | impact | 26 | growth | 0.07 |
| 20 | symptoms | 26 | adolescents | 0.07 |

综上，近十几年国外应激研究的重点均在于应激的消极影响，聚焦于病理学方面，如哪些压力源会造成损害、如何应对与干预治疗，且缓解应激的消极影响及其应激对健康等的负面影响方面已经做出了大量的研究成果。正如我们在综述部分的引言中所阐述的，当前关于应激最受媒体关注的有影响力的研究文献，如2018年发表在 Nature biotechnology 上的 Evidence for a mental health crisis in graduate education，2017年发表在 Science translational medicine 上的 Stress hormones promote EGFR inhibitor resistance in NSCLC: Implications for combinations with β-blockers，以及2017年Altmetric指数全球百强榜单排名第二的 Work organization and mental health problems in PhD students 都充分反映了应激消极观念的主导地位，也反映了研究者及其民众对应激概念的强大消极刻板印象。

从进化心理学的角度看，早期人类为了生存，对不良刺激的害怕或恐惧具有保护性和防御性的适应意义。在人类漫长进化过程中形成的自动化的生理应激反应能有效地帮助人类适应环境并有助于人类生存，如肾上腺素的分泌增加促进了凝血功能及肌肉能量供给、心跳加快促进血液循环等。因而应激反应特别是生理反应的模式具有进化适应的意义，例如，社会焦虑是人类最常见的害怕对象之一，可能存在着丧失社会地位和被群体排斥的适应性问题[175]。异常行为容易引起注意，而正常行为常被忽略，因而我们对异常行为和威胁的过多重视与关注是具有进化基础的，我们每个人都会因"不正常"所带来的社会焦虑感到害怕。进化心理学认为，害怕的进化心理基础不仅反映在情绪上同时也反映在认知方式上，如注意和观察事物的方式[176]。人们可以快速关注到蛇或蜘蛛这种危险事物，却不容易关注到事物的积极一面。因此，关注应激的消极一面本身就可能存在着人类固有的基本消极认知偏差，因而更具有逻辑性和力量，这就可能导致对应激积极一面的无视或否定。比如，有人质疑正向应激的存在，提出愤怒是否会有正向愤怒和负向愤怒的问题。因此，我们必须清醒地意识到，现代社会应激可能存在适应性认知偏差的问题，正如俯视错觉就是一个例证[177]，即研究发现人们从上往下看比从下往上看的垂直距离估计多32%。俯视错觉从逻辑上证实了知觉和认知的偏差，即在不确定的条件下，当各种错误的代价不对称时，自然选择会塑造出"适应性偏差"，使人们倾向于选择犯错误所造成的损失较小的那些行为。比如，当遭遇蛇或蜘蛛时，我们会表现得过度小心。我们进化而来的知觉适应器具有产生"适应性错觉"的设计特征。远古时代被人类认为是危险的情境而必然产生的焦虑或害怕，在现代社会的某些情境中可能已经不具有适应性意义，如对疾病的过度害怕。在现代社会生活中，人类面临的大多不再是具有生命危险的威胁情境，如面对疯狂追赶来的剑齿虎或一个生死搏斗的敌人，更多面临的是社会心理性威胁，如受骗、争吵、背叛等。而我们的躯体仍然以原始的战斗或逃避反应来应答，这样不仅无效而且还具有潜在的危害，必然具有非适应性。当前研究已表明，皮质醇介导的晚期应激效应可能会改变杏仁核和PFC之间的功能连接，从而降低扁桃体的反应特异性，而扁桃体可以改变相关刺激的神经处理，导致对威胁不加区分的过度警觉。最终，这种不加区分的过度警惕将导致威胁和非威胁性的刺激被类似地处理[178]。因此，从进化角度看，应激反应可能存在原进化机制适应不良问题。根据现象学的观点，存在从认知角度予以纠正的可能性。

　　由此，无论从观念上还是社会适应上都需要重新审视应激的概念及其作用。我们不能再去遵循战斗逃跑的应激机制或观点去理解现代社会里发生的应激现象。从个体自身角度出发，如果均具有此种应激消极认知，有机体被反复唤醒进入应激的消极状态可能性就会更大，从而加剧消极后果的发生。因此，我们需要扭转对应激的消极认知，以积极的视角看待应激并关注应激的积极效应。从人类社会的发展来看，以希望等积极的指向未来的思维认知可能更具有重要意义。当然这一转变将是艰难的，但至少在当前应予以相应的认识。因而，本书旨在强调对正向应激或应激积极效应的关注。尽管人类现在对战争与自然灾害的恐惧与害怕依然存在，但当前我国和平稳定并日渐强大，必然孕育着积极的东西，因此正向应激的关注也符合时代和社会发展趋势。此外，近年来部分研究者也逐渐认识到积极压力或压力的正面影响中蕴含着大量的心理行为规律和应激相关的重要信息。随着积极心理学的不断发展与深入，尤其是影响到应激研究领域时，对于正向应激的研究就变得迫切而必要。研究者们开始思考如何在压力下保持健康、在创伤中受益、如何促进创伤后成长、如何找到压力中积极影响方面的问题。积极心理学现已将应激问题推向了一个更加积极的方向。

　　积极心理学关注人类的优势，关注人类如何获得幸福、成长，而非避免和治疗疾病，这是对过去人类弱点取向研究的平衡[179]。本书遵循这一逻辑，即对正向应激的关注是对过去消极应激研究取向的平衡。只关注事物的一面不是一个正确的科学态度,更不是一个好的科学研究,我们需要将应激研究置于一个整体化框架中。新近发展的积极职业健康心理学领域也达成共识:职业健康心理学的研究重点必定由对消极概念的关注转向对积极概念的关注[180, 181]。基于此,本书主张在探索应激消极影响的同时须关注其积极影响的一面,但这绝不是意味着否认应激的消极影响及其研究的重要性。此外,积极心理学及其实践致力于识别和理解人类优势,我们必须肯定人性中永远存在着对积极美好事物的渴望。最后,尽管当前压力事件仍然作为疾病的主要危险因素被研究,但越来越清楚的是,面对和适应压力事件可以带来积极的结果,如个人成长、重振精神、增强自尊心及加强社交网络等。未来,我们可能会更加强调压力事件对成功适应者的益处,这将拓宽我们对压力过程的理解。因此,本书旨在论证正向应激的存在并探讨其如何识别和获得,以帮助个体在应激不可避免的时代中生活得更健康、更幸福;并以寻求均衡完整、更全面的应激模型为立足点,以期为此提供研究基础。

## 2.2 当前研究存在的问题

从当前研究热点和主题看,应激的消极观念及消极取向的研究占据主导地位。在现代境遇下,该倾向可能存在消极认知偏差和应激机制的适应偏差问题。在现代社会生活中,"老虎"可能根本构不成威胁而"汽车"却可能成为威胁,但人们更多害怕的还是老虎而不是汽车。进化心理学认为这可能是因为汽车出现的时间太短,还没有形成相应的害怕或应激机制。因此,这就可能存在已有进化而来的害怕机制与应激机制的适应性偏差问题[182]。本书认为这是当前应激研究总体上存在的核心问题。回顾文献,本部分重点阐述当前应激研究及建立更全面的应激模型方面存在的主要问题。

### 2.2.1 应激的性质问题

当前关于应激的研究,无论是描述研究、相关研究、影响因素研究、干预研究还是神经机制方面的研究,极少有研究区分了应激的正、负向性质,多数研究关注的是慢性应激和急性应激的区分。即便是有研究关注了应激的积极或消极效应,但认为这只是与应激的水平或程度有关,遵循的是耶克斯－多德森定律。由于不能正确认识正向应激的存在及正、负向应激的区别,必然就会在研究的各方面及其结论上出现不一致的情况,例如在应激与健康关系的问题上存在不一致甚至相反的结论。因此,在探讨应激的影响问题时,应首先搞清楚应激的性质，不可一概而论。

## 2.2.2 应激的结构、指标及其测量问题

以往研究已充分论证了大部分应激源都会同时引发积极反应和消极反应，认为对这两种反应分开进行研究有很大的必要性[183]。目前正、负向应激测量的代表性工具是 Simmons（2001）编制的正、负向应激心理反应量表。尽管 Simmons 在理论上已经论证了正、负向应激的高阶结构是合适的，但其高阶的理论构念并没有完全被数据所支持。此外该研究还表明，积极心理状态作为正向应激的指标是有效的，但消极心理状态作为负向应激的指标没有得到充分证实，即已有研究没有很好地支持正、负向应激是两个独立又联系的结构这一理论假设，完全的两因素二阶模型没有得到数据的充分支持，需要再论证。因此，本书将在此基础上进行正、负向应激量表的修订及其结构和心理指标的探讨。

Edwards 和 Cooper（1988）认为，很多应激研究都集中在负面心理状态的影响上，很少研究涉及积极心理状态的影响。他们认为这与积极心理状态及正向应激的理论与研究方法不完善有关[55]。以往研究多采用问卷调查和自陈量表方法，二者均具有较强的主观性，会受社会赞许性等反应定势的影响，且回忆本身也会造成误差，这些都会造成研究程度缺乏。研究表明，在应激研究中追忆或回顾应激情境不能充分解释应激生物标记皮质醇反应[184]。因此，方法本身需要完善和补充，需要进一步采用更为可靠的实验室诱发应激的范式及更严格的控制手段论证变量间的关系。此外，尽管已有研究大量采用了实验室诱发应激的范式，但很少有研究探求不同实验室范式诱发的应激性质。TSST 是国际上经典的社会心理应激实验室诱发范式，它使心理应激研究进入实验室并得到普遍应用，并且其在中国被试中已被论证具有良好的适用性[263]，但该范式诱发的研究性质并没有相关报告。那么，这一经典范式是否可以作为正向社会心理应激的实验室诱发范式有待探讨。此外，已有的心理应激研究范式由于实验室的转换、口头报告形式和刺激界面过于复杂等原因都不适用于 ERP 技术。有研究在 TSST 的基础上将口算任务改成估算任务，有效地诱发了被试的心理应激反应[103]，这为 ERP 技术应用于心理应激研究提供了条件，但其有效性还有待探讨。本书将就以上问题进行相应的探讨及进一步论证。

## 2.2.3 应激的积极效应或正向应激存在与否的论证问题

Quick 等（1997）认为正向应激本质上是指向良好的健康状态和高效率的行为绩效，但他们在理论上和实践上并没有很好地发展这一概念。比如，他们

指出的预防性压力实质上是对消极压力的预防,并没有对积极压力方面提出建议,对于如何促进应激的积极效应、如何实现这一目标几乎没有提及具体的指导措施。已有研究发现了关于正向应激对健康积极影响的证据,但并不是决定性的证据,并且也有研究证明了正向应激与生理机能的改善有关,而不仅仅是生理损伤的减少。当前,尽管一些研究已经承认探讨积极压力的重要性,但对积极压力的研究和实际支持却很少,对于应激的积极效应仍然缺少数据的支持和更严格的研究论证。因此,本书将从问卷调查和实验室诱发两个角度,运用逻辑回归(logistic regression)和 SEM 论证应激在健康及行为效率上的积极效应。

### 2.2.4 整体应激模型的建立问题

纵观近 30 年的应激研究,应激研究在理论上似乎并没有大的超越。过去进行的研究几乎是大同小异的重复性研究,研究者呼吁,为将应激研究推向一个新的高度,必须改变研究思路和研究范式[185],因而需要在概念和理论上进行突破。我们认为分别单独考察正、负向应激与健康的关系代表了一个更整体化的应激心理模型,这也是一种理论上的新探索。尽管已有研究对此也进行了相关的或部分的研究和探讨,试图建立正、负向应激的完整模型,但几乎都停留在理论构想上,缺乏实际数据的支持,至今还未建立起真正的完整应激模型。如此一个复杂模型仅凭一项研究解决是不可能的,且受制于样本可行性,因此本书就整体模型的各部分分别进行了相应的论证,期望通过模型明确应激源、应激认知及正向与负向应激心理反应、健康与行为之间的关系,并期望据此能够在理论上提出一个具有较完整数据支持的整体模型,以期为今后建立更加完整的模型提供基础。

### 2.2.5 应激的神经基础研究问题

要论证正向应激的存在及其积极效应需要强有力的神经基础上的证据,而不仅仅是行为上的证据。社会心理应激对健康的作用是阻碍的还是促进的?促进健康的社会心理应激与阻碍健康的社会心理应激在大脑神经活动特征上有何差异?诸如此类的问题有赖于从社会心理应激发生时大脑神经活动的时间进程及发生前后的神经活动中得到解答。目前,多数应激的神经机制研究是从脑成像角度出发来研究以确定心理应激活动发生时的大脑空间定位,利用 ERP 技术进行相关研究较多探讨的是应激对认知的影响,鲜有利用 ERP 技术对心理应激过程本身进行的相关研究。此外,以往关于应激的神经机制研究存在不一致的结论,我们认为这主要是因为没有对应激性质予以区分而造成的研究结论差异。为此，本书将分别对正、负向应激的神经活动特点进行探讨，从而为正向应激的存在及正、负向应激的效应寻求神经生理层面上的证据。

## 2.3 研究方案

### 2.3.1 研究问题

本书综合 Simmons 和 Quick 的观点，认为应从应激反应及应激效应两个方面对正、负向应激进行理解。从实用性的逻辑上看，人们判断一个事物的好坏必然涉及其造成的结果影响，因而我们既要从应激反应的角度界定正、负向应激，也要从结果的角度进行理解。因此，本书认为正向社会心理应激是指个体经积极认知评估对社会心理应激源的积极反应，主要表现为积极的心理状态，如希望感、意义感，并与高的行为绩效、良好的健康状况等积极结果相联系。负向社会心理应激是指个体经消极认知评估对社会心理应激源的消极反应，主要表现为消极的心理状态，如失控感、焦虑，并与消极结果相联系。需要特别指出的是，本书主要针对的是社会心理应激，尤其是与社会评价威胁有关的社会心理应激。此外，在本书中为表达简洁，将正、负向社会心理应激简称为正、负向应激。

本书以系统论、现象学、班杜拉三元交互决定论、进化心理学和积极心理学为理论基础、方法论基础和价值导向，结合当前应激领域的研究现状及已有研究存在的问题，拟对以下问题进行探讨。

（1）正向应激是否存在，是否不仅表现在积极心理反应上也表现在积极结果上？正、负向应激是否是两个彼此相互联系且又独立的结构，其各自的心理反应指标是什么？

（2）正、负向应激对健康及心理健康分别具有何种效应，正向应激是否在健康及行为效率上存在积极效应？认知因素在其中起了什么作用？负向应激是否可以通过认知因素转变为正向应激？

（3）应激源、应激认知及正、负向应激心理反应与应激结果之间的关系究竟是怎样的？在刺激与反应或反应结果之间的关系究竟是怎样的？

（4）是什么因素影响了个体产生正、负向应激心理反应，又是什么因素影响或促进了正向应激的生成？具有消极效应的负向应激应如何转变？

（5）正向应激在大脑神经活动中是否存在积极效应的证据？正、负向应激发生时的认知神经加工特征，或对大脑神经活动的影响是什么？同一应激源不同应激心理反应（正、负向应激）的个体在大脑神经活动变化上有何差异？

（6）基于以上问题的解答能否在理论上建立一个包括正、负向应激的完整应激模型？

（7）基于以上研究结论建立的应激理论模型需要实践检验，那么该理论模型及以上研究结论在社会实践生活中是否能够得到检验或进一步验证？

（8）生命威胁情境下的心理应激发生机制是否同样适用于以上研究结果或模型的解释？

### 2.3.2 研究内容与框架

本书主要采用可视化文献分析技术、问卷调查法、社会心理实验法、模型建构法、ERP 技术和 EEG 技术等，通过基础研究和应用研究两个部分对上述八个研究问题进行探讨，如图 2-8 所示。

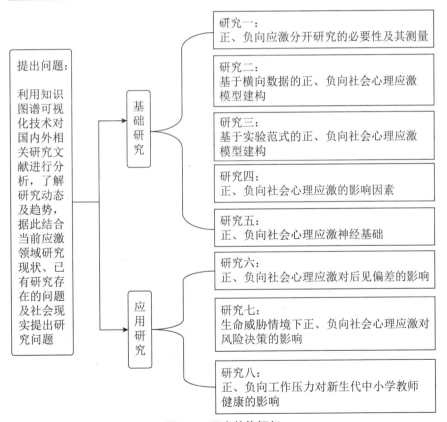

图 2-8 研究整体框架

基础研究部分包括五个研究。研究一论证了应激是否存在正、负两个心理反应维度，以及正、负向应激分开研究的必要性。如果研究一成立，那么就有必要分别对正、负向应激的效应进行探讨，即研究二、研究三。研究二与研究三分别从横向逻辑与因果关系纵向逻辑角度探讨了正、负向应激的效应。由于研究二在特定应激源及因果关系论证的发生时间序列上存在不足，因此研究三进一步在特定应激源及明确的因果发生时间序列逻辑关系上论证了变量间的关系。如果研究二、研究三成立，那么就有必要进一步探讨各自的影响因素，进行解释性研究，即研究四。以上研究结论如认为认知因素在正、负向应激生成中具有关键意义，且由于脑功能在应激发生的认知评估中具有决定性意义，那么就有必要进一步探讨正、负向应激生成过程中的认知神经特点，并且加之神经活动层面上关于正、负向应激效应的证据，使论证更加全面。具体内容如下。

研究一：以高同质性的大学生为样本，对 Simmons（2000）编制的正、负向应激心理反应量表进行翻译和修订，并建立相应的中文版正、负向应激心理反应量表的信度和效度。采用高阶模型重新论证正、负向应激是两个独立且又相互联系的结构这一理论假设，进一步明确正、负向应激在中国被试样本中的心理指标。

研究二：基于问卷调查，以健康和心理健康为结果变量。首先，通过建立 Logistic 回归模型，初步论证正向应激的积极效应和负向应激的消极效应，并考察压力有害健康的认知对身体健康与心理健康的影响；其次，通过横断问卷调查获取数据进行结构方程建模分析，以初步探讨压力数量、压力有害健康的认知、正向和负向应激与健康结果之间关系。

研究三：采用实验室诱发应激的范式收集数据并结合 SEM 再次论证变量间的关系。由于本部分的研究对于自陈式的健康测量可能限制了论证的可靠性，为在一定程度上弥补因果关系的推论的条件，本部分研究加入行为效率及社交倾向这两个因变量以论证正、负向应激的效应。具体探讨以下问题。① TSST 是否适用于中国大学生被试？其诱发的应激性质是什么？是否可以诱发出正向应激？②考察由 TSST 诱发的正、负向应激与健康的关系，主要侧重正向应激的影响。③应激认知对健康及行为效率的作用。④通过实验室应激诱发范式获取数据建立正、负向应激模型，以明确应激源、应激认知、正向和负向应激心理反应与健康及行为的关系，以期能够在更加可靠的因果关系论证的逻辑上验证假设。

研究四：以班杜拉的三元交互决定论为理论基础，探讨是什么因素影响或促进了正、负向应激的生成及负向应激的转变。从行为、个体特质、认知评价、生理反应及情境因素五个方面来探讨正、负向应激的生成或影响因素。

研究五：探讨正、负向应激发生时的认知神经加工特征，以探索性地了解正、负应激发生时心理活动的神经基础。主要探讨正向应激在大脑神经活动上是否具有积极效应，正向应激心理反应者的大脑功能是受到阻碍还是促进以及认知评价在正、负向应激生成中起作用的神经基础。

应用研究部分包括三个研究。为进一步验证基础研究部分的研究结论，以及基于此建立的社会心理应激理论全模型，本部分从社会生活实践角度及应激应用领域拓展了正、负向社会心理应激的效应及其内部机制的论证。具体研究内容如下。

研究六：在认知偏差领域探讨正、负向社会心理应激对后见偏差的影响。首先，考察应激状态和非应激状态下后见偏差是否具有显著差异；其次，探讨正、负向社会心理应激对后见偏差具有怎样的影响；最后，探讨应激状态下人格特质与后见偏差的关系。

研究七：在风险决策领域探讨生命威胁应激情境下正、负向社会心理应激对风险决策的影响。首先，考察中文版气球风险决策任务（balloon analog risk task，BART）在我国大学生群体中的适用性；其次，探究在生命威胁应激情境下正、负向应激对风险决策的影响。

研究八：在中小学教师的工作实践领域探讨正、负向工作压力对其健康的影响及其影响机制。首先，探讨正、负向工作压力在工作压力程度与健康之间的中介效应；其次，通过建构有调节的并行中介模型检验正、负向工作压力在工作压力程度与健康之间的中介效应是否受到给予社会支持的调节。

## 2.4 研究意义

### 2.4.1 理论意义

本书遵循多角度、多方法、多学科的系统研究思路，对正、负向社会心理应激进行了较为系统的研究，这在一定程度上丰富了应激的理论及研究成果，并为将应激研究推向一个新的高度、改变研究思路和研究范式、正确看待压力与应激提供了新的视角。我们需从病理模型转为提升生命质量的模型，不仅要关注应激的消极一面，也要关注应激的优势；不仅要致力于修复应激的损伤，也要致力于给人以力量，毕竟减少焦虑与紧张不等于获得快乐和幸福。

当前有关应激或压力的理论建构较薄弱，尤其是适合中国本土文化的应激理论和研究工具，本书发展了本土化社会心理应激研究工具并立足于建立包括正、负向应激的全面应激模型，为正向应激生成模型的建立提供了理论基础，这将有助于充实和发展完整的应激理论，并为建立均衡完整的、更全面的应激模型提供实证支持。此外，本书支持了积极心理学的观点，对积极心理学的理论发展提供了有益的支持，并有助于推动应激研究从病理学的研究视角转向对应激积极心理状态重要意义的关注。本书对职业健康心理学、应激医学等相关学科的研究视角和研究价值观的转变也有所裨益。在神经科学角度，本书能够为我们了解应激情境下大脑神经活动的变化提供更直接的证据，有助于在时间进程上和神经振荡方面更全面了解社会心理应激发生的神经基础。

## 2.4.2 实践意义

心理学有三个使命：治疗心理疾病、让人们的生活更有意义、鉴别和培养天才[186]。本书希望可以在第二点和第三点上有所贡献。首先，本书致力于纠正人们对应激的消极刻板认知，告诉人们尽管压力无处不在，但我们无须悲观，压力是福是祸或许只取决于我们自己。压力可能不仅不会让我们受损，还可能让我们受益，这对于促进个体的健康和幸福生活本身就具有重要意义。研究正向应激的重要意义就在于其对健康的重要意义，不同应激性质的区分对于健康研究也具有重要意义。对正向应激的研究将有助于我们辩证地看待诸如应激是否会促进癌肿瘤增长的问题，更有助于研究者在具体研究中正确认识正、负向应激心理反应所带来的不同应激效应，从而对应激及相关研究的方法论和思路有所裨益。研究正向应激也将为实践领域中的应激或压力的管理和干预提供新的思路和参考依据，如可用于对重大疾病患者的应激反应进行筛查，以对负向应激患者进行及时的干预；关于正向应激生成条件的研究也可为正向应激干预提供可行性方案；对于正、负向应激研究工具及应激的生物标记和神经标记的探讨，有助于高应激职业人员选拔、重大疾病的干预和工作绩效的促进，在压力研究与管理实践、压力研究与健康实践方面也将会有新的认识。尽管人类现在对战争和自然灾害的恐惧依然存在，但当前我国和平稳定并日渐强大，必然孕育着积极的东西，因此正向应激的关注也符合时代和社会发展趋势。

# 第 2 篇 基础研究

## 3 研究一：正、负向社会心理应激心理反应量表的修订及其心理指标的建构

## 引言

基于以往相关研究及积极心理学等理论的指引，科学与实践应包含积极和消极（正、负）两种视角。因此，当前我们须在应激问题上关注其积极机能的一面，以构建出全面的应激模型。正向应激即积极压力的研究是对过去（包括现在）消极应激研究的平衡，本书旨在探索负向应激（消极压力）的同时强调对正向应激（积极压力）的关注，以及两者之间关系的探讨。但必须指出的是，这并不意味着可以忽视或者弱化负向应激的重要性及其后果，而是要更全面地探讨应激的机能。此外，在以往研究实践中已充分论证了大部分应激源都会同时引发积极反应和消极反应[30, 187-189]，对正、负向应激进行区分研究具有非常的必要性。因此，这就需要一个合适的测量工具来对正、负向应激进行评估，并以此达到对应激的全面评估。

根据其他国家对压力测量的研究，有三个量表可用于同时测量正、负向应激：挑战性和阻碍性相关的自陈式压力量表（challenge-and hindrance-related self-reported stress scale）[94]，正、负向应激心理反应量表（eustress-distress psychological response scale，EDPRS）[196]以及瓦伦西亚正、负向应激评价量表（Valencia eustress–distress appraisal scale，VEDAS）[192]。其中，瓦伦西亚正、负向应激评价量表已经在一些研究中被采用和验证[191, 192]，它主要是基于

认知评价的角度来测量正、负向应激。然而，当个体对应激源做出负面或正面的认知评价时，是否一定会伴随着负面或正面的心理反应，这是值得商榷的。例如，有研究证明，美国雇员比中国雇员表现出更多的负面情绪反应，但他们都把给定的压力源评价为消极人际冲突的来源[190]。因此，我们认为，即使个体对同一压力源的认知评价是相同的，其所产生的心理反应和压力效应也可能是不同的。也就是说，即使应激源被评价为是苦恼的，也可能并不具有负面效应，甚至还有可能具有正向效应，因此也就不应被视为负向应激。所以，我们认为，仅仅从认知评价的角度来衡量正、负向应激是不够的，应从认知评价、反应及效应角度进行全方位的测量，其中心理反应是核心。

此外，尽管 Rodriguez 和 Kozusznik（2013）编制的 VEDAS 量表目前已被一些研究采用并论证了其具有良好的信效度[191]，但仍有较多局限性，主要体现在以下几方面。①该量表基于的理论及概念基础有一定的局限性。尽管该文提到压力是积极或是消极主要依赖于对压力的认知评价，但并未遵循完整的应激认知评价理论。根据 Lazarus 和 Folkman（1984）提出的认知评价理论，该量表所测量的应激源认知评价是粗略的，仅仅测量了初级评价部分（对应激源是否有害或有益、威胁或挑战评价），忽略了个体应对资源和应对能力等方面的二级评价及再评价，并由此可能造成了该量表极低的稳定性[192]。②尽管该量表认为同一个应激源可以同时被评价为积极或消极，但其在结构论证上却采取了单独论证的方式。在取样上，该量表的被试中有 82% 为女性，其研究结论的推广度非常有限，似乎只能说明女性的情况。且该量表测量的是来自工作的压力，并将应激源限为人际关系、个人责任感、工作量及工作家庭平衡。因此，仅仅从压力源角度测量正、负向应激的意义有很大局限性，且在应激的干预实施上可能会产生偏差。③从现实性上看，个体即使对某刺激实践进行了消极评价，鉴于个体差异性，个性是否由此产生消极反应也是值得商榷的。例如，即使我们认为朋友的背叛是一种不好的消极经历，但某些个体可能不会由此产生不良心理反应或长期的消极心理，如愤怒、敌意情绪，相反可能产生的心理或行为反应是积极的。需特别注意的是，这里所说的积极心理反应并不是指积极情绪，而主要是指某种积极的心理状态，如仍然对未来的友谊关系充满信心等。因此，我们认为关键还是要从经历过刺激源及对刺激评价过后的身心反应角度来对应激源进行测量。

Simmons（2000）编制的 EDPRS 是目前具有较强理论构想效度的应激量表，其建立在 Edwards 和 Cooper（1988）、Quick（1998）、Selye（1976），以及 Lazarus 和 Folkman（1984）等强有力的理论背景之上，Simmons 在理论

上充分论证了正、负向应激分开研究的必要性，特别强调了正向应激概念的操作化，并且提出了生理和心理两方面的实证，这使得该量表具有较强的理论基础和较充分的研究证据。基于 Edwards 和 Cooper（1988）的观点以及 Lazarus 和 Folkman（1984）的观点，该量表认为正、负向应激的心理指标应涉及积极和消极心理状态的测量；正、负向应激不是一个连续体的两个极端，而是两个彼此相关且又彼此独立的结构。这一观点为当前应激研究领域所普遍认同，并符合本研究的理论构想。此外，该量表是以信任为应激源进行编制，符合社会心理应激范畴。根据霍夫斯塔德跨文化模型，中国人在遇到困难或压力源时，倾向于主动调整应激反应以适应环境[193]。因此，在这个意义上，从心理反应角度发展起来的 EDPRS 更适合用于测量中国文化背景中的正、负向应激。因此，本研究最终确定了选取该量表作为正、负向社会心理应激心理反应测量工具的基础。

鉴于原量表是基于医院工作情境、针对护理工作人员进行的编制，因此在中国大学生样本中可能会存在情境差异、文化差异及群体差异的情况。这是本研究在修订中特别予以关注的方面。该研究表明积极应激反应最好由高阶构念来表示，同时也证明了几个已建立的一阶变量作为二阶构念指标的有效性。尽管其理论上已经论证了正、负向应激的高阶结构是合适的，但高阶的理论构念并没有完全被数据经验证实。此外该研究还表明，积极心理状态作为积极应激的指标是有效的，但消极心理状态作为消极应激的指标没有得到充分证实，即完全的两因素二阶模型没有得到证实。基于以上，本部分首先对 Simmons 编制的正、负向应激量表进行修订，并验证其在中国样本中的适用性；其次重新论证正、负向应激是两个独立且又相互联系的结构这一理论假设，并进一步明确正、负向应激在中国样本中的心理反应指标。

## 3.1　子研究 1　中文版正、负向社会心理应激心理反应量表的开发与验证

### 3.1.1　研究目的

本部分的研究目的主要为：①进行 EDPRS（正、负向应激心理反应量表，eustress–distress psychological response scale）英文版的翻译和修订，使其适用于中国大学生群体及后续的研究；②考察 CEDPRS（中文版正、负向社会心理应激心理反应量表，Chinese eustress-distress psychological response scale）的信

度与效度，以为本书的后续研究提供研究效度的保障。

### 3.1.2　研究过程

本部分对英文版正、负向应激心理反应量表的修订涉及跨文化研究过程。研究认为跨文化翻译关系到整个研究的效度，因此需注意文化对等性的问题，包括语义对等、概念对等和量尺对等[194]。有学者认为，翻译量表应包含两阶段设计：第一阶段为翻译过程，包括前翻译、讨论会、回复翻译及潜在使用者检视等；第二阶段为心理计量分析过程，包括效度及信度测试过程，由此可增加此量表的本土性及适用性[195]。本研究基于此并在参考经典翻译模型和相关翻译方法学的基础上，确定了修订过程。

（1）将英文版的 EDPRS（Simmons，2000）经双向翻译成为中文版的 EDPRS。翻译过程主要考虑了文化差异性的检验，检验是否有因文化差异而导致的不同意义的文字、句子、文法或概念。在翻译人员的选择方面，根据翻译方法学的要求：翻译人员必须具有熟练使用两种语言的能力，且熟知两种文化，还需具备对问卷本身结构、发展以及使用方式的相关知识。为此，我们聘请了两名高校英语翻译专业教师作为翻译者，分别负责英译中及回译。

（2）邀请 3 位曾留美相关领域的心理学博士进行表面效度与内容效度的考察，考察目标语言与原始语言是否具有清晰性和适切性，并依据结果与意见进行量表修正。

（3）方便取样 10 位大学生对量表题项再次进行表面效度与内容效度的评量，并依据结果与建议进行第二次量表的修正形成初稿。

（4）实施预测，进行问卷完成时长分析和 7 点量表版本的项目分析、信度分析、验证性因素分析。

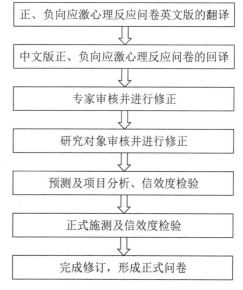

图 3-1　正、负向应激心理反应问卷修订流程图

（5）正式施测，全面考察修订后量表的结构效度、重测信度、内部一致性信度。修订流程如图 3-1 所示。

此外，因原量表完成时间大约需要 15 分钟[196]，考虑到整体实验的时间长度需要对问卷长度进行控制，本书方便取样了 10 名本科大学生进行问卷测试，以辅助决定问卷项目删减数量。

### 3.1.3 研究方法

**1）研究对象**

原量表选取的被试是具有极端应激性的职业群体——护理工作人员，这限制了其推广度[52]。为使研究结果更具推广性，我们选取了具有高同质性的大学生样本，以期有助于提高研究的外部效度，从而可以间接推广至普通成年人群体。本研究采用整群取样方法，从某大学文科、理科、术科（美术、音乐、体育）学院的大一、大二、大三、大四年级中选取被试。预测阶段共发放 430 份问卷（前后测各半），回收 418 份，删除规则作答、填答无效问卷后，共计预测样本有效问卷 390 份，有效回收率为 91%；正式施测阶段共发放 750 份问卷，回收 730 份，删除规则作答、填答无效的问卷后，共计正式施测有效问卷为 689 份，有效回收率 92%。其中，无效问卷评判标准为：① 1/3 题目未作答或规则作答；②自我报告近一年完全无压力者；③频数与逻辑查错有问题者。预测样本及正式施测样本的人口学变量分布情况如表 3-1 所示。其中，①预测样本的平均年龄为 20.35±1.89 岁，预测样本的施测结果将用于中文版正、负向社会心理应激心理反应量表的项目分析、一阶验证性因素分析及信度分析。②正式施测样本的平均年龄为 20.59±1.96 岁，正式样本的施测结果用于中文版正式问卷的信度和效度检验及高阶模型分析。③用于正式问卷重测信度的有效被试有 98 人，均从正式样本中抽取，其中男生有 45 人，女生有 53 人；大一有 28 人、大二有 30 人、大三有 25 人、大四有 15 人；文科有 57 人，理科有 41 人。根据抽样调查的样本量计算公式，假设总体无限大，在 0.05 水平上样本量需达到 384 份，且按照题项与样本量 1∶5 的要求，需 285 份样本，据此本研究符合样本量要求。

表 3-1 预测样本与正式样本人口统计学特征分布情况

| 变量 | 类别 | 预测样本 人数 | 预测样本 百分数（%） | 正式样本 人数 | 正式样本 百分数（%） |
|---|---|---|---|---|---|
| 专业 | 文科 | 205 | 52.56 | 287 | 41.65 |
| | 理科 | 171 | 43.84 | 315 | 45.72 |
| | 其他 | 14 | 3.6 | 87 | 12.63 |
| 性别 | 男 | 147 | 37.69 | 313 | 45.43 |
| | 女 | 243 | 62.31 | 376 | 54.57 |

续表

| 变量 | 类别 | 预测样本 | | 正式样本 | |
|---|---|---|---|---|---|
| | | 人数 | 百分数（%） | 人数 | 百分数（%） |
| 年级 | 大一 | 104 | 35.90 | 174 | 25.25 |
| | 大二 | 142 | 36.41 | 218 | 31.64 |
| | 大三 | 83 | 21.28 | 179 | 25.98 |
| | 大四 | 61 | 15.64 | 118 | 17.13 |
| 家庭所在地 | 城市 | 176 | 45.13 | 312 | 45.28 |
| | 农村 | 214 | 54.87 | 377 | 54.72 |
| 独生子女 | 是 | 159 | 40.77 | 280 | 40.64 |
| | 否 | 231 | 59.23 | 409 | 59.36 |

## 2）研究工具

本部分的研究工具包括指导语、人口学资料部分及本研究所欲修订的正、负向社会心理应激心理反应量表。考虑到后续研究采用了前后测，为避免练习效应，我们在预测及正式施测阶段均采用了前后测两个版本的问卷，后测版为随机打乱题目顺序的版本。具体内容如下（详见附录1）。

（1）指导语部分：根据问卷指导语的三个主要功能，对引起作答动机、消除疑虑、明确作答规则进行了相应的设计。

（2）人口学资料部分：包括院系（专业）、年龄、性别、年级、是否独生、家庭所在地。其中包括一道自陈式应激筛选题目，在过去12个月中，你认为你经历了：A 很大的压力、B 适度的压力、C 相对较少的压力、D 完全没有压力。

（3）个体感知到的健康状况：共四个题目，来源于健康感知问卷（HPQ）[197]。研究认为自陈式的一般健康等级评定可有效测量个体的健康状况，认为这与许多其他的健康测量（如医生的评估）具有显著的相关性[197]。鉴于问卷长度、实验的可行性、被试可能产生的疲劳对实验的影响，本研究只保留了最具有代表性的四个项目，其中两个项目用于数据的逻辑查错。

（4）正、负向社会心理应激心理反应量表（EDPRS）：该量表中正向应激的心理指标为积极心理状态，主要维度包括积极情绪、意义感、希望感和可控性；负向应激的心理指标主要是消极的心理状态，主要维度包括消极情感、工作疏离、生气敌意和焦虑。以上所有分量表均经过信度、效度检验，并具有可接受的心理测量学特性[183, 198]。本研究鉴于研究的需要及样本的适用性，部分题目进行了删减和替换，但保留了积极压力各维度的全部项目（除了积极情感的"alert"项目)。此外,鉴于原量表的二阶 CFA 最终由于焦虑等维度在负向应激上低负荷,不能支持正、负向应激是两个独立结构的维度这一理论假设。因此,本研究对于这几个维度的项目进行了部分替换。最终本量表共 57 个项目,9 个因子,均采用李克特 7 点量表的形式,从非常不符合到非常符合分别对应评分 1~7 分。得分越高,表明该心理状态越强。其中 m1、c2、c3、c4、t2、t4、t5 为反向题计分。正向应激的指标包括积极情绪、意义感、希望感和控制感;负向应激的指标包括消极情感、无意义感、失控感、生气敌意和焦虑。由于应激具有动态性和过程性,随认知评估动态变化,稳定的特质性变量不适合作为应激的指标,因此本研究中各因子均为状态性。关于各个因子的来源、对应的项目数及其原心理测量学指标如表 3-2 所示。

表 3-2 中文版正、负向应激心理反应量表信息汇总

| 因子 | 项目 | 内部一致性信度 | 内部一致性信度（原始量表） | 来源 |
|---|---|---|---|---|
| 希望感 | 6 | 0.84 | 0.80 | Simmons,2000;原出自 State Hope Scale |
| 意义感 | 4 | 0.67 | 0.97 | Simmons,2000;原出自 Subscale of Situational Sense Coherence Scale |
| 积极情绪 PA | 9 | 0.90<br>中国样本:0.83 | 0.85~0.89 | Simmons,2000;原出自 PANAS;同时参考中文版 |
| 可控感 | 5 | 0.60 | 0.93 | Simmons,2000;原出自 Subscale of Situational Sense Coherence Scale |
| 焦虑 | 7 | 中国样本:0.90 | 0.92 | 广泛性焦虑量表中文版 |
| 失控感 | 6 | | 0.72 | 疏离感量表 |
| 无意义感 | 6 | | 0.69 | 疏离感量表 |
| 愤怒/敌意 | 4 | 0.77 | 未报告 | Simmons,2000;原出自 Subscale of Symptom of Distress Checklist（SCL）,同时参考 SCL-90 中文版 |
| 消极情感 NA | 10 | 0.80<br>中国样本:0.81 | 0.85~0.89 | Simmons,2000;原出自 PANAS;同时参考 PANAS 中文版 |
| 健康认知 | 4 | 0.87 | 0.91 | Simmons,2000;原出自 Health Perception Questionnaire,HPQ |

各因子界定及具体情况阐述如下。

正向应激（积极压力）的心理指标：积极心理状态

希望感：采用原英文版 EDPRS 中的因子。该因子的测量采用成人版希望感状态量表（adult state hope scale）[196]。研究表明该量表具有较好的内部一致性信度[200, 201]。研究者认为希望感意味着个体具备某种程度的勇气，当个体抱有希望感时，会相信一些积极的目标会成为现实，即使此时有很多消极的事物发生。希望感也会扮演调节的角色协助个体面对阻碍或挫折，促进个体身心发挥正常功能以达成目标。跨地区的研究成果也证实了高希望感能提升生活满意度、提高适应能力并预防身心疾病[202]。关于希望感的界定与理论当前比较认同的是 Snyder 的观点。Snyder、Higgins 和 Stucky（1983）在研究"人遇到错误或表现欠佳时寻求借口"问题时发现，参与的研究者就算处于失败或错误之中，仍然有自己心中要达成的正向目标及对未来的期望，不会只是沉溺于错误与失败之中。Snyder 认为希望感的核心概念是认知思考而非情绪，尽管他也认同情绪及感受扮演着重要的促进角色[203]。总体来看，Snyder（1994）将希望感定义为是一种目标导向的认知思考过程，可引导人们对周遭问题采取积极的方法进行应对，并能促使个体克服困难障碍以达成目标并实现个人理想[203]。本研究认同该观点，认为希望感是引导个体朝向既定的目标前进，进而完成目标的正向思考历程，但同时也认为希望感是一种积极情绪。

意义感与可控感：采用原英文版 EDPRS 中的因子。Lazarus（1966）首次明确提出了涉及威胁和可能导致不利后果的评估概念，他认为认知评价与反应之间的关系可能是更广泛的。如果未来情境与个体的目标或价值无关，那就不会进入威胁评估，因为未来情境对个体没有威胁性。若未来情境涉及个体目标的实现且不会对他人造成损害，那么就可能会产生积极的情绪。因此，积极压力涉及意义性。这两个因子的测量采用了一致感量表的两个维度的项目[204]。意义感是指个体认为生活在情感上是有意义的程度，或是认为生活或周遭事物是否有意义的一种情绪体验。感觉自己遇到的一切问题和要求是值得投入精力去解决的，值得承诺和参与，并且将此看作是一种挑战[190]。控制感（可控感）是指个体对自己拥有的资源能否应对问题的感知程度，即个体觉察自身在面对刺激时所产生的需求，本身有足够的能力、行动或社会资源去处理及满足[202]。

Antonovsky 认为一致感，即一贯信念（sense of coherence，SOC）是一种整体导向，包含一个人的圆融性、毅力、活力及自信，对个体施于周遭人事物的态度和行为具有重要影响，被认为是可以提高对应激情境进行健康反应的重要因素[206]。其维度包括可预测性、可管理性及意义感。本研究依据 Simmons 的观点，认为后两个维度与积极压力更为密切，且因本研究强调的是状态和个体的主观感受，因此认为将 manageability 称为可控感较妥。SOC 这一概念源于 Antonovsky 提出的"健康生成论"，是该理论的核心概念。该理论着重探讨促进健康的因素，反对"疾病生成论"（着眼于消灭导致疾病的成因进行研究），主张研究"人们如何才能活得更健康"而非"人们为何会生病"，认为压力本身无好、坏之分，重点是人们如何去处理。这一理论观点符合积极压力的理念及本研究的理论思路。研究认为 SOC 可有助于个体使用其所拥有的内化抗压资产对抗环境所带来的威胁；SOC 可以帮助个体在处理压力情境时，认为该事件是有价值的而非视它为一种负担；SOC 会促使个体在历经失败后不断寻求其他可行之资源，并从过程中获得自我成长的动力资源，确信自己是具有效能的问题解决者[207]。因此，SOC 高者较不易受到压力的威胁，对事物的处理也较为弹性及合宜性，并愿意尽全力投入各项挑战中。他们更倾向于将问题视为一种挑战，并且寻求最适宜的应对行为，动员最多的内化抗压资产尝试解决问题。其中高的意义感与可控感是重要因素。

积极情绪：采用原英文版 EDPRS 中的因子。该因子的测量采用了 Watson 等（1988）编制的 PANAS，并参考了中文版的 PANAS[208]。研究表明该量表具有良好的信度和效度，可用于状态或特质情绪的测量[209]。国内研究也表明，该量表在中国人群中也有良好的内部一致性信度和结构效度[496]。PANAS 中文版在中国大学生样本中的 $\alpha$ 系数分别为 0.83 和 0.81，并且研究也表明在中、美大学生群体中积极情绪和消极情绪两个基本维度结构具有跨文化一致性[210]。但本研究在前期访谈、专家翻译和学生检视过程中发现，"alert"（警醒、警觉）这一项目作为积极性质可能具有文化差异，且研究表明原属于积极情绪分量表的"alert"这一题目在中文版 PANAS 中存在跨因子负荷问题。张卫东等（2004）也认为在中文版中应删除该题项。因此，本研究在测量积极情绪时剔除了这一项，只采用了其中 9 个项目。Waston 等（1988）认为积极情绪是一种愉悦的投入状态，反映了个体热情、活跃积极、警醒的程度。高度的积极情绪是一种精力充沛、全神贯注、欣然投入的状态[208]。

负向应激（消极压力）的心理指标：消极心理状态

焦虑：采用原英文版 EDPRS 中的因子。该因子的测量采用了广泛性焦虑障碍量表（generalized anxiexy disorder，GAD-7）的中文版[211]，其反映了个体对应激源认知评估后感觉有危险或会受到损失或威胁的一种心理状态。由于原 EDPRS 中的焦虑分量表是由 the cognition checklist（CCL）中的焦虑分量表按负荷值的大小排序选取的 6 个项目构成，其在中国大学生样本中可能存在适用性问题，因此替换成在中国样本中具有良好信度和效度的 GAD-7 中文版[211]。研究认为 GAD-7 具有良好的诊断精确性，可有效筛查可能存在的焦虑症状[212]。大样本（$n = 5030$）研究表明，GAD-7 具有良好的内部一致性信度，并且具有较好的灵敏度和特异度，是筛查焦虑症状的可靠工具[213]。并且诸多研究表明，GAD-7 在基层医疗和普通人群中具有良好的心理测量特质，且因素分析均支持一维结构[214, 215]。

失控感与无意义感：由于原量表中的工作疏离维度不符合大学生情境，并且原量表项目以图形呈现的表达方式可能会造成数据的不同质，因此本研究采用了基于本土化编制的、适用于大学生群体的疏离感量表[216]。该量表的编制充分考虑了中西方社会文化差异，并对此进行了充分的理论论证。研究认为失控感是产生应激的重要因素，并且在疏离感的含义里也是核心要素。马克思认为异化（疏离感）"alienation"包含社会分离和个性的丧失两方面的含义，强调工作可以促进自我实现，但如果劳动者与工作本身是疏离的，劳动者只是为了生存而不得不工作，就会造成工作疏离，即劳动者对自己工作及产品失去控制或缺乏控制权[217]。西方哲学家认为疏离感意味着个体感到自己的命运不受自己控制，认为人生是在一个毫无意义的世界里达到充分的自我意识[218]。鉴于以上同时考虑到问卷长度，本研究选取了疏离感量表中的无意义感和失控感两个维度。失控感是指感到个人的命运或外在事物不受自己控制，而是由外力、命运、运气、机遇或制度的安排所决定。失控感包含了让异己的力量统治、让别人支配的含义，也具有"无力"的感觉，即感觉个人不能对自己在其中参与相互作用的环境施加影响。无意义感相对应于积极压力的意义感。无意义感是指个体与有价值的生活和目标等之间产生的疏离感，是个体感觉缺乏行为指南或信念指南，从而有一种无意义的感觉[119]。

消极情绪：该因子的测量采用了 PANAS 量表中 NA 的 10 个项目。Waston 等（1988）认为 NA 是一种心情低落和陷于不愉快激活情境的主观体验。高度的 NA 表现为悲哀和失神无力，包括各种令人生厌的情绪状态，诸如愤怒、耻辱、憎恶、负疚、恐惧和紧张等，低度的 NA 表现为一种平和与宁静的状态[208]。

生气与敌意：采用原英文版 EDPRS 中的因子。该因子的测量采用的是 Derogatis（1970）编制的 31 个项目的 90 项症状自评量表（symptom checklist 90, SCL-90）的生气—敌意分量表，该分量表用以评估自我报告的神经质症状，共四个题目[196]。Simmons（2000）认为"我有打人或伤害他人的冲动"这一项目不适合护理人员,未被其研究采用。但本研究不认为该项目不适合大学生群体,因此予以保留。

**3)施测程序与分析方法**

(1)施测程序。本研究采用统一书面指导语,由心理学专业的研究生担任主试,在指导语中说明本次调查的意义,并强调对调查结果的保密,要求被试根据自己的实际情况独立作答。集体施测,当场发放当场收回。鉴于整体实验的时间长度及问卷长度的控制,本研究在量表翻译阶段方便取样了 10 名本科大学生进行问卷测试,以辅助决定问卷题目删减数量。测试结果表明完成全部问卷需时 5~13 分钟。按照实验安排及被试反映情况,完成全部问卷时间最大限度为 10 分钟是可以接受的。因此问卷施测主要是利用学生课间时间,事先联系好任课教师,请任课教师了解指导语部分,委托任课教师辅助说明以引起学生的配合和作答意愿,并且回收问卷时请任课教师叮嘱学生检查是否有漏答并予以补充,以此保证问卷的作答质量和有效回收率。预测部分实施在秋季开学后的第二个月进行,正式施测是在学期结束的前一个月进行。

为避免由同一批被试同时测量几个量表而引起的共同方法偏差效应,依据已有相关研究关于共同方法偏差效应的控制建议[497],本研究在施测过程中进行了以下控制:①施测过程中全部匿名并强调保密性;②部分项目采用反向计分。

(2)数据分析方法。研究者在问卷施测回收后,手动剔除无效问卷后进行计算机编码录入,并采用统计软件 SPSS 21.0 及 Mplus 7.4 进行数据分析的工作。数据录入完成后经频数分析查错和逻辑查错确定拟分析数据。逻辑查错是根据被试对项目 R3"我觉得我和周围的人一样很健康"和 R4"我觉得我很健康"的回答情况,如 R3 > 3 且 R4 < 3 则该被试被认为存在填答态度不认真的情况,该数据予以剔除。鉴于问卷长度会造成被试疲劳,影响实验的可行性等,本研究采用了比较严格的项目删除标准。

①前、后测版的数据合并。预测及正式施测的样本均采用了前、后测两个版本,因此在资料整合之前,须先进行两个样本资料的变异数同质性检验、平均数检验(ANOVA)($\alpha = 0.05$)。统计结果显示,变异数同质性检验 Levene 统计量均未达显著($p > 0.05$),两个样本在各个变量上的平均数亦无显著性差异($p > 0.05$),表明两个版本的样本平均数与离散情形无显著差异,两组样本可视为来自同一总体,可进行数据合并。

②预测部分的数据分析。预试量表依据专家审核结果修改后进行预测,预

测数据进行项目分析、验证性因素分析（confirmatory factor analysis，CFA）及信度分析。有学者认为针对量表因子结构已经明确、条目隶属关系已经充分论证的情况，可直接进行 CFA 分析[478]。本研究所用量表中的题目与所对应的因子之间的关系事先已确定，且原 Simmons 编制的问卷本身的各个维度也都是从已有比较成熟的问卷中选取，如积极情感分量表的 10 个题目来源于 PANAS。此外，尽管原量表最终在实证数据上没有完全支持理论构想，但研究者认为这主要是因为参数估计的数目与样本量不符，样本量仅为 158，小于被估计的参数数量（214）。这一观点也是本研究所认同的，因此本研究对量表的结构效度直接进行了 CFA 分析。

项目分析：经反向计分后将预试样本的数据进行项目分析。各项目经极端组检验法，以高低分组上下 27% 处的分数进行独立样本 $t$ 检验，如决断值（CR 值）未达显著水平（$p > 0.05$）者予以删除。各项目经同质性检验，计算每一题与分量表总分的积差相关，相关低（本研究采用较严格标准，即相关系数在 0.40 以下者删除）或未达统计显著水平者删除。内部一致性系数检验，计算每题项删除后的 $α$ 值，如删掉该题后其分量表的 Cronbach's $α$ 值显著提高，则该题即予删除。

一阶验证性因素分析：采用 Mplus 7.4 进行验证性因素分析，检验各个因子的题项与构念、整体模型的配适度。检验各个因子是否适配受试样本以确定建构效度。

信度分析：以内部一致性系数 Cronbach's $α$ 值来判定量表的内部一致性，以检验各题项所测得的是否为相同的构念，内部一致性信度小于 0.6 的因子将考虑删题或修正。

③正式施测部分的数据分析。描述统计分析：以平均数、标准差、偏度、峰度等描述统计量及正态分布检验分析整体数据的分布情况，并作为模型检验参数估计方法选择的依据。

一阶验证性因素分析：在预测数据分析的基础上，形成正、负向应激量表的正式版。由于经预测数据验证因素分析后对项目进行了删减和修正，结构可能发生了变化，因此需要对正式版的量表再次进行验证性因素分析，以明确该量表的结构效度。Jöreskog 和 Sörbom（1993）指出以 SEM 检验结构效度有三种可选替模式：其一为严格验证取向（strictly confirmatory，SC）；其二为竞争模式取向（alternative models，AM）；其三为模式产出取向（model generating，MG）[219]。本部分采用严格验证取向检验模型与实证资料的适配性，针对正式量表数据进行验证性因素分析。

信度分析：本研究以稳定性系数和内部一致性系数检验修订后正、负向应激中文版量表的信度，其中重测信度作为稳定性系数的指标，Cronbach's α 系数作为内部一致性的指标。考虑到本量表主要测的是心理状态，较易受其他事物干扰，具有较大的变化性，因此确定重测信度的测量间隔时间为一周。

### 3.1.4 研究结果

本研究旨在发展 EDPRS，使其成为适合中国大学生的社会心理应激心理反应量表。因此本部分将依据前述的研究方法，将问卷调查所得资料加以整理后对量表进行信度与效度检验，以解答本研究所提出的各项问题。以下将呈现研究所得的资料分析结果：① EDPRS 翻译修订情况；② EDPRS 预试结果；③ EDPRS 正式施测结果。

**1）关于量表翻译与形式修正**

经翻译、回译及表面效度与专家效度审查后，我们保留了所有的项目，并在量表项目的表达及其形式方面做了如下修正。①问卷中所有的"你"字改成"我"字，这样可以让被试认为是在考虑自己的真实情况，而不是别人的。②原问卷的每个等级代表不同的内容。研究认为当类别变量超过 5 个时可当作连续变量处理，且在数据分析时采用极大似然估计也能得到精确的估计结果[209, 220]。为了使数据具有同质性并方便统计合成，全部问卷采用了李克特式 7 点计分，且为避免"打分数"的社会赞许效应，全部问卷的选项采用字母形式。③原问卷中只有在 1 处和 7 处指出了该数字代表的含义，其他数字所代表的内容比较模糊，因此参考其他问卷给每一个选项都添加了一个明确的指代内容，如：A 非常不符合，B 不符合，C 比较不符合，D 不确定，E 比较符合，F 符合，G 非常符合。④本量表欲施测于中国大学生群体，因此修正了不符合中国大学生情况的词，如把"工作"改成"生活或学习"。⑤问卷测的是主观心理状态，而不是发生的事情，因此将部分项目均改为"觉得……"的表达方式，如将 PANAS 问卷项目的表达方式改为我感到……，其题项列举如表 3-3 所示。⑥原量表被试选取的是医院里的护理人员，作者认为这一群体本身就具有高应激性，因此假定全部被试具有应激状态。但本研究被试是大学生群体，并非具有高应激性，因此本研究设计加入了一个筛选题目，在过去 12 个月中，你认为自己经历了：A 很大的压力、B 适度的压力、C 相对较少的压力、D 完全没有压力。

表 3-3　正、负向社会心理应激心理反应量表中文版翻译题项列举

| | |
|---|---|
| 1 | When you think of the challenges you are facing at work, do you feel that<br>　　　　1　　　2　　　3　　　4　　　5　　　6　　　7<br>You can find a solution　　　　　　　　　There is no solution<br>第一次修正：我觉得我有很多方法解决正在面临的学习问题。<br>第二次修正：我觉得我有很多方法去解决现在遇到的问题。<br>　　　　A　　　B　　　C　　　D　　　E　　　F　　　G<br>　非常不符合　　　　　　　　　　　　　　　　　非常符合 |
| 2 | How often do you have feelings that there's little meaning in the things you do in your daily work activities: always have this feeling（1）—never have this feeling（7）<br>第一次修正：我在我的日常生活里时常感到没有意义。<br>第二次修正：我觉得自己的生活或学习很有意义。<br>　　　　A　　　B　　　C　　　D　　　E　　　F　　　G<br>　非常不符合　　　　　　　　　　　　　　　　　非常符合 |
| 3<br>PANAS | Distressed<br>　　　　1　　　　2　　　　3　　　　4　　　　5<br>very slightly　a little　moderately　quite a bit　extremely<br>我感到痛苦。<br>　　　　A　　　B　　　C　　　D　　　E　　　F　　　G<br>　非常不符合　　　　　　　　　　　　　　　　　非常符合 |
| 4 | Excited<br>　　　　1　　　　2　　　　3　　　　4　　　　5<br>very slightly　a little　moderately　quite a bit　extremely<br>我感到兴奋。<br>　　　　A　　　B　　　C　　　D　　　E　　　F　　　G<br>　非常不符合　　　　　　　　　　　　　　　　　非常符合 |

## 2）量表预测结果

（1）预测量表项目分析。由表 3-4 可知，各项目平均数显示被试填答结果没有过于一致，各项目能区别出不同属性的差异情形。各题项的标准差均大于 1.0，表明大部分数值与平均值之间差异较大，并没有接近平均值。根据题目筛选原则：高、低分组平均数差异检验未达统计显著水平者删除，每一题与分量表总分的积差相关系数低于 0.40 以下者删除，每题项删除后的 α 值显著高于量表 α 系数者删除。最终 m1、c1、p8 项目删除，剩余 54 个题项进行验证性因素分析。

表 3-4　中文版正、负向应激心理反应量表项目分析结果 ($n$ = 390)

| 变量 | 题项 | $M$ | SD | 与总分相关 $r$ | 删题后 $\alpha$ | 高低分组 $t$ 检验 $p$ | 删题情况 |
|---|---|---|---|---|---|---|---|
| 希望感<br>($\alpha$ = 0.833) | h1 | 5.541 | 1.125 | 0.544 | 0.818 | 0.000 | |
| | h2 | 4.914 | 1.386 | 0.664 | 0.794 | 0.000 | |
| | h3 | 4.906 | 1.248 | 0.567 | 0.814 | 0.000 | |
| | h4 | 3.484 | 1.389 | 0.531 | 0.822 | 0.001 | |
| | h5 | 4.664 | 1.343 | 0.657 | 0.795 | 0.000 | |
| | h6 | 4.955 | 1.405 | 0.678 | 0.790 | 0.000 | |
| 意义感<br>($\alpha$ = 0.627) | m1 | 4.838 | 1.486 | 0.163 | 0.736 | 0.014 | 删除 m1 |
| | m2 | 4.430 | 1.430 | 0.489 | 0.572 | 0.000 | |
| | m3 | 5.263 | 1.202 | 0.531 | 0.481 | 0.000 | |
| | m4 | 5.028 | 1.352 | 0.624 | 0.391 | 0.001 | |
| 积极情绪<br>($\alpha$ = 0.833) | p1 | 4.908 | 1.345 | 0.435 | 0.828 | 0.001 | 删除 P8 |
| | p2 | 4.086 | 1.338 | 0.577 | 0.813 | 0.000 | |
| | p3 | 4.466 | 1.354 | 0.726 | 0.796 | 0.000 | |
| | p4 | 4.586 | 1.350 | 0.650 | 0.804 | 0.001 | |
| | p5 | 4.267 | 1.354 | 0.566 | 0.814 | 0.003 | |
| | p6 | 4.230 | 1.468 | 0.667 | 0.801 | 0.000 | |
| | p7 | 4.400 | 1.364 | 0.587 | 0.811 | 0.000 | |
| | p8 | 4.151 | 1.517 | 0.099 | 0.867 | 0.013 | |
| | p9 | 4.507 | 1.341 | 0.653 | 0.804 | 0.000 | |
| 可控感<br>($\alpha$ = 0.682)<br>模型 2<br>($\alpha$ = 0.723) | c1 | 4.660 | 1.212 | 0.212 | 0.710 | 0.023 | 删除 C1 |
| | c2 | 4.737 | 1.418 | 0.577 | 0.569 | 0.000 | |
| | c3 | 4.761 | 1.516 | 0.579 | 0.563 | 0.000 | |
| | c4 | 4.387 | 1.592 | 0.361 | 0.667 | 0.001 | |
| | c5 | 4.002 | 1.610 | 0.466 | 0.618 | 0.000 | |
| 焦虑<br>($\alpha$ = 0.905) | a1 | 3.422 | 1.609 | 0.787 | 0.882 | 0.001 | |
| | a2 | 3.436 | 1.639 | 0.764 | 0.885 | 0.000 | |
| | a3 | 4.308 | 1.564 | 0.635 | 0.900 | 0.000 | |
| | a4 | 3.103 | 1.522 | 0.767 | 0.885 | 0.000 | |
| | a5 | 2.891 | 1.468 | 0.791 | 0.883 | 0.000 | |

续表

| 变量 | 题项 | M | SD | 与总分相关 r | 删题后 α | 高低分组 t 检验 p | 删题情况 |
|---|---|---|---|---|---|---|---|
| 焦虑 ($\alpha=0.905$) | a6 | 3.396 | 1.554 | 0.632 | 0.900 | 0.000 | |
| | a7 | 2.803 | 1.505 | 0.647 | 0.898 | 0.000 | |
| 失控感 ($\alpha=0.851$) | o1 | 3.885 | 1.595 | 0.673 | 0.819 | 0.000 | |
| | o2 | 3.976 | 1.570 | 0.701 | 0.813 | 0.003 | |
| | o3 | 2.650 | 1.402 | 0.620 | 0.830 | 0.000 | |
| | o4 | 3.013 | 1.579 | 0.512 | 0.849 | 0.000 | |
| | o5 | 3.688 | 1.594 | 0.702 | 0.813 | 0.004 | |
| | o6 | 3.189 | 1.573 | 0.611 | 0.831 | 0.000 | |
| 无意义感 ($\alpha=0.836$) | i1 | 3.602 | 1.574 | 0.604 | 0.811 | 0.000 | |
| | i2 | 4.134 | 1.598 | 0.600 | 0.812 | 0.000 | |
| | i3 | 4.113 | 1.537 | 0.583 | 0.815 | 0.000 | |
| | i4 | 3.723 | 1.525 | 0.737 | 0.784 | 0.000 | |
| | i5 | 3.255 | 1.494 | 0.554 | 0.820 | 0.001 | |
| | i6 | 3.334 | 1.624 | 0.589 | 0.814 | 0.000 | |
| 消极情绪 ($\alpha=0.917$) | n1 | 2.614 | 1.359 | 0.770 | 0.904 | 0.000 | |
| | n2 | 3.189 | 1.501 | 0.749 | 0.905 | 0.001 | |
| | n3 | 2.952 | 1.466 | 0.668 | 0.910 | 0.000 | |
| | n4 | 2.519 | 1.320 | 0.737 | 0.906 | 0.001 | |
| | n5 | 2.485 | 1.371 | 0.639 | 0.911 | 0.000 | |
| | n6 | 3.291 | 1.622 | 0.481 | 0.921 | 0.001 | |
| | n7 | 3.165 | 1.508 | 0.645 | 0.911 | 0.000 | |
| | n8 | 2.979 | 1.592 | 0.753 | 0.905 | 0.000 | |
| | n9 | 3.131 | 1.702 | 0.755 | 0.905 | 0.001 | |
| | n10 | 2.674 | 1.432 | 0.754 | 0.905 | 0.000 | |
| 生气敌意 ($\alpha=0.844$) | d1 | 2.770 | 1.447 | 0.646 | 0.816 | 0.000 | |
| | d2 | 3.186 | 1.587 | 0.642 | 0.819 | 0.000 | |
| | d3 | 2.581 | 1.484 | 0.764 | 0.765 | 0.000 | |
| | d4 | 2.524 | 1.534 | 0.670 | 0.806 | 0.001 | |

(2) 预测量表结构效度分析。根据侯杰泰(2004)、王孟成(2014)的观点[229, 252],选取绝对拟合指数、相对(或增值)拟合指数与简约拟合指数作为预测模型拟合检验的指标,并结合残差考查模型的拟合程度。本部分研究使用卡方值、自由度、CFI、TLI、RMSEA、SRMR、90%CI、AIC、BIC指数作为考查正、负向应激心理反应量表因素结构模型的拟合指标。首先进行各个项目的分布形态检验以决定模型参数估计的方法,接着运用验证性因素分析进行量表题项与各建构概念的拟合检验,并探讨是否进一步删除尚有疑虑的题项。

各项目的分布结果显示,各项目的偏度系数绝对值均小于1(除了h1偏度系数为-1.264),且大于0.5的居多;各项目峰度系数绝对值均小于1(除了h1峰度系数为-2.561、m3为1.067),且大于0.5的居多。此外,正态分布Kologorov-Smirnov检验各项目均不符合正态分布($p < 0.001$)。研究者认为正态分布检验易受样本量的影响,大样本更可能得到显著性结果,因此需要再参考P-P图等进行综合判断[221]。结果表明,数据尽管不符合正态分布,但偏离也不是很大。研究者认为尽管当偏态小于2、峰态小于7时采用ML估计是稳健的,但若采用其他专门处理非正态数据的估计法(如MLR)可得到更精确的结果[252],且鉴于本研究可能存在较复杂的数据结构,因此本研究将采用MLR参数估计方法进行模型检验。由表3-5可知,模型1拟合检验结果表明,模型卡方值 = 2825.761,CFI = 0.856,TLI = 0.846,SRMR = 0.063,AIC = 65389.501,BIC = 66174.789,RMSEA = 0.057,90%CI为0.051~0.059,但根据标准化解,c4(0.389)的项目负荷小于0.60,因此考虑将该题删除形成模型2,并对模型进行二次验证性因素分析。结果见表3-5模型2,其标准化解显示各项目的负荷均大于0.60。

表3-5 两个模型的CFA拟合度指标

| 模型 | $\chi^2$ | df | SRMR | CFI | TLI | RMSEA | 90%CI | AIC | BIC |
|---|---|---|---|---|---|---|---|---|---|
| 1 | 2825.761 | 1341 | 0.063 | 0.856 | 0.846 | 0.057 | 0.051~0.059 | 65389.501 | 66174.789 |
| 2 | 2743.047 | 1289 | 0.060 | 0.857 | 0.886 | 0.052 | 0.051~0.057 | 63978.886 | 64133.561 |

注:模型1为删除m1/p8/c1后54个项目模型;模型2为在模型1基础上删除c4后的53个项目模型。

综上,非嵌套模型的比较可参考信息指数AIC和ΔBIC(两个模型BIC差值),当ΔBIC大于10则BIC值较小的模型得到非常强的支持[252]。据此,模型2优于模型1。从模型2各拟合指数看,RMSEA和SRMR均小于0.080,在可接受范围内;CFI和TLI均小于0.90,似乎不够理想。但有研究认为

CFI、TLI ≥ 0.85 也在可接受的范围[222]。此外，信度分析表明可控性这一因子删除 c4 这一题项后，内部一致性信度由 0.682 提高到 0.723。因此，本研究根据模型 2 形成正式量表。

（3）预测量表信度分析。基于模型 2 得到全量表的 $\alpha$ 系数为 0.854，分量表的内部一致性系数为 0.627~0.917 之间，除意义感的信度稍低外，其余分量表的 $\alpha$ 系数均在 0.70 以上，显示中文版量表具有较好的内部一致性。

综合以上的分析结果，修订完成的 CEDPRS 共计有 53 题、9 个因子。分析结果表明，CEDPRS 具有可接受的结构效度、内容效度与内部一致性信度。

### 3）正式量表施测结果

本部分对 53 个项目的正式量表进行正式施测。正式施测主要目的为建构后续研究可用量表及其信度和效度。以下将分别呈现正式量表施测研究的结果。

（1）描述统计与正态分析。由表 3-6 可知，偏度系数绝对值介于 0.018~1.348，峰度系数绝对值介于 0.002~2.620，有研究者认为偏态系数与峰度系数绝对值均小于 2 可视为数据正态分布[252]，同时结合 P-P 图、Q-Q 图综合判断，整体数据基本呈多元正态分布，但个别项目略有偏离。因 Kologorov-Smirnov 检验受样本量影响较大，因此结果未予以参考。鉴于以上，本研究考虑到 9 个因子的数据结构较复杂，正式样本的验证性因素分析仍将采用 MLR 作为估计方法。

表 3-6　正式量表各题项描述统计量摘要表（$n$ = 689）

| 题项 | $M$ | SD | Skewness | Kurtosis |
| --- | --- | --- | --- | --- |
| h1 | 5.552 | 1.191 | −1.348 | 2.620 |
| h2 | 4.979 | 1.347 | −0.691 | 0.319 |
| h3 | 4.906 | 1.254 | −0.464 | −0.015 |
| h4 | 3.603 | 1.382 | 0.106 | −0.492 |
| h5 | 4.677 | 1.296 | −0.426 | 0.076 |
| h6 | 5.039 | 1.329 | −0.783 | 0.344 |
| a1 | 3.553 | 1.664 | 0.203 | −1.052 |
| a2 | 3.570 | 1.702 | 0.188 | −1.041 |
| a3 | 4.282 | 1.633 | −0.275 | −0.865 |
| a4 | 3.158 | 1.508 | 0.502 | −0.584 |

续表

| 题项 | M | SD | Skewness | Kurtosis |
| --- | --- | --- | --- | --- |
| a5 | 2.889 | 1.430 | 0.651 | −0.226 |
| a6 | 3.284 | 1.539 | 0.336 | −0.842 |
| a7 | 2.853 | 1.497 | 0.618 | −0.415 |
| m2 | 4.531 | 1.374 | −0.318 | −0.344 |
| m3 | 5.255 | 1.208 | −0.823 | 1.011 |
| m4 | 5.026 | 1.324 | −0.565 | 0.030 |
| o1 | 3.908 | 1.552 | −0.086 | −0.797 |
| o2 | 4.008 | 1.548 | −0.176 | −0.921 |
| o3 | 2.769 | 1.482 | 0.883 | 0.960 |
| o4 | 3.029 | 1.570 | 0.552 | −0.608 |
| o5 | 3.705 | 1.593 | 0.018 | −1.016 |
| o6 | 3.103 | 1.550 | 0.526 | −0.613 |
| i1 | 3.448 | 1.555 | 0.279 | −0.909 |
| i2 | 4.064 | 1.582 | −0.149 | −0.844 |
| i3 | 4.132 | 1.529 | −0.194 | −0.847 |
| i4 | 3.718 | 1.534 | 0.111 | −0.956 |
| i5 | 3.302 | 1.510 | 0.444 | −0.609 |
| i6 | 3.407 | 1.647 | 0.266 | −0.927 |
| p1 | 4.920 | 1.387 | −0.617 | 0.002 |
| n1 | 2.642 | 1.397 | 0.828 | 0.159 |
| p2 | 4.030 | 1.393 | −0.181 | −0.520 |
| n2 | 3.173 | 1.475 | 0.490 | −0.578 |
| p3 | 4.475 | 1.329 | −0.364 | −0.356 |
| n3 | 2.978 | 1.492 | 0.559 | −0.449 |
| n4 | 2.530 | 1.336 | 0.804 | 0.065 |
| n5 | 2.488 | 1.346 | 0.884 | 0.281 |
| p4 | 4.640 | 1.338 | −0.427 | −0.174 |

续表

| 题项 | M | SD | Skewness | Kurtosis |
|---|---|---|---|---|
| p5 | 4.266 | 1.357 | −0.306 | −0.257 |
| n6 | 3.198 | 1.598 | 0.421 | −0.819 |
| n7 | 3.131 | 1.490 | 0.429 | −0.642 |
| p6 | 4.244 | 1.421 | −0.238 | −0.441 |
| n8 | 3.004 | 1.591 | 0.487 | −0.817 |
| p7 | 4.409 | 1.361 | −0.390 | −0.343 |
| n9 | 3.110 | 1.641 | 0.412 | −0.837 |
| p9 | 4.509 | 1.360 | −0.442 | −0.348 |
| n10 | 2.758 | 1.448 | 0.610 | −0.495 |
| c2 | 4.726 | 1.461 | −0.363 | −0.564 |
| c3 | 4.784 | 1.520 | −0.444 | −0.535 |
| c5 | 3.976 | 1.576 | 0.192 | −0.956 |
| d1 | 2.816 | 1.464 | 0.630 | −0.382 |
| d2 | 3.096 | 1.588 | 0.441 | −0.809 |
| d3 | 2.502 | 1.448 | 1.012 | 0.515 |
| d4 | 2.406 | 1.485 | 1.147 | 0.721 |

（2）效度检验。正式样本数据（$n = 689$）经 Mplus 验证性因素分析，结果显示：卡方值为 3390.420，自由度为 1289，RMSEA 值为 0.049，90%CI 为 0.047~0.051，CFI 为 0.871，TLI 为 0.862，SRMR 值为 0.059，各项目负荷值均大于 0.50。以上表明该模型在正式样本中具有可接受的拟合或较好的适配，且与原量表的结构效度结果相比较（RMSEA = 0.076，90%CI 为 0.070~0.081，CFI = 0.74），CEDPRS 具有更佳的模型拟合，尤其是 RMSEA 具有显著改善。RMSEA 因其不受样本量和模型复杂度的影响被认为是最可靠的拟合指标[252]。各分量表测量模型结果如图 3-2 所示。

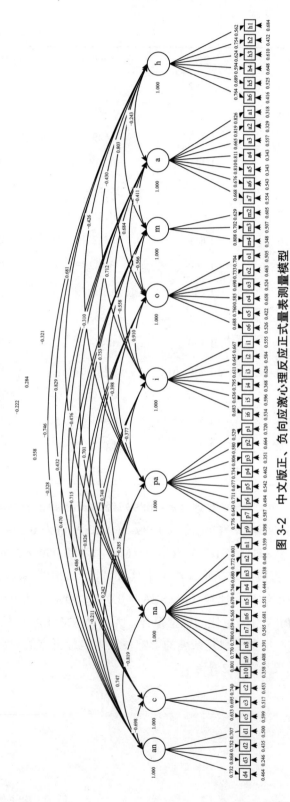

图 3-2 中文版正、负向应激心理反应正式量表测量模型

注：an 为生气维度；c 为控制感；na 为消极情绪；pa 为积极情绪；i 为无意义感；o 为失控感；m 为意义感；a 为焦虑感；h 为希望感。

（3）信度检验。①稳定性系数。重测信度的样本从正式样本中方便选取了98人，时间间隔一周施测，全量表的重测信度为0.83，各分量表为0.70~0.82（表3-7）。表明CEDPRS的稳定性良好。②内部一致性信度。就正式样本的数据，以Cronbach's α系数分别计算全量表与分量表的内部一致性信度。由表3-7可知，全量表α系数为0.855，各分量表的α系数在0.717和0.915之间，表明CEDPRS具有良好的内部一致性信度。

表3-7 中文版正、负向应激心理反应量表内部一致性与稳定性系数

| CEDPRS 及各维度 | 内部一致性信度（$n = 689$） | 重测信度（$n = 98$） |
| --- | --- | --- |
| 全量表 | 0.855 | 0.832** |
| 希望感 | 0.826 | 0.807** |
| 意义感 | 0.738 | 0.845** |
| 控制感 | 0.717 | 0.767** |
| 积极情绪 | 0.875 | 0.754** |
| 焦虑 | 0.902 | 0.788** |
| 无意义感 | 0.831 | 0.867** |
| 失控感 | 0.845 | 0.856** |
| 消极情绪 | 0.915 | 0.799** |
| 生气敌意 | 0.844 | 0.802** |

注：** 表示 $p < 0.01$。

综合以上的分析结果，修订完成的CEDPRS共计有53个题目、9个因子。正式施测信效度分析结果显示该量表具有可接受的结构效度、良好的稳定性及内部一致性。

## 3.1.5 讨论

**1）关于中文版正、负向社会心理应激心理反应量表的内容**

本部分以Simmons（2000）编制的应激心理反应量表为基础进行了中文版正、负向社会心理应激心理反应量表的开发。其中的翻译工作和内容审查充分考虑了文化差异及群体差异问题。原问卷编制的目的是论证即使个体在高应激情境下依然存在积极的应激心理反应，因此选取了医院护理人员这一高应激群体作为被试样本，也因而限制了其结论的推广性。但本研究目的是希望研究结果可推广到普通人群，因此所有被试均选取了同质性相对较高的大学生群体，以期修订的量表及研究结论具有更普遍的应用性。此外，在修订及翻译流程上，我们参考了经典翻译模型和相关翻译方法学上的原则，

因此一定程度上保障了量表的内容效度与专家效度。因研究指向的是应激群体，即具有压力的群体，但大学生这个群体并不一定完全符合，因此必须对样本予以筛选，本研究采用了自我报告的方式选取过去 12 个月中具有压力经历的个体。尽管此种方式的有效程度还有待论证，但鉴于理论假定一般情形下压力在个体身上是普遍存在的，因此我们可以认为该样本群体具有压力状态。但关于该量表反映的应激性质是急性还是慢性可能存在不确定性。本研究认为应激具有累积效应，急性应激会转化为慢性应激[223]。本研究指向的时间期限为一年且不特别针对具体应激源，因此可假定该量表反映的是对慢性应激的心理反应。此外，本研究将原 PANAS 量表 5 点评分改为 7 点评分，这除了考虑了数据合成的便利，还考虑了文化的差异。研究认为中国人倾向于做消极、克制或中性温和的反应，而西方人更愿意用强烈的词表达感受，如中国人更倾向用"可以""还好"而不是"好""很好"等词语[91]。由此我们认为选项需要加大范围已获得更好的区分度。综上，该量表在表面效度和内容效度上获得一定保障。

### 2）关于中文版正、负向社会心理应激心理反应量表的信效度

具有一定内容效度和专家效度的 CEDPRS 量表经预测及正式施测的信效度检验，结果均表明 CEDPRS 具有可接受的效度和良好的信度。尽管两次验证性因素分析检验的 CFI 和 TLI 均小于 0.90，但也在 0.85 左右，这比原量表的 CFI （0.74）理想很多[196]。有研究认为对于相对复杂的模型，CFI 值一般表现欠佳[227]。此外，两次检验中被认为是最可靠的拟合指标 RMSEA 值均小于 0.08，因此可以认为该量表具有一定的结构效度。研究者认为 CFI 的临界值是研究者通过模拟研究或根据经验给出，而模拟研究的情境与实际研究的相差较大，且并没有达成一致意见，因此这些指标的临界值并非黄金标准，仅凭借这些标准拒绝或接受模型是非常不可取的[224]，因此，各拟合标准更多的只是一种参考，应结合理论及多方面信息综合判断[225]。原量表的结构检验由于样本量小于参数估计的数目，而不得不将 8 个因子分部分进行因素分析，验证性因素分析也由此变得不可靠[196]。本研究的样本量完全符合统计要求：样本量为 689，自由估计的参数数目为 195，且在数据分布及参数估计方法上进行了严格的论证。因此，综合来看该模型拟合还是在可接受范围，可以认为结果具有一定的可靠性。总体，与 Simmons（2000）对 EDPRS 的研究结果相比，CEDPRS 的模型拟合度更好，尤其是在 RMSEA 和 CFI 方面。Huand Bentler（1999）发现，使用 RMSEA＜0.06 和 SRMR＜0.09 的组合标准，发生 I 型和 II 型错误的概率

最小，因此是模型评估的首选[252]。此外，比较竞争模型的目的是创建一个更好的模型。基于此，我们在本研究中验证的模型是相当合理的。

此外，这一结果也反映了应激发生可能会同时产生积极与消极心理状态，即相对应的正、负向两种性质的应激反应。Lazarus 和 Folkman（1984）认为认知评价及其导致的应激反应是复杂的且具有混合性，压力反应不是一维的结构。这在情绪及神经系统活动的研究及荷尔蒙反应的研究中得以证实[53]。根据 Lazarus 和 Folkman（1984）的观点，积极与消极评价导致了彼此独立又相互联系的应激心理反应，并且针对同一个压力源，积极和消极的应激心理反应可同时产生。因此，正、负向应激不是一个连续体的两个极端，而是彼此独立又相关的两个结构[226]。对于给定的同一个应激源，个体产生一定程度的积极反应的同时也可能会产生一定程度的消极反应，这一观点也得到具体研究者的支持，如 Folkman 和 Lazarus（1985）对本科生的研究。那么在生理反应上是否也呈现不同差异，抑或 Selye 所认为的具有非特异性生理反应，这将是接下来本研究进一步论证的问题。

综上，本研究所修订的 CEDPRS 经项目分析、验证性因素分析、信度分析等显示具有一定的信效度，各因子的结构良好，各项题均能良好反映各自所属因子，可以作为后续研究的有效工具。

## 3.2 子研究 2 正、负向社会心理应激心理反应指标的建构

### 引言

鉴于正、负向应激分开研究的必要性，这就需要论证二者是独立的结构并同时进一步明确各自的心理指标。我们假设 1：对于任何一个给定的应激源，个体既可能会有积极的心理反应，也可能同时会有消极的心理反应，即积极、消极压力（正、负向应激）是两个独立的结构。假设 2：正向应激的心理指标为希望感、意义感、可控感和积极情绪；负向应激的心理指标为焦虑、无意义感、失控感、消极情绪、生气与敌意。

已有研究证明了正向应激建立的一阶变量作为二阶构念模型指标的有效性，即积极心理状态作为积极压力的指标是有效的，但消极心理状态作为消极压力的指标没有得到充分证实。此外，已有研究的二阶验证性因素分析表明，最终由于消极压力维度的各指标低负荷，实际数据没能支持正、负向应激是两

个独立结构这一假设。因此，完全的两因素二阶模型没有得到证实。研究认为这是由于样本量（$n = 158$）小于被估计的参数数量（214）造成了参数估计不可靠[52]。因此，本研究在样本量和取样上对此进行了充分的考虑。已有研究尽管在理论上已经论证了正、负向应激的高阶结构是合适的，但高阶的理论构念并没有完全被数据经验证实，因此需要进一步论证。

研究认为高阶模型建构是证明两个因素彼此独立且又相关这一假设存在的最具说服力的方式。理论上通过对积极心理状态、消极心理状态和健康状况关系的对比，可以建立一个关于积极压力存在的理论依据，但实证依据只有通过使用高阶因素模型才能建立[52]。目前还没有确定的测量积极压力的工具，所以建立将积极心理状态作为积极压力指标的高阶因子结构分析是一种比较实际的方法，由此可以建立积极压力的实证效度，并检验它与其他变量的关系。因此，结构方程建模是最有效的解决该问题的数据分析方法。

### 3.2.1 研究目的

采用结构方程建模考察正、负向应激心理反应是否为两个独立的结构，以及正、负向社会心理应激各自的心理反应指标。

### 3.2.2 研究方法

**1）研究对象**

同正式量表施测部分。整群抽取高校大学生进行问卷施测，共发放 750 份问卷，回收有 730 份，删除规则作答、填答无效的问卷后，获有效问卷 689 份，有效回收率为 92%。其中男生有 313 人，女生有 376 人；平均年龄为 $20.59 \pm 1.96$ 岁。具体详见表 3-1。

**2）研究工具**

采用本研究修订的正、负向社会心理应激心理反应量表。人口学资料部分包括院系（专业）、年龄、性别、年级、是否独生、家庭所在地。本部分使用的量表内容包括希望感、意义感、可控感、积极情绪、焦虑、失控感、无意义感、消极情绪、生气与敌意 9 个维度，共 53 个条目，采用 7 级评分，从非常不符合到非常符合，得分越高表明该心理状态程度越高。此外包括一道自陈式应激筛选题目和两道逻辑查错题目。本研究中，9 个分量表的 $\alpha$ 系数为 0.717~0.915，重测信度为 0.70~0.82，总体问卷的 $\alpha$ 系数为 0.855。

**3）研究程序**

同正式施测程序。具体见本部分子研究 1 的 3.3.1。

**4）数据分析方法**

研究认为，采用竞争模式取向对模型结构进行检验是较好的方式[227]；二阶模型可检验一阶因子间的相关是否可由一个二阶因子解释[228]，并且从理论角度选择高阶模型比选择数据驱动的低阶模型做法更适合[252]。因此本研究采用模型比较来论证正、负向应激的结构。首先对各维度进行相关分析，在此基础上判断是否可以进行二阶结构模型分析。研究认为，在一阶模型的基础上进行二阶模型建构需满足以下两个条件。①二阶负荷较高或一阶因子相关较高；②与一阶模型拟合比，二阶模型拟合未显著恶化[229]。因此，需要论证二阶模型分析的可行性与必要性。鉴于 9 个因子结构模型的复杂性，我们优先考虑理论而非数据驱动的分析方法：$T$ 系数（target coefficient）方法，$T$ 为两个模型卡方值之比值。这一方法是基于一阶模型拟合永远优于高阶模型拟合的思想，认为一阶模型为高阶模型提供了一个目标或最佳拟合[230]。目标系数 $T$ 的上限是 1，如果一阶因子之间的关系可以完全由高阶因子的关系来解释的话，$T$ 系数就可能为 1[52]。根据正式量表施测数据的描述统计与正态分析结果，本部分验证性因素分析的参数估计方法仍然采用了稳健估计（MLR）。其次进行多个模型的比较，择优选取最合适模型。

### 3.2.3 研究结果

**1）各因子间相关分析**

由表 3-8 可知，正、负向应激的各心理指标彼此基本呈显著高相关（$p < 0.001$）。正向应激的心理指标：希望感、意义感、积极情绪之间的相关均在 0.60 左右，但可控感与其他积极心理状态相关较低，却与消极心理状态相关较高，因此模型分析时需特别注意该因子。负向应激的心理指标：焦虑、失控感、无意义感、消极情绪、生气与敌意彼此均呈中等程度以上极其显著正相关。由此可以看出，正、负向应激在心理指标上基本是彼此独立的，但又有一定程度的相关，可以作为二阶模型分析的基础。其中正、负向应激呈中等程度的显著负相关（$r = 0.540$，$p < 0.001$）。

表 3-8　正、负向应激心理反应量表 9 因子相关矩阵

| 因子 | 希望感 | 意义感 | 积极情绪 | 可控感 | 焦虑 | 失控感 | 无意义感 | 消极情绪 |
|---|---|---|---|---|---|---|---|---|
| 意义感 | 0.665*** | | | | | | | |
| 积极情绪 | 0.591*** | 0.624*** | | | | | | |
| 可控感 | 0.351*** | 0.313*** | 0.397*** | | | | | |
| 焦虑 | −0.232*** | −0.318*** | −0.269*** | −0.620*** | | | | |
| 失控感 | −0.374*** | −0.460*** | −0.330*** | −0.580*** | 0.614*** | | | |
| 无意义感 | −0.368*** | −0.437*** | −0.313*** | −0.660*** | 0.627*** | 0.775*** | | |
| 消极情绪 | −0.301*** | −0.380*** | −0.244*** | −0.685*** | 0.752*** | 0.634*** | 0.650*** | |
| 生气敌意 | −0.202*** | −0.250*** | −0.180*** | −0.555*** | 0.502*** | 0.418*** | 0.415*** | 0.691*** |

注：*** 表示 $p < 0.001$。

### 2）二阶模型建构的可行性

由模型拟合指标表 3-9 及因子负荷图 3-3 可知，53 个项目的两维二阶模型的各个拟合指标基本在可接受范围，尤其是 RMSEA 表现良好，小于 0.08，且 90%CI 上限小于 0.08，表明 RMSEA 的估计是可靠的。9 个因子的一阶模型与两维度的（正、负向应激）二阶模型在各个拟合指标的比较上并未表现出太大差异，两个模型的 $T$ 系数为 0.843，表明两维度的二阶模型并没有显著恶化一阶模型，并且在理论上两个维度的二阶模型已充分论证。研究认为，高阶模型究竟是否合理最终仍需要回到理论[229, 252]。鉴于以上，两维度的二阶模型并没有明显违反建构高阶模型的条件，二阶模型拟合指数并未明显降低，拟合并未明显恶化。因此，本研究认为两维度的二阶模型是可以接受的，具有建立的必要性和合理性。此外，因单维二阶模型不受理论支持，因此本研究未予以考虑。

表 3-9　一阶与二阶因子模型拟合指数

| Model | $\chi^2$ | df | TLI | CFI | SRMR | RMSEA（90%CI） |
|---|---|---|---|---|---|---|
| 一阶 | 3390.420 | 1289 | 0.862 | 0.871 | 0.060 | 0.049（0.047~0.051） |
| 二阶 | 4021.496 | 1315 | 0.845 | 0.853 | 0.079 | 0.055（0.053~0.057） |

### 3）二阶模型择优建立

研究认为使用竞争模型比较策略选择拟合数据最理想的模型是确立模型结构最佳的方法，并且模型拟合质量的评估需结合相应理论进行[227]。因此，本研究根据前期分析，构想了两个模型。模型 1 为二阶 9 维度双因子模型，模型 2 为二阶 8 维度双因子模型。据 9 个因子的相关分析发现，负向应激心理反应的

# 3 研究一：正、负向社会心理应激心理反应量表的修订及其心理指标的建构

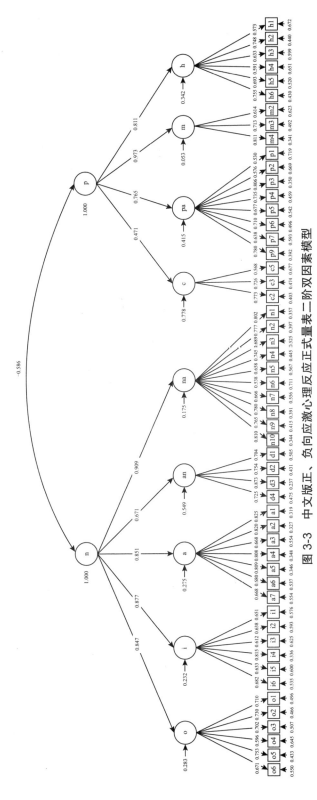

图 3-3 中文版正、负向应激心理反应正式量表二阶双因素模型

注：n 为负向应激；p 为正向应激；o 为失控感；i 为无意义感；a 为焦虑；an 为生气愤怒；na 为消极情绪；c 为控制感；pa 为积极情绪；m 为意义感；h 为希望感。

指标之间具有较高程度的相关，正向应激的指标之间也具有较高相关，因此可以假设应激具有正、负向两个高阶因子。但其中原本属于正向应激的指标：可控感这一维度，与负向应激的几个指标具有更高程度的相关，且在正向应激上的负荷较低，因此考虑将其删除建立模型 2。由表 3-10 可知，删除可控感这一维度并没有明显改善拟合效果，尤其是 RMSEA 相差很小。根据两个模型的 $T$ 系数为 0.836，表明两个模型在优劣程度上并没有显著差异。根据 JDC 理论，控制感对于正向应激的产生具有重要意义，因此本研究倾向理论驱动进行模型的选取，最终保留了符合理论逻辑的模型 1，即 53 个项目的二阶 9 维度双因子模型。由此一定程度上验证了正、负向应激是两个独立又相互联系的结构这一假设，并且建立了各自的心理反应指标。但鉴于可控感在正向应激上的因素负荷为 0.471，且与负向应激具有中等相关，因此作为正向应激的心理反应指标需要进一步讨论。此外，根据因素负荷看，意义感对于正向应激似乎更具重要性（二阶载荷大于 0.90），消极情绪对于负向应激更具重要性（二阶载荷大于 0.90）。具体如表 3-10 和图 3-3 所示。

表 3-10　两个高阶模型拟合指数

| Model | $\chi^2$ | df | TLI | CFI | SRMR | RMSEA（90%CI） |
| --- | --- | --- | --- | --- | --- | --- |
| 模型 1 | 4021.496* | 1315 | 0.845 | 0.853 | 0.079 | 0.055（0.053~0.057） |
| 模型 2 | 3362.047* | 1166 | 0.848 | 0.856 | 0.068 | 0.052（0.050~0.054） |

注：* 表示 $p < 0.05$。

### 3.2.4　讨论

　　本部分的研究验证了正、负向应激心理反应是两个独立的结构，高阶的理论构念基本被数据经验证实，且一定程度上确定了各自的心理反应指标，证明积极、消极心理状态分别作为正、负向应激的心理指标是有效的。这一研究结论弥补了以往研究，并为我们后续的研究提供了相对可靠的测量工具和理论观点支持。本部分的研究表明，压力事件发生期间积极心理反应和消极心理反应会同时产生。其中，希望感、意义感、积极情绪和可控感可作为正向应激的心理指标；焦虑、消极情绪、无意义感、失控感、生气与敌意可作为负向应激的心理指标。且与以往研究一致，本研究也认为正、负向应激的心理反应指标并不局限于以上。这就意味着应激产生时，积极心理状态与消极心理状态是同时具有的，由一定应激带来的主观感受是复杂的，不能单从一个角度分析和对待。以往研究认为，积极、消极反应是由不同的压力源造成的，积极反应的效应被认为是一种应对策略，是一种适应消极压力及其负面效果的方式。积极压力与消极压力是一个连续体的两分对立结果，处于一个连续体的两端，积极压力就是没有消极压力。现在看来这些理论观点是极其片面的。本部分的研究支持了应激会同时产生彼此独立且程度不同的积极和消极心理反应这一观点。这一理论观点打破了已有一些研究对应激或压力的看法，亦对积极心理学的理论发展提供了有益的支持，有助于心理学从病理学的研究视角转向正向应激对幸福及疾病重要意义的关注。

此外，关于模型拟合问题，研究者认为即使高阶模型能够在理论上有效解释因子的协变，但在实践中高阶模型的拟合度也永远不会比相应的一阶测量模型更好[484]。这是一种以理论与实践驱动的数据分析观点。Simmons（2000）相关研究表明，正、负向应激的二阶模型没有得到数据的支持，反而不受理论支持的单维二阶模型受到数据支持，并且消极压力的负荷较低，这似乎证明了应激只有积极心理反应，显然这是不符合逻辑的。研究者认为理论假设没有得到数据验证性因素分析支持的原因除了样本量问题外，模型的复杂性也是个问题。因结构方程模型方法对小样本容量和模型复杂性都很敏感，且多数拟合指标均惩罚复杂模型，如 RMSEA。因此，本研究在选取模型拟合及模型比较方法时，充分考虑了这一点，倾向于采用理论优先的分析思路。只要其他模型拟合没有特别优于原理论构想模型，就不能轻易推翻原假设模型。

关于正、负向应激的指标，分析表明它们彼此显著相关但不存在严重的多重共线性问题。其中，意义感对正向应激的贡献率最大，并非积极情绪，但消极情绪对负向应激的贡献最大。这表明正、负向应激不是相反或对立的关系，并且可以推测正向应激者也会有消极情绪产生。其中，正向应激的心理指标可控感是否成立，需要进一步论证。本研究中可控感的负荷较低可能是与项目的反向表达有关。可控感的核心含义是指个体对可支配资源能否满足需要的感受，而可控感的几个项目可能并未准确反映其核心含义，但这并不妨碍正向应激确实是一个独立于负向应激的结构这一观点的成立。这一结论将有助于为两者分开进行研究提供依据，今后研究应分别考察各自对个体幸福和健康的影响，并且对于改变人们对应激的消极观念，即认为压力或应激就是不好的观念具有重要意义。

## 4 研究二：基于问卷调查的正、负向社会心理应激模型建构

## 引言

长久以来，关于应激与压力的研究大多集中于风险消极因素及消极效应方面，过多地强调了应激的消极影响，但本研究认为应激对健康的影响远远比这个复杂得多。为此，需对以下问题进行思考。①以往有研究认为去甲肾上腺素与肾上腺素促进了癌细胞的增长，但二者是否仅仅在应激状态下才产生？或者是否任何应激都会产生？还是伴随过度紧张或恐惧情绪才会产生？以往研究似乎把应激概念局限于紧张性心理刺激引起的应激即负向应激，这种应激往往明显伴随恐惧或紧张或愤怒或失望无助等情绪。但我们必须思考的是：应激发生时是否一定会有紧张情绪存在？是否所有类别的应激都会如此？这是本研究拟关注的问题。②应激激素不仅只有去甲肾上腺素和肾上腺素，应激发生时可能释放的激素还包括糖皮质激素、生长激素、甲状腺素、$\beta$-内啡肽、催产素等[231]，这些应激激素对健康的影响分别是怎样的？如果不是所有的应激激素均有害健康，那么就不能一概而论地说应激或压力是有害健康的。③以上研究均指向的是慢性应激，即长期的压力。但慢性应激是否也具有正、负向之分，正、负向急性应激与正、负向慢性应激分别对健康的影响如何，均需要进一步探讨。不同应激性质的区分对于健康研究具有重要意义。④应激的程度也是个问题。以往研究表明适度压力对健康是有益的，如研究认为适度的皮质醇增加会使免疫系

做好对抗疾病的准备[121]，研究也表明肾上腺素在低水平与短时间条件下对健康是有益的[57]。因此，这个"度"如何界定与把握也是个问题，并且需考虑个体差异性。综上，在考察应激对健康的影响时必须考虑应激的量及性质。

鉴于以上，到底什么样的应激才会对健康造成消极影响？什么样的应激对健康具有积极意义？这些问题都是重要的。因此，本部分拟解决以下几个问题。

第一，分别考察正、负向应激与身体和心理健康的关系，并侧重正向应激的效应。

研究一已论证了正、负向应激是两个独立的结构，其意图也主要在于论证正向应激存在的可能性及单独研究的必要性。由此，本研究特别关注了正向心理应激。本部分拟通过横向研究问卷的调查初步论证正向应激可能产生的积极作用。鉴于与应激相联系的最重要的结果变量是身心健康，我们以此作为典型的结果变量来论证这一问题，即主要探讨正、负向应激分别对健康的影响，以期能够论证正向应激与积极结果的联系，在某种条件下能对健康起到正向作用。但目前对于积极压力与健康的关系方面的研究甚是缺乏。有研究表明，积极的情绪状态可以促进积极的认知和身体健康[52]，这一研究为正向应激（积极压力）与健康之间的积极关系的研究提供了依据。Edwards 和 Cooper（1988）推测积极压力可能会直接通过生理改变来提升健康水平，或者间接通过减少消极压力反应来改善健康水平[55]。经过对各种应激来源的研究结果的审查发现，大部分研究证据表明积极压力对健康有直接的影响。但这些证据只是暗示性的，并非直接确定的结论。极少数研究表明积极压力能够改善生理功能[232]。其中并没有任何研究显示积极压力会不利于健康。如有研究表明，催产素的释放可增强心脏功能[233]。在护理人员样本中，积极压力与自我报告的健康状况之间存在较强的正相关关系，健康认知与积极压力的四个指标之间均呈现显著正相关。其中相关度最高的是希望，相关度最低的是积极情感，但压力源（例如人际信任）与自我报告的健康之间的直接关系不显著[52]。总体来看，负向应激通常与消极的健康影响相关，如功能紊乱或丧失；正向应激与健康良好或积极的应激结果相关。Rose 等（1987）历时 3 年针对空中交通指挥员的纵向研究表明，在所有工作负荷的水平上，被试的皮质醇水平均有轻微升高。那些高皮质醇水平的男性被试，他们的工作表现更令人满意，被同事认为更有能力，且与皮质醇水平较低的人相比，那些高皮质醇反应者的患病频率较低，而且对于任何给定的工作负荷水平，他们也往往具有更少的健康问题。Rose 认为那些皮质醇增加的被试是将工作视为了挑战而不是所谓的压力[125]。以往研究表明，试图减少压力与并未尝试减少压力的个体在心理及生理健康水平上并无显著差异[123]。

由此，我们可以认为某些个体尽管承受了较大的压力，但并没有对其健康造成消极影响且有可能具有积极影响。

综上，压力能否促进健康，目前部分研究认为是肯定的，但其机制还不明确仍需验证。基于正、负向应激的区分，本研究分别探讨正、负向应激对健康的影响。由于以往研究过多关注了应激对健康的不良影响，因此本研究尽管从整体角度全面论证正、负向应激，但会对正向应激及应激的积极影响有所侧重。本研究假设正向应激与健康呈显著正向关系，可促进健康；负向应激与健康呈显著负向关系，对健康具有消极影响。

第二，考察压力有害健康的认知对身体健康与心理健康的影响。

根据 lazarus 的认知评价理论，个体是基于对压力源不同的认知评价而做出不同的压力反应，而不是对压力本身直接做出反应。即面对相同的压力源，不同的人基于不同的认知产生不同的压力反应。人们如何对压力做出反应，取决于他们将压力源认知评价为积极还是消极[234]。Frankenhauser（1981）强调个体对心理社会环境的神经内分泌反应主要取决于个体对刺激的认知评估及随之的情绪影响，而不是刺激本身。个体是基于刺激情境的认知评估产生积极和消极的情绪，以及不同的生理和心理反应[239]。根据相关理论，应激源的影响受个体认知的调节，主要的认知评估涉及压力源对自身带来损害的主观感受及其可能的损害程度，且该风险评估进而引发初级应对机制。风险认知的增加会提升负向的心理应激水平，并进而与负向的健康结果联系。基于这一理论框架，研究认为，在决定或预测未来应激后果中，与应激有关的健康风险认知是关键因素。

以往研究探讨应激与健康的关系多集中于具体应激源，如负向生活事件、慢性工作压力以及引发死亡的具体原因（如心血管疾病），较少探讨压力有害健康的认知与健康结果之间的关系。近几年的研究表明，压力有害健康认知的程度越高，身心健康水平越差。压力只有在个体认为它是有害的时候才会对健康产生消极影响。对压力的消极认知本身比压力的数量及严重程度更能对个体健康产生不利影响。那些遭受了大量压力且相信压力有害健康的个体，其死亡风险增加 43%[122]，即经历了过多压力同时又具有压力极其有害健康认知的个体过早死的风险是具有同等压力程度但却不具有压力消极认知个体的 1.43 倍（HR = 1.43，95%CI [1.2，1.7]）。与不具有压力消极认知的个体比，认为压力对健康具有一些或很多消极影响的个体报告健康不良的概率增加了 2~4 倍。此外，心理健康方面，具有压力有害健康认知的个体更可能报告承受了较多的心理困扰。其中，认为压力对健康有一些不良影响的个体报告具有心理困扰的是不认为压力有害健康个体的 2.55 倍（OR = 2.55，95%CI[2.2，2.9]），认为压力会对健康造成很大不良影响的个体报告心理困扰的是不具有压力消极认知个体的 5.1 倍（OR = 5.10，95%CI [4.3，6.0]）[123]。基于以上，我们可以推论，应激有害健康的认知对正、负向应激的生成以及健康状况具有重要影响。本研究假设应激有害健康的认知与健康状况呈显著负向关系。

第三，通过横断问卷调查获取数据进行建模分析以初步了解变量间关系，初步建立包含正、负向应激的完整模型。

Mason（1971）指出应激反应是复杂的，绝不是仅仅靠 Selye 提出的生理系统来解释的，应激反应需要更复杂、更高层次的心理系统予以解释[53]。因此，应激的心理机制研究具有相当的必要性和重要性。分别单独考察正、负向应激与健康的关系代表了一个更整体化的应激心理模型，但相关关系的研究不能说明变量间关系的方向。比如，那些具有压力消极认知的个体更多地报告不良健康状况，也可能仅仅是因为他们的健康状况不良。因此，需要更严格的研究方法去探讨压力的数量、压力的消极认知、正向与负向应激、健康结果之间的因果关系方向。据此，本部分拟采用结构方程模型方式建立一个相应的模型。

研究认为一个完整的应激模型应包括生理、心理和行为方面的所有指标、更广泛的应激源、除了健康之外的其他重要的结果变量（如行为效率），以及应激反应与应激反应结果之间的调节变量[196]。但如此复杂的一个模型仅凭一项研究是不可能完成的，尤其是对于调查研究来说。因此，本研究在横断问卷调查研究部分，基于理论及逻辑的考虑，结果变量只选取了健康（包括身体健康与心理健康），以便论证应激的积极意义——即正向应激是否可促进健康的问题。本部分的研究没有针对某一具体应激源，以便在更普遍的层面上论证本部分的研究问题。

研究认为，应激源与应激结果的关系是被应激反应完全调节而非部分调节，应激源与应激结果之间没有直接关系，应激结果（如健康）是由正、负向应激共同决定的[183]。研究认为对于已经发生的且有清晰结果的事件的评价可能具有一维性，积极或消极，但大部分的情境或刺激具有模棱两可性，个体对于模棱两可事件的评价更多的是积极与消极心理状态同时存在。因此，一般情况下个体会同时产生积极、消极反应。Lazarus 认为应激发生时可能会涉及不同的情绪状态，正向应激与积极情绪和健康的身体状态相联系，而负向应激与消极情绪和不好的身体状态相联系[234]。Folkman（1997）的一项纵向研究表明，除了消极的心理状态，护理人员在照料临终患者的过程中也经历了积极的心理状态[187]。Simmons（2001）的研究也支持了这一观点[52]。该研究的研究对象是临终患者的照顾者。研究认为如果积极和消极的心理状态能够同时在持续且极度苛刻的应激情境中发生，那么我们就有理由期望它们在任何给定的应激下都会发生[52]。由此，我们认为任何应激源下正、负向情绪及心理状态都可能同时存在，且无论在正向还是负向应激中，认知评价都是关键。此外，研究认为如果相信压力有益健康，那么面对压力时生理反应也会变得无所畏惧[233]。那么负向应激通过认知重评是否可转变？以往研究指出压力消极影响健康的认知在概念上应与个体经历的压力数量区分，因经历较少压力的个体也可能认为压力对健康具有很大的不良影响。压力有害健康的认知与压力的数量对健康结果的影响是不同的。据此本研究予以了区分。

基于以上我们构建了正、负向应激理论模型 A、模型 B。具体如图 4-1 和图 4-2 所示。具体模型变量间关系的假设如下。

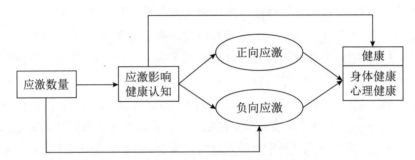

图 4-1 基于问卷调查数据的正、负向社会心理应激理论模型 A

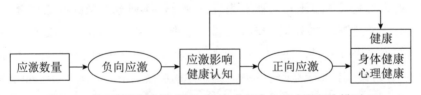

图 4-2 基于问卷调查数据的正、负向社会心理应激理论模型 B

假设 1：根据理论假设模型 A（图 4-1），应激数量对负向应激具有直接效应进而对健康（包括身体健康和心理健康，以下同）产生影响。应激数量通过应激影响健康的认知直接影响健康或通过正、负向应激对健康产生影响，应激影响健康的认知在应激数量与健康的关系中起中介作用。路径关系假设如下：其中，S1 为应激数量（得分越高应激数量越少），S2 为应激有害健康的认知（得分越高，该认知程度越低），PS 为正向应激（得分越高，正向应激程度越高），NS 为负向应激（得分越高，负向应激程度越高），H 为身体健康（得分越高，健康状况越好），MH 为心理健康（得分越高，健康状况越好）；——表示正向关系，＝＝表示负向关系。

（1）S1——S2——PS——H：应激数量正向影响应激有害健康的认知进而正向影响正向应激，由此正向应激对身体健康产生积极预测作用。

（2）S1——S2——H：应激数量正向影响应激有害健康的认知进而直接对身体健康产生正向作用，即越少的应激有害健康的认知越有利于身体健康。

（3）S1——S2════NS════H：应激数量正向影响应激有害健康的认知进而负向影响负向应激，由此负向应激对身体健康产生负向预测作用。

（4）S1════NS════H：应激数量负向影响负向应激进而对身体健康产生负向预测作用。

（5）S1——S2——PS——MH：应激数量正向影响应激有害健康的认知进而正向影响正向应激，由此正向应激对心理健康产生积极预测作用。

（6）S1——S2——NS════MH：应激数量正向影响应激有害健康的认知进而负向影响负向应激，由此负向应激对心理健康产生负向预测作用。

（7）S1════NS════MH：应激数量负向影响负向应激进而对心理健康产生负向预测作用。

（8）S1——S2——MH：应激数量正向影响应激有害健康的认知，进而正向影响心理健康状态，即越少的应激有害健康的认知越可能更少地产生心理健康不良状态。

假设 2：根据理论假设模型 A，应激影响健康的认知分别直接作用于正、负向应激进而对健康产生积极或消极的影响。

（1）S2——PS——H：应激有害健康的认知正向影响正向应激，即越少认为应激有害健康越可能产生正向应激，进而对身体健康产生积极预测作用。

（2）S2——PS——MH：应激有害健康的认知正向影响正向应激，即越少认为应激有害健康越可能产生正向应激，进而对心理健康产生积极预测作用。

（3）S2════NS════H：应激有害健康的认知负向影响负向应激，即越多认为应激有害健康越可能产生负向应激，进而对身体健康产生负向预测作用。

（4）S2════NS════MH：应激有害健康的认知负向影响负向应激，即越多认为应激有害健康越可能产生负向应激，进而对心理健康产生消极预测作用。

假设 3：根据理论假设模型 B（图 4-2），负向应激通过应激影响健康的认知进而影响健康。一定应激程度下，负向应激通过应激影响健康的认知与正向应激建立联系进而对健康产生影响，应激影响健康的认知在正、负向应激的关系中起中介作用，进而对健康产生影响。负向应激可通过认知转化为正向应激进而改变对健康的消极影响。

(1) S1 ══ NS ══ S2——PS——H（MH）：应激数量负向影响消极应激，即应激数量越多越可能产生负向应激，进而负向应激通过负向影响应激有害健康的认知对正向应激产生正向影响，即越少认为应激有害健康越可能产生正向应激，进而对身心健康产生正向预测作用。

(2) S1 ══ NS ══ S2——H（MH）：应激数量负向影响消极应激，进而负向应激通过负向影响应激有害健康的认知对身心健康产生正向预测作用。

## 4.1 研究目的

本部分主要研究目的是论证正、负向社会心理应激对健康的影响，尤其是正向应激对健康的积极效应，以及应激影响健康的认知在其中的作用和重要意义，从而建立初步的正、负向社会心理应激模型。

## 4.2 研究方法

### 4.2.1 研究对象

采用研究一正式施测的样本。整群抽取福建省高校大学生750人，共发放750份问卷，回收有730份，删除无效问卷后，共获有效问卷689份，即有效样本为689人，有效回收率为92%。平均年龄为20.59±1.96岁。具体信息见研究一。

### 4.2.2 研究工具

本部分研究使用的问卷共四部分内容。第一部分为人口学资料部分，包括院系（专业）、年龄、性别、年级、是否独生、家庭所在地。第二部分为压力相关情况，共三道题，分别如下。①在过去的一年中，你觉得你经历了：A 很多的压力、B 中等数量的压力、C 相对较少的压力、D 几乎没有压力。②在过去的一年中，你认为你所经历的压力对你健康的不利影响程度是：A 很大、B 一些、C 很少、D 没有。③在过去的一年中，你是否有采取任何措施来控制或减少这些压力：A 是、B 否。分别测量个体在过去一年中所遭受的应激数量（一定程度上代表应激程度）、应激影响健康的认知、是否采取措施进行应对。第三部分为自我报告的健康状况，测量当前个体的健康状态（具体见研究一）。第四部分为研究一发展的 CEDPRS 量表正式版（具体见研究一）。

## 4.2.3 数据分析方法

本部分采用统计分析软件 SPSS 21.0 及 Mplus 7.4 进行数据分析。

（1）为减少系统误差，保障结论的可靠性，首先进行了共同方法偏差检验。分别使用 Harman 单因素法和未测单一方法潜因子法检验。

（2）针对本部分的研究问题 1 和研究问题 2，采用多元逻辑回归模型分别考察正、负向应激与身体健康和心理健康的关系，及应激有害健康的认知与身体健康和心理健康的关系。其次以各人口学变量及试图减少应激的行为为控制变量，考察应激数量与应激有害健康的认知之间的交互作用。通过建立 Logistic 回归模型，预测在不同的自变量情况下发生某种健康情况的概率。Odds ratio（OR）值可以用来估计相对风险。本研究中因主要关注的是自变量对因变量的影响，因此在分析中将连续变量转换成二分变量纳入模型。其中，健康认知平均得分 1~4 分的为健康不良，4~7 分的为健康良好，正向应激平均分 4~7 分的为具有正向应激反应，负向应激平均分 4~7 分的为具有负向应激反应。研究表明积极情绪与消极情绪的比率在 2.9 或以上时可以预测最佳的心理健康状态[235]，并有学者认为这一研究结论可为心理健康提供一个诊断依据[179]。同时也有研究认为，最佳的心理健康水平与积极消极情绪的最佳比例相联系[236]。据此，本研究采用了这一观点，将积极情绪与消极情绪之比大于 2.9 作为最佳心理健康的标准，积极情绪与消极情绪比值小于 2.9 为心理健康不佳的标准。最佳心理健康（flourishing，有中文翻译为"丰盛"）指的是个体处于最佳心理功能状态，主要包括四个成分：A 美德，与幸福、满足和优越相关；B 再生力，与广阔的思维、行动的灵活性相关；C 成长，与个人和社会资源的持久增长相关；D 坚韧性，与逆境中生存和成长相关[235]。

（3）针对理论模型 A 和模型 B，使用 Mplus 7.4 分别进行结构方程建模来验证理论假设。模型中结果变量（身体健康与心理健康）使用原连续型数据。此外，由于在测量模型分析中原本属于正向应激的指标——可控感这一维度，与负向应激的几个指标具有更高程度的相关（$r > 0.05$，$p < 0.001$），且在正向应激上的负荷较低（$< 0.50$），尽管在测量模型中考虑到该维度在理论上的必要性并对其予以保留，但鉴于该维度可能存在项目设计上的缺陷，因此该维度在本部分的关系模型分析中不予以采用。在模型参数估计方法上同研究一，鉴于模型数据结构较复杂，仍采用 MLR 作为估计值的方法。鉴于 Bootstrap 不需要分布假设且不依赖理论标准误，并具有较高统计检验力[237, 238]，因此关系模型验证之后，我们将采用 Bootstrap 法对应激有害健康的认知及正、负向应激进行中介效应分析。

## 4.3 研究结果

### 4.3.1 共同方法偏差检验

首先，采用 Harman 单因子检验方法对共同方法偏差进行检验。结果表明，所有项目在未旋转时得到特征值大于 1 的因子共有 12 个，其中第一个主成分解释的变异量为 27.98%，小于 40% 的临界值，表明在本研究中共同方法偏差并不严重。其次，采用不可测量潜在方法因子效应控制法对共同方法偏差进行检验。结果显示，加入共同方法偏差因子的模型由于被自由估计的参数过多导致模型未能被识别。由于确定具体共同方法偏差的来源难以实现，以及检验手段的有效性难以保障，因此不再做进一步的统计检验。总体可以认为共同方法偏差在本研究中并不明显。

### 4.3.2 正、负向应激与身体健康、心理健康的关系

**1）正、负向应激与身体健康的关系**

采用 Logistic 回归分析正、负向应激与是否健康相关联。结果表明，该模型的模型系数综合检验 $p < 0.001$，表明本次拟合的模型总体有意义。Hosmer and Lemeshow Test 模型拟合优度检验表明 $p > 0.05$，这说明数据中的信息已经被充分提取，模型拟合优度较高。由表 4-1 可知，具有负向应激的个体与不具有负向应激的个体相比，健康不良的风险增加（OR = 2.52，95%CI：1.70~3.75）。这表明具有负向应激的个体健康不良的风险是不具有负向应激个体的 2.52 倍，负向应激是身体健康的危险因素。此外，具有正向应激的个体比不具有正向应激的个体更可能少的存在健康不良问题（OR = 0.34，95%CI：0.23~0.50）。这表明，正向应激是身体健康的保护因素，对健康具有积极作用。

表 4-1 正、负向应激与身体健康状况、心理健康状态关系的逻辑回归分析

| 自变量 | 身体健康不良 | | 心理健康不佳 | |
| --- | --- | --- | --- | --- |
| | OR | 95%CI | OR | 95%CI |
| 正向应激 | | | | |
| 无 | 1.00 | reference | 1.00 | reference |
| 有 | 0.34*** | 0.23~0.50 | 0.22*** | 0.12~0.41 |
| 心理健康不良 | | | 0.06** | 0.03~0.11 |

续表

| 自变量 | 身体健康不良 | | 心理健康不佳 | |
| --- | --- | --- | --- | --- |
| | OR | 95%CI | OR | 95%CI |
| 负向应激 | | | | |
| 无 | 1.00 | reference | 1.00 | reference |
| 有 | 2.52*** | 1.70~3.75 | 53.61*** | 20.61~139.48 |
| | | | 心理健康不良 | |
| | | | 14.40*** | 8.23~25.20 |
| 过去一年经历很多压力正向应激 | | | 心理健康不良 | |
| 无 | 1.00 | reference | 1.00 | reference |
| 有 | 0.28** | 0.12~0.66 | 0.06*** | 0.02~0.17 |

注：** 表示 $p < 0.01$；*** 表示 $p < 0.001$。

### 2）正、负向应激与心理健康的关系

同样采用 Logistic 回归分析正、负向应激与是否心理健康相关联。结果显示，模型系数的综合检验 $p < 0.001$，Hosmer and Lemeshow Test 模型拟合优度检验 $p = 0.634 > 0.05$，表明模型总体有意义，模型拟合优度较高。由表 4-1 可知，具有负向应激的个体比不具有负向应激的个体，其心理健康不佳的风险显著增加（OR = 53.61，95%CI：20.61~139.48）。这表明，具有负向应激的个体达不到最佳心理健康状态的是不具有负向应激个体的近 54 倍。由于在本研究中心理健康标准采用的最佳心理健康标准，最佳心理健康者本身在总人群中占比较少，这可能是 OR 值较大的原因。为进一步说明问题，我们假定积极情绪与消极情绪的比值为 1 以上时代表一般意义上的心理健康状态，比值为 1 以下时代表心理健康不良，据此进行逻辑回归。结果表明，具有负向应激的个体与不具有负向应激反应的个体相比，出现心理健康问题的风险增加近 14 倍（OR = 14.40，95%CI：8.23~25.20）。

此外，本研究更加关注的是正向应激的影响。由表 4-1 可知，正向应激与心理健康最佳与否存在显著关系（$p < 0.001$）。具有正向应激的个体比不具有正向应激的个体更可能少地存在心理健康问题（OR = 0.22，95%CI：0.12~0.41）。这表明，正向应激是心理健康的保护因子（OR < 1）。假定以积极情绪与消极情绪的比值为 1 代表一般意义上的心理健康状态，据此进行逻辑回归。结果表明，正向应激的个体比非正向应激的个体更可能少地存在心理不

健康的问题（OR = 0.06，95%CI：0.03~0.11）。需要特别关注的是，在过去一年经历了很多压力的个体中，正向应激的个体比非正向应激的个体更可能少地存在身心不健康的问题（OR < 1.00，$p < 0.01$）。综上，我们可以推断正向应激对身体健康及心理健康均具有积极效应，但具体因果关系及其方向需要进一步论证。

### 4.3.3 压力有害健康的认知及应激数量与身体健康、心理健康的关系

采用 Logistic 回归分别考察压力有害健康的认知、应激数量与身体健康及心理健康状态的关系。结果表明，应激数量与身心健康、压力有害健康的认知与身心健康的逻辑回归模型系数的综合检验均显著（$p < 0.001$），各个模型的 Hosmer-Lemeshow 模型拟合优度检验均可接受（$p > 0.05$）。

**1）应激数量与身心健康的关系**

由表 4-2 可知，过去一年中经历很多压力的个体与没有经历什么压力的个体相比，其健康不良的风险增加了 9.63 倍（OR = 9.63，95%CI：1.23~75.54）。自我报告的压力水平越高，其越可能报告健康不良。但经历较少和中等数量压力与身体健康的关系不显著（$p > 0.05$）且置信区间包含了 1，表明压力数量较少或中等的情况与健康不良可能无关。这一结果与以往研究不一致[123]，但符合相关理论，即适度的压力可能有助于健康[121, 129]。此外，在与心理健康的关系上，报告过去一年经历了中等数量压力的个体与几乎没有经历压力的个体相比，其心理健康不佳的概率增加了 3.74 倍（OR = 3.74，95%CI：1.24~11.29）。过去一年经历了很多压力的个体与没有经历什么压力的个体相比，其心理健康不佳的概率增加了 5.1 倍（OR = 5.10，95%CI：1.45~17.95）。这表明过多的压力是影响健康及最佳心理健康的危险因素。为进一步了解压力数量对心理健康的影响，以假定积极、消极情绪之比为 1 的标准界定心理健康状况，再次进行压力数量与心理健康不良的关系逻辑回归分析。结果显示，各个水平分类（较少、中等、很多）的压力数量与心理健康不良的关系均不显著（$p > 0.05$，OR = 1.15，95%CI：0.25~5.33；OR = 1.56，95%CI：0.35~7.04；OR = 3.27，95%CI：0.70~15.16）。这表明单纯的压力数量对心理健康不良问题可能并没有显著影响，但过多的压力会对最佳心理健康水平造成影响。这一结果与以往研究不一致[123]。

表 4-2 压力有害健康的认知及应激数量与健康及心理健康状态关系的逻辑回归分析

| 自变量 | 身体健康不良 | | 心理健康不良 | |
| --- | --- | --- | --- | --- |
| | OR | 95%CI | OR | 95%CI |
| 过去一年压力数量 | | | | |
| 几乎没有 | 1.00 | reference | 1.00 | reference |
| 相对较少 | 3.50 | 0.45~27.39 | 1.60 | 0.53~4.86 |
| 中等数量 | 6.32 | 0.82~48.39 | 3.74* | 1.24~11.29 |
| 很多 | 9.63* | 1.23~75.54 | 5.10* | 1.45~17.95 |
| 压力有害健康的认知 | | | | |
| 很少或没有 | 1.00 | reference | 1.00 | reference |
| 一些 | 2.91*** | 1.99~4.27 | 2.72*** | 1.70~4.34 |
| 很大 | 10.34*** | 5.15~20.80 | 5.35** | 1.26~22.71 |
| 过去一年很多压力 | | | 心理健康不良 | |
| 压力有害健康的认知 | | | | |
| 很少或没有 | 1.00 | reference | 1.00 | reference |
| 一些 | 1.26 | 0.43~3.67 | 2.11 | 0.64~7.01 |
| 很大 | 9.63*** | 2.46~37.68 | 4.75* | 1.21~18.58 |
| 过去一年中等压力 | | | 心理健康不佳 | |
| 压力有害健康的认知 | | | 1.00 | reference |
| 很少或没有 | | | 1.79 | 0.39~8.27 |
| 一些 | 1.00 | reference | 3.32*** | 1.66~6.63 |
| 很大 | 2.95*** | 1.71~5.01 | 心理健康不良 | |
| 很大 | 5.23** | 1.87~14.65 | 2.09* | 1.13~3.85 |

注:* 表示 $p < 0.05$;** 表示 $p < 0.01$;*** 表示 $p < 0.001$。

**2)应激有害健康的认知与身心健康的关系**

经 Logistic 回归分析,由表 4-2 可知,认为过去一年所经历的压力对自己的身体健康具有很大不利影响的个体与不具有此种认知的个体相比,其健康不良的风险显著增加。认为压力有害健康的个体其健康不良的概率是不具有压力有害健康认知个体的 10 倍左右(OR = 10.34,95%CI:5.15~20.80)。与不具有压力有害健康认知的个体比,认为压力对健康具有一些不良影响的个体报告健康不良的概率增加了近 3 倍(OR = 2.91,95%CI:1.99~4.27)。这表明认为压力有害健康的个体更可能健康不良,这种可能性是不具有压力消极认知个体的 3~10 倍。这一结果与以往研究基本一致[123]。此外,与不具有压力有害健康认知的个体比,认为压力会对健康有一些或很大不利影响的个体其心理健康不佳的风险增加（OR = 2.72，95%CI：1.70~4.34；OR = 5.35，95%CI：1.26~22.71）。这表明认为压力有害健康的个体更可能心理健康不佳，这种可能性是不具有压力有害健康认知个体的 2~5 倍。以假定积极、消极情绪之比为 1 的标准界定心理健康状况，再次进行压力有害健康认知与心理健康不良的关系逻辑回归分析。结果显示，认为压力对健康具有一些或严重不利影响的个体，其心理健康不良的风险增加 2~5 倍（$p < 0.001$，OR = 2.31，95%CI：1.51~3.54；OR = 4.90，95%CI：2.43~9.87）。总体来看，具有压力有害健康认知的个体比不具有此认知的个体，更容易健康不良及心理健康功能不佳。

### 3）不同应激数量前提下应激有害健康的认知与身心健康的关系

首先，考察在过去一年经历了很多压力情况下，压力有害健康的认知与身心健康的关系。在以积极情绪与消极情绪之比为 2.9 作为最佳心理健康指标的逻辑回归分析中，由于经历很多压力且处于最佳心理健康状态的个体极少，模型未得到收敛。因此，我们采用了积极情绪与消极情绪之比为 1 作为一般意义的心理健康指标并进行了相应的逻辑回归分析。由表 4-2 可知，过去一年经历很多压力且认为压力对健康具有很大不利影响的个体，与仅仅报告过去经历了很多压力但不具有压力有害健康认知的个体相比，更可能健康不良及心理健康不良。经历很多压力且认为压力对健康具有很大不利影响的个体，其健康不良的可能性及心理健康不良的可能性分别是经历很多压力但不认为压力有害健康个体的 9.63 倍（OR = 9.63，95%CI：2.46~37.68）、4.75 倍（OR = 4.75，95%CI：1.21~18.58）。此外，过去一年虽然经历了很多压力但只是认为压力对健康具有一些不利影响，这对其健康不良及心理健康不良均不存在显著影响（$p > 0.05$）。

其次，在过去一年经历了中等数量压力的个体中，认为压力对健康具有很多不利影响的，其身体健康不良与心理健康不佳的风险分别是不具有此认知个体的约 5 倍和 3 倍（OR = 5.23，95%CI：5.87~14.65；OR = 3.32，95%CI：1.66~6.63）。但仅仅遭受中等程度压力与身体健康不良不存在显著关联（$p < 0.05$）。这表明，在一定压力程度，尤其是高压力情境下，压力有害健康的认知对健康及心理健康的影响具有重要意义。此外，特别需要关注的是，在经历了中等数量的应激个体中，认为压力对健康具有一些不利的影响的个体，其健康不良的风险也显著增加（OR = 2.95，95%CI：1.71~5.01）。这再次表明压力有害健康的认知对压力结果具有重要影响。原本对健康不良不具有显著影响的中等压力，可能会因为压力有害健康的认知进而对健康不良产生显著影响。此外，以积极情绪与消极情绪之比为 1 作为一般意义的心理健康指标进行的逻辑回归分析表明，经

历中等数量压力且认为压力对健康具有很大不利影响的个体，其心理健康不良的风险显著增加，是经历了同等压力数量但不具有压力消极认知个体的 2 倍（$p < 0.05$，OR = 2.09，95%CI：1.13~3.85）。但仅仅经历中等程度甚至很多压力的个体，其心理健康不良风险并未显著增加（$p > 0.05$）。这再次表明，压力有害健康的认知对应激结果的重要影响。因此，一定意义上压力多少并没那么重要，重要的是承受压力的同时对压力的认知。

综上，过多的压力会对健康及心理健康产生不良影响，压力有害健康的认知会对健康及心理健康产生不良影响，并增加健康不良或心理健康不良的风险。尤其需要关注的是，仅仅是经历了很多压力但没有压力有害健康的认知，其健康不良及心理健康不良的风险是不显著的，但如果经历了很多压力的同时又具有压力有害健康的认知，其身心健康不良的风险增加是极其显著的（$p < 0.001$）。由于在现实中经历中等数量的压力是一般人的常态，因而结合现实我们需要更加关注中等数量的压力情形。仅仅经历中等数量压力的个体基本不会对健康不良及心理健康不良产生影响，但如果经历中等数量压力的同时认为压力会对健康造成很大不利影响，两者联合与身心健康不良具有显著关联。

以上研究论证了正向应激对生理健康及心理健康均具有积极效应，过多的应激数量及应激有害健康的认知，尤其是二者结合可能会显著增加健康不良或心理健康不良的风险。但本部分的研究不能建立确切的应激与健康之间的因果关系方向。由于具有压力消极认知的个体更多地报告不良健康状况也可能仅仅是因为他们本身健康状况不良，即不能因为自身健康不良所以认为压力有害健康，并且健康不良也可能会影响压力数量的主观报告。但这些结果至少强调了进一步研究压力影响健康的认知与当前健康、心理健康关系的必要性。因此，为进一步确立应激有害健康认知与健康的因果关系方向，我们需要采用更为严格的研究分析方法进行进一步的探讨。SEM 被认为是验证理论较好的工具，并能够为推定变量间的因果关系提供可能，并且有学者认为通过特定的研究设计，SEM 可以验证因果关系[252]。Frankenhauser（1983，1986）研究发现心理唤醒的两个成分决定了皮质醇和儿茶胺的反应[239, 240]，即应激的生理反应受心理过程的调节，因而应激的心理机制研究就变得尤为重要。因此，接下来拟通过结构方程模型验证变量间的关系，以期对应激的心理机制进行进一步理解。

### 4.3.4 基于问卷调查数据的正、负向应激模型分析

根据前面提出的正、负向应激理论模型 A 和模型 B（图 4-1、图 4-2）及

其相应的假设，本部分通过结构方程模型进行变量间关系建模，以检验理论假设模型 A 和模型 B。如前部分的研究结果表明，正向应激对健康及心理健康具有积极效应，应激有害健康的认知对身心健康不良具有重要意义。因此，在模型分析部分重点关注正向应激及应激消极认知的作用。此外，本研究的研究思路是关注旨在提升人类幸福感的重塑力量的方式，即正向应激或积极压力的作用，并由此我们认为，在当前压力无可避免甚至常处于高应激的时代境遇下，无须消除或减少压力，而是应改变其性质。为此我们的模型 B 中重点关注了这个问题，通过检验负向应激是否可通过应激对健康影响的认知部分转换为正向应激进而对健康产生积极影响。

### 1）基于问卷调查数据的正、负向应激理论模型 A 验证分析

正、负向应激理论模型 A 分别以心理健康与自我报告的身体健康为因变量，自变量为应激数量、应激有害健康的认知及正、负向应激心理反应，其中本研究重点关注在一定应激程度下，应激有害健康的认知与正、负向应激对健康的影响。由表 4-3 可知，模型 A1 的各项拟合指标均不理想，因此有必要进行修正。根据修正系数（modification indices，MI），允许失控感与无意义感、意义感与希望感误差相关得模型 A2。因在理论上及条目上意义感与希望感、失控感与无意义感确有关联，因此此种修正方式在理论上具有一定合理性。由表可知，模型 A2 各拟合指数除了 SRMR，其他均达到可接受水平。其中 CFI 和 TLI 均大于 0.90，较为理想，模型通过修正得到了明显改善。研究认为 SRMR 容易受样本量影响，并对类别数据表现不佳[252]，且有研究认为 7 点以下的量表获得的数据也可以认为是类别数据[241]。本研究中涉及的两个变量分别是由一个 4 点评分的题目测量而得，因此 SRMR 拟合指标不予以参考。此外，有学者认为 RMSEA 小于 0.1 也是可以接受的，且不能简单根据某一个拟合指标做出接受或拒绝模型的决定，需综合考量[225]，因此 RMSEA 为 0.09 也是可以接受的。该指数较不理想可能与该指数惩罚复杂模型有关[242]。

表 4-3　基于问卷调查数据的正、负向应激理论模型 A 验证分析

| Model | $\chi^2$ | df | TLI | CFI | RMSEA（90%CI） |
| --- | --- | --- | --- | --- | --- |
| 模型 A1 | 1151.191* | 59 | 0.681 | 0.795 | 0.164（0.156~0.173） |
| 模型 A2 | 301.050* | 45 | 0.907 | 0.937 | 0.091（0.081~0.101） |
| 模型 A3 | 301.595* | 46 | 0.910 | 0.937 | 0.090（0.080~0.100） |

注：* 表示 $p < 0.05$。

由于模型 A1 和模型 A2 属嵌套模型，且使用了 MLR 参数估计方法，因此需通过 S-B$\chi^2$ 卡方差异检验，即通过校正因子（scaling correction factor）进行稳健极大似然估计的嵌套模型比较。结果表明，Satorra-Bentler Scaled Chi Square = 822.832，$\Delta df$ = 14，$p < 0.001$。由此可知，允许失控感与无意义感、意义感与希望感误差相关后模型拟合得到了显著改善，结合拟合指数信息，接受模型 A2。但模型 A2 估计的路径系数中，应激有害健康的认知到心理健康的路径不显著（$p = 0.328$），其他所有路径均达极其显著（$p < 0.001$）。因此删除不显著路径得到模型 A3。由表 4-3 可知，模型 A3 各拟合指标基本达到要求，且 CFI 和 TLI 均大于 0.90，表示该假设模型可以接受。为确定拟合是否显著提高，采用 S-B$\chi^2$ 卡方差异检验进行嵌套模型比较。结果显示，Satorra-Bentler Scaled Chi Square = 0.921，$\Delta df$ = 1，$p = 0.337$。由此可知，删除不显著路径后，模型拟合并未显著改善，但结合其路径系数发现模型 A2 中该条路径系数为负，无法基于理论和概念予以解释，因此最终接受模型 A3，如图 4-3 所示。模型 A3 各条路径影响方向正确且皆达显著性水平（$p < 0.001$），符合理论预测。

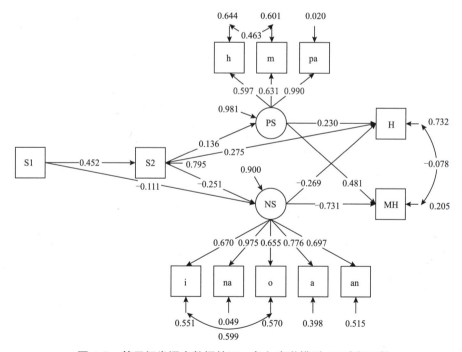

**图 4-3 基于问卷调查数据的正、负向应激模型 A3 路径系数**

注：S1 为应激数量（得分越高，应激数量越少）；S2 为应激有害健康的认知（得分越高，认知程度越低）；PS 为正向应激（得分越高，正向应激程度越高）；NS 为负向应激（得分越高，负向应激程度越高）；H 为身体健康（得分越高，健康状况越好）；MH 为心理健康（得分越高，健康状况越好）；其他同图 3-2。以下同。

鉴于以上，基于问卷调查数据的理论假设模型 A 基本得以验证（应激数量应激有害健康认知—心理健康路径除外）。各个变量之间的关系基本得到确立或得到确立的基础，研究假设 1 和假设 2 基本得以验证，即应激数量对负向应激具有直接效应进而对身心健康产生影响。应激数量通过应激影响健康的认知直接影响身体健康或通过正、负向应激心理反应对身心健康产生影响，应激影响健康的认知在应激数量与健康的关系中起中介作用。应激影响健康的认知分别直接作用于正、负向应激进而对身心健康产生影响。其中，应激数量通过应激有害健康认知对心理健康产生影响的路径不显著，但基于前期相关逻辑回归结果，高应激数量及中等应激数量同时结合一定程度的应激有害健康认知对心理健康具有显著威胁作用。因此，该条路径在结构模型中呈现不显著关系的原因有待于进一步探讨。统观 11 条路径，主要结果总结如下。

（1）一定应激数量下，不同程度应激影响健康的认知显著预测正、负向应激的形成，即应激有害健康的认知对正、负应激的形成具有显著意义。

（2）正向应激对身心健康具有积极效应，负向应激对身心健康具有消极效应，即应激有害健康的认知、正向与负向应激心理反应在应激与健康结果之间扮演了重要角色。由此在基于问卷调查数据的 SEM 意义上验证了本研究的理论设想。

模型确定后需进一步对变量间关系进行效应分解。在理论上，中介变量意味着某种内部机制，中介变量是参与因果过程的重要一环[243]。基于刺激—有机体—反应（S-O-R）的思路，根据吴伟士及托尔曼的观点：刺激并不是引起某一反应的全部原因，其中中介变量是决定行为及其结果的有机体内部因素，认知或意识是构成人类行为因果关系不可分离的环节之一[244]。本研究主要关注应激与健康关系的内部机制，尤其是正向应激的作用及应激有害健康认知的作用。因此，需对中介变量进行分析，接下来主要分析应激有害健康的认知及正、负向应激在应激数量与健康结果之间关系的中介作用。

2）正、负向应激理论模型 A3 中介效应分析

由表 4-4 可知，所有中介效应均显著（$p < 0.05$）。具体结果分析如下。

表 4-4 正、负向应激理论模型 A3 间接效应分析

| 路径效应 | 估计值 | 标准误 | p | 95% 置信区间 |
| --- | --- | --- | --- | --- |
| S2-PS-H | 0.046 | 0.017 | 0.008 | 0.018~0.091 |
| S2-PS-MH | 0.096 | 0.031 | 0.002 | 0.038~0.163 |
| S2-NS-H | 0.100 | 0.022 | 0.000 | 0.060~0.148 |

续表

| 路径效应 | 估计值 | 标准误 | p | 95%置信区间 |
| --- | --- | --- | --- | --- |
| S2-NS-MH | 0.268 | 0.044 | 0.000 | 0.174~0.351 |
| S1-NS-H | −0.107 | 0.043 | 0.012 | −0.195~ −0.026 |
| S1-NS-MH | 0.119 | 0.046 | 0.010 | 0.027~0.213 |
| S1-S2-PS-H | 0.021 | 0.008 | 0.008 | 0.009~0.042 |
| S1-S2-PS-MH | 0.044 | 0.015 | 0.003 | 0.019~0.078 |
| S1-S2-H | 0.186 | 0.031 | 0.000 | 0.131~0.255 |
| S1-S2-NS-H | −0.110 | 0.023 | 0.000 | −0.156~ −0.067 |
| S1-S2-NS-MH | 0.123 | 0.022 | 0.000 | 0.081~0.166 |
| S1-S2-PS | 0.050 | 0.017 | 0.003 | 0.020~0.087 |
| S1-S2-NS | −0.124 | 0.024 | 0.000 | −0.173~ −0.079 |
| a11×b11−a12×b21 | −0.054 | 0.026 | 0.042 | −0.103~ −0.001 |
| a11×b12−a12×b22 | −0.172 | 0.047 | 0.000 | −0.261~ −0.073 |
| a0×a11×b11−a0×a12×b21 | 0.131 | 0.026 | 0.000 | 0.082~0.188 |
| a0×a11×b12−a0×a12×b22 | −0.079 | 0.023 | 0.000 | −0.126~ −0.036 |
| a0×a11−a0×a12 | 0.174 | 0.034 | 0.000 | 0.111~0.241 |

（1）身体健康方面。正向应激的中介效应为0.046，这表明正向应激对身体健康具有正向作用，负向应激的中介效应为0.100+（−0.107）= −0.007，其中在应激有害健康的认知与身体健康结果之间的中介作用为0.100，在应激数量与身体健康结果之间的中介作用为−0.107。这表明在一定应激程度下，负向应激会对身体健康造成不利影响，但在应激程度不明的情况下，仅仅具有应激有害健康的认知，负向应激可能对身体健康不良并没有促进作用，这在一定程度上验证了负向应激并不一定会对身体健康产生消极影响的理论观点。但总体来看，负向应激对身体健康具有负向影响。经差异检验（a11×b11-a12×b21），应激有害健康认知在负向应激对身体健康影响中的效应更大些（$p < 0.001$），这验证了以往的相关理论和研究。

此外，应激有害健康的认知联合正向应激在应激数量与健康结果关系中的间接效应为0.021，应激有害健康的认知与负向应激联合对身体健康的中介效应为−0.110；两种情况对身体健康的效应比较表明（a0×a11×b11−

a0×a12×b21），负向应激联合应激有害健康的认知对身体健康具有更大的效应（$p < 0.001$）。该结果验证了逻辑回归的结果。

（2）心理健康方面。正向应激在应激有害健康的认知与心理健康关系中的中介效应为 0.096，负向应激的中介效应为 0.268。从差异检验结果上看（a11×b12-a12×b22），负向应激在其中起的作用更大。此外，应激有害健康的认知联合正向应激在应激数量与心理健康结果关系中的间接效应为 0.044，应激有害健康的认知与负向应激联合对心理健康的中介效应为 0.123。经检验（a0×a11×b12-a0×a12×b22），应激有害健康的认知与负向应激联合在应激与心理健康关系中的间接效应更大（$p < 0.001$）。这与前部分的逻辑回归结果一致。

（3）应激有害健康认知的中介作用。应激有害健康认知本身在应激数量与应激的健康结果之间的中介效应为 0.186，这表明应激影响健康的认知在应激与应激健康结果之间扮演重要角色。应激有害健康认知本身在应激数量与正向应激之间的中介效应为 0.05，在应激数量与负向应激之间的中介效应为 -0.124，经检验（a0×a11-a0×a12），应激有害健康的认知在应激数量与负向应激的关系中作用更大（$p < 0.001$）。由此可知，应激有害健康的认知对正、负向应激及身心健康具有显著影响。

### 3）基于问卷调查数据的正、负向应激理论模型 B 验证分析

正、负向应激理论模型 B（图 4-2）分别以心理健康与自我报告的身体健康为因变量，自变量为应激数量、应激有害健康的认知、正向与负向应激心理反应。首先本部分主要关注在一定应激程度下，应激有害健康的认知在正、负向应激关系中的作用，以及进而对身心健康的影响；其次为应激有害健康的认知在负向应激与身心健康结果之间的作用；最后重点探讨负向应激是否能够通过认知因素及正向应激改变或减少其对身心健康的消极影响。

由表 4-5 可知，模型 B1 的各项拟合指标均不理想，因此有必要进行修正。根据修正系数的大小及相应的理论，采取了允许正向应激与负向应激误差相关的修正策略，得到模型 B2。正、负向应激之间的相关在理论上具有一定的依据，因此此修正方式具有一定的合理性而非完全数据导向。由表 4-5 可知，模型 B2 各项拟合指标均在可接受范围内，其中最稳健的指标之一 CFI 大于 0.90，拟合较理想，RMSEA 尽管小于 0.01 但也可以接受[245]。由于模型 B1 和模型 B2 属嵌套模型，且使用了 MLR 参数估计方法，因此需通过 S-B$\chi^2$ 卡方差异检验进行模型比较，校正因子 Scaling Correction Factor 分别为 1.223、1.175。结果表明，

Satorra-Bentler Scaled Chi Square = 8010.207, $\Delta df = 2$, $p < 0.001$。由此可知，允许正、负向应激误差相关后模型拟合得到了显著改善，结合相关理论及拟合指数信息，接受模型 B2。如图 4-4 所示，模型 B2 各路径系数均达显著水平（$p < 0.05$）且影响方向符合理论预测。

表 4-5 基于问卷调查数据的正、负向应激理论模型 B 验证分析

| Model | $\chi^2$ | df | TLI | CFI | SRMR | RMSEA（90%CI） |
|---|---|---|---|---|---|---|
| 模型 B1 | 972.496* | 48 | 0.663 | 0.755 | 0.196 | 0.167（0.158~0.177） |
| 模型 B2 | 406.745* | 46 | 0.872 | 0.911 | 0.094 | 0.099（0.089~0.107） |

注：* 表示 $p < 0.05$。

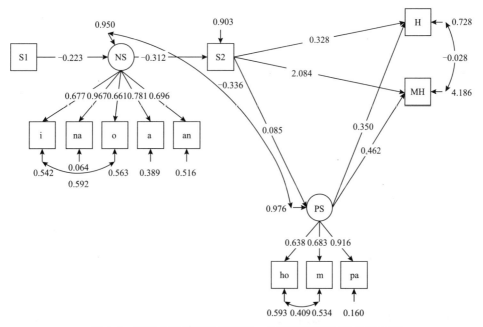

图 4-4 基于问卷调查数据的正、负向应激模型 B2 路径系数

综上，基于问卷调查数据的理论假设模型 B 得以验证。各个变量之间的关系得到确立或得到确立的基础，研究假设 3 全部得到问卷调查数据的支持。应激数量负向影响消极应激，即应激数量越大越可能产生负向应激。负向应激通过负向影响应激有害健康的认知对正向应激产生正向影响，进而对身心健康产生正向预测作用。应激数量负向影响消极应激，进而负向应激通过负向影响应激有害健康的认知对身心健康产生正向预测作用。由此在一定程度上论证了负向应激可通过认知因素对健康产生正向作用，负向应激也可以通过认知因素与正向应激联合作用或转变为正向应激进而对健康产生正向作用。

### 4）正、负向应激理论模型 B2 中介效应分析

根据前部分已经验证的正、负向应激理论模型 B2（图 4-4），变量间路径关系均得以证实。基于此，本部分重点分析应激有害健康的认知在正、负向应激之间、负向应激与身心健康之间的中介效应，以探讨负向应激对健康不良影响改变的可能性。由表 4-6 可知，所有中介效应均显著（$p < 0.05$）。具体结果分析如下。

表 4-6　正、负向应激理论模型 B2 中介效应分析

| 路径效应 | 估计值 | 标准误 | p | 95%CI |
| --- | --- | --- | --- | --- |
| NS-S2-PS | -0.046 | 0.014 | 0.001 | -0.077~ -0.020 |
| NS-S2-H | -0.138 | 0.025 | 0.000 | -0.192~ -0.092 |
| NS-S2-MH | -0.060 | 0.019 | 0.002 | -0.102~ -0.027 |
| S1-NS-S2-PS-H | 0.008 | 0.003 | 0.025 | 0.003~0.018 |
| S1-NS-S2-PS-MH | 0.015 | 0.006 | 0.020 | 0.006~0.032 |
| NS-S2-PS-H | -0.028 | 0.009 | 0.003 | -0.050~ -0.012 |
| NS-S2-PS-MH | -0.054 | 0.017 | 0.001 | -0.092~ -0.026 |
| S1-NS-S2-H | 0.038 | 0.012 | 0.001 | 0.020~0.065 |
| S1-NS-S2-MH | 0.016 | 0.007 | 0.021 | 0.006~0.033 |
| IND10 | -0.078 | 0.020 | 0.000 | -0.123~ -0.043 |
| IND11 | 0.026 | 0.009 | 0.003 | 0.012~0.049 |
| IND12 | 0.021 | 0.007 | 0.003 | 0.011~0.039 |
| IND13 | -0.007 | 0.003 | 0.029 | -0.016~ -0.003 |

（1）应激有害健康认知的单独中介作用。首先，应激有害健康的认知在负向应激与正向应激之间的中介效应为 -0.046（$p = 0.001$），这表明负向应激发生后有可能通过认知调整使应激的性质转变为正向。其次，应激有害健康的认知在负向应激与身体健康之间的中介效应为 -0.138（$p < 0.001$），在负向应激与心理健康之间的中介效应为 -0.060（$p < 0.01$），经差异检验（IND10），应激有害健康认知在负向应激与身体健康结果的关系中的中介效应更大些（$p < 0.001$）。这表明，面对刺激事件，如何认识评价该刺激对自身健康的影响，对应激结果更具重要意义。

（2）应激有害健康认知与其他变量的联合中介作用。在负向应激与身心健康的关系之间，应激有害健康的认知与正向应激联合起的中介作用分别

为 $-0.028$、$-0.054$（$p = 0.001$），经检验（IND11），应激有害健康的认知与正向应激联合对心理健康的作用更大（$p = 0.003$）。在应激数量与身心健康的关系之间，应激有害健康的认知与负向应激联合起的中介作用分别为 $0.038$、$0.016$（$p < 0.05$），经检验（IND12），应激有害健康的认知与负向应激联合对身体健康的作用更大（$p = 0.003$）。这表明在心理健康积极应激结果的生成上，正向应激的作用可能更大；在身体健康消极应激结果的生成上，负向应激的作用可能更大。但均建立在对应激认知的基础上。此外，在应激数量与身心健康结果之间关系上，正、负向应激与应激有害健康的认知联合起作用的效应分别为 $0.008$、$0.015$（$p < 0.05$），经检验（IND13），三者联合对心理健康应激结果的效应更大（$p = 0.029$）。这表明经由一定刺激引起的负向应激经认知评价可能转变为正向，但相比身体健康更可能对心理健康具有积极意义。

## 4.4 讨论

### 4.4.1 正、负向应激及应激有害健康的认知与健康关系的逻辑回归分析

以上研究结果对压力与健康关系的研究有重要理论意义，并支持了先前理论提出的应激认知评估是决定应激结果的关键因素的观点[234]。通过检验压力有害健康的认知是否与不良健康结果相联系这一问题，从而为相关理论建立了一个新的概念，即压力有害健康的认知与不良健康结果有关。这就为我们正确认识压力或应激提供了一个新的视角，并为我们正确看待压力及其与健康的关系提供了证据，从而否证了历史上甚至至今压力有害的观念。应激不仅可能不会对健康造成有害影响，还可能具有积极意义。在这个层面上，考察应激对健康的影响时必须考虑应激的量及其性质，如应激的程度、应激的性质（正负性、急慢性）。例如有研究表明适度的压力能够有益于免疫系统和记忆等，但长期的皮质醇分泌将会削弱免疫系统，长期压力会致使海马体损伤[246]。本部分论证了中等数量的应激与身心健康不良之间不具有显著关联，这在一定程度上也说明了这个问题。本研究中应激程度仅仅指向的是量的方面，因此在变量表述时称为应激数量，其程度还需在质的方面予以考量。本研究没有针对任何具体的应激来源，只采用了一个项目测量过去一年中经历的压力数量以评估可能承受的应激程度，这是本研究的局限所在。

此外，本研究主要针对的是正、负向应激，因而重点关注的是正、负向应

激分别对健康的影响，以此论证压力也具有积极的一面，并在任何条件下能对健康起到正向作用。其他类别的应激没有做过多探讨，但长期与短期或急性与慢性应激对健康的影响是不得不涉及的内容。本研究要求被试自我报告过去一年中经历的压力情况，因而可能较接近慢性应激的界定。慢性应激（chronic stress，又译作慢性压力）是一种持续时间较长的心理压力，它具有反复性、间歇性或持续性[247]。研究认为慢性压力的压力源包括生活或工作环境中的持续性压力事件和具有长久影响的急性压力事件[248]。慢性应激是指应激源持续时间超过30天或应激源持续时间较短，但对个体的影响超过30天的应激[32]。总观各相关概念及研究，慢性应激的核心要素是应激在时间上的持续性。本研究认为一年的时间跨度具有持续性，因而本部分的研究结论在一定程度上可以适用于慢性应激对健康影响的解释。研究认为，与人类应激反应相关的应激激素释放在短期内具有保护作用，但如果反复或者延长的话就会产生有害影响[246]。诸多研究皆表明慢性应激对健康具有绝对的损害性，但如果依据本研究的结论，这一观点将需要重新考虑。我们认为除去方法上的局限，从理论上慢性应激也可能具有正向意义，即慢性应激也可能具有正向应激的心理反应。因应激有害健康的认知调整需要一个时间过程，经过认知调整的慢性负向应激有可能变为正向应激，进而减少对健康的不利影响或促进健康，尤其是心理健康方面。从这个意义上就不难理解本部分的研究结果中有认知对心理健康更重要的影响部分。从理论上我们可以假定，本研究中那些自我报告过去一年经历了很多压力的状况可以被认为是慢性应激。由本部分相关研究结果可知，在过去一年经历了很多压力的个体中，正向应激者比非正向应激者更可能少地存在身心不健康的问题。由此我们可以在一定程度上认为慢性应激也具有正、负向之分，并非所有的慢性应激都具有损害健康的性质，也可能具有正向的意义。但这还需要更严格的研究方法去探讨。

## 4.4.2 关于基于问卷调查数据的正、负向应激模型

由于逻辑回归主要反映的是变量间的相关关系，而相关关系不能说明变量间关系的方向。因此，本研究采用了可以在一定意义上论证因果关系的结构方程模型来说明这一问题。研究认为，一个没有经过特殊设计用以探讨变量间因果关系的研究，无论应用何种统计方法都不能证明变量间存在真正的因果关系，但能协助探索变量间最可能的因果关系[229]。因此，本研究的数据分析中始终以理论而非数据为导向，如模型的修正、比较及最终模型拟合的接受，并采用了竞争模型择优选取的思路。因此，本研究的模型验证结果为进一步的变量

间因果关系探索提供了基础。模型中基于理论及本研究主要研究问题的考虑，结果变量只选取了健康（包括身体健康与心理健康），目的是为论证应激的积极意义，即正向应激可促进健康。以往研究大多只是关注了应激对身体健康的影响，尤其是消极影响（如对造成某种疾病的影响）。本研究从完整的健康概念角度出发，以身体健康与心理健康为后果变量，从而比较整体地论证了应激对健康的影响。本研究也再次验证了负向应激即消极压力对健康的负向影响，但同时也为减少负向应激的消极影响提供了干预思路，即如何看待刺激本身对自身健康的影响比应激本身更重要。压力有益的认知会促使生理系统也变得无所畏惧，因而可能减少了消极压力对健康的不良影响。因此，在某种意义上看，某研究强调应激会促进癌肿瘤生长的结论可能还与癌症患者本人对自身疾病及压力的认知有关。

  采用主观自我报告的方式收集相关压力数量及压力影响健康认知的数据可能会存在误差。此外，对于心理健康变量的测量方面，由于本研究不侧重关注应激的消极影响（由应激可能带来的心理疾病或障碍），因此本研究在更高的心理健康水平上——最佳心理健康状态方面论证正、负向应激的作用。在本研究中使用的心理健康不佳和心理健康不良只是具有心理健康程度上的差异，也可以理解为前者是在最佳水平上的心理健康，后者是在通常意义上的心理健康。尽管此种缺乏严格界定的变量操作方式有待探讨，但我们认为这并不影响论证正向应激的积极作用，反而可以加强论证正向应激存在积极效应的程度。在本研究中考虑到后续实验研究的时长及可行性，该做法可以认为是一种权宜之计，但在结论的可靠性上并不存在大问题。本部分研究在数据分析时，因考虑到二元逻辑回归分析的方便，没有对应激数量及应激有害健康认知的测量项目进行反向计分，这可能导致了结构关系分析时对结果的表述和阅读的不便。如在数据分析时统计结果表明应激数量与负向应激存在负向关系，其含义是应激数量越多越可能产生负向应激，实为正向关系。这将在接下来的研究中予以纠正。

  综上，本部分在基于问卷调查数据的 SEM 意义上验证了本研究的理论设想。该理论模型的建立事关人类发展的命题，对于是否需要、如何创造或促进积极压力（正向应激）产生的条件及相应的指导研究具有一定意义。但基于横向问卷调查研究及结构方程模型并不能从严格意义上论证变量间的因果关系，且主观自陈的应激状况具有一定主观性，因而需要更严格的实验范式及设计探讨变量之间的因果关系。

## 5 研究三：基于实验范式的正、负向社会心理应激模型建构

以往研究认为，来源于横断研究的数据会限制评估压力和健康结果之间关系的有效性，即以往研究在应激与健康的因果关系的建立上存在局限。尽管因果模型适用于检验理论假设，并为推定因果关系提供了可能性和相应的基础，但模型中的关系只是假设的因果关系，其涉及的自变量和因变量是在同一时间点，因而难以满足因果关系推论的必要条件。根据穆勒（Mill）的因果关系推论标准及拉扎斯菲尔德（Lazarsfeld, 1959）提出的判断因果关系的标准，因果关系的推论取决于三个条件：①变量在发生的时间序列上是先因后果，这是判断因果关系的必要非充分条件；②变量之间具有稳定的共变关系，即相关关系，这也是必要非充分条件；③变量之间的关系排除其他可能的因果关系的解释[249]。其中第三点的满足需要运用更严格的控制手段实现。研究二运用问卷调查及结构方程模型的方式对理论假设进行的检验在满足上述第一点和第三点上存在欠缺，尤其是在先因后果的时间序列上的因果关系条件不能充分满足，而实验法在这一点上较具优势。因此，需要进一步将研究建立在实验法基础上以做出更可靠的因果关系推论。

恩格斯曾指出，必然性的充分证明是在实验中，验证心理活动因果关系的根本途径是人类的活动和实验[250]。目前学者公认的观点是通过特定的研究设计结合 SEM 可以验证因果关系。研究设计通常使用实验研究，在采用控制手段的前提下探讨变量间的因果关系[251, 252]。研究二采用了问卷法收集数据并运用逻辑回归及 SEM 论证了变量间的关系。尽管可以判定变量间的关系存在，以及

对某变量的发生进行预测，并依据因果模型方法进行一定程度的因果推论，但严格意义上的因果推论需从实验研究中得出。主观自陈应激数量可能会受社会赞许性等反应定势的影响，回忆本身也会造成误差。研究表明，在应激研究中追忆或回顾应激情境不能充分解释应激生物标记皮质醇反应[184]。因此，方法本身需要补充和完善，需要进一步采用更为可靠的实验室诱发应激的方式及更严格的控制手段论证变量间的关系。此外，根据系统方法论，单一研究总会具有局限性，对变量间的因果关系需进行多次的、不同方式的检验[249]，综合运用多类型的方式与手段论证变量间的关系以更全面地认识问题本质。因此，本部分将采用实验室诱发应激的方式收集数据，并结合 SEM 再次论证变量间的关系。

如何在压力下保持健康、在应激中受益，如何从失去、失败、疾病与死亡中获得力量，这是本研究的价值观导向。本研究基于的理念为：压力下可以保持健康、应激中可以受益，失去、失败、疾病与死亡产生的恐惧、沮丧、孤独、悲伤与无力不是我们应该极力回避的坏东西，负能量也有负能量的力量。因而，本部分依然在探讨负向应激的同时重点关注正向应激。鉴于以上，本部分的主要研究目的同研究二。主要论证正、负向应激的效应，尤其是正向应激对健康及行为的积极效应，其中正、负向应激采用实验室诱发范式：TSST，因变量采用身体健康及跟随自变量之后的工作效率和社交倾向，以及在既定应激程度下，应激影响健康的认知在其中的作用及重要意义。主要研究问题为：① TSST 是否适用于中国大学生被试，其诱发的应激性质是什么，是否可以诱发出正向应激；②如果①成立，考察正、负向应激对健康、工作效率及社交倾向的影响，主要侧重正向应激的影响；③在一定应激程度下，有效应对应激的认知对健康、工作效率及社交倾向的影响；④通过实验室应激诱发范式获取数据建立正、负向应激模型，以明确各变量之间的关系。具体分为三个部分的子研究：① TSST 在中国大学生被试中的适用性；② TSST 诱发的应激性质；③基于 TSST 实验范式的正、负向社会心理应激模型建构。

## 5.1 子研究 1 特里尔社会应激测试在中国大学生中的适用性

### 引言

TSST 是目前国际上普遍采用的用于诱发个体应激反应的实验室研究手段，被认为是实验室心理应激诱发的黄金范式[253]。有研究对比了当前各种人类应激诱发的范式，结果表明 TSST 具有不可比拟的优势，主要表现在 TSST 能够可靠、有效诱发中等程度的 HPA 轴活动，并且在设计上可灵活修改。而其他范式，如地塞米松抑制试验（Dexamethasone suppression test，DST）、冷加压试验（cold pressor test，CPT）、皮质醇觉醒反应（cortisol awakening response，CAR）、认知任务（cognitive tasks，CT）、MMST 等均在诱发 HPA 轴活动效应上缺乏一定的可靠性或可行性，如 DST 需要在不同天进行测量，CAR 依赖被试的依从性，新发展的 MMST 尚未成熟且其诱发效果还需验证[81]。一项元分析表明，综观各类研究和各种相关范式，TSST 已成为当前最为广泛使用的急性社会心理应激实验室诱发手段之一，且大量的研究证据表明，该范式中唾液皮质醇是最为典型且有效的应激反应生物标记。研究认为除非有更有力的证据，不然坚持最初的 TSST 范式是最有效诱发皮质醇应激反应的最明智做法[254]。因此，本研究以原创 TSST 版本为社会心理应激诱发的核心参考范式[79]。

  TSST 是针对德国被试设计的一种应激实验范式，其文化、生活习惯、价值观、知识结构等与我国被试实际情况均存在明显差异。从近代科学心理学诞生之日起，不同社会文化对心理现象的影响就开始被重视，单一文化背景中建立的研究结论或理论需在不同文化中论证其适用性。对于不同文化的研究成果进行本土化的研究，可加深对该成果科学性和适用性的理解和认识，并能够帮助修正其在单一文化背景中建立起来的理论局限性[255]。根据霍夫斯塔德的文化维度理论，中德两国文化在权力距离、不确定性规避、个人主义与集体主义、男性化与女性化四个维度上均具有显著差异[256]，尤其是在不确定性规避这一维度上。研究认为，中国人具有高不确定性规避的特点，相信绝对知识和专家评定，需要明确的社会规范来掌控不确定因素。而德国则是一个不确定性规避程度低的国家，喜欢冒险和接受新奇事物，对于不确定的东西较少感到紧张和焦虑，更能适应变化的环境[256]。尽管有研究认为，当代中国大学生随着时代变迁在文化价值观上可能会与西方趋同，但研究表明至少在不确定性规避维度上仍然存在中西方显著差异[257]。为此，本研究主要从文化对等性的角度关注了原版 TSST 在概念等值上的问题，即中德文化背景中的个体对 TSST 任务意义理解的共同性。有研究表明，中国学生的数学能力测试成绩明显高于美国学生，且指出口算在中国大学生数学能力中是比较基础的能力[258]。James（1986）在中英文数字记忆研究中认为，汉语一位数字仅有一个音节，相对于英语其发音长度较短，且数字发音长度和一个人能够记忆的数字位数有紧密联系。因此，汉语相对于英语在数字记忆方面就有一定的优势，这在一定程度上说明中国学生的口算能力可能高于西方学生[259]。因此，有必要进行 TSST 适用性的论证。

原版 TSST 诱发的应激为急性中等程度的心理应激，尽管该范式诱发的应激性质有待探讨，但基本可以认为该范式在设计最初指向的是健康群体的负向应激[79]。本研究认为原版 TSST 在以下几方面的局限应予以改进。①原版 TSST 涉及的所有被试均为志愿者，即被试在参与实验之前均已了解到自己作为被实验者的身份，这在一定程度上必然削弱了被试的自我卷入程度，不排除有被试为了配合实验或者出于对实验的好奇而产生的实验误差。此外，尽管以往研究表明无论是否给予报酬，TSST 均能诱发显著的应激反应[79]，但本研究认为给予报酬本身会成为一个重要的混淆变量，不排除被试为了报酬而配合实验或为得到报酬而敷衍完成任务的情况。研究认为，高自我卷入程度是 TSST 诱发显著应激效应的关键，并且心理应激的皮质醇反应的重要性也早已被认识到[260]。因此，本研究为保障诱发的效应及诱发的程度，采用了单盲设计，以便在被试的自我卷入程度上获得保证。此外，为避免研究者的期待效应，控制组尽管同样采取了单盲设计，但主试并不清楚"控制组"是控制组，统一认为都是在进行不同方式的应激诱发实验，其中知情者不参与主试工作。这就在一定程度上具有双盲的性质，以便在一定程度上排除研究者对实验过程及研究结果解释的影响。②本研究认为，原 TSST 范式的论证最大的局限是控制组的设计。该研究仅有一个实验采用了实验组—控制组设计，且该控制组实施的任务与实验组具有较大差异，而其他实验均没有控制组设计[79]。本研究认为缺乏控制组的研究具有很大缺陷，今后研究应采用 TSST 的控制版本予以弥补[261]。所谓控制组即除了不接受实验处理，其他方面与实验组的处理应完全相同。因此，我们认为原版 TSST 论证中的控制组设计不够严格。研究认为如果实验缺乏控制，即使观察有效，其结果也是没有意义的，甚至可能会误导以后的研究[262]。对此本研究予以了充分关注。③以往研究的不一致结果部分与应激诱发的范式不可靠或对于 HPA 轴的刺激不足有关。原版 TSST 范式仅仅诱发出了中等程度的应激，从平均水平看，这就有可能部分被试并没有被诱发出应激。因此，为保证数据的充分利用，本研究在给足刺激上及范式的可靠性上予以了充分考虑。

尽管以往研究也有对 TSST 在中国大学生样本中的适用性进行了论证[263]，但本研究认为该验证缺乏一定的可靠性，且诱发程度及性质有待考察。第一，该研究为非单盲有报酬设计，没有克服已有研究局限。这就可能造成无关变量的控制不足，实验结果可能是由只是想做完实验得到报酬等情况的干扰因素引起。第二，该研究为单组前后测、无控制组设计，经过前后测的比较，直接检验实验处理的有效性，对无关变量的控制较弱。第三，在测量指标上，缺乏简明心境量表反映的心理变量与应激之间关系的论证。例如主观应激报告主要为自陈紧张程度，但未见其对缺乏应激与紧张关系的论证。此外，值得注意的是该文献在报告主观应激在不同时间点上的差异时，似乎与假设相反，即在应激发生时主观应激报告程度最低，这可能是由于作者疏忽没有报告反向题计分的数据处理，因此不能排除对其结果可靠性的怀疑。第四，TSST 产生的应激生物影响除了 HPA 轴的反应，还有 SAM 的反应。以往研究主要是从 HPA 轴角度验证 TSST 的应激诱发有效性，但还缺少从 SAM 轴角度进行的论证，并且存在结果不一致的情况。此外，元分析认为在 TSST 期间及应激源发生全程进行心率及 HRV 的无间断测量，比在演讲和算术任务过程中进行血液和唾液样本的测量更具有优势[81]。

### 5.1.1 研究目的

鉴于以上，本部分首先对 TSST 在中国大学生样本中的适用性进行论证。

### 5.1.2 研究方法

**1）被试**

本研究模拟真实的面试招聘情境，采用单盲、无报酬被试间前后测设计。通过广告以招募实验助理为由招募了在校大学生被试共 70 人，经填写基本信息后剔除 7 人，有效被试为 63 人。剔除标准为存在以下任意一项：有内分泌紊乱病史；最近 1 个月有服用任何跟内分泌疾病相关的药物；有精神和神经系统疾病史；最近 2 周有感冒或服用任何药物；当前患有牙周炎或口腔内有伤口；有酗酒或吸烟过度；有长期焦虑、抑郁、失眠等症状；长期昼夜作息颠倒；有慢性生理疾病；正处于月经期。

被试到达实验室的当场由实验接待员随机分组，即下一个被试是被分配到实验组还是控制组取决于被试到达实验室的时间及上一个被试离开实验室的时间。其中，控制组有 32 人，男生有 12 人，女生有 20 人，平均年龄为 21.38±2.6 岁；实验组有 31 人，男生有 7 人，女生有 24 人，平均年龄 19.29±1.19 岁。所有面试者均电话通知面试前 1 小时不要抽烟喝酒、吃饭、喝饮料及进行体育活动。一周后实验助理经手机短信或电话统一进行反馈，进行实际情况的说明及告知实验助理录用情况，并澄清实际无录音录像，不涉及隐私泄露并予以保密。实验结束后对于有特别情绪反应和认知方面等问题的被试予以个别辅导。

**2）实验材料**

（1）基本信息表。包括被试基本人口学资料：ID、性别、年龄、年级、经济条件、家庭所在地、是否经期及自我报告是否存在有内分泌紊乱病史等10项剔除标准的问题。

（2）主观感受问卷。根据诱发皮质醇反应最有效成分为失控感，自编两道题目用以测量被试在TSST任务中自我控制和自主程度的感受。鉴于主观感受及态度的复杂性，采用连续评分式量表，从完全不能控制（自主）到完全能控制（自主）（0~100分）的数轴上进行自我控制程度及自主程度的判断。为统计分析的方便，按照5点计分。0~20分计为1分，20~40分计为2分，40~60分计为3分，60~80分计为4分，80~100分计为5分。得分越高表明控制感或自主感越高。

（3）正、负向社会心理应激心理反应量表（前、后测版）。量表维度包括希望感、意义感、可控感、积极情绪、焦虑、失控感、无意义感、消极情绪、生气与敌意9个二阶因子及正、负向应激2个一阶因子共53个条目，采用7级评分，从非常不符合到非常符合，得分越高表明该心理状态程度越高（其中m1、c2、c3、c4、t2、t4、t5为反向题）。前后测版本仅有题目顺序的区别，后测版的题目根据前测版随机编排。

（4）唾液收集。使用国际通用的一次性唾液采集管（Sarstedt，Germany）收集唾液样本。采集方法：要求被试清水漱口休息后将棉棒放入口中，咀嚼棉棒大约1~2分钟（棉棒完全浸湿为佳）后立即放回采集管，盖紧盖子。每次唾液样本采集后立即放入装有足够生物冰的保温箱中（温度-15℃左右），一个小时之内转移保存至-22℃低温冰箱内。分析前先解冻，然后以3000转/分钟的速度离心15分钟，使唾液从棉棒中分离得澄清唾液。

（5）心率采集。采用芬兰博能（Polar）Team2团队心率监测系统离线进行心率及HRV数据的采集。该设备将全球定位系统（global positioning system，GPS）、运动传感器和心率技术集成在一个蓝牙传感器中，可通过蓝牙及无线电波（5kHz）传送数据，使用其配置的无线心率带方便获得实时监控数据，内置记忆体可储存心率数据，心率采集设置为每一秒记录一次心率。

（6）控制组中性阅读材料。采用一篇科普文章作为控制组的阅读材料。为论证其在情绪及应激诱发上的中性性质，采用单组前后测设计对47名在校本科生进行了9点情绪效价问题的施测。前测问题为让被试自我报告当前情绪状态，后测问题为被试读完文章后自我报告其情绪状态，从非常不愉快到非常愉快，分别计分为1~9分。经相关样本$t$检验，前后测情绪状态无显著差异（$t = 0.277$，$p = 0.782$），前、后测情绪均值分别为（5.151±1.745；5.113±1.929），表明该材料可以作为控制组的阅读材料。

**3）实验设计及程序**

（1）实验设计。本实验主要考虑的方面如下。①在实验时间方面：元分析表明，皮质醇水平存在昼夜节律，下午相对稳定[264]，将 TSST 的起始时间限制在下午，可能会增加皮质醇显著应激反应的可能性[265]。因此所有被试均在 13:30~18:30 完成实验。②实验组—控制组设计方面：研究表明 TSST 的研究中需使用非应激控制组以检验 TSST 应激诱发的效果，控制组的设计应排除诱发应激的成分，其他都应尽可能与 TSST 相似[265]。因此本研究中实验组—控制组设计主要考虑了诱发应激的两大核心要素：失控感和社会评价威胁，其他部分尽量相似。③各项指标测量方面：各组指标测量内容及时间均保持一致，在 TSST 期间及应激源发生全程两组均进行心率无间断测量。由于原版 TSST 缺陷之一为重复测量可能会造成 HPA 轴活动反应减弱，因此本研究考虑到该范式的局限，在重复测量设计中参照以往相关研究优化了测量次数——唾液皮质醇取样 4 次。④总体时间进程方面：元分析研究显示，被试在 TSST 之前 30 分钟或 15 分钟以下的适应期是足够的，缩短演讲的准备时间并没有改变皮质醇的反应[254]。本研究基于此，缩短面试准备时间至 2 分钟，被试到达后休息时间为 15 分钟。⑤面试官方面：很多研究显示了面试官或主试性别会造成研究结果的变异。有研究表明，TSST 中应激的生理反应具有共鸣效应，演讲者和观察者之间的皮质醇反应会产生共鸣[266]。因此，本研究对面试官进行了严格的培训和相关的实验控制，如要求面试官的态度保持中立，语言统一，包括指导用语和备选问题。并且对面试官性别进行了控制，每组面试官至少一名男性和一名女性。⑥实验结束处理：本实验采用真实招聘实验助理的方式实施。实验全部完成后，为避免不同被试之间沟通造成实验意图泄露，因此统一在问卷作答完成后向被试说明将于一周后告知应聘结果。一周后实验助理统一通过手机短信进行反馈，进行实际情况的说明及告知实验助理录用情况，并澄清实际无录音录像，不涉及隐私泄露并予以保密。对于有特别情绪反应或认知方面等问题的被试予以个别辅导。⑦研究伦理方面：根据美国心理学会（APA）制定的以人为研究对象的实验准则及伦理性原则的贯彻要领[255, 267]，本研究在实验前自觉评估了本实验的伦理可接受性，对实验可能造成的损害及其相应的措施进行了规划，并通过了相关伦理委员会的审核。各实验参与人员充分学习了研究者对研究对象所承担的义务并据此制定了相应的方案，如研究中随时监控被试的状态，有情况如何及时调整策略并采取相应保护措施或终止实验等。例如，研究要求主试及实验助理如发现被试产生过度不适或情绪反应，应立即停止面试并给予相应心理辅导。⑧本研究对原版 TSST 在内容上主要修改的部分为：实验助理胜任理由的陈述。在备选问题设计方面，鉴于个体差异及研究需拓宽诱发程度的范围，根据工作特征理论在中西文化对比中的研究结果：认为集体主义文化中的人际关系在工作满意度中具有更重要的意义；在以中式价值观为主的文化中来自他人的反馈与工作满意度之间存在显著相关，而在美国已被充分证实的 5 个核心工作特征均与工作满意度无显著相关[268]。因此，本研究结合其他版本的 TSST，备选问题设计为主要与人际关系相关的问题，如"你的同学或朋友是怎么评价你的？为什么？"

实验组、控制组任务如下。

实验组：包括准备、自陈胜任理由和当众口算 3 个阶段。实验组实验助理向被试介绍面试任务。被试准备面试（2 分钟）结束后主试将被试带入面试房间。实验组面试任务主要为口头陈述胜任理由及心算，各 5 分钟。面试官指导语为："请坐，请用 5 分钟时间陈述你能胜任这份工作的理由，需要特别提醒的是整个面试过程是全程摄像和录音的（指一下摄像机），以便我们对你的表现进行分析。请开始。"面试小组由 1 名男性和两名女性面试官组成，均身穿白大褂，表情严肃。同时被试面试座位斜对面的显眼位置放置一台摄像机（实际并未工作）。本次研究心算任务与原版一致：1022 依次减去 13，其他指导语及程序部分均与原版 TSST 一致。

控制组：包括准备、概述文章大意和笔算 3 个阶段。控制组实验助理向被试介绍面试任务。控制组被试在准备的 2 分钟期间阅读一篇中性材料的文章，之后需在 5 分钟内向面试官讲述文章大意，讲述过程中可以看文章。随后进行 5 分钟的 1022 依次减去 13 的笔算，结果写在纸上。所有任务完成期间没有任何摄像录音设备，被试也认为没有，面试官对其言行不进行任何评判，全程保持中立。控制组任务设计主要排除了诱发应激的社会评价性因素和不可控性。

（2）实验程序。具体实验流程如图 5-1 所示。

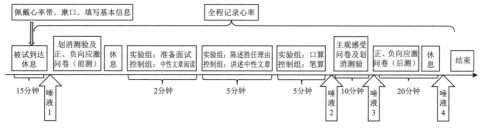

图 5-1 实验流程图

## 4)数据分析方法

(1)主观心理反应。研究认为,TSST在自我报告的消极情绪与焦虑上显著增加,相关理论及以往研究认为控制感和自主感是应激的重要影响因素[81]。因此,本研究以焦虑水平、消极情绪、控制感和自主感作为应激的主观心理反应指标进行分析。采用协方差分析方法(ANCOVA),分别将消极情绪、焦虑前测分数作为协变量,对两组的应激心理反应进行差异分析,采用独立样本 $t$ 检验对两组控制感、自主感进行差异分析。

(2)唾液皮质醇。唾液皮质醇分析由专业的生物监测实验室完成,使用人皮质醇ELISA检测试剂盒对唾液皮质醇进行分析,采用双抗体夹心法测定标本中人的皮质醇水平。其基本过程为:①室温平衡30分钟;②每孔加入50μl样本;③每孔加入50μl酶结合物;④37℃下温育60分钟;⑤洗板5次;⑥每孔加入显色剂A/B液各50μl,37℃避光显色15分钟;⑦每孔加入50μl终止液终止反应;⑧用酶标仪(芬兰,Labsystems Multiskan,MS)在450nm波长下测定吸光度(optical density,OD),通过标准曲线计算唾液样本中的皮质醇浓度,标准曲线如图5-2所示;⑨最终将样本实际浓度单位ng/mL换算为nmol/L进行分析。其中控制组由于标签模糊致2个被试的样本被剔除,最终被试唾液样本量为120份(30×4),实验组其中一个被试样本缺失,最终被试唾液样本量120份(30×4)。采用两因素重复测量方差分析对两组的4次唾液皮质醇浓度进行统计分析。

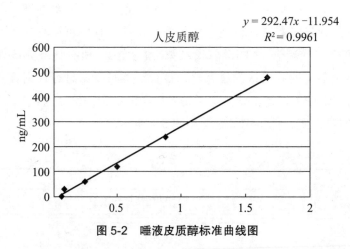

图5-2 唾液皮质醇标准曲线图

(3)心率与心率变异性。控制组因实验过程中2人心率带脱落、1人心率发射器故障数据缺失、1人数据异常,最终心率样本量为28个被试的数据。实验组最终心率样本量为30个被试的数据,其中1人心率带数据记录不完整被剔除。本研究通过自编程序计算每个对应实验程序时间点的心率平均值（单位：次/分），通过 Polar Pro Trainer 5 计算与实验程序相对应的 HRV 时域、频域相关指标。心率共 6 个时间点，分别是被试到达 15 分钟后的心率平均值 T1，之后每隔 10 分钟为一个时间点。其中，T2 为 TSST 之前，T3 为 TSST 刚结束，T4 为 TSST 结束后 10 分钟，T5 为 TSST 结束后 20 分钟，T6 为 TSST 结束后 30 分钟。每个数据点取两分钟左右的心率平均值。所有数据采用多变量重复测量方差分析方法进行统计分析。其中，频域指标为：①高频成分（HF，0.15~0.40Hz）（单位：ms），该指标反映迷走神经（副交感神经）的活性和调节功能；②低频成分（LF，0.04~0.15Hz）（单位：ms），反映交感神经和迷走神经的复合调节功能，某些情况可反映交感神经系统的张力；③低频高频比（LF/HF），反映交感神经与迷走神经活性的平衡性，与交感神经活性呈正相关。时域指标为：①平均正常 R-R 间期标准差，反映整体 HRV 的大小，其异常范围为 SDNN < 100 ms，表明交感神经活性增强；②相邻 R-R 间期差的均方（RMSSD），反映 HRV 的快速变化，可衡量副交感神经对心率调控作用的大小，其异常范围为 RMSSD < 25 ms，表明副交感神经活性减弱；③相差大于 50 ms 的相邻 R-R 间期占 R-R 间期总数的百分比（pNN50），反映副交感神经活性，其异常值为 pNN50 < 50%，表明副交感神经活性减弱[354]。研究认为，急性心理应激状态下 SAM 表现为交感神经系统被激活和副交感神经活性受到抑制[269]。元分析表明，心脏自主神经活动可以在一定程度上区分心理应激。心理应激状态下，与正常 HRV 变化相关的四个时域指标：平均正常 R-R 间隔值（mean RR interval，MEAN RR），SDANN，RMSSD，pNN50 显著降低，高频率的 HRV 波动率（HF）显著降低，而低频和高频的比值显著增加。这表明在急性心理应激下，交感神经被显著激活和副交感神经受到抑制，HRV 表现出明显的抑制，变异性减少。频域指标的测量也显示了在急性心理压力下显著的自主神经平衡转向交感神经的激活和副交感神经的撤退[270]。此外，研究认为 HRV 的时域指标对心理压力状态的判别准确率达 80% 以上，优于频域指标[271]。

### 5.1.3 研究结果

**1）主观心理反应**

首先检验实验组、控制组在焦虑水平和消极情绪上的差异。经斜率同构型检验（$F = 0.019$，$p = 0.890$；$F = 0.250$，$p = 0.619$）、协方差分析结果表明，实验组与控制组在焦虑水平 [$F(1, 60) = 2.669$，$p = 0.108$，$\eta_p^2 = 0.043$] 及消极

情绪上 [$F(1, 60) = 1.157$, $p = 0.286$, $\eta_p^2 = 0.019$] 不存在显著差异。这表明焦虑和消极情绪可能并不是应激的主要指标，这与以往研究结果不一致[272]。独立样本 $t$ 检验表明，实验组与控制组在控制感和自主感上具有极其显著性差异，$t(61) = 9.192$, $p < 0.00$；$t(61) = 7.355$, $p < 0.001$。

**2）唾液皮质醇**

实验组、控制组的唾液皮质醇水平在 4 个采样点上的变化如表 5-1 和图 5-3 所示。重复测量方差分析表明，测量时间的主效应显著，$F(3, 174) = 119.283$, $p < 0.001$, $\eta_p^2 = 0.673$；组别主效应显著，$F(1, 58) = 126.293$, $p < 0.001$, $\eta_p^2 = 0.685$；测量时间与组别交互作用显著，$F(3, 174) = 42.162$, $p < 0.001$, $\eta_p^2 = 0.421$。进一步方差分析表明，处理后立即、处理后 10 分钟及处理后 30 分钟的唾液皮质醇水平分别在实验组和控制组之间存在显著性差异（$ps < 0.001$），且实验组的唾液皮质醇水平均显著高于控制组。

表 5-1 应激组和控制组在不同测量时间点的唾液皮质醇浓度变化 单位：nmol/L

| 组 别 | 基线 M(SD) | 处理后 1 M(SD) | 处理后 2 M(SD) | 处理后 3 M(SD) |
|---|---|---|---|---|
| 应激组 | 5.648（1.656） | 8.767（1.090） | 10.823（2.019） | 10.181（1.581） |
| 控制组 | 4.825（0.740） | 5.368（1.016） | 6.208（1.676） | 5.874（1.302） |

注：基线为被试休息 15 分钟后；处理后 1 为 TSST 结束立即；处理后 2 为 TSST 结束 10 分钟；处理后 3 为 TSST 结束 30 分钟，分别对应 4 个时间点，以下同。

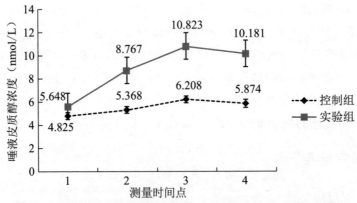

图 5-3 应激组和控制组在不同测量时间点的唾液皮质醇浓度变化

**3）心率**

实验组、控制组被试的心率均值在 6 个时间点上的变化见表 5-2 和图 5-4。重复测量方差分析表明，测量时间的主效应显著，$F(5, 280) = 4.107$,

$p = 0.003$,$\eta_p^2 = 0.069$；组别主效应不显著,$F(1, 56) = 0.505$,$p > 0.05$；测量时间与组别交互作用不显著,$F(5, 280) = 1.972$,$p > 0.05$。进一步多变量分析表明,两组在 T3(TSST 刚结束)上存在显著性差异($ps < 0.01$),且实验组的心率水平均显著高于控制组,其他时间点上的心率两组无显著差异。

表 5-2 应激组和控制组在不同测量时间点的心率变化　　　　单位：nmol/L

| 组　别 | T1 M(SD) | T2 M(SD) | T3 M(SD) | T4 M(SD) | T5 M(SD) | T6 M(SD) |
| --- | --- | --- | --- | --- | --- | --- |
| 实验组 | 93.814 (28.346) | 93.764 (24.934) | 101.228 (25.904) | 90.956 (17.564) | 88.130 (21.628) | 79.803 (9.194) |
| 控制组 | 91.110 (28.966) | 90.539 (21.218) | 86.949 (13.550) | 88.178 (28.794) | 87.226 (23.904) | 84.158 (23.636) |

注：T1~T6 分别为不同心率时间点。被试到达 15 分钟后的心率平均值为 T1,之后每隔 10 分钟为一个时间点。其中 T2 为 TSST 之前,T3 为 TSST 刚结束,T4 为 TSST 结束后 10 分钟,T5 为 TSST 结束后 20 分钟,T6 为 TSST 结束后 30 分钟。以下同。

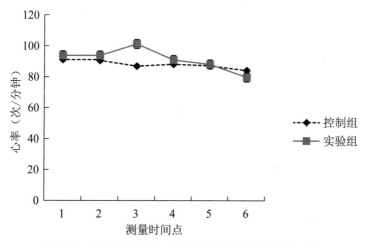

图 5-4 实验组和控制组在不同测量时间点的心率变化

## 4)心率变异性(HRV)

由表 5-3 可知,实验组、控制组在 HRV 频域的 3 个指标与时域的 3 个指标上均具有显著性差异($p < 0.05$)。应激条件(TSST)相比于控制条件,HF 显著降低,表明副交感神经活性降低；LF/HF 显著升高,反映交感神经活性增强；SDNN、RMSSD、pNN50 均显著降低,表明实验组被试交感神经被显著激活,副交感神经活性显著受到抑制,实验组显著诱发了应激。但其中 LF 显著降低,与以往研究不符[270],有待探讨。

表 5-3　实验组、控制组在心率变异性 6 个指标上的差异检验

| HRV 指标 | 实验组 M（SE） | 控制组 M（SE） | t | p |
|---|---|---|---|---|
| HF/ms$^2$ | 4165.997（775.216） | 21813.391（6267.265） | 2.795 | 0.012 |
| LF/ms$^2$ | 5161.463（366.780） | 17807.741（5854.441） | 2.156 | 0.046 |
| LF/HF/% | 216.700（36.897） | 120.127（21.247） | −2.268 | 0.031 |
| SDNN/ms | 155.836（7.677） | 279.272（43.358） | 2.803 | 0.012 |
| RMSSD/ms | 121.315（13.949） | 266.788（41.742） | 3.305 | 0.003 |
| pNN50/% | 8.568（1.107） | 20.422（2.884） | 3.837 | 0.001 |

以往研究结果表明，HRV 时域指标对心理应激更具敏感性及更高的鉴别力（频域指标平均准确率低于 60%，时域指标平均准确率高于 80%）[271]。因此，综合心理反应、HPA 轴及 SAM 轴反应，单盲无报酬 TSST 成功诱发了被试的应激反应。

### 5.1.4　讨论

本研究鉴于以往 TSST 在中国大学生被试中适用性研究的局限及原版 TSST 的局限和建议，采用单盲、无报酬实验组控制组前后测设计，再次对 TSST 在中国大学生样本的适用性进行了论证。结果表明，实验组在 TSST 产生的应激生物指标上：HPA 轴和 SAM 轴均产生了显著的效应，但在主观报告的焦虑水平和消极情绪上并没有产生显著效应。以往诸多研究认为，TSST 在自我报告的焦虑上显著增加，在使用 PANAS、多维情绪问卷和视觉模拟量表进行情绪测量的研究中，TSST 均显著恶化了负面情绪[84, 85]。但本研究并没有支持这一结果。这在一定程度上表明，一般社会心理意义上的社会威胁评价或负面评价及失控并不一定都会产生显著的负面情绪或焦虑情绪，至少在本研究中以面试应聘为应激源的社会心理应激是如此。社会心理应激的心理反应是复杂的，正、负向情绪均有可能同时产生。这既验证了研究一的构想，又为接下来的研究提供了依据，即 TSST 针对不同的个体诱发的可能是正向应激也可能是负性应激，同时这也提示我们具体应激源的研究及对应激性质的区分是至关重要的。应激产生的效应至少受三个方面的影响：个体特质、情境及认知。

大量文献表明，TSST 均显著增加了唾液皮质醇，并结合各个应激生物标记物的优点，唾液皮质醇已成为大多数使用 TSST 进行应激研究的最有效的应激生物标记。本研究支持这一结论。本研究中 TSST 后 10 分钟测量点上唾液皮质醇分泌达到高峰，但本实验考虑了重复测量可能会造成 HPA 轴活动反应减弱及

本研究的目的性（即论证 TSST 的有效性）及经济性，仅进行了 4 次皮质醇测量。有元分析表明，TSST 中唾液皮质醇峰值一般出现在 TSST 后的 28 分钟左右，因此唾液皮质醇的峰值可能在更后面的时间点。但这不影响论证 TSST 在中国被试中的有效性。

  TSST 在心血管方面也具有显著的效应。研究表明在应激发生全程被试心率持续上升，大约在 5 分钟内恢复到应激前水平。心率的峰值一般出现在应激开始及 1 分钟后。本研究基本支持这一结论，心率峰值出现在 TSST 刚结束的时间点。研究认为 HRV 将是未来心理压力检测的研究热点，并且时域指标是更敏感的心理压力指标[271]。本研究 TSST 中时域指标 SDNN、RMSSD、pNN50 均表现出良好的鉴别力。但实验组的频域指标 LF 显著低于控制组，与以往研究相反并表现出与其含义不一致[273-275]。LF 与交感神经活性相关，应激状态下，LF 显著增加同时 HF 显著减少。但也有研究表明在应激期间 LF 显著降低，其诱发应激的方式与其他范式不同，主要涉及肢体动作（如需使用鼠标）及大学考试全天候的心理应激测量而非仅仅是考试期间[276, 277]。因此，在本研究应激过程中 LF 显著降低可能是由于采用了全程测量，而非仅仅在 TSST 实施的 10 分钟内。这就提示我们不同阶段的应激可能在各指标上的反应具有不一致性，有必要进行不同应激阶段的指标检测。由于心率采集为全程，为防止实验干扰而没有在实验过程中设置时间点，并且在后续数据分析过程中考虑到手动截取时间点可能会对 HRV 分析造成误差，就没有对 HRV 数据进行对应时间点的分析，这是今后研究需改善的地方。

  以往研究认为大量的 TSST 相关研究没有报告细节，因此未来的研究应报告更多关于 TSST 潜在的相关规范的细节。我们认为很多相关研究没有报告具体细节可能是由于实际实施过程中难以遵守文献发表所要求的程序规范性。因在 TSST 实际实施过程中涉及很多的人际互动，尤其是在真实的模拟面试情境中，这个过程在具体操作时本身是难以做到完全统一的规范性，尤其是考虑到实验可行性及被试可利用性两方面的冲突。比如，实验中有被试中途会提问与实验无关的问题或表现出出乎意料的言行举止，这些都需要面试官在把握原则的前提下进行灵活应对。本研究在面试官培训部分就此进行了相应的规范，让每一个面试官学习把握实验的核心成分，并据此调整面试过程中的言行及态度。由于元分析表明，面试准备时间缩短并不会显著影响应激的皮质醇反应强度，因此鉴于实验的可行性和被试的负担，面试准备阶段时间缩短至 2 分钟，未来研究需探讨和论证面试之前准备期的必要性。此外，元分析研究结果表明，工作面试是一种合适而有效的压力源。据此，本研究进行了有益的尝试，并将在后续的脑电研究部分取消准备阶段，改为 2 分钟指导语告知将要进行的内容。这对分析确定 TSST 各阶段内容的皮质醇效应具有重要意义。

以往研究结果的不一致可能与应激诱发的范式不可靠或对于 HPA 轴的刺激不足有关。因此，本研究在给足刺激上及范式的可靠性上予以充分考虑。结果也表明，本研究在实验条件下诱发应激产生的各项指标大多与控制条件具有极其显著差异，表明应激诱发程度显著。修正后的 TSST 在中国样本中具有相当的有效性。此外，实验之前及实验过程中被试并不知自己参与的其实是一项实验，但因同时本实验确实又是一场真实的招聘实验助理事件，并在实验一周后告知实情，因此尽管实验前因实验目的并没有签署知情同意，但仍遵守了研究伦理。

## 5.2　子研究 2　特里尔社会应激测试的应激诱发性质

### 引言

前部分研究论证了 TSST 可有效诱发中国大学生被试的急性心理应激，主要表现在皮质醇、心率及心率变异性方面，即 HPA 轴和 SAM 轴的变化。但 TSST 诱发的应激是正向应激还是负向应激，这些生物标记是否可以用以区分正、负向应激，目前还没有明确结论。当前 TSST 在这些生物标记上的显著效应只能说明 TSST 有效诱发了应激，但在心理反应上的情绪方面却没有表现出显著效应，因而，其诱发的应激性质有待进一步探索。到底是什么样的压力才会对健康或行为产生消极或积极影响？探讨 TSST 诱发的应激正、负性质对于回答这一问题具有重要意义，这也将为接下来的研究奠定基础。

根据 Karasek（1979）的 JDC 理论，压力是工作需求和工作控制（主要为技能运用性及决策自主性）共同作用的结果。当情境对个体的要求较高，且个体能施加控制的程度也较高时（即处于高要求—高控制情境），就能体验到较强的支配感和成就感，进而产生积极的压力[68]。在 TSST 范式中，要求高准确率且快速的"口算"对于被试是一项高要求任务，且"口算"作为一项技能性任务，部分大学生或中国大学生可能因口算能力较强而处于"高控制"情境，即可能部分被试处于高要求—高控制情境，因而对于部分被试来说 TSST 诱发的可能是正向应激。就 TSST 本身而言，"口算"及"胜任力公众演讲"两个任务是与成就动机相关的应激源，易使被试在任务过程中以高标准要求自己，因此 TSST 所营造的可能更倾向是一个"高要求"情境。在这个层面上，由于中国学生的数学能力测试成绩明显高于美国学生，且口算是中国大学生数学能力中的基础能力[258]，因此我们假定，与西方被试相比，TSST 对于中国被试来说可能更多诱发的是正向应激。

此外，研究认为不同被试其皮质醇唤起水平可能具有不同的解释。如同样的唤起水平，有的被试可能是感到兴奋激动，而有的被试可能是生气难过。相关研究表明，与具有恐惧反应的个体相比，对 TSST 具有生气反应的会导致皮质醇的增加，但也有相反的研究结果。这表明对 TSST 的生物标记反应可以通过参与者在压力源中所具有的情绪类型来调节[278]。因此有必要在 TSST 过程中进行主观数据的收集。以往研究认为采用压力评估问卷可以用以区分正向应激和负向应激[88]。本研究通过 CEDPRS 来对 TSST 诱发的应激性质进行考察，其生理及行为反应方面有待进一步探讨。

### 5.2.1 研究目的

通过正、负向社会心理应激心理反应问卷来对 TSST 诱发的应激性质进行考察。

### 5.2.2 研究方法

**1）被试**

采用本部分子研究 1 中的实验组。共 31 人，其中男生 7 人，女生 24 人，平均年龄为 19.29±1.19 岁。其他信息详见子研究 1。

**2）研究工具**

同子研究 1。

**3）研究程序**

同子研究 1 中的实验组部分。详见流程图（图 5-1）。

**4）数据分析方法**

鉴于正负向应激的分类标准尚未明确，因此本研究基于理论及抽象概念的理解予以分类。通过分析被试在正、负向应激心理反应问卷上各维度的平均得分，筛选出在正、负向应激量表各个维度上得分大于 5（即表示该被试在该维度上比较符合、符合、非常符合）的被试。筛选标准为：至少在正向应激的三个维度上平均值大于 5 分的划分为正向应激组，至少在负向应激的三个维度上平均值大于 5 分的划分为负向应激组，分析 TSST 情境下的 31 名被试被诱发的应激性质情况。为排除前测的影响，采用协方差分析方法，分别将正、负向应激前测分数、正向应激各维度（希望感、意义感、可控感、积极情绪）、负向应激各个维度（焦虑、消极情绪、失控感、无意义感、生气敌意）前测分数作为协变量，对两组的应激心理反应进行差异分析。

### 5.2.3 研究结果

参与 TSST 的 31 名被试，在正向应激至少三个维度上的得分均大于 5 的有 12 人，但在负向应激至少三个维度上的得分均大于 5 的有 0 人。考虑到这可能是在负向应激问卷的题目上，尤其是在面试情境下，存在更大的社会赞许效应，因此把对负向应激的标准改为在负向应激的至少三个维度上的得分均大于 4 且不包括 4（4 为不确定）。结果发现，在负向应激的至少三个维度上的得分均大于 4 的有 4 人。这在一定程度上表明 TSST 诱发的应激可能是正向的也可能是负向的，甚至在某种条件下，诱发的更多的是正向应激。

针对正向应激者，其中 6 名被试在正向应激的所有维度上得分均大于 5，4 名被试在积极情绪上得分小于 5，2 名被试在可控感上得分小于 5，这 2 名被试其中 1 名被试伴随高焦虑（焦虑得分大于 5）。这表明，正向应激下的心理反应中意义感和希望感可能是核心成分，积极情绪不一定是正向应激的必要成分，同时，正向应激也可能具有高焦虑情绪。

针对负向应激者，负向应激的五个维度中全部符合的为 0 人，其中 2 人在消极情绪和生气敌意维度上得分均小于 4，1 人在消极情绪上得分小于 4，1 人在生气敌意维度上得分小于 4。4 个负向应激者均在焦虑、失控感、无意义感上得分大于 4，但仅有 1 位在生气维度上大于 4，且在正向应激各个维度上均没有明显表现。这表明，焦虑、失控感、无意义感可能是负向应激心理反应的核心成分，但由于正向应激也可能存在高焦虑，因而，焦虑可能不是判断正、负应激的必要指标。这一结果与以往研究在逻辑上存在一致。以往研究认为，焦虑是应激的核心成分和主要心理反应[81]。这也就在一个侧面证明了正向应激也可能具有焦虑这一心理反应。此外，积极情绪与消极情绪在正、负应激中都表现出非必要性，因此，积极、消极情绪可能不适合作为判断正、负应激的心理反应必要指标。

但以上分析有可能受到被试 TSST 前相关心理状态的影响，因此经协方差分析控制这一因素的影响。由表 5-4 可知，各项分析除了负向应激 $F(1.12) = 5.551$，$p > 0.05$，其他均符合斜率同构型检验。由于负向应激的协方差分析不符合斜率同构型检验，因此组间均数比较已无意义。这表明分组因素的效应受到协变量的影响，在协变量不同水平时，分组因素效应可能会有所不同。在积极情绪及焦虑上，正、负向应激组之间不存在显著差异（$p > 0.05$），这在一定程度上表明，积极情绪、焦虑均有可能存在于正、负向应激的心理反应中。因此，两者不能作为区别正、负向应激的心理指标。此外，生气敌意在正、负向应激组之间不存在显著差异（$p = 0.129$），且两组在该维度上的得分均小于 3（比较不符合）。因此，这在一定程度上反映出生气敌意可能不是负向应激的显著指标。其他各指标在两组间均存在显著差异（$p < 0.05$）。

表 5-4 正、负向应激组在正、负向心理反应各维度上的协方差分析

| 正、负向应激及其各维度 | 正向应激组 M(SD) | 负向应激组 M(SD) | F | p | $\eta_p^2$ |
|---|---|---|---|---|---|
| 正向应激 | 5.470（0.602） | 4.100（0.355） | 7.929 | 0.015 | 0.379 |
| 希望感 | 5.583（0.625） | 4.050（0.700） | 4.390 | 0.049 | 0.252 |
| 意义感 | 6.138（0.744） | 4.583（0.787） | 11.044 | 0.005 | 0.459 |
| 可控感 | 5.388（1.071） | 3.833（1.036） | 5.019 | 0.043 | 0.279 |
| 积极情绪 | 5.166（1.006） | 3.906（0.425） | 2.993 | 0.107 | 0.187 |
| 负向应激 | — | — | 7.093 | 0.020 | 0.353 |
| 焦虑 | 2.535（0.963） | 4.142（0.164） | 2.108 | 0.170 | 0.140 |
| 消极情绪 | 2.129（0.858） | 3.650（0.519） | 4.807 | 0.047 | 0.270 |
| 失控感 | 2.958（0.703） | 5.000（0.816） | 7.369 | 0.018 | 0.362 |
| 无意义感 | 2.944（0.823） | 4.750（0.616） | 8.222 | 0.019 | 0.387 |
| 生气敌意 | 1.743（0.814） | 2.875（1.163） | 2.624 | 0.129 | 0.168 |

综上，TSST 诱发的急性社会心理应激可能是正向的也可能是负向的，且可能正向应激的比例大于负向应激的比例。意义感和希望感可能是正向应激心理反应的核心成分，失控感、无意义感可能是负向应激的心理反应核心成分。但由于负向应激组样本量太小，哪些成分是各自的核心成分仍有待进一步探讨。

### 5.2.4 讨论

TSST 诱发的应激为急性中等程度的社会心理应激，且基本可以认为该范式诱发的是健康群体的消极应激，在以往研究中即为社会心理刺激引发的消极心理反应的应激。由此引发的各种相关研究及其各种 TSST 版本均未涉及论证其诱发应激的性质。本研究首先从应激源引发的心理反应角度对 TSST 诱发的应激正、负性质进行探讨。结果表明，TSST 诱发的应激针对不同的个体其性质不同，既有正向的心理反应，也有负向的心理反应。这可能是由个体特质差异造成，也可能是情境和个体特质交互作用的结果。尤其需要关注的是，TSST 似乎在本研究中更多地诱发了正向应激，这与研究假设一致。我们认为，TSST 设计

的面试情境与成就动机紧密相关，且当前大学生大多数从小学阶段就有口算能力的相关训练，因而 TSST 基本设计的是一个高要求—高控制情境，进而在中国大学生样本中诱发的更多的是正向应激。元分析表明，TSST 能够有效诱发应激的关键成分是社会评价威胁和失控感[264]。从理论上（如 JDC 理论），这一结论的得出基本上是基于负向心理应激。因而，在中国大学生群体如欲诱发负向应激，需要加强失控感的成分。需要特别指出的是，以往研究对于 TSST 诱发的应激评估主要集中在皮质醇分泌、心率等生物标记上，对于心理指标主要集中在简单的自我报告紧张程度、焦虑程度及情绪方面。但这些心理指标对于应激性质的判别是远远不够的，且生物标记的相关研究极其欠缺。尤其大多数相关研究本身就带有消极偏见，认为应激本身就是个负向消极的东西。因此，本研究在论证了积极的应激心理反应存在的前提下探讨 TSST 也能诱发出正向应激，是对应激偏见的纠正。这也将拓宽 TSST 研究的范畴和领域，对于积极心理的探索具有一定意义。但本研究由于样本量较小，在正、负应激的分类标准上存在一定缺陷，因而今后研究应在更大的样本中予以论证。

以往研究认为正、负向应激受积极情绪状态的影响。当拥有积极情绪时个体更容易生成积极压力。个体对情绪的解读会影响所产生的情绪的性质[279]。这与本部分的研究结果不一致。本研究认为意义感和希望感是正向应激心理反应的核心成分，积极情绪没有显著效应。从认知评价理论来看，正向应激主要是指经积极认知评价产生的积极心理反应，经过积极认知评价的个体会认为刺激并不会对自己产生多大威胁且有能力或资源予以解决，因而可以产生希望感和意义感，但在情绪上是否主要表现为积极情绪还需要探讨。由于本研究中基于正、负向应激心理反应问卷划分的负向应激组被试过少，因此，其研究结果还有待进一步论证。但基本可以明确的是失控感是负向应激的主要心理反应。

## 5.3 子研究 3 基于 TSST 的正、负向社会心理应激模型建构

### 引言

研究二中基于问卷调查方法所进行的正向社会心理应激积极效应的论证及正、负向社会心理应激模型的建构为本部分的研究提供了基础，但在因果关系的推论上存在一定的局限。本部分的子研究 1 和研究 2 论证了 TSST 在中国大学生被试中的适用性和有效性，并可有效诱发出正向心理应激及负向心理应激反应。这为运用 TSST 作为考察正、负向应激与健康、行为效率关系的工具提

供了保障。因此，本部分的研究拟通过实验室应激诱发范式 TSST 获取数据并建立正、负向应激模型，以明确应激源、正向与负向应激心理反应、健康与行为效率之间的关系，从而在更可靠的层次上论证正、负向应激的效应。由于本部分的研究对于健康变量的测量依然是自我报告的方式，其局限性可能限制了对变量间因果关系及应激效应论证的可靠性，为此，本部分研究在 TSST 之后加入了基于划消测验表现出的行为效率及 TSST 后社交倾向这两个因变量。这在一定程度上可弥补因果关系推论的条件之一：变量在发生时间序列上的先因后果。

就 TSST 本身在认知行为上的积极效应而言，已有研究表明 TSST 产生的内分泌效应会导致积极的认知改变，如 TSST 皮质醇升高的被试在要求自由回忆单词的陈述性记忆任务中表现得更好[130, 131]。TSST 可改善地图路线的空间记忆[280]。研究认为 TSST 诱发的社会心理应激导致皮质醇显著增加的同时，催产素也显著增加[135]。而神经肽的催产素在社会认知和行为的调节中具有重要作用[136]；并且催产素作为一种潜在的生物机制对积极的社会互动具有应激保护作用[137]，即应激可以促进个体主动寻求社会支持、促进社交能力，从而减少应激的消极影响。催产素具有调节大脑社交本能的功能，在促使个体增强社会联系、向他人倾诉等方面具有重要作用[281, 282]。此外，Quick 等研究者将正向应激界定为良好健康状况及高效率的行为表现[283]。因而为论证应激存在积极效应，本部分研究问题如下。① TSST 诱发的应激对社交倾向具有促进作用，但是由正向应激还是负向应激有待考察。② 通过 TSST 诱发的正向应激在行为效率上具有积极效应，而负向应激具有阻碍效应。同样，在自我报告的身心健康方面，正向应激亦具有积极效应。③ 通过 TSST 获取的数据验证正、负向社会心理应激模型 C 和模型 D。鉴于本部分样本量较小，模型识别时被估计的自由参数过多可能会导致模型不能被识别的情况，且心理健康仅从情绪角度予以确定仍有待探讨，因而结果变量仅选取了身体健康和行为效率。自变量分别为 TSST 诱发的应激程度、对能否有效应对面试的认知及正、负向应激心理反应。理论模型具体如图 5-5 和图 5-6 所示。变量间关系假设如下。

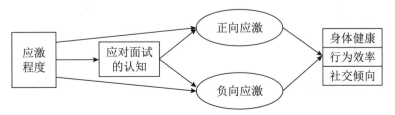

图 5-5　基于 TSST 数据的正、负向应激理论模型 C

**图 5-6　基于 TSST 数据的正、负向应激理论模型 D**

假设 1：根据理论假设模型 C，路径关系假设如下。其中 T1 为应激程度（得分越高应激程度越高），T2 为有效应对面试的认知（得分越高，该认知程度越多），PS 为正向应激（得分越高，正向应激程度越高），NS 为负向应激（得分越高，负向应激程度越高），H 为身体健康（得分越高，健康状况越好），B 为行为效率（得分越高，行为效率越高），S 为社交倾向（得分越高，社交倾向越强）；——表示正向关系，＝＝表示负向关系。

（1）T1＝＝T2——PS——H（B/S）：应激程度负向影响应对认知进而正向影响正向应激，由此正向应激对身体健康及行为效率、社交倾向产生正向影响。

（2）T1＝＝T2＝＝NS＝＝H（B/S）：应激程度负向影响应对认知进而负向影响负向应激发生，由此负向应激对身体健康及行为效率、社交倾向产生负向影响。

（3）T1——NS＝＝H（B/S）：应激程度正向影响负向应激进而对身体健康及行为效率、社交倾向产生负向作用。

（4）T1＝＝PS——H（B/S）：应激程度负向影响负向应激进而对身体健康及行为效率、社交倾向产生正向作用。

假设 2：根据相关理论及模型 C，提出模型 D：负向应激可通过应对认知的调整转换为正向应激进而对健康等应激结果产生积极影响，由于模型 C 中正向应激与社交倾向相关不显著，因此在 D 模型中不予考虑。D 模型变量间关系假设如下。

T1——NS＝＝T2——PS——H（B）：应激程度正向影响消极应激，负向应激通过负向影响应激应对认知对正向应激产生正向影响，进而对健康及行为效率产生正向作用。

### 5.3.1　研究目的

通过 TSST 获取的数据建立正、负向社会心理应激模型，且负向应激可通过应对认知调整转换为正向应激进而对健康等应激结果产生积极影响。

## 5.3.2 研究方法

**1）被试**

所有实验组均模拟真实面试招聘情境，以广告招募实验助理为由招募了在校大学生被试共 120 人，经填写基本信息后剔除 10 人，有效被试 110 人。剔除标准同子研究一。被试提前预约时间并按照约定时间到达实验室，到达实验室后当场由实验接待员随机分组，即被试是被分配到哪一组取决于被试的时间、到达实验室的时间及上一个被试离开实验室的时间。其中，实验 A 组 31 人（同子研究 1 中的实验组），实验 B 组 31 人，实验 C 组 26 人，实验 D 组 22 人；男生 22 人，女生 88 人；平均年龄为 19.73.38±1.40 岁。所有被试均无急、慢性生理疾病。其他处理方式及实验流程基本同子研究一，具体见研究四。具体样本量信息如表 5-5 所示。由表可知，本样本均为汉族，多数为女性、非独生、中等经济条件、大学本科低年级、家庭所在为城市。

表 5-5 所有实验组样本人口统计学基本信息

|  | 性别 | 民族 | 专业 | 家庭 | 独生 | 经济 | 年级 |
|---|---|---|---|---|---|---|---|
| 人数 | 男 22 | 汉 106 | 文 55 | 城 79 | 是 30 | 高收入 2 | 一 38 |
| 占被试人数百分比 | 20 | 96.4 | 50 | 72.8 | 27.3 | 1.8 | 34.5 |
| 人数 | 女 88 | 少数民族 4 | 理 40 | 农 31 | 否 79 | 中 76 | 二 55 |
| 占被试人数百分比 | 80 | 3.6 | 36.4 | 28.2 | 71.8 | 69.1 | 50 |
| 人数 |  |  | 艺 15 |  |  | 低收入 32 | 三 16 |
| 占被试人数百分比 |  |  | 13.6 |  |  | 31.1 | 14.5 |

**2）研究工具**

（1）基本信息表，包括被试基本人口学资料，包括 ID、性别、年龄、年级、经济条件、家庭所在地及 10 项剔除标准问题。

（2）正、负向社会心理应激心理反应量表（前后测版），具体见研究一。其中前测版加入自编的应激应对认知测量 1 题：你认为你能顺利完成此次面试任务的程度，从数轴上选择 1~10，分别计分 1~10 分，得分越高表示认为能顺利完成的程度越大。后测版加入测量个体感知到的健康状况的 3 个题目（来源于 HPQ）及社交倾向 4 个项目。社交倾向分量表为结合相关理论自编的四个项目，分别测量求助意愿、倾诉意愿及寻求他人支持帮助的意愿或倾向。从非常不符合到非常符合，1~5 分计分，得分越高表明越有社交倾向。该分量表内部一致性信度为 0.778，在可接受范围。具体详见附录 2。

（3）划消测验，采用 C++ 语言将划消任务编制成程序，在电脑上实施并完成。划消测验是比较不同个体完成任务的速度和准确性差异的常用测验。由于以数字为元素的划消任务对于被试而言有着基本相同的熟悉程度，能够很好地排除专业、文化程度等因素的影响[284]。因此，本研究采用划消测验测量被试的行为效率。本实验采用限定工作量的方式。限定工作量方式下的工作效率计算公式为：$E = 100 \times A/T$，$A = (c-w)/(c+o)$，其中 $T$ 代表检查一定数量的符号所用的时间，$A$ 代表划消的精确度，$c$ 代表划掉符号的个数，$o$ 代表漏划符号的个数，$w$ 代表错划符号的个数。本研究采用两个屏幕的随机分布的数字表，每屏含 25×25 个数字。统一指导语，要求被试从第一行开始从左到右逐行检查数字表，使用鼠标依次点击划掉目标数字前面的一个数字。目标数字为随机呈现，任务完成后系统自动记录被试完成时间、划消个数、漏划个数、错划个数，自动计算划消精确度和工作效率。

（4）主观感受问卷、唾液与心率数据收集等同子研究 1。

### 3）研究程序

基本同子研究 1 中的实验组部分。详见研究四。

### 4）数据分析方法

采用统计分析软件 SPSS 21.0 及 Mplus 7.4 进行数据分析。

（1）数据合并同质性检验。本研究样本来自四个不同的 TSST 实施的实验组（具体详见研究四），因此在数据合并之前，须先进行四个实验数据的变异数同构型检验及平均数检验（$\alpha = 0.05$）。

（2）共同方法偏差检验。采用 Harman 单因素法进行共同方法偏差检验。结果表明，所有项目在未旋转时得到特征值大于 1 的因子共有 15 个，其中第一个主成分解释的变异量为 28.02%，小于 40% 的临界值。

（3）针对理论模型 C 和模型 D，使用 Mplus 7.4 分别进行结构方程模型分析来验证理论假设间的关系。在模型参数估计方法上同研究二，本研究考虑到模型数据结构较复杂，因此仍采用 MLR 作为估计值的方法。

（4）应激程度的测量为 TSST 开始至结束三个测量时间点上唾液皮质醇分泌总量均值。

### 5.3.3 研究结果

**1）数据合并前同质性检验**

统计结果显示（图5-7），在时间点3及其他各个时间点的唾液皮质醇浓度均值上，变异数同构型检定Levene统计量未达显著$F(3,104)=0.634, p=0.573>0.05$，$F(3,104)=2.345, p=0.078>0.05$。除了在时间点1基线的测量上的均值没有显著性差异（$p>0.05$），各实验组在其他时间点上的平均数均具有显著性差异（$p<0.05$）。经多因素重复测量方差分析，四个实验组分别与非应激组（控制组）在时间点3及各个时间点的唾液皮质醇浓度均值上具有极其显著性差异（$ps<0.001$），这表明各实验组均显著诱发了应激（各组唾液皮质醇均值＞10，控制组均值为6.20）。由于本部分的研究要论证的是应激的影响效应而非程度，因而尽管各实验组存在应激程度的差异，基于变异数同构型检验，本研究认为仍可将数据整合进行应激效应分析。

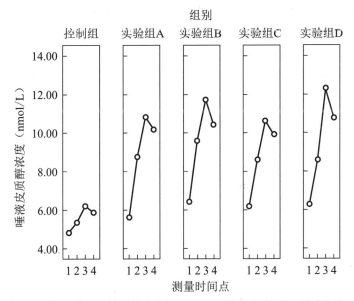

图 5-7　各应激组与控制组在不同测量时间点上的唾液皮质醇浓度差异

**2）基于 TSST 数据的正、负向应激理论模型 C 验证分析**

正、负向应激理论模型C（图5-5）分别以工作效率、社交倾向、自我报告的身体健康为因变量，以唾液皮质醇浓度为指标的应激程度、有效应对面试的认知及正、负向应激心理反应为自变量。其中重点关注正向应激对因变量的积极效应以及认知在其中的作用。由表5-6可知，综合整体考量各拟合指数，尽管 RMSEA 为 0.09，模型 C1 也是可以接受的。该指数较不理想可能与该指数惩罚复杂模型有关[242]。经模型分析，在模型估计的路径系数中，应激程度到负向应激的路径、负向应激到行为效率的路径、正向应激到社交倾向的路径不显著（$p > 0.05$），其他所有路径均达显著（$p < 0.05$）。因此删除不显著路径后得到模型 C2。由表 5-6 可知，模型 C2 各拟合指标基本达到要求，且 CFI 和 TLI 均大于 0.90，表示该假设模型可以接受。为确定拟合是否显著提高，采用 S-B$\chi^2$ 卡方差异检验进行嵌套模型比较。结果显示，Satorra-Bentler Scaled Chi Square = 1.571，$\Delta df = 3$，$p = 0.666$。由此可知，删除不显著路径后，模型拟合并未显著改善，但各拟合指标得到了一定改善，因此最终接受模型 C2，如图 5-8 所示。

表 5-6  基于 TSST 数据的正、负向应激理论模型 C 验证分析

| Model | $\chi^2$ | df | TLI | CFI | RMSEA（90%CI） |
|---|---|---|---|---|---|
| 模型 C1 | 103.880* | 54 | 0.898 | 0.929 | 0.092（0.065~0.118） |
| 模型 C2 | 102.655* | 57 | 0.911 | 0.935 | 0.085（0.058~0.112） |

注：* 表示 $p < 0.05$。

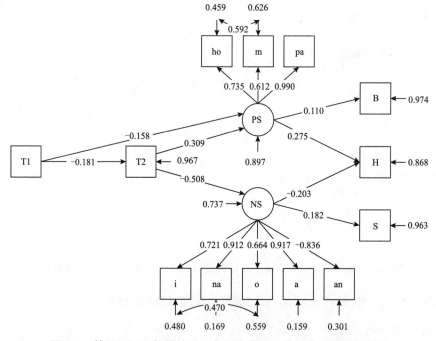

图 5-8  基于 TSST 数据的正、负向应激理论模型 C2 及路径系数

鉴于以上，基于 TSST 数据的理论假设模型 C 基本得以验证，各个变量之间的关系基本得到确立或得到确立的基础。除去三条不显著路径仍有待验证，

所有研究假设基本得以验证。三条不显著路径如下。①应激程度对负向应激影响的路径不显著，这可能表明唾液皮质醇升高并不一定代表负向应激的程度，也可能是由于本研究样本中更多地诱发的是正向应激导致的误差。因此，该条路径有待于进一步探讨。②负向应激对行为效率关系路径不显著，这表明可能存在不同程度负向应激在行为效率上的影响差异。本研究中负向应激总体平均为 $2.82\pm0.81$，为低水平。因此，中等以下程度的负向应激对行为效率可能并不具有显著影响。③正向应激对社交倾向的影响路径不显著，这表明正向应激在寻求社会支持及倾诉欲求上并没有显著增加。根据相关理论，正向应激的个体在认知评价上是积极的，认为有相应的应对能力，因而可能不会增加相应的社交倾向。

统观各条显著路径，主要结果总结如下。①在一定社会心理应激程度下，应对认知显著预测正、负向应激的形成，即能否有效应对事件的认知对正、负向应激的形成具有显著意义。②正向应激显著正向影响健康及行为效率，这表明正向应激对身体健康、行为效率具有积极效应；负向应激显著负向影响健康，对社交倾向具有显著的正向作用，这表明负向应激对身体健康具有消极效应，负向应激促进了社交倾向。这在一定程度上表明负向应激本身可能具有自我保护机制，这与以往研究结论较一致[136]。这在一定程度上可能表明以往研究所认为的应激所引起的催产素分泌可促进社会支持行为，其应激性质可能是负向应激。③皮质醇分泌（TSST 开始之后的总量）负向影响正向应激，进而对健康及工作效率产生正向影响。这表明皮质醇分泌的总量与正向应激呈负向关系。在一定社会心理应激程度下，正向应激对健康及工作效率具有积极效应，并且本研究中由 TSST 诱发的正向应激均值为 $4.75\pm0.87$，这表明中等以上的正向应激具有此效应。总体来看，应对应激的认知及正、负向应激心理反应在应激与健康及行为结果之间扮演了重要角色，并再次支持了正向应激具有积极效应，负向应激对健康具有消极效应。由此，在基于 TSST 实验数据的 SEM 意义上验证了本研究的理论设想。

### 3）基于 TSST 数据的正、负向应激理论模型 D 验证分析

正、负向应激理论模型 D（图 5-6）分别以行为效率与自我报告的身体健康为因变量，自变量为应激程度、有效应对应激的认知及正、负向应激心理反应。其中，本部分主要关注在一定应激程度下，有效应对的认知在正向与负向应激关系中的作用，以及进而对应激结果的影响。重点探讨负向应激是否能够通过认知因素转向正向应激进而改变对健康的消极影响。

由表 5-7 及图 5-9 可知，模型 D1（原初模型 D）各项拟合指标均在可接受范围，其中最稳健的指标之一 CFI 大于 0.90，模型拟合较理想，但在模型估计的路径系数中，应激程度对负向应激作用的路径不显著（$p > 0.05$），其他所有路径均达显著（$p < 0.05$）。这一结果与模型 C 一致。删除不显著路径后得到模型 D2。由于模型 D1、模型 D2 属嵌套模型，且使用了 MLM 参数估计方法，因此需通过 S-B$\chi^2$ 卡方差异检验进行模型比较。结果表明，Satorra-Bentler Scaled Chi Square = 0.084，$\Delta df = 1$，$p = 0.773$。由此可知，删除不显著路径后，模型拟合并未显著改善，但因模型 D1 存在共线性问题，本研究接受模型 D2。

表 5-7　基于 TSST 数据的正、负向应激理论模型 D 验证分析

| Model | $\chi^2$ | df | TLI | CFI | RMSEA（90%CI） |
|---|---|---|---|---|---|
| 模型 D1 | 78.451* | 49 | 0.947 | 0.961 | 0.074（0.041~0.103） |
| 模型 D2 | 77.157* | 50 | 0.951 | 0.963 | 0.070（0.036~0.100） |

注：* 表示 $p < 0.05$。

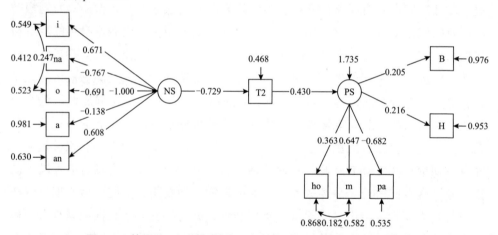

图 5-9　基于 TSST 数据的正、负向应激理论模型 D2 路径系数

综上，基于 TSST 数据的理论假设模型 D 基本得以验证。各个变量之间的关系得到确立或得到确立的基础，研究假设基本得到实验诱发应激数据的支持。负向应激通过负向影响有效应对应激的认知对正向应激产生正向影响，进而对健康及工作效率产生正向预测作用，即负向应激情形下，如能增强有效应对应激的认知就有可能转变为正向应激，进而对健康及工作效率产生积极效应。由此，这就在一定程度上论证了认知因素在应激与应激结果关系的重要作用，负向应激可通过认知因素转变为正向应激进而对健康及行为效率产生正向

作用。但本部分研究没有验证研究二所支持的应激程度（唾液皮质醇）与负向应激的正向关系，有待进一步讨论。

### 5.3.4 讨论

本部分通过实验室应激诱发范式 TSST 获取数据对社会心理应激程度（皮质醇浓度）、正向与负向社会应激心理反应、健康、行为效率与社交倾向之间的关系在更可靠的层次上进行了论证。并且在研究二的基础上再次验证了：正向应激具有积极效应、负向应激具有阻碍效应，认知在应激与应激结果（健康与行为效率）之间及正、负向应激心理反应之间具有重要意义。此外，本部分的研究还论证了社会心理负向应激对社交倾向具有促进作用。由于 TSST 原本诱发的是急性社会心理应激，但本研究中未能排除被试已有应激经历的影响，因而是否能由此推论到急性社会心理应激范畴需谨慎，至少不能排除部分被试在实验之前本身就已经存在一定程度的慢性应激。针对此特别需要指出的是，极少采用 TSST 进行应激的研究有排除被试已有应激的影响，因此其相关研究结论值得再思考。本研究对此持谨慎态度。

研究二运用横断研究问卷调查方法对理论假设进行检验，由于应激源不确定且由主观自陈问卷获取数据，这必然存在受社会赞许性、回忆误差等因素影响的缺陷。已有研究表明，在应激研究中追忆或回顾应激情境不能充分解释应激生物标记皮质醇的反应[184]。本部分通过实验室诱发应激的方式并采用了较为可靠客观的唾液皮质醇分泌浓度作为应激程度的生物指标来论证变量间的关系，这在一定程度上增加了因果关系推论的可靠性。此外，本部分研究在 TSST 诱发应激之后进行了划消测验及社交倾向的测量以考察应激对行为的影响，这在一定程度上保障了自变量在前、因变量在后的发生顺序，从而满足了先因后果的因果关系推论条件。此外，采用控制组也在一定程度上保障了排除其他可能的因果关系的解释。至此，我们可以更有把握地做出变量间关系的推论，即正向应激在健康及行为效率上具有积极效应，负向应激在健康上具有消极效应；认知因素在应激与应激结果之间具有重要调节或中介作用；负向应激可以通过认知转化为正向应激，进而在一定程度上奠定了应激干预的基础。此外，本研究分别采用问卷法和实验室诱发应激的方式进行数据收集并运用逻辑回归及 SEM 论证了变量间的关系，对变量间的因果关系进行了多次的、不同方式的检验，这就在全面认识问题本质上提供了保障。由于本部分的研究样本量相对较小，模型包含了比观测更多的估计参数，而结构方程模型方法对小样本容量和模型复杂性较敏感，这就可能使得模型不够稳定。因此，个别不显著路径需要进行再次探讨，这些不显著路径不排除仍有变量间重要关系的可能。

本研究表明唾液皮质醇分泌总量负向影响正向应激，这一研究结果与以往研究一致。该研究认为以"没有痛苦的努力"为特点的正向应激在内分泌反应上表现为儿茶酚胺分泌增加和皮质醇分泌减少[285]。但本研究显示唾液皮质醇总量对负向应激没有显著影响，这可能表明负向应激与应激发生期间的唾液皮质醇分泌总量没有显著关系，但这并不表明其与皮质醇分泌没有关系。研究认为，唾液皮质醇水平的测量指标有多种，如唾液皮质醇醒觉反应（CAR）、日间唾液皮质醇斜率（DCS）、唾液皮质醇日间总浓度、唾液皮质醇日间曲线下面积等[286]。因此，负向应激的生物标记在皮质醇上到底是哪一种更适用需要进一步探究。这在一定程度上表明，以往研究中指出的应激发生时唾液皮质醇含量显著增加的结论仍有待进一步探讨。根据本研究的探讨，由TSST诱发应激的部分被试同时具有正、负向两种应激反应，且在正向心理反应中也兼有负向心理反应的情况。因而在正、负向应激区别的范畴，这个问题比较复杂。此外，我们不排除本研究中因TSST更多地诱发了正向应激心理反应而造成误差。这就提醒研究者在今后的相关研究中必须重视心理反应的测量。值得指出的是，研究认为在应激情形下，快速上升的去甲肾上腺素和其他单胺类（多巴胺）比皮质醇的释放要快很多，因此，应激之后快速发生的反应多半与去甲肾上腺素和多巴胺直接相关，而皮质醇主要与长期效应相关[282, 287]。这也可能是本研究中皮质醇与负向应激相关不显著的原因之一。因而，今后的研究应采用多种生物标记，如脱氢表雄酮、硫酸脱氢表雄酮及sAA。

研究表明，积极应对压力的个体的皮质醇水平上升缓慢（并非不上升），而消极应对压力的个体的皮质醇大量升高[279]。这一研究结论与本研究结果相类似。尽管本研究显示唾液皮质醇总量与正向应激呈负向显著相关，但根据各时间点测量值的对比发现，正、负向应激在TSST发生时的10分钟期间唾液皮质醇均持续上升。经正、负向应激心理反应对比发现，正向应激的上升速度明显低于负向应激，尤其是在峰值部分（具体详见研究四）。因而正向应激与唾液皮质醇的关系需根据具体时段进行分析。正向应激在皮质醇上的生物标记仍需进一步探讨。研究表明，TSST诱发的社会心理应激导致皮质醇显著增加的同时，催产素也显著增加[135]，而催产素作为一种潜在的生物机制，通过促进社会互动产生应激保护作用[137]，因而表现出负向应激正向预测社交行为。这就间接支持了创伤中可以受益的观点。此外在应激的消极影响方面，尽管当前研究认为长期的皮质醇分泌与免疫系统的关系不确定，但确定的是长期压力导致的皮质醇过度分泌会损伤海马体，进而损伤记忆力[246]。因而从这个意义上，过度的压力是需要避免的，或者准确说应是长期过度的皮质醇分泌是需要避免的。因此，在应激源不可移除的情形下，如何将负向应激转化成正向应激是至关重要的，这也是应激干预的思路之一。

由于本研究的数据支持正向应激在皮质醇分泌上低于负向应激，因而逻辑上可以假设长期的正向应激不具损害性。那么如何将负向应激转化成正向应激就成为关键问题。本研究论证了认知显著预测正、负向应激的形成，即能否有效应对事件的认知、应激是否有害健康的认知对正、负向应激的形成具有显著意义，负向应激可通过认知因素转变为正向应激进而对健康及行为效率产生正向作用。这一研究结论与以往相关研究观点一致[184, 232, 288]。以往研究认为，认知评估是一种强有力的工具，可以帮助个体将消极压力状态转换为更积极的状态。例如，通过重新定义伴随应激的生理反应信号的意义，生理唤起的重新评估可打破消极情感体验和恶性生理反应之间的联系。从这个意义上，研究支持了本研究的研究价值导向：压力下可以保持健康、创伤中可以受益。因而这将是本研究值得继续深入探究的问题。如何在压力下保持健康，如何在创伤中受益，如何从负能量中获得力量，在重视应激消极影响的同时寻找重塑发展的力量，如何让所谓的逆境更多地发挥正面作用，这是本研究关心的问题。至此，应激也具有积极效应的一面得以论证，这对消除人们对压力的消极刻板印象具有积极意义。

## 6 研究四：正、负向社会心理应激的影响因素

研究一论证了正、负向应激是两个彼此独立且又相互联系的结构，正向应激独立于负向应激而真实存在，并且同一应激源可同时诱发正、负向应激心理反应；研究二采用问卷法收集数据并运用逻辑回归及 SEM 论证了变量间的关系；研究三又采用了实验室诱发应激方式收集数据结合 SEM 再次论证了变量间的关系，在更加可靠的因果关系论证的逻辑上得出结论：正向应激对健康和行为具有积极效应，认知因素对应激结果具有重要意义，负向应激可通过认知因素转变为正向应激进而缓解对健康的消极影响。以上研究均验证了以往研究的结论，如以往研究认为正向应激可提升健康水平，对健康具有直接积极效应[55]；认知重评可将负向应激转换为正向应激[288]等。既然正向应激具有积极效应，那么，探讨如何在应激不可避免的境遇下促进正向应激的生成并且能够予以鉴别，这在实践上和理论上都具有重要意义。已有研究中关于如何促进积极压力（正向应激）的产生或相应指导的研究甚是缺乏。如果关注负向应激（消极压力）的产生与干预是解决人类生存问题，那么关注正向应激将是一个事关人类发展的命题。尽管 Quick 等对正向应激进行了相应的研究，但忽视了积极压力产生过程的研究。研究认为应激反应需要更复杂、更高层次的心理系统予以解释，其中更高层次的心理综合机制是环境刺激和个体应激反应关系的首要中介，而不是 Selye 所提出的低水平的生理或生化机制。那么是什么因素影响或促进了正向应激的生成？具有消极效应的负向应激应如何转变？这些问题的探讨对于研究正向应激的发生机制及全面理解应激的机制具有基础性意义。这是本部分研究的主要问题。

已有应激研究中多数是基于相互作用取向的应激理论，如人与环境匹配理论、JDC 理论。相互作用取向的应激理论融合了刺激取向与反应取向两种压力模式，兼顾了压力的整体性及个体对压力认知评估的重要性。其中，以 Lazarus 的压力理论最具代表性[30]。尽管相互作用取向的应激理论考虑到了个体与环境的交互作用及认知因素等心理过程，在一定程度上克服了刺激取向等一元单向决定论的局限，但从系统论与应激的复杂性出发，本研究认为班杜拉的三元交互决定论更符合人性存在的方式及应激的复杂性，是更为辩证、更为完善的关系论[289]。班杜拉认为，无论是一元单向决定论还是相互作用的互动论，都不足以对人性表现及行为内部过程的心理机制做出完备的说明。其三元交互决定论系统中蕴含了对人性的理解，即人是自己命运的主人，环境的作用（如客观存在的应激源）不是绝对的，其影响取决于主体的认知把握[31]。本研究遵循这一价值观导向，认为负能量也具有正面的力量、应激中可以受益，这在一定程度上取决于主体的认知把握。班杜拉认为行为、个体的内部因素及环境三者彼此相互联系、相互决定。心理机能就是个体（内部因素）、行为以及环境影响三种因素之间的交互作用，认知因素在其中具有重要地位。个人的主体因素指行为主体的各种生物的、社会的及心理的认知能力等。人的能动性是其内部因素（认知、情感、生理等）、行为和环境三者交互作用的产物，强调个体的内部因素：认知、情感、生理等因素在心理机制中的作用，并强调个体拥有的信念[244]。由于现实的人的心理活动正是环境、人的主体因素和行为三者之间的交互作用过程，将理论分析只限于三元交互系统中的某一个交互作用关系的心理学研究，必然不能充分地解释人的心理活动及其行为规律，特别是当三元交互系统中的三个交互作用关系都在起作用时更是如此[290]。基于以上，本研究认为应从行为、个体特质、认知评价、生理反应及情境因素五个方面来探讨正、负向应激的生成条件或影响因素。其中，个体特质、认知和生理反应为个体内部因素。为此，本部分的研究将分别探讨这五种因素对正、负向应激的影响，尤其是对正向应激的影响。但这一完整心理机制的研究需要大量的样本及多次重复的实验予以论证，在可行性上超出一次系列研究可以完成的范围。因此，本研究每种因素只选取本研究认为最重要的成分进行论证。基于相关理论及以往研究，行为因素选取助人行为，生理因素选取唾液皮质醇，个体特质选取毅力、自我效能感；认知评价为对压力引起的生理、心理反应的积极认知；情境因素为环境刺激的要求难度和他人积极反馈。据此，本研究部分拟解决以下几个研究问题：①唾液皮质醇对正、负向应激心理反应的影响；②助人行为对正、负向应激心理反应的影响；③毅力与自我效能对正、负向应激心理反应的影响；

④任务难度与积极反馈对正、负向应激心理反应的影响；⑤生理唤醒的积极认知对正、负向应激心理反应的影响。以上问题分成四个子研究阐述，以益于进一步探讨正向应激具有积极效应的机制及负向应激具有消极效应的机制。

## 6.1　子研究 1　唾液皮质醇对正、负向社会心理应激心理反应的影响

### 引言

测量一个事件是否对个体构成应激非常关键，如仅仅通过问卷进行测量是缺乏可靠性的，并且仅仅通过心理反应来构成应激的指标也是非常欠缺严谨性的。研究不同性质的应激的目的是要探究究竟什么样的应激是正向的，即具有积极效应，该应激积极效应的生成受哪些因素的影响，什么样的个体、什么样的情境可以促进应激的积极效应。因此，正、负向应激的指标探讨是本部分研究的主要问题，且主要侧重正向应激的生物标记。作为应激最可靠的生物标记：唾液皮质醇，在正、负向应激的反应上有何表现或不同？前期研究中我们发现对于一个给定的应激源，个体会同时产生积极与消极两种心理反应，如高希望感等正向应激心理反应发生的同时也可能伴随高焦虑；高失控感等负向应激心理反应发生的同时也可能伴随高希望感。这一研究结论与以往相关研究一致[142]。那么，我们在正、负向应激心理反应的界定上可以认为正、负向应激是个比例问题，类似我们前面提到的最佳心理健康状态的概念（积极情绪与消极情绪之平均比值为 2.9）。因此，本研究假设应激是正向还是负向可以通过正向心理反应与负向心理反应的比例来界定，但这个比例需要进一步研究论证，这将有赖于关于正、负向应激其他更客观的指标，如唾液皮质醇等生物标记的确定。确定诱发正向应激的关键特征有助于我们构建更有效的干预，其中生物标记是最重要的特征之一。本研究基于该研究目的，采用高正向应激组和高负向应激组来探讨各自在唾液皮质醇上的特征。

对多于 3 个或更多时间点进行 CAR（唾液皮质醇醒觉反应）测量的元分析研究显示，从清醒时开始的 CARi（唾液皮质醇水平变化）（cortisol awakening response with respect to increase）（通常是增加）与一般的生活压力、疲劳、倦怠及积极的心理状态或特征均具有显著的相关。CARi 与工作压力、一般的生活压力呈显著正相关，与疲劳、倦怠、耗竭呈显著负相关，与积极情感呈显著负相关，但有待于更可靠的论证。此外，研究认为唾液皮质醇日间总浓度 / 唾液

皮质醇日间曲线下面积（cortisol awakening response under the curve，CARauc）与普遍的生活压力呈显著正相关，与 PTSD 呈显著负相关[291]。目前最可靠的相关结论是：工作压力和一般生活压力与 CAR 增加有关，而疲劳、倦怠与 CAR 降低有关。部分研究表明积极的心理特征与 CAR 降低有关，这与具有生物学相关性的积极特征及研究三的结论一致[292, 293]。研究认为，CAR 是慢性社会心理应激的指标。CAR 增加是应激引起神经内分泌活动的标志。但以往研究存在不一致的结论，有的研究认为某些应激与 CAR 呈负相关，有的研究认为是正相关。这可能是因为未区别不同性质的应激，如正、负性或其他不同类别造成。有研究区别了不同来源的应激，认为 CAR 升高通常与工作压力（如超负荷工作、工作过度）及其他类型的生活压力（如财务紧张、孤独、糟糕的婚姻质量）有关[292]。CAR 的降低与 PTSD 和疲劳相关症状有关，也与积极的心理状态（如幸福、快乐、乐观）有关。以往研究关注了心理社会因素与 CAR 增加或降低的关系，但由于同样的社会心理应激源会产生不同性质的应激反应，因此，本研究认为区分不同的应激性质和程度是关键。同样的社会心理应激对于某些人来说可能是正向的，因此 CAR 表现出来与该应激呈负相关，而对于另一个个体可能是负向的，因而 CAR 与该应激呈正相关。

当前研究认为视频游戏可能是一个较好的诱发正向应激的候选模型[80]，认为其适合于研究正向应激对 HPA 系统的影响。研究结果表明，视频游戏对皮质醇水平的影响结果为皮质醇水平遵循正常的日下降规律。24 项研究的一个多层次混合效应的元分析显示，在视频游戏中皮质醇水平随着时间的推移而降低，视频游戏没有激活 HPA 轴。正向应激总体上产生的皮质醇水平较低[294]。根据 Selye 的理论观点，认为应激反应普遍具有一致性，否定了应激反应具有特异性。尽管他区分了正向应激与负向应激，却认为无论何种应激，其生理反应是一致的。因而他认为同等程度的正、负向应激的唾液皮质醇反应水平是类似的[295]。但有研究表明，压力反应对不同的压力源具有高度的特异性，与消极压力相比，积极压力具有不同的 HPA 反应[80]。这意味着该 meta 分析支持了 Mason 关于应激反应特异性的假设，与 Selye 的一般适应假说不符。基于以上，本研究假设，正向应激与负向应激在唾液皮质醇总量上或峰值上存在显著差异。正、负向应激与基线比均表现出唾液皮质醇显著上升趋势，但正向应激上升趋势显著低于负向应激的上升趋势。

### 6.1.1 研究目的

正向应激和负向应激在唾液皮质醇上的特征。

## 6.1.2 研究方法

**1）被试**

以广告招募实验助理为由招募了在校大学生被试共 120 人，经填写基本信息后剔除 10 人，有效被试 110 人。其中，实验 A 组 31 人，实验 B 组 31 人，实验 C 组 26 人，实验 D 组 22 人，男生 22 人，女生 88 人，平均年龄为 19.73.38±1.40 岁。所有被试均无急慢性生理疾病。其他信息具体详见研究三。

**2）研究工具**

本部分研究工具基本与研究三相同，详见研究三。

①基本信息表，包括被试基本人口学资料，包括 ID、性别、年龄、年级、经济条件、家庭所在地以及 10 项剔除标准问题；②正、负向社会心理应激心理反应量表（前后测版）；③划消测验程序、主观感受问卷、唾液与心率数据收集工具；④实验各组统一指导语。

**3）研究程序**

实验 A 组程序详见研究三实验组。实验 B、C、D 组具体实验流程如图 6-1、图 6-2、图 6-3 所示。总体程序与实验 A 组相同。

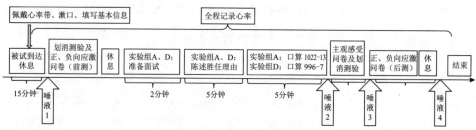

图 6-1 实验 A、D 组流程图

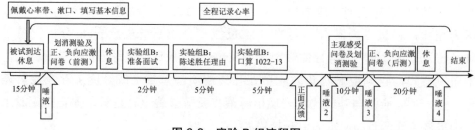

图 6-2 实验 B 组流程图

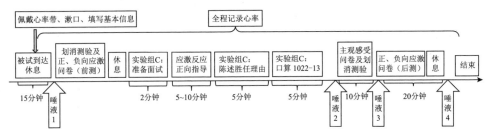

图 6-3 实验 C 组流程图

①被试到达随机分配至实验组 A、B 或 C、D 后休息 15 分钟。期间实验助理向被试说明面试规则，被试佩戴心率带、漱口后填写基本信息表；② 15 分钟后在被试放松状态下采集唾液样本；③完成划消测验及正、负向应激心理反应量表；④休息 5 分钟后完成 TSST 任务（其中实验 C 组在面试准备期间由实验助理给予正向生理唤起认知指导），TSST 任务结束后立即采集唾液样本，实验 B 组由面试官给予被试正面反馈；⑤完成主观感受问卷及划消测验；⑥ TSST 任务完成 10 分钟后采集唾液样本；⑦完成正、负向应激心理反应问卷并休息；⑧ TSST 任务完成至少 30 分钟后采集唾液样本；⑨结束并告知一周后等通知，实验全程记录心率；⑩一周后短信或电话告知面试结果，致歉并告知实情。

### 4）数据分析

（1）数据合并同质性检验。本研究样本来自四个不同的 TSST 实验组，因此在数据整并之前，须先进行四个实验数据的变异数同构型检验和平均数检验（$\alpha = 0.05$）。具体结果详见研究三。

（2）共同方法偏差检验。具体见研究三。

（3）以 TSST 开始至结束三个测量时间点上的唾液皮质醇分泌总量均值及时间点 3（即 TSST 结束 10 分钟后）上的唾液皮质醇分泌量为因变量。经正态检验，采用独立样本 $t$ 检验分析正、负向应激在因变量上的差异。正、负向应激以 27% 处高分值部分为界，即 27% 处高值以上部分为正、负向应激的样本取值。采用重复测量方差分析对正、负向应激的唾液皮质醇在四个时间点上的分泌趋势进行分析。

（4）实验 B、C、D 组应激诱发性质分析。尽管在研究三已经论证了 TSST 的实验 A 组能够有效诱发应激且可以诱发出正、负向不同性质的应激，但由于实验 B、C、D 组在 TSST 的任务成分上稍有不同，为避免可能存在某个实验组仅仅诱发了某一性质的应激，保障研究的可靠性，有必要对此进行分析。从完全符合某心理状态的标准上，以正向应激得分或负向应激得分大于 6（"6"为"符合"、"7"为"非常符合"）对每组情况进行描述统计。由表 6-1

可知，每个实验组同样诱发了正、负两种不同性质的应激。这就为后续研究提供了基础。

表 6-1　实验 B、C、D 组正、负向应激人数统计

| 类别 | 实验 B 组（人数） | 实验 C 组（人数） | 实验 D 组（人数） |
| --- | --- | --- | --- |
| 正向应激 | 13 | 14 | 3 |
| 负向应激 | 3 | 2 | 6 |

### 6.1.3　研究结果

经 27% 处高分值为划分标准，高正向应激的有 28 人，高负向应激的有 30 人。独立样本 $t$ 检验表明，高正向应激与高负向应激在唾液皮质醇分泌总量上及 TSST 结束 10 分钟唾液皮质醇峰值上均没有显著性差异（$p > 0.05$）。但高正向应激被试在皮质醇峰值水平上（$10.971 \pm 1.771$）略低于高负向应激的被试（$11.230 \pm 2.401$）。

经重复测量方差分析，高正向应激组与高负向应激组被试的唾液皮质醇水平在 4 个采样点上的变化如图 6-4 所示。由于不满足球形假设（$p < 0.05$），因此采用 Huynh-Feldt 校正系数。结果表明，测量时间的主效应显著，$F(3, 150) = 183.715$，$p < 0.001$，$\eta_p^2 = 0.766$；组别主效应不显著，$F(1, 56) = 0.226$，$p = 0.637$，$\eta_p^2 = 0.004$；测量时间与组别交互作用不显著，$F(3, 150) = 0.757$，$p = 0.506$，$\eta_p^2 = 0.013$。由图可知，正、负向应激均表现出皮质醇水平的显著上升，但正向应激的上升趋势较缓慢。该结果验证了假设之一：正、负向应激与基线比均表现出唾液皮质醇显著上升趋势，但正向应激上升趋势低于负向应激的上升趋势。

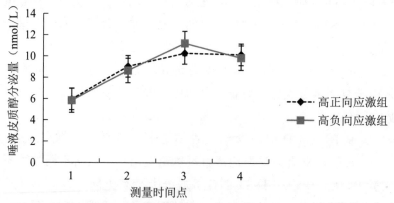

图 6-4　高正向应激与高负向应激组在 4 个测量时间点的唾液皮质醇变化

## 6.1.4 讨论

本研究结果表明，高正向应激与高负向应激在唾液皮质醇分泌总量上及 TSST 结束 10 分钟唾液皮质醇峰值上均没有显著性差异，原假设正向应激与负向应激在唾液皮质醇总量上或峰值上存在显著差异未得到支持。但从均值上看，高正向应激被试在皮质醇峰值水平上略低于高负向应激的被试，这表明无论何种性质的应激均能引起唾液皮质醇的显著升高。这与以往研究结论一致：CAR 增加是应激引起神经内分泌活动的标志，工作压力和一般生活压力与唾液皮质醇增加有关[81]。这在一定程度上也支持了 Selye 认为的应激反应具有非特异性和普遍一致性的理论观点，但与 Skoluda 等的研究结论不一致。该研究认为正向应激总体上产生的皮质醇水平较低，与消极应激相比，积极压力具有不同的 HPA 反应，压力反应对不同的压力源具有高度的特异性[80]。从正向应激与负向应激的概念界定及前期成分分析看，这一研究结果是符合逻辑的。正向应激在本研究中主要指的是一种积极的心理状态，包括希望感、意义感等，且正向应激发生的同时并不排除负向应激的成分存在，如正向应激的个体也可能同时伴随高焦虑和消极情绪，本研究中正向应激并非指向由积极情绪（如快乐）为主要特征，积极情绪也不是积极心理状态的必要条件。据此，根据以往相关研究，Frankenhauser（1979，1983，1986）认为不同的心理过程以不同方式影响生理反应模式。努力（积极情绪）与痛苦（消极情绪）可能会被个体单独经历也可能同时经历，他们与儿茶酚胺、皮质醇的分泌具有不同的关系，分别为：①没有痛苦的努力：这是一种积极且愉悦的状态，其伴随儿茶酚胺分泌增加和皮质醇分泌减少；②有痛苦的努力：这是日常生活中典型的压力状态，伴随高的儿茶酚胺分泌和高的皮质醇分泌；③没有努力的痛苦：这是一种非常消极的心理状态，意味着情感无助或控制感丧失，通常伴随皮质醇分泌增加，儿茶酚胺也可能会增加。以上三者分别对应应激的三种状态：伴随积极情绪的正向应激状态、伴随消极情感的积极应激状态、伴随消极情感的负向应激状态[239, 285, 296]。据此，这在一定程度上说明正向应激可能会因伴随的情绪状态在 CAR 上的反应不同，也在一定程度可以解释为何不同研究具有不同的结论。因此，关于正向应激生物标记的研究需关注其包含的情绪成分比例。

本研究证实了正、负向应激与基线比均表现出唾液皮质醇显著上升的趋势，但正向应激上升趋势低于负向应激的上升趋势。研究发现高尖峰 CARs（cortisol awakening responses）与心理社会应激和不良健康结果有关[297, 298]。这似乎与本研究结论趋于一致。本研究发现负向应激的峰值高于正向应激，这表明正、负向应激在唾液皮质醇上的反应更应关注的是整个趋势，唾液皮质醇的斜率是否为区分正、负应激的生物指标值得探讨。此外，唾液皮质醇峰值也可能是正、负向应激区别的生物标记。以往相关正向应激的研究使用了舞蹈、瑜伽、视频观看游戏来引发积极压力，诱发方式涉及体力活动、可控性，以及诱导浸入的能力，但这些研究产生了相当复杂的结果，皮质醇水平降低或增加或并没有改变[110, 111]。当前关于 CAR 的测量方法还没有一个是完美的，都不能提供关键的元素，如潜伏期、精确的峰值水平及下降的速度。因此，在解释应激与 CAR 的关系时需谨慎并需要进一步研究。本研究认为需要针对不同应激的不同发生时段进行具体分析，就一般情况来看，应激发生最初阶段遵循的是一般适应假说，但不同性质的应激在其发展过程中可能具有本质差异。因此，究竟哪一种唾液皮质醇测量指标是有效可靠的，需要进一步探索。

## 6.2 子研究 2 助人行为、毅力与自我效能对正、负向社会心理应激心理反应的影响

### 引言

根据三元交互决定理论，个体的内部因素，如信念、期待等影响、决定着个体的行为方式及其努力的方向，同时，行为反过来改变并影响着个体的思维方式及情绪反应等[31]。因此，个体的行为必然对应激的性质及其结果具有重要作用。研究表明，压力与健康状况的关联是因为压力会导致行为改变（如对待压力的方式），而行为改变影响着应激的结果。如某应激事件引发了紧张焦虑，如个体由此采取了不吃饭、过度饮酒等行为方式，则必然对健康产生不利影响。大量研究表明，社会关系和身体健康之间具有紧密联系。如与社会关系较强的人相比，社会孤立的人，其死亡率和发病率都在上升。事实上，社会隔离和死亡率之间的联系是与个体吸烟、久坐不动的生活方式紧密联系，即个体的行为及其行为方式在其中起了重要作用[299]。以往大量研究论证了社会支持在缓解消极应激负向影响中的作用，以及在调节应激源与应激结果之间关系中的中介或调节作用，如压力缓冲说、JDCS 模型。社会支持至少在理论上被一致认为是缓解压力的重要资源。但遗憾的是，相关实证研究结论存在诸多不一致，有些研究并不支持社会支持具有缓冲作用的假设[300]。研究表明在某些情境中社会支持加剧而不是缓解了压力的负面影响[301]。相关元分析综述得出结论，接受社会支持和压力、健康结果之间的总体关系可能不被认为是重要的或具有概括性的[302]。近 20 年的实证研究均未能明确社会联系与身体健康的结果及与应激的

关系究竟是怎么样的，这就促使人们研究与社会支持另一方面相关的部分，即帮助或支持他人。研究认为，帮助他人可能会提升帮助者本身的健康水平，如志愿活动预测了志愿者自我评价的健康水平[303, 304]。同样的，也有研究表明向伴侣提供援助可以降低发病率和死亡率[305, 306]。爱所爱的人，特别是支持父母的行为，可产生催产素、催乳素和内源性阿片类物质，由此产生缓解压力的作用[281, 307]。实验室和现场研究均提供了初步的证据证明帮助或支持他人可以作为一种生理应激缓冲。研究表明，在实验室诱发的压力下，对关系伴侣的情感表达可以减少感知到的压力，降低基线皮质醇水平，并能更快地恢复皮质醇水平[308-310]。一项历时 5 年的追踪研究表明，那些不帮助他人的个体中，暴露在压力下的生活事件会增加其 30% 的死亡风险[122]。在控制了年龄、基线健康和功能，以及关键的社会心理变量后，Cox 比例风险回归模型揭示了压力并没有预测过去一年提供帮助给他人的个体的死亡风险（HR = 0.96；95%CI = 0.79，1.18），但压力却对那些没有提供给他人帮助的个体的死亡率具有显著预测作用（HR = 1.30；$p < 0.05$；95%CI = 1.05，1.62）。帮助他人的行为可以缓冲压力和死亡率之间的联系并由此可预测死亡率的降低[122]。由此可见，在应激的影响因素中，研究个体的助人行为比社会支持更具意义。因此，本研究选取助人行为作为影响正、负向应激的个体行为因素。

应激研究的一个重要内容是关注压力感知的个体差异，我们需要了解除了情境因素，哪些主体内的因素导致了正向应激或负向应激。如研究发现，希望和乐观的性格特征可以预测护士的积极工作压力[142]。研究认为通过明确这些个体差异，可以此促进正向应激的生成。本研究认为对正向应激及应激的后果更具有重要意义的主体内因素可能是毅力与自我效能感。

毅力这一概念最早由美国宾夕法尼亚大学的心理学家 Duckworth（2007）提出，他认为毅力是指对长期目标的激情与坚持，与心理弹性的概念不同[311]。毅力水平高的人在完成挑战性任务时，即使在失败、困境或停滞时期都依然会持续努力并保有持久的兴趣[312]。Duckworth 等在 6 个不同人群的研究中论证了毅力特质的重要性。对西点军校学生、常春藤联盟学生、参加拼字比赛学生的研究发现，在诸多智力因素及非智力因素中，毅力这一特质是衡量成功的独立预测因素[313]研究认为毅力预示着成功和超越天赋；毅力与幸福感或心理健康水平具有显著正相关，并且测量毅力可能会发现未来心理健康状况不佳的人。对 141 名外科住院医生的研究表明，毅力对其心理健康具有显著的预测力，并据此认为可以使用毅力的测量来确定那些在培训过程中可以受益的个体[314]。由此，我们假设毅力品质可以作为判断哪些遭受应激的个体（如患病）可从中受益的特质之一。

本研究假设毅力这一人格特质对正向应激的生成具有重要意义，毅力对正向应激具有显著的正向预测作用，对负向应激具有显著的负向预测作用。

自我效能感是指个体在执行某一行为之前对自己能够在什么水平上完成该行为所具有的信念、判断或主体自我感受[315]，强调个体对其运用认知资源采取行动步骤来成功达成任务的自我把握程度，它直接影响执行行动时心理动力过程中的功能发挥，是决定人类行为的近向原因[244]。因此，自我效能感必然在应激的相关认知评价，尤其是二级评价中具有重要意义。它关系到是否将应激源评判为威胁或是有益、应对资源及应对能力的评价，并且关系到将已获得资源转化为实际行为的中介过程。此外，从其影响的思维过程与动机过程来看，自我效能感决定了对即将进行的应对行为所形成的心象表征的内容和性质。这就意味着，高自我效能感的个体可能会因更多地想象了成功应对的场面，从而积极评价了应激刺激，进而促进了正向应激的生成及其积极效应的产生，并且研究认为自我效能与毅力及持久力也具有紧密联系。其中，最重要的是自我效能在身心反应中具有重要意义。班杜拉认为自我效能感决定了个体的应激状态。刺激是否具有应激性或是正、负性是建立在个体应对效能感和外在潜在应激源之间的关系属性的基础上，既取决于环境刺激本身，也取决于个体应对该刺激的自我效能感[316]。据此，自我效能感这一个体内变量与控制感在理论逻辑上具有必然的联系。此外，自我效能感作为心理意义上的一种主观感受，在心理神经免疫学上通过影响体内生化过程介入应激源与免疫系统之间的关系。班杜拉在实验条件下进行的生化检测表明，自我效能感对免疫系统的功能调节过程具有一定意义，不仅影响自主神经系统的唤起水平，而且影响儿茶酚胺和内源性阿片肽的释放水平[317-319]。基于以上，本研究假设自我效能感显著正向预测正向应激，且负向预测负向应激。

### 6.2.1 研究目的

通过明确正、负向应激者个体差异及影响因素，以此促进正向应激的生成。

### 6.2.2 研究方法

**1）被试**

同本部分子研究1。

**2）研究工具**

基本同本部分子研究1。子研究1未说明部分如下。

（1）基本信息表中加入考察被试助人行为题目一项，过去的几个月中你帮助过你的家人、朋友或他人的次数大约是：A. 没有帮助过；B.10 次以内；C. 10~20 次；D. 20 次以上。该项目的设计参考了 Michael J. Poulin（2013）的相关研究[122]，并结合本研究实际进行了略微修正。原研究的项目设计中，帮助的对象限定为朋友、邻居或不与他们生活在一起的亲戚，帮助的活动为：①运输、跑腿或购物；②家务；③儿童保健；④其他任务。限定受访者回忆在过去 12 个月里他们在上述活动中所花费的时间总和：①没有帮助；②少于 20 小时；③ 20~39 小时；④ 40~79 小时；⑤ 80~159 小时；⑥ 160 小时或以上[122]。本研究经前期随机访谈及预实验被试反馈，认为回忆一年时间的帮助内容较困难，以小时为单位的计算帮助时间较困难，帮助行为及对象的限定没有理论依据及其必要性。因而就此进行了相应的修正。

（2）简式毅力量表。在实验前测问卷部分加入 6 个题目的简式毅力量表。参考 Duckworth（2009）编制的 8 个条目的简式毅力问卷（grit-S），其中包含兴趣稳定性和努力持续性两个维度，问卷具有良好的信效度，在 4 个不同的样本中总体的内部一致性信度为 0.73~0.83，努力维度的内部一致性信度为 0.60~0.78，兴趣一致性内部一致性信度为 0.73~0.79[320]。我国学者梁崴等（2016）将这一问卷翻译成了中文，并在青少年运动员及大学生群体中进行了测验，结果表明这一问卷在中国青少年及大学生运动员中具有良好的信效度[321]。

本研究在前期研究中就大学生样本进行了相关信效度检验。采用方便抽样，抽取某师范大学大一至大四的在校学生作为被试。参考梁崴等（2014，2016）的中文译本及发布在宾夕法尼亚大学网站上的中文译本[321]，基于被试反馈以及专家意见，对指导语以及问卷条目的用词和语法进行了略微修改，最终确定了本次研究中使用的中文版简式毅力问卷。集体施测并当场回收问卷，共计发放问卷 310 份，回收 302 份，其中有效问卷 296 份，问卷有效率 95.48%。其中，女性 175 人，男性 121 人。经项目分析、探索性和验证性因素分析、信度分析，结果表明，高分组和低分组在毅力问卷所有题目上的得分均具有显著性差异（$p < 0.001$），题项具有良好的区分度。简氏毅力问卷及其两个维度的内部一致性 $\alpha$ 系数分别为 0.727、0.703、0.790。采用主成分分析法及 Kaiser 标准化的正交旋转法对得到的数据进行抽取旋转，共抽取了两个共同因素，因素负荷量均大于 0.40，与修订前编制的结构和题项符合。经 Amos 20.0 对其进行验证性因素分析，各拟合指数均在可接受范围，结果如表 6-2 所示。本研究鉴于实验的可行性、被试的疲劳感，并结合心理测量学要求进行了题目的删减，按照因素负荷高低，剔除了每个维度上负荷最低的项

目,分别是:我是一个刻苦努力的人;新的计划与想法有时让我无法专心于当前的计划。最终本研究使用了由 6 个项目构成的毅力简版量表,采用李克特 5 点计分,从"1"代表"非常像我"到"5"代表"非常不像我"。其中,第 4、第 6 题为反向计分题,第 1~3 题为兴趣维度,第 4~6 题为努力维度。具体见附录 3。问卷总分越高代表毅力水平越高。在本次研究中,总量表的内部一致性信度为 0.714,兴趣一致性信度为 0.722,努力持续性信度为 0.660。这一结果与国内相关研究大体一致[321]。

表 6-2 简式毅力问卷验证性因素分析结果 ($n$ = 296)

| 模型 | $\chi^2$ | df | $\chi^2$/df | RMSEA | GFI | CFI | NFI | IFI |
|---|---|---|---|---|---|---|---|---|
| 两因素模型 | 70.690 | 19 | 3.721 | 0.096 | 0.942 | 0.930 | 0.908 | 0.931 |

(3) 自我效能感量表。采用由 Schwarzer 等编制 10 个项目的一般自我效能感量表(general self-efficacy scale,GSES)。目前 GSES 在国际上被广泛运用,研究认为一般自我效能感这个构念在不同文化中具有普遍性[322]。10 题的自我效能感量表具有单因素结构,效度及信度已获得已有研究的支持。王才康等(2001)对 GSES 中文版在我国大学生样本中进行了信效度检验。研究表明其内部一致性系数 $a$ = 0.87,重测信度为 $r$ = 0.83($p < 0.001$),分半信度为 $r$ = 0.82($n$ = 401,$p < 0.001$)。中文版 GSES 同样具有单维性[323]。本研究中采用李克特 7 点计分,从"1"代表"非常不符合"到"7"代表"非常符合",得分越高表明自我效能感越高。本研究中该量表的内部一致性信度为 0.836。

## 3)研究程序

同本部分子研究 1。

## 4)数据分析方法

(1)数据合并同质性检验。同本部分子研究 1。

(2)共同方法偏差检验。采用 Harman 单因素法进行共同方法偏差检验。结果表明,所有项目在未旋转时得到特征值大于 1 的因子共有 21 个,其中第一个主成分解释的变异量为 19.09%,表明在本研究中共同方法偏差在可接受范围内。

(3)采用独立样本 $t$ 检验及方差分析对各人口学变量、助人行为、毅力及自我效能感在正、负向应激上的个体差异进行分析,采用简单线性回归及逐步多元回归对具有显著性差异的个体内变量与正、负向应激的关系进行分析,主要考察预测变量对效标变量的预测情况。其中,助人行为少于 10 次以下的记为低分组,10 次以上的记为高分组;毅力及其各维度得分 1~3 分为低分组,4~5

分为高分组；自我效能感得分 1~4 分为低分组，5~7 分为高分组。

### 6.2.3 研究结果

**1）差异分析**

由表 6-3 可知，独立样本 $t$ 检验及方差分析结果显示各人口学变量在正、负向应激上均未呈现显著性差异（$p > 0.05$），助人行为、毅力及其两个维度、自我效能感分别在正、负向应激上存在显著性差异（$p < 0.05$）。其中，高助人行为者（10 次以上）比低助人行为者（10 次以下）具有更多的正向应激，高毅力者、高兴趣一致性者和高持续努力者具有更多的正向应激，高自我效能感者具有更多的正向应激。这表明，助人行为、毅力、兴趣的一致性和努力的持续性、自我效能感可能是正向应激的预测因素或影响因素。结果基本符合前期理论假设，在此基础上有必要进行进一步的分析。此外，低助人行为者、低毅力水平者、低兴趣一致性者、低努力持续性者和低自我效能感者具有更高的负向应激。这表明助人行为、毅力、兴趣的一致性和努力的持续性、自我效能感也可能是负向应激的预测因素或影响因素。

表 6-3 助人行为、毅力、自我效能感在正、负向应激上的差异分析

| 因变量 | 自变量 | | $M$ | SD | $t$ | $p$ |
|---|---|---|---|---|---|---|
| 正向应激 | 助人行为 | 高 | 4.871 | 0.896 | -2.944 | 0.005 |
| | | 低 | 4.395 | 0.666 | | |
| | 毅力 | 高 | 5.530 | 0.677 | -4.143 | 0.001 |
| | | 低 | 4.323 | 1.010 | | |
| | 兴趣一致性 | 高 | 5.080 | 1.070 | -2.293 | 0.029 |
| | | 低 | 4.494 | 0.735 | | |
| | 努力持续性 | 高 | 5.309 | 0.796 | -4.833 | 0.000 |
| | | 低 | 4.392 | 0.780 | | |
| | 自我效能感 | 高 | 5.368 | 0.694 | -6.472 | 0.000 |
| | | 低 | 4.069 | 0.543 | | |

续表

| 因变量 | 自变量 | M | SD | t | p |
|---|---|---|---|---|---|
| 负向应激 | 助人行为<br>高<br>低 | 2.728<br>3.130 | 0.791<br>0.809 | 2.284 | 0.024 |
| | 毅力<br>高<br>低 | 2.123<br>3.246 | 0.530<br>0.651 | 5.748 | 0.000 |
| | 兴趣一致性<br>高<br>低 | 2.281<br>3.095 | 0.590<br>0.835 | 4.055 | 0.000 |
| | 努力持续性<br>高<br>低 | 2.460<br>3.120 | 0.751<br>0.697 | 3.784 | 0.000 |
| | 自我效能感<br>高<br>低 | 2.439<br>3.019 | 0.765<br>0.726 | 2.393 | 0.022 |

## 2）回归分析

由表 6-4 可知，各个自变量与因变量均具有显著相关（$p > 0.05$），各自变量之间均具有显著相关。其中，兴趣一致性和努力持续性属于毅力的因子，因此呈现高度相关。为避免共线性问题，毅力两个维度不作为预测变量与毅力一起投入回归方程。助人行为等自变量之间基本呈现中等以下显著相关，可以投入回归方程。鉴于本研究主要关注每个预测变量对正、负向应激的预测作用，而非因果关系及回归模型整体对因变量变异的解释，因而首先采用简单线性回归分别考察各个预测变量对正、负应激的作用，其次采用逐步回归考察其中哪个预测变量更具有重要性。

表 6-4　助人行为、毅力、自我效能感与正、负向应激的相关矩阵

| 变量 | 助人行为 | 自我效能感 | 毅力 | 兴趣一致性 | 努力持续性 | 正向应激 |
|---|---|---|---|---|---|---|
| 自我效能感 | 0.213* | | | | | |
| 毅力 | 0.285** | 0.462*** | | | | |
| 兴趣一致性 | 0.279** | 0.277* | 0.879*** | | | |

续表

| 变量 | 助人行为 | 自我效能感 | 毅力 | 兴趣一致性 | 努力持续性 | 正向应激 |
|---|---|---|---|---|---|---|
| 努力持续性 | 0.213* | 0.532*** | 0.858*** | 0.509*** | | |
| 正向应激 | 0.280** | 0.671*** | 0.474*** | 0.350*** | 0.479*** | |
| 负向应激 | -0.197* | -0.292* | -0.436*** | -0.415*** | -0.339*** | -0.497*** |

注：* 表示 $p < 0.05$；** 表示 $p < 0.01$；*** 表示 $p < 0.001$。

由表 6-5 可知，助人行为、毅力及自我效能感对正向应激均具有显著的正向预测力，分别为 7%、21.8%、45.2%。由于本研究样本量较小，因此采用调整后的 $R^2$ 进行预测力的解释。多元逐步回归分析显示，三个预测变量只有自我效能感进入了回归方程，表明自我效能感对正向应激的预测力最强，能够单独解释正向应激 45.2% 的变异；其中，毅力这一变量中的努力持续性对正向应激具有显著的正向预测力，能够单独解释正向应激 22.2% 的变异，表明坚持努力可能是正向应激者的一个特质。

表 6-5　助人行为、毅力及其维度、自我效能感对正向应激的回归分析汇总

| 自变量 | $R^2$ | Adjusted $R^2$ | F | Beta | t | p |
|---|---|---|---|---|---|---|
| 助人行为 | 0.079 | 0.070 | 9.208 | 0.280 | 3.034 | 0.003 |
| 毅力 | 0.225 | 0.218 | 31.368 | 0.474 | 5.601 | 0.000 |
| 努力持续性 | 0.229 | 0.222 | 32.146 | 0.479 | 5.670 | 0.000 |
| 自我效能感 | 0.459 | 0.452 | 62.756 | 0.677 | 7.922 | 0.000 |
| 自我效能感 [a] | 0.459 | 0.452 | 62.756 | 0.677 | 7.922 | 0.000 |

注：[a] 表示为助人行为、毅力与自我效能感对正向应激的多元逐步回归结果。

由表 6-6 可知，毅力及自我效能感对负向应激均具有显著的负向预测力，分别为 18.2%、7.3%，但助人行为对负向应激没有显著的预测作用（$p > 0.05$）。多元逐步回归分析显示，三个预测变量只有毅力进入了回归方程，表明毅力对负向应激的预测力最强，能够单独解释负向应激 8.9% 的变异。其中，毅力中的兴趣一致性对负向应激具有显著的负向预测力，能够单独解释正向应激 16.5% 的变异，表明负向应激者可能缺乏兴趣的一致性或稳定性。

表 6-6　助人行为、毅力及其维度、自我效能感对负向应激的回归分析汇总

| 自变量 | $R^2$ | Adjusted $R^2$ | F | Beta | t | p |
|---|---|---|---|---|---|---|
| 助人行为 | 0.009 | 0.000 | 1.032 | -0.097 | -1.106 | 0.312 |

续表

| 自变量 | $R^2$ | Adjusted $R^2$ | F | Beta | t | p |
|---|---|---|---|---|---|---|
| 毅力 | 0.190 | 0.182 | 25.298 | -0.436 | -5.030 | 0.000 |
| 兴趣一致性 | 0.173 | 0.165 | 22.523 | -0.415 | -4.746 | 0.000 |
| 自我效能感 | 0.085 | 0.073 | 6.908 | -0.292 | -2.628 | 0.010 |
| 毅力[a] | 0.101 | 0.089 | 8.292 | -0.317 | -2.880 | 0.005 |

注：[a] 表示助人行为、毅力与自我效能感对负向应激的多元逐步回归结果。

## 6.2.4 讨论

本部分通过差异分析及回归分析探讨了个体内部的行为因素、人格特质因素对正、负向应激心理反应的影响，即考察了正、负向应激心理反应在行为因素及人格特质上的差异表现。本部分研究结果表明，高助人行为者、高毅力者、高兴趣一致性者及高持续努力者、高自我效能感者具有更多的正向应激，助人行为、毅力及自我效能感对正向应激均具有显著的正向预测力，其中自我效能感的预测力最强，能够单独解释正向应激几乎一半的变异。此外，毅力及自我效能感对负向应激均具有显著的负向预测力，但助人行为对负向应激没有显著的预测作用。正向应激的回归分析表明，助人行为、毅力及自我效能感可能是正向应激者的个体内部特质，即助人行为、毅力及自我效能感对正向应激的生成具有积极的作用。更愿意帮助他人的人在面对同样的应激源时可能更倾向于产生积极的认知评价进而用更积极的心理状态应对应激。鉴于正向应激在健康等方面的积极效应，这在一定程度上可以理解为"善有善报"。这一结果支持了以往相关研究的结论。以往研究认为助人行为可能会提升帮助者本身的健康水平、降低其发病率和死亡率[303, 304]，且可以缓冲压力和死亡率之间的联系并由此预测死亡率的降低[122]。因此，从这个意义上来看，助人行为与健康及死亡率之间的缓冲效应的机制可能与正向应激心理反应有关。在生物机制上，研究认为帮助和关爱他人可引发催产素、催乳素及内源性阿片类物质释放，这些物质可能反过来影响相应的心理状态，由此更容易促进正向应激的心理反应[281, 307]。但助人行为并没有显著预测负向应激，这似乎与以往研究认为社会支持对应激具有显著影响的观点不一致。但以往关于社会支持的研究结论本身存在不一致性，部分研究也没有支持社会支持具有负向应激缓冲作用的假设[300]。因此，不帮助他人的人可能也并不一定会产生负向应激。

毅力被认为是衡量成功与否最突出的预测因素，在正向应激的生成上也具有显著的预测力，其中持续的努力似乎更具有重要性。这表明正向应激者可能是更具有坚毅品质、从一而终、不轻言放弃的那些个体。以往研究认为，毅力对心理健康具有显著的预测力[314]。从本研究结论可以推断正向应激可能是其中的中介机制。同时，毅力这一个体内变量也显著预测了负向应激，并且是最具预测力的个体特质。这表明，毅力低的个体在面对应激时可能更倾向于产生消极的心理反应。其中，兴趣一致性在负向应激中更具重要性，兴趣不稳定、容易见异思迁的个体可能更容易产生负向应激。这在一定程度上也可以说明为何毅力这一特质可以作为超越智力因素有效预测成功或成就的原因。毅力低者在面对各种应激源时更倾向于负向反应进而阻碍了其成功。自我效能感不仅显著预测了正向应激，也显著预测了负向应激。尤其是对于正向应激而言几乎具有一半的贡献率。这表明，自我效能感可能是正向应激者的一个较可靠的个体差异特质。这也在另一个角度论证了班杜拉的观点：自我效能感决定了个体的应激状态[318]，并且也论证了自我效能是重要的个体资源及心理资本。自我效能感显著预测正、负向应激的结论也提示我们，负向应激向正向转变的措施可以从自我效能感方面着手。

综上，促进正向应激生成的个体特质首要的是自我效能感，其次是毅力和助人行为。从行为因素与个体人格特质因素看，似乎人格特质在应激性质的形成上更具重要性。

## 6.3 子研究3 任务难度与积极反馈对正、负向社会心理应激心理反应的影响

### 引言

环境因素是应激理论中的一个核心热点问题，Lazarus 和 Folkman（1984）认为应对压力的资源主要是人的属性与环境的属性[30]。因此，对于给定应激源刺激的环境属性进行研究是很有必要的。根据三元交互决定理论，环境与主体因素及其特征、行为之间具有相互决定关系，三者密切相关[316]。尽管诸多理论都在强调主体因素的重要作用，但环境特质本身也具有强大的力量。正如斯金纳所认为的，一切控制和干预都是由环境实施的，控制的着眼点不在个体而在环境[244]。尽管斯金纳以比较极端的行为主义立场提出了自己的观点，但不可否认环境特征必然在客观存在上影响个体的行为、认知与心理机能，并且在实践意义上，对于应激的干预从环境设计角度实施似乎更具有可行性和实效性。根据应激的当代理论，应激是指个体面对过度要求或难以应对的要求时所产生

的反应，几乎都强调了主体因素与应激源要求的交互作用，如人与环境匹配理论、工作需求—控制理论、工作要求—资源理论[324]。研究表明，工作需求可单独对健康起决定作用[325]。此外，应激的交互作用理论认为客观刺激本身的数据是不重要的，重要的是个体对环境刺激的感知[326]。那么，潜在应激源即环境刺激本身的属性究竟对于应激的发生重不重要，是否不同难度的任务或不同的应激源均不能单独对个体的应激反应起作用，而是完全依赖于个体的认知评价？本研究认为应激刺激本身的客观属性是不容忽视的部分，因此，本研究拟考察任务难度，即工作要求对正、负向应激发生的影响。本研究假设正、负向应激心理反应主要由认知评价诱发，因而客观任务难度本身在正、负向应激心理反应上不存在显著性差异。

此外，在压力的影响因素研究中，压力与社会支持的关系成为研究者最为关心的问题之一，并被认为是未来研究最富前景的领域[283]。尽管现有的研究证据已经充分证明社会支持对压力及工作压力具有重要作用，但对不同类型社会支持作用的模式和机制却一直争论不休，基本一致的研究结论认为社会支持是一种缓解工作压力和提升幸福感的重要资源，支持缺乏本身也是一个重要的负向应激来源，高度的主观社会支持与压力减轻和幸福感的提升有关[327]，但已有研究的社会支持主要指的是被个体所感知到的主观上的社会支持。研究认为应考虑不同形式、不同来源和类型的社会支持[328]。本研究旨在探讨来自外部的客观的社会支持对压力的影响，及其对正、负向应激的影响。鉴于主观感知到的东西具有实践操作上的困难，如果客观社会支持能够被证明具有积极作用，那么在应激的相关干预研究上将更具有可行性。已有研究表明，组织或上司的支持对个体具有有益的影响，或者可以缓冲应激的消极影响，其中最主要的支持为工作认可[76]。研究表明，如果个体收到绩效的反馈或上司的指导，高要求也不一定会带来负面影响。根据Hobfoll的资源保存理论，在个体处于高应激或高要求情境下，资源就会变得特别重要[154]。因此，积极或正面反馈作为一种更具体、更特定的社会支持或应对资源的研究就很有必要。几十年的社会心理学研究已经表明，社会认同与社会拒绝对情绪、自尊、行为和生理具有不同的影响[329-331]。以往研究采用TSST修改版，利用积极和消极的反馈来操纵应激的挑战和威胁状态。积极反馈的操纵方式为通过点头、微笑和身体前倾来表达积极的非语言反馈以及语言上的正面反馈，如"你很自信、很真诚"等，并且研究也论证了其社会反馈操作的有效性[88, 332]。本研究参照此模式设计了实验B组。研究表明，压力情境下受到积极反馈的被试比处于相同情境下的经历负面反馈被试的认知能力更强，表现出更大的认知调整。经历了更多正向应激的个体可能因此拥有更多的认知资源，从而提高了其调整应激反应的能力[124]。本研究假设 TSST 后接受正面或积极反馈的个体比没有接受任何反馈的个体在正、负向应激心理反应上具有显著性差异。

### 6.3.1 研究目的

探讨环境因素对正、负向社会心理应激的影响。

### 6.3.2 研究方法

**1）被试**

实验 A 组为对照组（同子研究 1 中的实验组）；实验 D 组，操纵变量为心算题目难度；实验 B 组，操纵变量为积极反馈。被试招募、剔除标准及分配方式等同研究三。其中，实验 A 组 31 人，平均年龄为 19.29±1.19 岁；实验 B 组 31 人，平均年龄 19.29±1.19 岁；实验 D 组 22 人，平均年龄为 19.41±1.22 岁。所有被试均无急、慢性生理疾病。其他信息详见研究三。

**2）研究工具**

基本同本部分子研究 1。其中实验 D 组的心算题目的确定程序如下。

方便取样在校本科生 105 人，其中男生 47 人，女生 58 人，平均年龄为 19.78±1.76 岁。研究目的为确定比实验 A 组采用的 1022 依次减去 13 的心算题目具有更小或更大难度的题目。结合以往相关研究，依照可能的难度差异设计了三组题目分别与 1022 依次减去 13 对比，分别是 1005 依次减去 18、868 依次减去 13、996 依次减去 7。以答题的正确率为难度指标，正确率越低表明难度越大。实施程序为利用课间时间由任课老师辅助心理学专业研究生主试实施，随机发放四种不同题目的答题纸，统一指导语，时间到立即收回。指导语为：每个心算题限时 5 分钟，禁止笔算和使用任何计算工具，否则答题作废。依次减的示例：1022-13 = 1009，1009-13 = 996……只需要填写答案。经方差分析表明：题目 996 依次减去 7 与题目 1022 依次减去 13 在正确率上具有显著性差异，$F(3, 101) = 14.203$，$p < 0.001$，$\eta_p^2 = 0.297$；$M±SD$ 分别为 0.289±0.256、0.585±0.237。因此，实验 D 组选取 996 依次减去 7 作为心算题目。

**3）研究程序**

具体流程如图 6-5、图 6-6 所示。

实验 A 组在本部分研究中为对照组。具体详见研究三。

实验 B 组：TSST 结束后立即由面试官给予正面反馈，采用方式为积极语言反馈，统一表述。例如，"总体你的面试表现良好""尽管你在面试过程中语言表达不够流畅，但总体表现良好"等。同时结合点头、微笑和身体前倾等非语言积极反馈。

实验 D 组：面试过程中的心算题目为 996 依次减去 7。

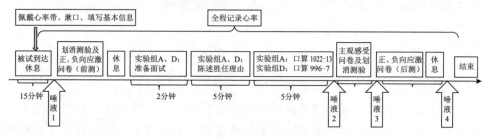

图 6-5 实验 A、D 组流程图

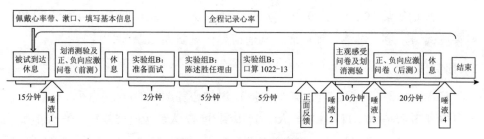

图 6-6 实验 B 组流程图

**4）数据分析**

（1）采用协方差分析分别分析实验 B 组与实验 A 对照组（即应激状态积极反馈条件下与无反馈条件下）在正、负向应激心理反应上的差异。

（2）采用协方差分析分别分析实验组 D 与实验 A 对照组（即应激状态高难度条件下与低难度条件下）在正、负向应激心理反应上的差异。

## 6.3.3 研究结果

**1）心算难度的影响**

首先分别以后测正、负向应激为因变量进行协方差分析，经回归斜率同质性检验，组别与前测均不存在显著交互作用，均符合回归斜率齐性假设，$F(1, 49) = 1.955, p = 0.168$；$F(1, 49) = 1.682, p = 0.201$。协方差分析结果表明，实验 D 组与实验 A 组（对照组）在正向应激心理反应上不存在显著性差异 $F(1, 50) = 0.203, p = 0.654, \eta_p^2 = 0.004$，即心算题目为 1022 依次减去 13 的 TSST 组与心算题目为 996 依次减去 7 的 TSST 组在正向应激心理反应上无显著性差异。实验 D 组与实验 A（对照组）在负向应激心理反应上不存在显著性差异 $F(1, 50) = 3.319$，$p = 0.074$，$\eta_p^2 = 0.062$，即心算题目为 1022 依次减去 13 的 TSST 组与心算题目为 996 依次减去 7 的 TSST 组在负向应激心理反应上无显著性差异。这表明，任务难度本身可能不是正、负向应激的影响因素，任务难度可能是具有显著个体主观差异的变量，对于应激心理反应产生影响的主要是一个主观认知生成的难度变量。

**2）积极反馈的影响**

首先分别以后测正、负向应激为因变量进行协方差分析，经回归斜率同质性检验，组别与前测均不存在显著交互作用，均符合回归斜率齐性假设，$F(1, 58) = 0.929$，$p = 0.339$；$F(1, 58) = 0.502$，$p = 0.481$。协方差分析结果表明，实验 B 组与实验 A 组（对照组）在正、负向应激心理反应上均不存在显著性差异 $F(1, 59) = 0.203$，$p = 0.515$，$\eta_p^2 = 0.007$；$F(1, 59) = 0.399$，$p = 0.530$，$\eta_p^2 = 0.007$，即受到积极反馈的应激组与未受到任何反馈的应激组在正、负向应激的心理反应上不具有显著性差异。这表明，客观刺激本身存在积极反馈可能并不会影响个体的心理应激反应，只有被感知到的积极反馈才可能成为影响因素。这也再次论证了主观社会支持的重要性，社会支持被感知到才可能成为应激的影响因素。因而今后研究需同时在与主观感受到的积极反馈对比中进行研究。

### 6.3.4 讨论

本部分分别探讨了任务难度与积极反馈对正、负向应激的影响，以期探索能够促进正向应激生成的外部要素。研究结果表明，心算难度与积极反馈在正、负向应激上均未呈现显著性差异，这在一定程度上表明心算难度与积极反馈在正、负向应激的形成上可能不具显著影响，也表明客观刺激本身对个体的应激心理反应不具直接影响，但对应激相应的生理反应的影响还有待于进一步探讨。本部分的研究结果支持了应激的认知评价理论的观点：个体是基于对压力源不同的认知评价做出不同的压力反应，而不是对压力源本身做出反应。个体对心理社会环境的应激反应主要取决于个体对刺激的评估而不是刺激本身[234]，在应激领域中主体因素更具重要性。同时从一个侧面支持了研究二的研究假设和结论：对压力有害健康的认知比压力刺激本身对应激结果更具有重要性。基于班杜拉的观点，该结果否定了一元单向决定论，支持了其提出的三元交互决定论的观点。他认为人的行为、主体因素及环境之间的交互作用模式并非固定不变,在不同条件下,有可能其中某一个因素起主要决定作用[315]。从本研究结果看,在应激领域中,人的主体因素可能是起主要决定作用的成分;并且在各种相关理论中也无一例外地强调了主体因素与环境要求的交互作用。客观刺激本身是不重要的,重要的是个体对环境刺激的感知[326]。这就提示我们关于环境要求或者应激源特质的研究需关注其主观层面的意义。

  本研究关于积极反馈对应激反应的影响似乎与以往研究不同。以往研究大多支持重要人物的支持或积极反馈是个体重要的压力应对资源,甚至绩效反馈本身就会对工作投入具有积极影响[333, 334]。但大多研究使用的是主观自陈量表获得的相关社会支持或反馈数据,是被试主观意义上的社会支持或被试自我感知或认同的反馈。因此从这一点上看,被主观感知到的积极反馈才是更有意义的。此外,由于本研究采用的 TSST 范式的面试演讲部分及心算部分主要是为了诱发应激的核心成分:失控感和社会评价威胁。这两个要素与积极反馈似乎有些不相容。因而最后由面试官发出的积极反馈在面试者看来可能并不具有积极支持的意义,也可能被认为仅仅是一种安慰。因而,今后的研究应注意积极反馈的发出者及其实施的时间顺序。如以往研究的积极反馈的实施是在整个面试过程中并且通过被试自我报告论证反馈操作的有效性[332],这是本研究的缺陷所在。从以往研究来看,客观刺激对于个体的心理影响、由此产生的应激后果及其中起调节或中介作用的变量,如控制感、自主性、社会支持等往往取决于个体对环境刺激本身的感知和评价。如研究表明,当个体把客观刺激或所谓的应激源(如疾病)看作威胁时,控制感对应激的消极结果具有缓冲作用,但如果个体把其看作是挑战、是成长的机会时,控制感就不能起到调节的作用[335]。由此可见,现有研究大多支持了对客观刺激的认知评价、个体对情境事件特质的感知是关键因素这一观点[336]。但也不能因此完全否定环境刺激本身对个体应激的影响,其可能只是在影响程度或者其他方面有所不同。就本部分子研究 1 对各实验组诱发性质所做的统计分析看,接受积极反馈的实验 B 组比其他各组诱发的正向应激心理反应人数更多,而没有被施与积极反馈或指导的实验 D 组诱发的负向应激心理反应人数更多。因此,环境刺激本身的作用还有待进一步探讨。综上,我们可以认为环境刺激本身对个体的心理应激反应可能不具有直接效应。这也符合环境心理学的观点:环境本身的客观特征对人类行为影响不是那么大,但个体对这些特征的感知及其评价对个体的行为有很大影响,环境的设计最关键的是人们对环境的评价而不是客观环境本身[283]。因而接下来重点探讨认知评价在正、负向应激生成中的作用。

## 6.4 子研究 4　正向认知重评对正、负向社会心理应激心理反应的影响

### 引言

　　研究二已从横向调查数据的角度，以逻辑回归及 SEM 方式论证了认知因素对应激性质及其健康结果的重要影响，阐明了应激有害健康的认知对应激结果具有重要作用，即压力有害健康的认知会增加健康不良及心理健康不良的风险。研究三在基于 TSST 实验数据的 SEM 意义上再次论证了认知因素在应激与应激结果（健康与行为效率）之间及正、负向应激心理反应之间的重要作用，负向应激可通过认知调整转换为正向应激反应。以上研究结论再次支持了 Keller 等（2012，2015）历时 8 年的追踪研究。该项研究认为，压力只有在个体认为它是有害的时候才会对健康产生消极影响，对压力的消极认知本身比压力的数量及其严重程度更能对个体健康产生不利影响，且同等压力程度个体的死亡风险并没有增加 [123]。这也就从另一个角度论证了本部分子研究三的结果：刺激或应激源本身与应激结果之间不具有显著相关，认知因素在其中起了决定性作用。因而任务难度本身及积极反馈可能是与认知等其他因素联合对应激反应起作用。以往在健康领域的研究认为，对压力的看法可以促进健康。但其中的机制是什么，改变对压力的看法是否可以促进正向应激呢？我们认为正向应激的产生可能在其中起了中介或调节作用，关于这一点我们在前面的模型建构中已经论证。那么本部分的研究旨在从实践的角度检验这一问题。

　　当代科学（哲学）家普遍认为心理是神经系统的机能，生理与心理相互作用、紧密联系。神经系统是心理机能发生、发展的物质基础，同时心态也会改变大脑结构，进而又反作用于心理。意识由脑活动而产生，意识也能主动地对人脑及整个机体进行一定程度的调节和控制，能对人体各器官所接收的种种信息进行辨认、选择、整合、组织并支配机体的活动 [337]。因而认知重评能够改变相应的生理反应及其后果这一观点具有可靠的哲学基础。此外，应激的认知评价理论中的三级评价（再评价）就涉及了认知重评。该理论中的再评价指的是环境中如增加了有助于个体应对应激的资源或是有益于个体的信息，就会促使个体对应激源做出重新评估。应激的生物心理社会模式认为，认知评估和情境刺激相互作用形成压力反应，这在很大程度上取决于情境与生理反应是如何被解释的，即与认知密切相关 [338]。以上理论已被当前的一些相关研究所证实。当前研究认为伴随压力共存的生理上的反应变化不一定是坏事，如个体认为压力有益，则生理及神经系统反应也将随之朝有益的方向改变。那么由此，压力促

进健康便成为可能。越来越多的研究表明，认知评估是一种强有力的工具。应激生理唤醒的重新评价可以作为改善应激消极反应的方法，有助于将消极压力状态转换成更积极的状态，即个体可以通过重新定义伴随压力的生理信号的意义，从而打破消极情感体验和恶性生理反应之间的联系[288]。例如，根据生物心理社会模式对挑战性应激还是威胁型应激的理论解释，有研究试图通过改变对生理唤起的评价来改变急性应激反应[339]。该项研究考察了将生理唤醒解释为是对所做活动的积极反应进而改变对 GRE（美国研究生入学考试）成绩的影响。研究中被分配到重新评估条件的被试被告知生理唤醒能够提高考试效能，而控制组未被告知。研究结果表明，重新评估的参与者交感神经系统激活显著增强，即 sAA 显著上升，并自我报告在 GRE 数学部分表现优于对照组，且实际的 GRE 成绩得分也高于对照组。这表明正向认知评估对生理及行为绩效具有显著的积极影响[232]。其他相关研究也表明，那些将应激状态下生理信号的含义重新定义为有益的被试比那些没有的人具有更积极的结果。改变个体对身体反应的思考方式可以改善其对压力事件的生理和认知反应。被要求重新评价的被试不仅在压力下表现出更多的适应性生理反应，且在压力大的情况下，他们的生理反应也会更快地回到基线[340]。正向认知重评的效力在临床研究中亦得到证实。例如有研究表明，正常被试明显比抑郁及焦虑患者更多地使用了正向认知重评[341]。就此问题在 TSST 研究中也有相关的证据，如 TSST 影响早期自动化阶段对情绪刺激的加工的研究表明，认知和情感在产生对 TSST 的反应时彼此相互作用，对压力源的反思（反复思考）可能会导致情绪的增强，进而这种情绪效应在生理层面表现出来[342]。因此，从这一层面上看，应激早期阶段对刺激产生的负向情绪可以通过认知而改变。基于以上，本部分研究假设，应激生理唤醒的积极评价对正向应激具有正向影响，同样应激情境下接受正向认知重评指导的被试比没有接受正向认知重评指导的被试会产生更多的正向应激。同时对负向应激具有负向影响，并且正向认知重评会降低唾液皮质醇浓度水平。

### 6.4.1 研究目的

应激生理唤醒的积极评价对正向应激生成的作用。

### 6.4.2 研究方法

#### 1）被试

实验 A 组为对照组（同子研究一中的实验组）；实验 C 组，操纵变量为正向认知重评。被试招募、剔除标准及分配方式等同研究三。实验 A 组 31 人，平均年龄为 19.29±1.19 岁；实验 C 组 26 人，平均年龄为 20.31±1.59 岁。实验 C 组一个被试心率数据及皮质醇数据缺失，一个被试心率数据异常。因此，实验 C 组唾液皮质醇数据为 25 人，心率数据为 24 人。所有被试均无急、慢性生理疾病。其他信息见研究三。

**2）研究工具**

同本部分子研究一。实验 C 组参照以往相关研究[339]，将被试准备面试环节的主试指导语变更为：下面请准备面试，在面试中你需要向面试官介绍你自己，同时整个面试过程将全程摄像和录音，以便被受过专业培训的专家评判。需要特别注意的是，为了达到最佳表现，在面试过程中，如果你觉得紧张、感到呼吸加快或心跳加快，请不要在意，因为最新科学研究表明，人在紧张或有压力时，这些身体上的变化是身体正在产生能量的表现，以使我们能够更有力量地应对眼前的问题。比如，呼吸加快是为了促进大脑供氧以确保头脑清晰的思考，心跳加快是为了给各个细胞补充能量。因此，如果你在参加今天的面试时感到紧张不适，请不要担心，简单地提醒自己，这些反应将会帮助你做得更好。你明白我说的话了吗？下面你有 2 分钟的时间准备面试。

**3）研究程序**

实验 A 组在本部分中为对照组。总体流程基本与实验 A 组相同。具体见研究三。

实验 C 组：TSST 开始前，即被试准备面试期间，由实验助理对被试进行 5~10 分钟的正向生理唤起认知指导。要求实验助理事先学习指导语并进行相关练习达到自我认同程度，并要求实验助理严格按照指导语进行相关指导。指导完后要求确认被试的接受和理解情况。确认指导有效后进行面试准备，如不认同、不能理解或接受者剔除。本部分实验因此剔除 4 名被试。实验 C 组流程如图 6-7 所示，具体详见研究三。

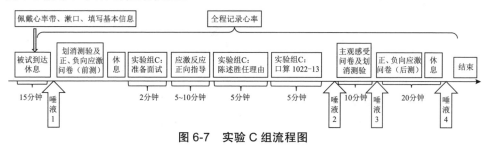

图 6-7　实验 C 组流程图

**4）数据分析**

（1）采用协方差分析分别分析实验 C 组与实验 A 组（即正向认知指导条

件下与无指导条件下）在正、负向应激心理反应上的差异。

（2）采用重复测量方差分析实验 C 组与实验 A 组在 4 个时间点上的唾液皮质醇水平趋势。以 TSST 开始至结束 3 个测量时间点上的唾液皮质醇分泌总量均值及时间点 3（即 TSST 结束 10 分钟后）上的唾液皮质醇分泌量为因变量。经正态检验，采用独立样本 t 检验分析两种条件下应激反应在因变量上的差异。

（3）采用重复测量方差分析对实验 C 组与实验 A 组在 6 个时间点上的心率水平趋势进行分析。

### 6.4.3 研究结果

**1）正向认知重评对正、负向应激心理反应的影响**

分别以后测正、负向应激为因变量进行协方差分析，经回归斜率同质性检验，组别与前测均不存在显著交互作用，均符合回归斜率齐性假设，$F(1, 53) = 0.091$，$p = 0.764$；$F(1, 53) = 1.035$，$p = 0.314$。协方差分析结果表明，实验 C 组与实验 A 组（对照组）在正向应激心理反应上存在显著性差异 $F(1, 54) = 6.615$，$p = 0.028$，$\eta_p^2 = 0.007$。即接受应激生理唤起正向认知重评指导的被试比未接受指导的被试产生了更多的正向应激心理反应（$4.942 \pm 0.842$，$3.521 \pm 0.912$）。实验 C 组与对照组在负向应激心理反应上存在显著性差异 $F(1, 54) = -4.319$，$p = 0.044$，$\eta_p^2 = 0.015$，这表明未接受应激生理唤起正向认知重评指导的被试比接受指导的被试产生了更多的负向应激心理反应（$4.421 \pm 0.522$，$3.623 \pm 0.752$）。以上结果如图 6-8 所示。这在一定程度上表明对应激生理唤醒反应的正向认知重评对正向应激的产生具有促进作用。

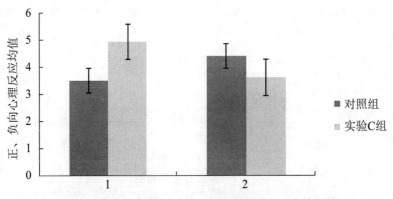

图 6-8　正向认知重评对正、负向应激心理反应的影响

1 为正向应激　2 为负向应激

## 2）正向认知重评对唾液皮质醇水平的影响

经重复测量方差分析，实验 C 组与实验 A 组（对照组）在四个时间点上的唾液皮质醇分泌水平变化如图 6-9、图 6-10 所示。结果表明，符合球形假设检验（$p = 0.192$）。测量时间的主效应显著，$F(3, 165) = 123.448$，$p < 0.001$，$\eta_p^2 = 0.729$；组别主效应显著，$F(1, 55) = 7.171$，$p = 0.010$，$\eta_p^2 = 0.135$；测量时间与组别交互作用显著，$F(3, 165) = 3.642$，$p = 0.014$，$\eta_p^2 = 0.073$。这表明接受正向认知指导的被试与未接受正向认知指导的被试之间在唾液皮质醇的分泌上存在显著差异，不同组的被试在应激发生时各时间点上的唾液皮质醇分泌水平具有显著不同。由图可知，未接受应激生理唤醒正向认知指导的被试其唾液皮质醇在 TSST 结束 10 分钟时显著上升。经多元方差分析表明，两组在时间点 3、4 及 TSST 开始之后的唾液皮质醇分泌总量上均有显著性差异（$p < 0.05$），即 TSST 结束 10 分钟时及 30 分钟时接受正向认知指导的被试其唾液皮质醇水平均比未接受正向认知指导的被试低（$10.585 \pm 2.214$，$12.295 \pm 1.842$；$9.868 \pm 1.345$，$10.782 \pm 1.501$），并且似乎具有更快回落基线的趋势。此外，接受正向认知指导组在 TSST 开始之后的唾液皮质醇的分泌总量显著低于未接受正向认知指导的被试唾液皮质醇分泌总量。这表明，正向认知重评可能降低了应激反应程度。

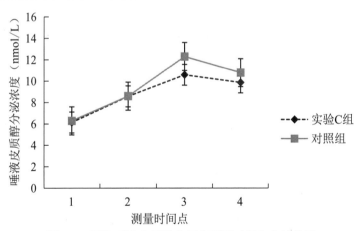

图 6-9　两组唾液皮质醇水平在不同时间点上的差异

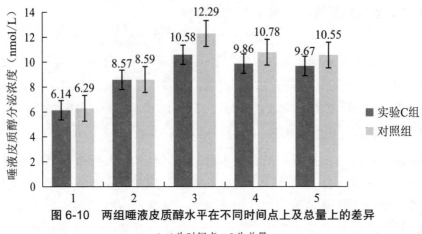

图 6-10 两组唾液皮质醇水平在不同时间点上及总量上的差异

1~4 为时间点，5 为总量

### 3）正向认知重评对心率的影响

经重复测量方差分析，实验 C 组与对照组在 6 个时间点上的心率水平变化如图 6-11 和表 6-7 所示。由于不满足球形假设（$p < 0.05$），因此采用 Huynh-Feldt 校正系数。结果表明，测量时间的主效应显著，$F(4, 208) = 71.656$，$p < 0.001$，$\eta_p^2 = 0.589$；组别主效应显著，$F(1, 50) = 110.777$，$p < 0.001$，$\eta_p^2 = 0.689$；测量时间与组别交互作用显著，$F(4, 208) = 104.792$，$p < 0.001$，$\eta_p^2 = 0.677$。进一步方差分析表明，除了时间点 1 和时间点 3 上的心率没有显著差异，实验 C 组与对照组在其他时间点上的心率均存在显著性差异（$p < 0.001$）。这表明，接受应激生理唤醒正向认知指导的被试与未接受正向认知指导的被试在心率变化上存在显著差异，主要表现在时间点 2、4、5 和时间点 6 上。两组在心率基线（T1）及 TSST 结束时间点（T3）上的心率均没有显著差异（$p > 0.05$）。在 TSST 之前、TSST 结束后 10 分钟、20 分钟和 30 分钟时，接受正向认知指导的被试的心率水平均显著高于未接受者。这总体表明接受正向认知指导的被试的交感神经系统被显著激活。这一结果与以往研究一致。以往研究表明，正向认知评估对生理及行为绩效具有显著的积极影响，对应激生理唤醒进行正向评估被试的 sAA 显著上升，交感神经系统激活显著增强，并且 GRE 成绩得分高于对照组[232]。接受认知正向指导被试在 TSST 开始前的心率显著上升可能是由于正向认知指导激发了认知思考等相关活动及新异信息的相关刺激造成。此外，TSST 结束后 10 分钟、20 分钟和 30 分钟心率迅速上升并保持高水平可能是由于正向认知重评指导让其在 TSST 中获得了积极体验或因此表现良好，由此激发了成就动机，欲想在后续的任务中表现更好。在 TSST 结束时间点上的心率与对照组没有显著差异可能反映了 TSST 任务解除引发的心率回落。进一步分析表明，接受正向认知重评指导的被试（0.655±0.251）比未接受者（0.417±0.337）在划消测验的效率得分上具有显著性差异，$t(55) = -2.760$，$p = 0.042$。这一结果验证了 Jamieson（2012）的研究[232]。

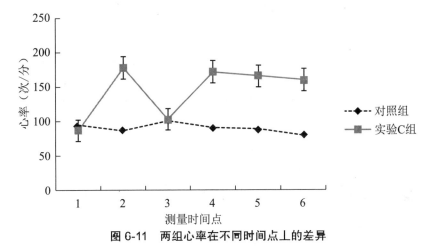

图 6-11 两组心率在不同时间点上的差异

表 6-7 接受正向认知指导和控制组在不同测量时间点心率变化 　　单位：次/分

| 组别 | 基线<br>$M$(SD) | 时间点 2<br>$M$(SD) | 时间点 3<br>$M$(SD) | 时间点 4<br>$M$(SD) | 时间点 5<br>$M$(SD) | 时间点 6<br>$M$(SD) |
| --- | --- | --- | --- | --- | --- | --- |
| 对照组 | 93.813<br>(28.346) | 93.764<br>(24.934) | 101.228<br>(25.904) | 90.956<br>(17.564) | 88.130<br>(21.628) | 79.803<br>(9.194) |
| 实验组 | 87.700<br>(12.624) | 178.297<br>(18.671) | 102.490<br>(14.605) | 172.172<br>(26.645) | 166.244<br>(26.362) | 160.626<br>(20.209) |

综上，结合正向认知重评对正、负向应激心理反应的协方差分析，在一定程度上可以认为对应激生理唤醒的正向认知重评是正、负向应激发生的重要影响因素，对正向应激的生成具有积极作用。

## 6.4.4 讨论

本部分论证了基于应激生理唤醒的正向认知评价对正向应激具有积极影响。相同应激情境下接受正向认知重评指导的被试比没有接受指导的被试产生了更多的正向应激。正向认知重评降低了唾液皮质醇浓度水平，同时接受正向认知指导的被试的交感神经系统被显著激活，心率水平总体上显著高于未接受者，并且促进了其行为效率。这表明正向认知重评在应激应对中具有积极效应,对正向应激的生成具有积极意义。这一结论支持了以往研究的观点:如认为压力有益,生理系统也将会无所畏惧。应激生理唤醒重新评价可以作为改善急性应激消极反应的方法,个体通过重新定义伴随压力的生理信号的意义可以打破消极情感体验和恶性生理反应之间的联系[288]。这就为负向应激转化为正向应激并从而获得好的应激结果提供了可能性。

在长期的压力应对研究中和人们的实践上,个体往往花费大量的时间和资源通过调节行为进而调节情绪来应对压力,如度假、购物或喝酒。然而,这些努力并没有改变压力本身,而是一种逃避的方法。在这个高压力不可避免的时代前提下,一般个体对应激仍持有消极信念,认为压力状态的唤醒经历(如紧张时心跳加快)是不好的甚至是有害的,因而是应该避免的,这就使压力应对研究陷入无法消除应激的尴尬境地。本研究与其他相关研究为此提供了一个新的视角。研究表明在积极的挑战状态下,交感神经激活(如心率加速)有时比威胁状态下还更大,如个体把刺激视作挑战就会增强心血管功能。交感神经系统的激活并非完全会损伤机体,并非某研究认为的应激状态下因交感神经系统激活释放的去甲肾上腺素促进了癌肿瘤的增长等[1],而是相反会促进应激的有效应对,并改善急性应激状态下的生理功能及行为表现[343]。本研究似乎支持了这一研究观点。但需特别注意的是我们这里提到的是急性心理应激,本研究采用的 TSST 应激诱发范式尽管没有排除被试以往累积的应激,但基本还是属于急性应激。因此,如果该应激反应长时间持续存在,其结果可能会有所不同。总体而言,当压力避无可避时,调整认知过程进行认知重评,将负向应激转化为正向应激无疑是一种更加积极有益的方式。并且根据现象学的观点,行为的原因不是事件本身而是对事件的知觉,因而认知重评在理论上也具有强大的逻辑支撑。此外,在应激的核心生物标记的研究方面也具有相应的研究证据。研究表明,与一般的人格因素和回顾性的压力评估相比,预期的认知评价是皮质醇压力反应的重要决定因素,可解释唾液皮质醇反应 35% 的差异[184]。

综上,本研究对于是否需要、如何促进积极压力(正向应激)产生或相应的指导研究具有一定借鉴意义。但由于本研究样本量较小,如实验 C 组诱发的负向应激反应人数为 2,因此没有分别就正、负向应激的唾液皮质醇水平等生理反应情况进行单独分析,这是本研究的局限。今后需加大样本量以进行相应的分析。虽然当前积极心理学的发展促使研究人员采用以健康为中心(有益健康)的观点而不是以疾病为中心的观点进行心理现象的研究,部分研究也表明当前对应激的研究已开始发生了重要的转向,但压力研究至今似乎还没有适应这种观点[344]。多年来学术界及社会各界都在强调压力有害,并会导致疾病的发生或增加疾病的发生概率，尤其是心血管方面。因此，如何在现有境遇下，活得更健康、更快乐，包括从压力中受益，这需要研究者转变观念和研究的价值导向。今后研究应该专注于改变压力反应的类型，而不是消除或抑制压力的产生。由于压力及其生物学后果已被证明与发病、维持躯体疾病和精神疾病有关，因而应激的心理过程或机制应成为应激干预的首要目标。

# 7 研究五：基于 ERP 和 EEG 的正、负向社会心理应激神经基础

研究二和研究三分别采用横向数据及实验室诱发应激方式收集数据，运用 SEM 在因果关系论证的逻辑上得出结论：认知因素对应激结果具有重要意义，负向应激可通过认知因素转变为正向应激进而对健康产生正向作用。研究四论证了基于应激生理唤醒的认知重评对正向应激的生成具有重要作用，个体对刺激的认知评估对正、负向应激的生成具有关键意义。那么，在应激发生时其相应的认知加工，尤其是初级认知评价过程中的大脑神经活动变化是怎样的？正向应激与负向应激在应激发生时及发生前后的神经活动变化上是否存在显著差异？正向应激反应在大脑神经活动上是否也具有积极效应的证据？这是本部分研究的关注点。大脑是应激心理反应的物质基础，在应激条件下，大脑实时监控与评估内外部刺激变化，从而发出相应的应激反应，脑功能在应激发生的认知评估中具有决定性意义。因此，要深入了解决定应激性质的核心影响因素：认知评估，就有必要探讨认知评估发生过程中的神经过程。已有研究表明，应激的初级评估和二阶评估（初级评估刺激为威胁还是挑战，二阶评估涉及控制预期和能力预期）可解释 TSST 后基线校正皮质醇方差的 22%，认知评估解释了唾液皮质醇反应的 35% 的方差，在预测皮质醇反应方面，认知评估比人格特质更重要[184]。因此，运用认知神经技术探讨应激的认知评价具有特别的意义。

本研究认为 TSST 诱发的应激与生命威胁无明显相关。通常意义上的社会心理应激与威胁生命的应激是具有本质区别的。威胁生命的应激是诸如迎面急

速飞来的车、突然身后一只老虎追来等,而一般意义上的社会心理应激,则是诸如应聘时准备好的面试题目突然发现根本没有用、与父母发生争吵、被好友背叛等。本研究关注的是诸如此类的社会心理应激。个体在面临失控和社会评价威胁的生活应激情境时,我们的大脑是如何反应的?以往研究似乎对两者有所混淆,并且欠缺与相关应激理论结合论证研究结果的意义。以往关于应激的神经机制研究多采用脑成像技术,其中大部分研究考察的是急、慢性应激及创伤后应激障碍的神经机制。一些研究者采用 ERP 技术来探讨应激相关的认知神经机制,但主要探讨的是应激对认知功能如记忆、注意等的影响,大多从应激对认知影响的角度,而非应激发生时相对应的认知过程。此外,就应激本身的生物标记及测量方面仍缺乏更客观、直接便捷的方式。传统的心理应激主要是通过主观问卷、皮质醇水平和 HRV 等生理信号来评估,但这些方法容易受到昼夜节律和心血管疾病的影响而使应激测量缺乏实践性。研究认为,通过使用神经成像方法研究应激对大脑活动的影响,并以此对应激进行非侵入性的测量将成为一个研究趋势。尽管功能性磁共振成像(fMRI)和正电子发射断层扫描(PET)具有高空间分辨率(达到毫秒),但它们在时间分辨率上有很大的局限。EEG 和 ERP 可以以毫秒级的时间分辨率测量神经活动的电势,且现代脑电设备携带方便,允许无约束的全身移动,因此适合在日常工作场所活动中测量动态的神经活动变化,更具有现实应用性和可行性。研究表明压力也会影响脑电图,在应激状态下,EEG 波的非对称性活动是值得注意的,可以用来探测应激,作为应激发生的脑电标记[345]。当前已有研究提出了采用脑电技术和已经开发出的设备用于心理应激的检测,研究结果表明 EEG 应激分类器分别给出了 88.69%、87.6%、89.7% 的 ROC 曲线下的平均分类精度、灵敏度和特异度[346]。此外,当前应激刺激从开始输入到应激反应输出的中间过程如何,仍然还不是十分清楚。研究表明,神经活动以及相应的认知评价机制在时间和空间维度上可能并不一致,应单独研究时间维度上的神经特征[347]。ERP 具有很高的时间分辨率,能为研究急性应激在时间进程上的变化提供良好的工具。研究亦表明神经振荡的某些指标可作为反映认知重评过程中的执行控制部分。因此,本研究不仅分析 ERP 成分,同时分析与认知控制相关的神经振荡的指标,从而更全面地探讨正、负向应激的神经基础。

  以往关于应激的认知研究及 ERP 研究存在不一致结论。一些研究发现急性应激可以促进注意和认知功能[348, 349],而另一些研究发现应激对注意和认知功能起到了消极的作用。例如,在应激影响记忆的研究方面,研究表明 TSST 中皮质醇升高的被试在要求自由回忆单词的陈述性记忆任务中表现

得更好 [130, 131]。TSST 诱发的压力增加了对中心事件信息的识别能力，增强了对应激源相关信息的记忆 [133]。TSST 可改善地图路线的空间记忆 [280]。但也有研究认为应激有损记忆，认为 TSST 损害了高皮质醇反应者对于中性刺激的工作记忆。TSST 诱发的应激导致了对中性词语记忆的减弱。有研究认为应激能增强个体对威胁刺激的注意偏向，但也有研究认为应激对注意偏向产生抑制效应。已往研究中，急性应激对高负荷工作记忆的影响的研究结果亦不一致。比如 Schoofs 等发现，急性应激在高负荷条件下损害了工作记忆 [351]，而 Cornelisse 等发现急性应激增强了男性在高负荷任务中的表现 [134]。有研究分析认为这些不一致的研究结果是因为应激的强度不同所致 [99, 357]，但本研究认为这更可能与应激的正、负性质有关。因为如果是与应激程度有关，那么已有研究中分析表明所有被试均诱发了同样的皮质醇水平升高应如何解释？且研究中并未见对于应激程度的分析。此外，有研究认为，在应激状态下，大脑释放的皮质醇会阻碍理智的逻辑思维能力，使思维变混沌 [352]。这一点似乎与某些现实也不符，如博士生的研究工作必定承受压力，却能做出创造性成果。如果应激确实会阻碍思维，那么如何解释这种情形？因此，关于应激的效应必须具体问题具体分析，应对应激进行具体化的、予以性质及种类区分的研究。

鉴于以上，本部分研究拟采用 EEG 和 ERP 技术从神经物质基础的角度探讨正、负向应激发生时的认知神经加工特征或对大脑神经活动的影响，以探索性地了解正、负向应激发生时的心理活动的神经基础，了解同一应激源、不同应激心理反应（正、负向应激）的个体在大脑神经活动上有何差异。本书前期研究论证了正向应激在健康及行为效率上具有积极效应，那么在大脑神经活动上是否也具有积极效应？即在心理应激发生时，大脑功能是受到阻碍还是促进？为此，本部分的研究拟从认知神经科学角度论证这一问题，采用认知神经科学技术为正向应激的存在及正、负向应激的效应寻求神经生理层面上的证据。这对今后从神经基础生物标记角度探讨应激性质的客观测量具有重要意义，将有助于寻找应激积极效应的物质基础，对促进正向应激生成或应激的积极效应生成也具有意义。由于本研究应激诱发采用的是 TSST 急性社会心理应激诱发范式，因而所有概念及结论均限于此范畴。

鉴于以上，本部分分为两个子研究：①适用于 ERP 技术的社会心理应激诱发范式的论证；②正、负向社会心理应激的 ERP 和 EEG 探索。

## 7.1 子研究 1 适用于 ERP 研究的社会心理应激诱发范式

引言

鉴于原版 TSST 不适用于 ERP 技术，有学者围绕失控感和社会评价威胁两个诱发急性心理应激的关键成分进行了相应的改编，以探索适用于 ERP 技术的心理应激诱发范式，但其摒弃了 TSST 中生成应激的关键成分：社会评价威胁的面试环节[103, 104]。该研究采用估算任务诱发应激借鉴了 Dedovic 等人（2005）的范式，模仿考试场景诱发急性心理性应激[102]。但元分析研究表明，由单一认知任务诱发应激的方式不可能诱发出像 TSST 那样程度的 HPA 轴效应及主观心理效应，单独使用面试或心算诱发的应激效应很小且结果不一致，缺乏稳定性和可靠性[81]。元分析表明，经对多种不同类型的心理应激源进行对比发现，公众演讲与认知任务整合的诱发范式比单独的公众演讲或认知任务都能诱发出更强烈的唾液皮质醇反应[264]。此外，Qi 等（2017）改编的范式采用的应激主观心理指标为紧张水平，即实验条件是否诱发出应激采用应激水平自我报告 5 点评分的方法评估，从 1 代表非常放松到 5 代表非常紧张[100, 102]。该研究阐述为这是依据以往研究的结论，即在应激条件下被试感受到更强烈的紧张水平[100, 102]。但经考察，未发现所依据的研究中有该方面的研究或结论。尽管似乎很多研究者认为在情感体验上，TSST 导致紧张等负性情绪增强。其实不然，比如 TSST 的原创者 Kirschbaum（1993）在研究中指出的是负性心理刺激[79]，但应激并非仅仅是负向心理刺激。因此，心理指标方面尚需论证紧张与应激之间的关系，紧张是否是应激的必要且充分条件的问题有待探讨。当前只能说通过某方式诱发出了紧张或负性情绪等体验，但这并不代表应激就一定会产生紧张，且本研究前期已经论证情绪反应不是应激的核心要素。此外，该研究认为其提出的心算任务方式具有可靠性和稳定性，本研究认为其依据不足。因其尚未经过一定数量的重复研究或检验，以往研究的应激诱发方式皮质醇响应不稳定，该次研究也没有足够证据证明有稳定的皮质醇响应，并且在其综述部分没有足够的文献支撑。因此本研究认为仍需对适用于 ERP 研究的社会心理应激诱发范式进行再修正。

以往研究表明，计算机心算范式是一种有效的应激诱发工具，可用于研究压力知觉和过程对生理和大脑活动变化的影响[102]。当前适用于 ERP 的应激诱发范式主要参考的是 MIST 和 TMCT。TMCT 是由电脑心算和负反馈组成[100]，该测试已经被证明可以显著提高皮质醇水平[101]，但该方式涉及被试大量的身体移动，因此不适用于 ERP。MIST 是用以诱发适合脑功能成像研究技术的中等程度的心理应激任务，以评估压力对生理和大脑活动的影响。该任务是在特里尔心理挑战测试的基础上设计了一系列计算机化的心算任务，其中包括诱发失败感的成分和社会评估威胁成分。在实验条件下，任务的难度和时间限制被操纵为刚刚超出个体心智能力的程度[102]。尽管 MIST 被证明能够有效诱发压力反应，但不如传统的 TSST 那么有力，主要表现在 MIST 诱发的皮质醇水平上升较温和（相对于基线水平比例是 50%），而 TSST 诱发的皮质醇水平为基线的 2~4 倍，在本书的前期研究中是 1.92 倍。本研究认为这主要与任务本身有关，心算任务联合公众演讲的 TSST 经典范式在应激诱发的有效性上经过了大量的试验及实践检验，因此对于该范式任何成分的取舍或改动都应再进行多次验证。此外，MIST 为生成社会评价威胁，要求被试要有一个最低成绩表现，其数据才会被研究所使用，即其成绩必须接近或等于所有受试者的平均成绩。为此，刺激、反馈和反应键图标等同时呈现在同一个屏幕界面，包括被试对题目反应后给予实际情况的反馈，以及反应时间、所有被试平均反应时间、被试反应的准确性。但这可能也不足以引起自我卷入程度，因为被试对自己的数据是否被研究使用的重要性和必要性没有相应的认知。根据经典 TSST 的研究，在应激诱发中自我卷入是非常重要的成分。

　　基于以上，本研究根据 TSST、MIST、TMCT，并参照 Qi（2017）的版本，进行了适用于 ERP 的社会心理应激诱发范式的改编。Qi（2017）进行的范式改编克服了 MIST 程序界面因包含多种信息无法在时间上将大脑对应激源刺激的加工与对反馈信息的神经活动进行区分的缺陷，主要改编如下：在时间上分离刺激呈现和反馈界面，统一应激和控制两个实验条件下的题目难度及刺激形式[104]。本研究据此借鉴了该研究的优点，且就存在的不足在以下几方面进行了改进。① Qi（2017）认为应激条件和控制条件采用相同时间但难度不同的题目诱发应激任务，会因难度产生干扰作用。本研究认为这不具有充分依据。时间限制与任务难度同样都是应激的重要来源。原版 TSST 及其他相关范式均为相同时间的不同任务[98]，因此本研究仍然采用原 TSST 相同时间、不同任务难度的方式。②我们认为由面对面他人评价带来的社会威胁与自身看到与他人比较带来的评价威胁是不同的。在 Qi（2017）研究中应激范式诱发的唾液皮质醇浓度峰值仅为基线水平唾液皮质醇浓度的不足 1 倍[104]。因此，本研究依然保留 TSST 面试部分。③非单盲有报酬的被试取样方式会削弱自我卷入程度及造成对研究变量的干扰，这就有可能出现被试在乎的只是配合完成实验任务的情况，其诱发的是否是应激引发的心理反应难以确定。因此诱发失控感需采用测量失控感的工具,单一测量情绪不能明确反映失控,并且很多心理状态都有可能包含紧张情绪。因此,本研究采用与前期研究一致的单盲无报酬设计,在主观测量上加入失控感的测量。④ Qi(2017)将题目下方设置了五个时间提示点。根据我们的预实验结果,该情况由于时间呈现很短可能仅仅起到干扰作用而非会产生引起紧张的时间提示作用。因此本研究改为三个时间提示点。⑤ Qi(2017)为营造社会评价性威胁,在被试按键后题目消失并根据其真实作答给予有意义反馈:屏幕上方呈现被试的个人反应时间和所有被试的平均反应时间,下方呈现被试反应的正确性。但预实验中我们发现由于呈现时间极短,因而被试可能来不及对全屏幕的信息进行加工,尤其是与他人比较的反应时信息部分,可能只起到干扰作用。因此,本研究仅呈现正确性的反馈。

鉴于以上,本研究采用的 ERP 社会心理应激诱发范式分为两阶段:①准备面试与面试阶段,同 TSST,但没有地点转换,均在同一房间完成,面试及准备期间不进行脑电信号采集;②计算机估算任务阶段,基本同 Qi(2017),但采用相同时间限制,实验组与控制组分别采用不同难度的估算任务。具体详见实验程序。本部分主要就以下内容进行探讨:①本研究改编的适用于 ERP 的 TSST 范式的有效性;②本研究改编的适用于 ERP 的 TSST 范式诱发正、负向应激的有效性。

### 7.1.1 研究目的

论证本研究改编的适用于 ERP 的 TSST 范式的有效性及诱发正、负向应激的有效性。

### 7.1.2 研究方法

**1)被试**

通过广告以招募实验助理为由招募了在校大学生被试共 23 人,经填写基本信息后剔除有 3 人,有效被试 20 人。剔除标准同研究三。其中,男生 2 人,女生 18 人;文科 7 人,理科 5 人,体育艺术类 8 人;过去一年经历了很多压力的 2 人,中等数量压力的 11 人,相对较少压力的 7 人,几乎没有压力的 0 人;平均年龄为 $20.10\pm1.45$ 岁。所有被试均没有参加过类似实验,均为右利手,视力或矫正视力正常。所有面试者均通过电话沟通核检剔除标准,并通知要求面试前 1 小时不要抽烟喝酒、吃饭、喝饮料及进行体育活动。一周后实验助理经手机短信或电话进行统一反馈,进行实际情况的说明及告知实验助理录用情况,并澄清实际情况是无录音录像，不涉及隐私泄露并予以保密。对于有特别情绪反应和认知方面等问题的被试予以个别辅导。

**2）研究工具**

（1）基本信息表。内容包括被试人口学的基本资料，ID、性别、年龄、是否经期，及自我报告是否存在有内分泌紊乱病史等10项剔除标准的问题。

（2）主观感受问卷。为考察以往研究结果的不一致情形，将紧张自我报告纳入，以分析急性心理应激或唾液皮质醇升高是否必然存在紧张情绪。自编两道题目用以测量被试TSST任务中的自我控制感受和紧张程度感受。鉴于主观感受及态度的复杂性，采用连续评分式量表，从完全不能控制（0分）到完全能控制（100分）的数轴上进行自我控制程度判断。如①在刚才的语言面试任务中我能控制局面的程度；②在刚才的算术任务中我能控制局面的程度；③我当前的心理状态为非常放松到非常紧张的程度。为统计分析的方便，按照5点计分，得分越高表明控制感越高或紧张程度越高。

（3）正、负向社会心理应激心理反应量表（前后测版）。详见研究二、研究三。

（4）唾液收集，详见研究三。

（5）心率采集，详见研究三。

（6）控制组中性阅读材料，详见研究三。

（7）控制条件与应激条件估算题目各120题。

参考齐铭铭等（2012）设计的估算题目样本编制控制组估算题目和实验组估算题目[353]。为保障应激诱发的有效性，首先对两组估算题目的有效性进行检验。本研究假设实验组估算题目能够显著诱发被试的心理应激，控制组估算题目未能诱发显著的心理应激。分别从自我报告的压力程度、焦虑和控制感三个方面进行评估。

本部分方便取样选取一个心理学公共课大班共75人，平均年龄19.47±0.64岁。为保障被试作答的真实性和测试的有效性，本测试作为该课程的实践课内容。上课期间通过专业教师随机发放测试题目，据此分成控制组和实验组，剔除不符合作答要求的被试，最终控制组和实验组分别为42人、33人。实验组心算题目为两个小于10的数字相乘，每个数字都含有两位小数，如2.11×4.74；控制组题目为10以内整数乘法，如8×9。两组统一指导语：通过心算判断得数大于10或小于10，大于10写">"于算式后，小于10写"<"于算式后。要求只能通过心算，禁止使用笔算或其他计算工具。本次测试限时

6分钟，要求尽量又快又准地回答问题，等待实验员计时后，方可答题。计算题全部完成后要求在末尾记下当前时间，如有遗漏题目则测试无效。答题时间结束时，无论是否答题完整，均要求马上填写测试题目后面的问题。本测试程序分三个阶段。①前测自我报告当前压力程度，采用10点计分，从没有任何压力到有非常大压力，依次计为1~10分，得分越高表明压力越大。前测焦虑程度采用负向应激心理反应量表中的焦虑分量表，7点计分从非常不符合到非常符合，得分越高表明焦虑程度越大。前测控制感采用应激主观心理反应量表中的控制感量表中的一题，7点计分从非常不符合到非常符合，得分越高表明失控程度越大。②心算任务120题。③后测自我报告压力程度：在做题过程中你是否感受到压力，其压力程度如何？采用10点计分，依次计为1~10分，得分越高表明压力越大。后测焦虑程度同前测，指导语改为强调在做题过程中的感受。后测失控感：对于刚才的心算任务你感觉可以控制的程度是？采用10点计分，得分越低表明越失控。

首先经协方差分析检验两组在自我报告的压力感、焦虑水平及失控感水平上的差异。经斜率同构型检验，$F(1, 71) = 0.041$，$p = 0.840$；$F(1, 71) = 1.960$，$p = 0.116$；$F(1, 71) = 0.011$，$p = 0.915$。协方差分析结果表明，实验组与控制组在焦虑水平上存在显著性差异，$F(1, 72) = 10.817$，$p = 0.002$，$\eta_p^2 = 0.137$；在自我报告的压力程度上存在显著性差异，$F(1,72) = 39.156$，$p < 0.001$，$\eta_p^2 = 0.352$；在失控感程度上存在显著性差异，$F(1, 72) = 30.872$，$p < 0.001$，$\eta_p^2 = 0.300$。由表7-1可知，实验组在压力程度、焦虑水平及失控程度上均显著高于控制组。这表明，实验组的估算题目显著诱发了被试的心理应激反应，控制组在各变量上的得分均处于低水平，可以认为控制组的估算题目未显著诱发被试的心理应激反应。由此，本研究采用的估算题目可以作为后续实验的研究工具。

表 7-1 实验组和控制组在心理反应上的差异

| 组别 | 压力程度 M（SD） | 焦虑水平 M（SD） | 失控程度 M（SD） |
| --- | --- | --- | --- |
| 实验组 | 5.455（2.152） | 3.026（1.081） | 5.394（2.091） |
| 控制组 | 2.081（1.356） | 2.146（0.982） | 8.238（2.239） |

### 3）研究设计与程序

本研究模拟真实面试招聘情境，采用单盲、无报酬被试内设计。

（1）实验条件：包括面试准备、自陈胜任理由和计算机估算。首先，实验组实验助理向被试介绍面试任务。指导语同研究三。准备时间到后,面试官进入电磁屏蔽的实验室进行 5 分钟面试。为减少噪声,面试官为 1 名,身穿白大褂,表情严肃。同时被试面试座位斜对面的显眼位置放置一台摄像机(实际并未工作)。其他部分同研究三。口头面试完成后面试官离开,实验助理进入房间并指导被试进行实验组题目的估算任务。

指导语为:亲爱的同学:你好!下面将有 120 道心算判断题(例:3.24×7.21),以考察你的思维流畅性,因此你需要在保障正确的基础上作答越快越好。你的表现将被全程监控以便我们对你的能力进行评价和择优筛选。作答要求:①如判断得数大于 10,请按键"1";②如判断得数小于 10,请按键"2";③每道题限时 3 秒钟,屏幕下方有红色圆点予以时间提示;④每题作答完都会有"正确""错误""时间到"三种反馈,如未及时作答将自动进入下一题。

题目呈现方式为:所有刺激均采用 E-Prime 2.0 以黑色背景呈现在 17 英寸(1 英寸 = 2.54 厘米)显示屏中央。每个试次中屏幕先出现一个 300 毫秒的注视点,接着出现题目,且每过 1000 毫秒,题目正下方从左到右依次出现红点进行时间提示,每个题目呈现 3000 毫秒后给予反馈,反馈持续时间为 1500 毫秒。具体如图 7-1 所示。

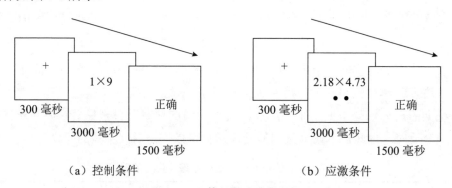

图 7-1  心算任务实验流程图

(2)控制条件:包括面试准备、讲述文章大意和计算机估算三个阶段。首先,实验助理向被试介绍任务。控制组被试在准备面试的 2 分钟期间阅读一篇中性材料的文章;之后 5 分钟时间向面试官讲述文章大意,讲述过程中可以看文章;随后进行 5 分钟计算机估算心算任务,并告知所有任务完成期间没有任何摄像录音设备。面试官对其言行也不进行任何评判,全程保持中立。讲述文章大意时间到后面试官离开,实验助理进入房间指导被试进行控制组题目的估算任务。

指导语为：你好！下面将有 120 道心算判断题（例 3×7）。作答要求：①如判断得数大于 10，请按键"1"；②如判断得数小于 10，请按键"2"；③每题作答完会有"正确"或"错误"或"时间到"三种反馈，然后进入下一题。刺激呈现流程及时间同实验组。

鉴于唾液皮质醇分泌的昼夜节律，所有被试均在 13:30~18:30 完成实验，一周后短信或电话告知面试结果，致歉并告知实情，具体实验流程如表 7-2 所示。

表 7-2 实验流程及数据收集

| 实 验 流 程 | 数 据 采 集 | 所需时间 / 分钟 |
|---|---|---|
| （1）休息 | 基本信息表 | 15 |
| 休息结束后 | 唾液样本 1、心率开始采集 | |
| （2）戴好电极帽后休息 | EEG 信号采集 1（EEG1） | 5 |
| （3）控制条件任务阶段 | | 12 |
| 估算任务阶段 | ERP 数据采集 1 | 5 |
| （4）控制条件任务结束 | 唾液样本 2、主观感受问卷 1 | |
| | 正、负向心理应激反应问卷（前测） | |
| （5）实验条件任务阶段 | | 12 |
| 估算任务阶段 | ERP 数据采集 2 | 5 |
| （6）实验条件任务结束 | 唾液样本 3、主观感受问卷 2 | |
| （7）休息 | EEG 信号采集 2（EEG2） | 10 |
| （8）EEG2 之后 | 唾液样本 4 | |
| （9）休息 | EEG 信号采集 3（EEG3） | 20 |
| （10）EEG3 之后 | 唾液样本 5、 | |
| | 正、负向应激心理反应问卷（后测） | |

以上全程记录心率。

## 4）数据分析方法

由于以唾液皮质醇为标记的 HPA 轴的应激反应具有延时性，因此同时从 SAM 轴角度对心算任务诱发社会心理应激反应的有效性进行检验。

（1）唾液皮质醇分析方法同研究三。由于唾液样本 2 和 8 编码不清晰，数据予以剔除。唾液皮质醇样本为 18 个被试的样本。唾液皮质醇标准曲线如图 7-2 所示。

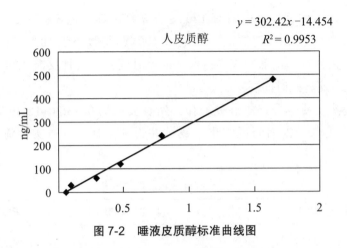

图 7-2 唾液皮质醇标准曲线图

(2) HRV 分析同研究三。其中一个被试在实验过程中的心率记录中断，数据予以剔除，因此心率变异性样本为 19 个被试的样本。各个指标分析时间段选取从面试准备开始至结束共 12 分钟。

(3) 采用重复测量方差分析对实验条件下与控制条件下 5 个时间点的唾液皮质醇进行分析；采用 Wilcoxon 符号秩检验对心率变异性的 HF（0.15~0.40Hz）、LF/HF、SDNN、RMSSD、pNN50 进行分析；采用相关样本 $t$ 检验对实验条件下与控制条件下的控制感、紧张、焦虑情绪进行分析。

(4) 根据研究三的结论，意义感和希望感可能是正向应激心理反应的核心成分，失控感、无意义感可能是负向应激的心理反应核心成分。通过分析被试在正、负向应激心理反应问卷上各维度的平均得分，筛选出在正向应激量表各个维度上得分大于 5（即表示该被试在该维度上较符合、符合、非常符合）的被试。筛选标准为：至少在正向应激的三个维度上（必须包括意义感和希望感）平均值大于 5 分的划分为正向应激组。鉴于负向应激心理反应题目可能存在更多的社会赞许性，因此筛选标准为至少在负向应激的三个维度（必须包括失控感、无意义感）上平均值大于 4 分的划分为负向应激组。据此分析 TSST 情境下的 20 名被试被诱发的应激性质情况。采用非参数检验正、负向应激心理反应在行为数据上的差异，其中行为效率为：正确率/反应时 ×100。

### 7.1.3 研究结果

**1）唾液皮质醇水平**

如图 7-3 所示，唾液皮质醇水平在 5 个时间点上的重复测量方差分析表明，测量时间的主效应极其显著，$F(4, 68) = 44.752$，$p < 0.001$，$\eta_p^2 = 0.752$。进一步分析表明，时间点 2 与时间点 3（$ps < 0.001$）、时间点 2 与时间点 4 上的唾液皮质醇水平之间（$ps = 0.003$）存在显著性差异，即控制条件下与 TSST 立即及 TSST 10 分钟后的唾液皮质醇水平均存在显著性差异。基线、时间点 2、3、4、5 上的 $M$（SE）分别为：6.812（0.314）、10.137（0.315）、12.311（0.353）、11.898（0.373）、11.415（0.372）。这表明本研究采用的应激诱发范式在诱发 HPA 轴反应上是有效的。

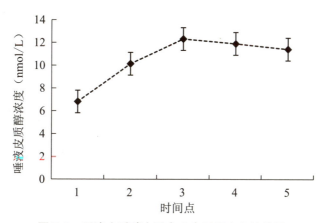

图 7-3　唾液皮质醇水平在 5 个时间点上的差异

**2）心率变异性**

由表 7-3 可知，实验条件和控制条件下的被试仅在 LF/HF 上具有显著差异（$p = 0.005$），应激条件下的 LF/HF 显著高于控制条件下的。尽管两种条件在其他 HRV 频域指标与时域指标上均未呈现显著性差异（$p > 0.05$），但应激条件下的 HF、SDNN、RMSSD、pNN50 均低于控制条件下的。这在一定程度上表明应激条件下的副交感神经活性降低。应激条件下 LF/HF 显著升高，一定程度上反映了其交感神经活增强。研究认为，pNN50 异常值为 < 50%，表明副交感神经活性减弱[271, 354]。本研究中两种条件下的 pNN50 均 < 50%，表明两种条件下的副交感神经活性均减弱。这表明控制条件可能也诱发了一定的应激。综合各指标看，实验条件下被试的交感神经被显著激活，副交感神经活性显著受到抑制，这表明本研究采用的应激诱发范式在 SAM 轴上成功诱发了应激。

表 7-3  实验组控制组在心率变异性 6 个指标上的非参数差异检验

| HRV 指标 | 实验条件 $M$（SD） | 控制条件 $M$（SD） | $Z$ | $p$ |
| --- | --- | --- | --- | --- |
| $HF/ms^2$ | 23635.744（28420.825） | 31089.478（40405.637） | -0.966 | 0.334 |
| $LF/ms^2$ | 15844.399（21200.306） | 17448.055（23927.257） | -0.926 | 0.355 |
| LF/HF | 100.484（132.951） | 61.600（20.575） | -2.817 | 0.005 |
| SDNN/ms | 258.378（146.549） | 271.436（158.281） | -0.483 | 0.629 |
| RMSSD/ms | 302.136（195.358） | 331.415（220.433） | -0.724 | 0.469 |
| pNN50 | 22.336（11.200） | 23.147（11.827） | -0.523 | 0.601 |

**3）主观心理反应**

（1）紧张、焦虑及控制感反应。相关样本 $t$ 检验表明，实验条件与控制条件在控制感和焦虑水平上具有显著性差异，$t(17) = 4.124$，$p = 0.001$；$t(17) = 3.050$，$p = 0.007$。应激条件下被试的控制感显著低于控制组（47.750±18.943，62.222±15.361），应激条件下被试的焦虑水平显著高于控制组（3.001±1.037，2.635±1.023）。但在紧张程度上两种条件下不存在显著性差异（$p = 0.337$）。这在一定程度上验证了本研究的设想，紧张与应激之间可能不存在必然联系，但焦虑与控制感可能是重要的因素。

（2）正、负向应激心理反应。参与适用于 ERP 技术的急性社会心理应激诱发范式（E-TSST）的 20 名被试，在正向应激心理反应的至少三个维度上得分均大于 5 的有 9 人，其中 5 人在正向应激所有维度上的均值均大于 5；在负向应激的至少三个维度上得分均大于 4 的有 4 人。这表明该范式既诱发了正向应激心理反应，同时又诱发了负向应激心理反应，并且诱发的正向应激多于负向应激。这一结果与研究三一致。这表明，本研究可使用这一范式进行正、负向应激的脑电研究及其相关分析。

经重复测量方差分析，正向应激组与负向应激组被试的唾液皮质醇水平在 5 个采样点上的变化如图 7-4 所示。结果表明，测量时间的主效应显著，$F(4, 40) = 23.854$，$p < 0.001$，$\eta_p^2 = 0.705$，组别主效应不显著，测量时间与组别交互作用均不显著。由图 7-4 可看出，正、负向应激均表现出皮质醇水平的显著上升，但正向应激的上升趋势较缓慢，且其峰值低于负向应激，即正向应激上升趋势低于负向应激的上升趋势。这一结果与研究四一致。因而这在一定程度上保障了正、负向应激分类的有效性。其中有趣的是，在时间点 5 上负向应激组的唾液皮质醇突然表现上升，这可能是与实验时间较长有关。这似乎

可以被研究四中的结果所解释：在正向应激的生成上持续的努力似乎更具有重要性，正向应激者可能更具有坚毅品质。负向应激者由于缺乏坚持性，因而在需要持续等待或坚持的事件上可能更多地表现出愤怒或焦虑，进而引发皮质醇再次上升。

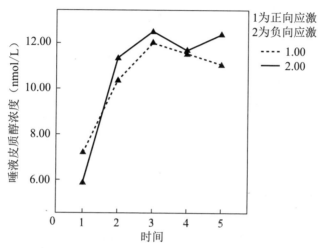

图 7-4　正向应激组与负向应激组被试的唾液皮质醇水平在 5 个采样点上的变化

脑电行为数据经非参数检验，正、负向应激的被试在正确率及行为效率上均具有显著性差异，$Z = -2.245$，$p = 0.025$；$Z = -2.165$，$p = 0.030$，但在反应时上均不具有显著性差异（$p>0.05$）。正向应激心理反应的被试在估算题目的正确率及行为效率上均高于负向应激心理反应的被试（65.063±7.971，51.166±2.081；5.169±1.728，3.318±0.500）。这在行为数据上论证了正向应激的积极效应及正向应激本身的存在。

### 7.1.4　讨论

本研究依据心算任务联合公众演讲的 TSST 经典范式，在借鉴 Qi（2017）改编的适用于 ERP 技术的急性心理应激诱发范式基础上，对适用于 ERP 技术的心理应激诱发范式再次进行了探讨。鉴于以往元分析结果：单独使用面试或心算任务诱发的应激效应很小且结果不一致，缺乏稳定性和可靠性[81]，以及 Qi（2017）改编的单独心算任务诱发不足 1 倍唾液皮质醇浓度、非单盲有报酬取样设计、采用应激主观心理指标为紧张水平的应激诱发设计等局限[104]，本研究采用了高自我卷入程度的单盲无报酬设计，保留了经典社会评价威胁面试成分，采用相同时间、不同心算难度的方式将其与计算机心算估算结合。经控制条件与应激条件下的唾液皮质醇水平、HRV 各指标及主观心理反应分析表明，本研究改编的适用于 ERP 技术的心理应激诱发方式显著有效诱发了心理应激。

在唾液皮质醇分泌水平上，与基线对比，本研究诱发了大约 1.8 倍的唾液皮质醇反应，而以往类似研究中唾液皮质醇峰值的浓度分别为基线浓度的 1.63 倍[103]和 1.06 倍[104]。但本研究发现控制条件下的皮质醇也上升了大约 1.2 倍，且 TSST 唾液皮质醇水平峰值出现在结束后 1 分钟左右，而非以往研究和本书前期研究的结论：唾液皮质醇峰值是在 TSST 10 分钟之后。这可能是佩戴脑电帽、注射导电膏这些操作本身也是潜在的应激源所致。因所有被试均没有参加过类似实验或具有相关经历，佩戴脑电帽及注射导电膏对其是个新奇的刺激。因此，ERP 实验情境本身也可能会诱发应激，进而导致唾液皮质醇峰值提早出现。

在心率变异性上，反映交感与迷走神经活性的平衡性并与交感神经活性正相关的 LF/HF 在应激条件下显著高于控制条件，同时高频率的 HRV 波动率（HF）、SDNN、RMSSD、pNN50 降低。这表明在急性心理应激下，交感神经被显著激活且副交感神经被抑制。这与以往研究结论一致。以往研究认为急性心理性应激状态下 SAM 表现为交感神经系统的激活和副交感神经活性的抑制[269]。这也与 Lackschewitz（2008）的研究一致[198]。因而本研究在一定程度上论证了本研究采用的任务在 SAM 轴上有效诱发了心理应激。本研究中尽管实验条件下的 HF、SDNN、RMSSD、pNN50 均低于控制条件下的，但 HRV 频域指标与时域指标在两种条件下均未呈现显著性差异，这可能与本研究的样本量不足有关。此外实验条件与控制条件下的副交感神经活性均减弱，这可能表明控制条件也诱发了一定的应激，但控制条件下的交感神经系统激活没有明显证据，因而不能因此怀疑实验任务诱发应激的可靠性。但综合皮质醇反应水平，我们不能排除控制条件诱发的应激成分。综上，今后研究应采用被试间设计加以验证可能更具有研究效度。

在主观心理反应方面，应激条件下的被试的失控感和焦虑水平显著高于控制组，这与以往研究一致[84, 85]，并与相关元分析结论一致：TSST 在自我报告的压力与焦虑水平的显著增加。但与本研究的研究三结果不一致，研究三结果表明应激组与控制组在焦虑水平上不存在显著差异。这可能是由于本部分的控制条件下的任务，尤其是 ERP 的新异刺激，包括要求不能随便眨眼等限制造成了控制条件下被试的焦虑水平，并且在本部分研究中控制条件下的唾液皮质醇反应也可能是焦虑所致。但这也可能在一定程度上说明焦虑是应激的主要情绪表现，因正、负向应激考察中发现无论正向应激还是负向应激，均可能存在高焦虑。焦虑是否是急性心理应激的必要条件或心理标记还有待进一步探讨。

本研究中一致的结论是紧张与应激之间似乎不存在必然联系，这也与相关元分析结论较一致。研究认为 TSST 的实施过程导致了更高程度的生理觉醒，但在自我报告的紧张和警觉上没有显著增加[81]。鉴于情绪的复杂性、混合性和多变性，可能从情绪角度找到应激的心理标记是不容易的，因而从整体的心理状态，以及一个正、负向比例的角度考虑是较明智的思路。本研究赞同以往研究认为的除了生物标志物外，收集主观的心理数据可有助于解释生理应激反应的观点。即同等皮质醇水平或 HRV 变化情况可能反映的并不是同样的心理状态，因而从整体正、负向心理状态的角度进行相应的应激神经生理标记值得进一步探讨。此外在唾液皮质醇及估算任务的行为数据方面也论证了正向应激的存在，与本书的前期研究结论一致。

## 7.2　子研究 2　正、负向社会心理应激的 ERP 与 EEG 探索

### 引言

有研究者采用 ERP 技术研究了心理应激对问题解决的影响，例如，当面试时被问到不会的问题时，是无言以对还是应对自如？在社会生活实践中面临如此情景，有的人会感觉大脑一片空白，一句话也回答不出来，但有的人却会镇定自如。诸如此类面对同样的应激源，有的人充满希望感并表现出高效率的行为，而有的人却感到绝望无助并伴随低效率的行为。本研究认为这两类人即为正、负向应激心理反应者。本部分拟探讨这两类人，即正、负向应激心理反应者在 TSST 应激源刺激发生过程中的大脑神经活动在认知加工上的差异。特别需要注意的是，我们这里强调的是应激事件发生过程中，而非应激事件发生后的大脑认知加工。也就是说，此时的应激事件仅仅是个应激源，尚未构成真正的应激。事件发生之后或发生的某个时间点到底对哪些个体才构成了应激？构成的是正向的还是负向的应激？我们需要寻找这些应激反应差异中的大脑神经活动基础。鉴于正、负向应激是基于认知评价进而产生正向的心理反应或负向的心理反应，因而我们希望可以对应于 Lazarus 的认知评价理论的认知评价过程。该认知评价理论认为，当个体知觉到刺激事件时，个体首先会主动评估该事件对于自身的危害风险程度，也可能同时进行针对应对资源的二级评估[140]。研究认为，对应激的认知评估是皮质醇压力反应的一个重要决定因素，且研究表明二级评估过程并不是皮质醇反应的重要决定因素，初级评估才是皮质醇反应的预测因子。因此，研究应重点关注应激发生的早期认知阶段。研究认为，对激

活 HPA 轴的心理认知过程进行研究有助于开发和使用应激预防和干预措施[184]。并且研究实践已经证明，通过认知行为压力管理训练调节认知评估过程会导致持续四个月的皮质醇反应降低[355, 356]。因而找到该心理过程相对应的认知神经过程具有重要意义。

此外，已有研究表明急性心理应激对注意和认知功能具有促进效应，如研究表明由社会评估冷压测试（SECPT）诱发的心理应激提高了被试的任务处理效率[348, 349]，但另一些研究却表明应激对注意和认知功能具有消极的作用[352, 357]。在心理应激的脑成像研究方面，当前研究亦从脑功能成像的角度论证了应激的正、负向影响。有研究表明，压力和 CRF 根据不同的因素，如压力类型、强度、持续时间和生理参数，对海马体的功能发挥双向作用。例如，在恐惧条件反射前急性注射 CRF 可增强随后在海马依赖性任务上的表现；在啮齿动物中短暂发作的急性压力能够促进学习和记忆，但长时间的压力（大于 1 小时）或持续的 CRF 释放会损害海马体依赖性学习和记忆[167]。Yang 等（2012）利用估算任务对心理应激的时间进程进行了研究，结果发现心理应激条件下的后部 N1 波幅小于控制条件[103]，但 Qi 等（2016）同样基于类似估算任务范式进行的心理应激时间进程研究发现，应激条件比控制条件出现了更大的 N1 波幅[358]。综观已有相关研究存在的矛盾之处，本研究认为这可能是不同研究诱发了不同性质的心理应激反应所致。因而非常有必要进行正、负向心理应激分开的应激 ERP 研究。

基于以上，本研究拟对正、负向心理应激反应发生时的 ERP 特征进行探索研究。基于以往相关研究，我们预期正、负向心理应激在 ERP 差异上的表现主要在 N1、P2 和 LPP 成分上，其中由于正、负向应激涉及情感反应的心理状态，因而重点对 LPP 成分予以关注。研究表明，个体对情绪的解读会影响究竟产生什么性质的情绪。从生理角度看，不同性质的情绪可能会产生相同的生理反应，如紧张与兴奋，都会产生心跳加快、呼吸急促、出汗等生理反应，但个体对情绪状态的评估是大脑将生理反应与所处环境结合做出的判断。如认为情境危险，心跳加速等生理反应就会被大脑解读为紧张；如认为情境具有愉悦性或挑战性，心跳加速等生理反应就会被大脑解读为是由于兴奋产生，由此产生不同的心理状态。因此，对情绪的评估可以改变情绪状态，进而影响压力的反应及其性质。因此，我们假设正向应激者可能是心跳加速等生理反应被大脑解读为是由于兴奋产生，而负向应激者心跳加速等生理反应是被大脑解读为焦虑紧张。以往研究表明，LPP 可反映个体对情绪信息进行的认知加工，LPP 波幅的变化与大脑对情绪信息的加工和评价有关[359-361]，LPP 在消极情绪上波幅最大，消极情绪比积极情绪诱发出更大的 LPP，但也有相反的研究结论。因而，本研究假设正、负向应激在 LPP 波幅上具有显著性差异表现，并且也体现在 N1 和 P2 成分上。

然而本部分对正、负向应激的 ERP 研究是针对心理应激源发生过程中神经活动的研究，鉴于应激发生过程的全面性考察，应激源出现前及之后的神经活动仍有必要进行相应的探索。EEG 技术在探索应激发生全程的神经活动上是一个较好的手段。有研究为确定以幽默为主的正向应激与负向应激在 EEG 上的辨别指标，对二者在左右半球的 PSD 进行了差异分析，并采用绝对功率谱密度对前额的 F3 和 F4 电极点上的 $\theta$（3~7Hz）、$\alpha$（8~12Hz）、$\beta$（13~29Hz）进行了分析。结果表明，正向应激的 PSD 在 $\theta$ 频段和 $\alpha$ 频段上显著增加，但在 $\beta$ 频段上，正向应激的 PSD 显著降低。对比负向应激，与积极情感相联系的正向应激在左额叶 F3 电极点上的 $\theta$ 频段和 $\alpha$ 频段的 PSD 显著增加[169]。已有研究中与本研究采用类似应激诱发方式的研究表明，EEG 中的 $\alpha$ 节律可能是客观评估应激的潜在手段之一，认为 $\alpha$ 节律可能是心理压力的一个更好的指标[362]。另一项类似研究也表明，应激条件下的 $\alpha$ 节律在整个 PFC 的所有电极上均显著降低[363]。此外，$\alpha$ 频段和 $\beta$ 频段上的能量与消极情绪、压力和抑郁有关[364-366]。$\alpha$ 能量节律与压力呈负相关关系，压力增大伴随前额皮质能量减小[367, 368]。颞叶区的 $\beta$ 能量节律与压力存在正相关关系[369]。前额 $\theta$ 波与任务难度相联系，$\theta$ 波的节律随着任务难度的增加而降低[370]。相关研究均表明，EEG 信号可以用来区分心理压力和休息状态[371-373]。因而本研究假设 EEG 信号可能在正、负向应激上存在显著差异，亦可作为评估的手段。因以往相关研究均集中探讨了 $\alpha$ 频段、$\beta$ 频段和 $\theta$ 频段上的能量，因而本研究也主要就这三个脑电波在正、负向应激上的差异进行探索性研究。

### 7.2.1 研究目的

对正、负向社会心理应激反应发生时的 ERP 特征及发生全程的 EEG 特征进行探索。

### 7.2.2 研究方法

**1）被试**

同本部分子研究一。其中，1 名被试数据由于缺乏心电及唾液皮质醇数据被剔除，用于脑电分析的数据为 19 名被试的样本数据，平均年龄为 20.00±1.41 岁。

## 2）研究工具

同本部分子研究一。

## 3）研究程序

同本部分子研究一。

## 4）数据分析方法

EEG 数据记录采用 Neuroscan-64 导脑电采集系统和 Ag/AgCl 电极帽，A/D 采样频率为 1000Hz。电极位置采用 10~20 扩展电极，单极导联。左眼上下方安放电极记录垂直眼电，双眼外侧安放电极记录水平眼电，接地点位于 Fpz 与 Fz 之间中点的 GND 电极，以 M1 作为参考电极点。滤波带通为 0.05~100Hz，每个电极与头皮之间的阻抗均小于 5kΩ。

（1）ERP 数据处理。采用 curry 7.0.9 软件对获得的连续 EEG 数据进行离线叠加平均处理。①首先手动查看各个原始数据是否有大的伪迹，并予以手动剔除。②以双侧乳突平均值（M2/2）作为离线参考，采用 canstant 基线矫正。③对数据进行 30Hz 低通数字滤波。④采用协方差方法去除眼电伪迹，将垂直眼电 -200~0μV 的伪迹通过协方差法自动剔除，并将脑电幅值超过 ±100μV 的其他伪迹自动剔除。由于个别数据的水平眼电较多，因此基于最大限度保证脑电信号完整的前提下，根据事先原始 EEG 数据的观测对幅值超过 ±80μV、时程为 -200~500ms 的水平眼电予以剔除。⑤针对个别数据的水平眼电伪迹较多，采用手动剔除方式。⑥以刺激呈现前 200ms 的平均振幅作为基线，根据行为数据中应激条件下被试的平均反应时为 1380ms 以及拟分析的 LPP 成分，确定分析时程为刺激出现后的 1000ms，总时间窗口为 1200ms。对判断大于 10 与小于 10 的反应进行叠加平均并再次进行基线校正。

由于有研究认为低水平的应激对健康无害且有益，因而，我们选取高正向应激与高负向应激来论证。即在正向应激心理反应的至少三个维度得分均大于 5 为高正向应激者，共有 9 人，其中 5 人在正向应激所有维度上的均值均大于 5；在负向应激的至少三个维度得分均大于 4 的为高负向应激者，共有 4 人。分别将正、负向应激反应的两组被试数据进行合成。

根据已有相关研究[103, 272, 358, 374-376]、总平均波形图、总地形图和差异波地形图（图 7-5、图 7-7、图 7-9、图 7-11），确定 N1、P2 和 LPP 成分的时间窗和分析的电极点。N1 选取 Fz、F1、FC1、FCz、Cz、C1、F2、FC2、C2 为分析的电极点，时间窗为 80~130ms；P2 选取 Fz、F1、FC1、FCz、Cz、C1、

F2、FC2、C2、Pz 为分析的电极点，时间窗为 150~260ms；LPP 选取 Pz、CPz 作为主要分析的电极点[377-380]。经对中央顶区 LPP 波形进行目视检查的基础上，发现不同条件下的 LPP 在 300~900ms 不同时间段内有相反的表现，因此对 LPP 的分析采用固定间隔法，分别分析 300~500ms、500~700ms、700~900ms 时间窗的平均振幅。鉴于以往关于情绪刺激的反应研究中，LPP 在 300~600ms 潜伏期最活跃的电极位置为 Fz 电极位置[381]，关于愤怒面孔重评研究中对情绪视觉刺激的研究显示 LPP 在 300~600ms 潜伏期内的 Fz 和 Cz 电极位置最强[376]。因此，LPP 时间窗为 300~500ms 时选取电极点 Pz、CPz、Fz、Cz 进行分析。结合总平均波形图和差异波地形图确定 LPP 时间窗为 500~700ms、700~900ms 时选取电极点 Pz、CPz、P3、P4 进行分析。分别采用两因素重复测量方差分析对 N1、P2 的平均波幅和潜伏期进行分析，对 LPP 成分三个时间段的平均波幅分别进行两因素重复测量方差分析。两个因素分别为组别（正向应激条件、负向应激条件）和电极位置，组别为组间因素，电极位置为组内因素，对于不满足球形检验的方差分析的 P 值采用 Geisser 法校正，多重比较采用 Bonferroni 方法校正。

（2）EEG 数据处理。采用 EEGLAB 软件包于 Matlab 2013a 平台上对 EEG 数据进行预处理。按任务进行时间区间，对不同条件的数据分别截取 300s、600s 和 1200s 的数据长度，以保证剔除与实验无关的非静息态数据。EEG 连续数据首先舍去前 10s 的数据（前 10s 数据一般不稳定），采用 FASTER 插件进行自动伪迹检测并予以替代矫正，之后进行滤波处理，数据滤波通道为 0.5~100Hz，并对其进行 50Hz 的陷波处理。之后将连续 EEG 数据以 2s 进行分段，采用独立成分分析（ICA）排除眼电干扰，然后采用快速傅里叶转化（fast fourier transformation，FFT），使每段傅里叶系数为 0.5Hz，之后采用此傅里叶系数进行 EEG 频率能量（单位 $\mu V^2/Hz$）转化，最后，对 $\theta$（4~8Hz）、$\alpha$（8~12Hz）和 $\beta$（12~30Hz）频段分别进行能量统计。分别采用独立样本 $t$ 检验对正、负向应激在应激诱发的三个时间段的三个频段上所有电极的脑波能量平均值进行差异分析。三个时间段分别是应激诱发前（控制条件之前）的基线部分，时长为 5 分钟（300s）。TSST 结束 5 分钟后，时长为 10 分钟（600s），据以往研究及前期研究此时间段可以捕捉到唾液皮质醇分泌高峰值阶段。TSST 结束 20 分钟后，时长为 20 分钟（1200s），唾液皮质醇峰值在 TSST 20 分钟后开始下降，可能在 40 分钟后回落基线，因此选取此时间段进行分析。

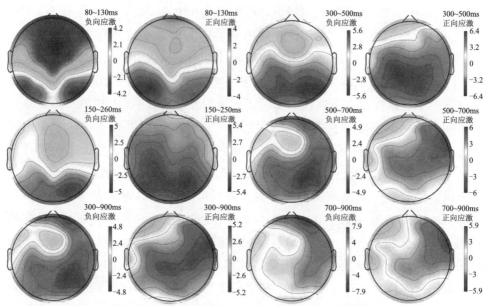

图 7-5 正、负向应激在不同时间窗的总地形图

### 7.2.3 研究结果

**1）ERP 分析结果**

（1）N1（80~130ms）波幅和潜伏期。N1 平均波幅和潜伏期 2（正向应激、负向应激）×9（Fz、F1、FC1、FCz、Cz、C1、F2、FC2、C2）的两因素重复测量方差分析结果表明（图 7-6、图 7-7）：在平均波幅上，组别主效应显著，$F(1, 11) = 7.464$，$p = 0.020$，$\eta_p^2 = 0.404$，负向应激（$M = -3.419\mu V$，$S.E = 0.808$）比正向应激（$M = -0.767\mu V$，$S.E = 0.538$）诱发了更大的 N1 波幅；电极点的主效应显著，$F(2, 26) = 7.911$，$p = 0.001$，$\eta_p^2 = 0.418$。事后检验结果表明，FCz 电极点的波幅显著大于其他电极点的波幅（$ps < 0.05$）。正、负向应激在各个电极点上均具有显著性差异（$p < 0.05$），其中在 F1 电极点上为边缘显著（$p = 0.057$）；组别与电极位置的交互作用不显著，$F(2, 26) = 0.390$，$p = 0.713$，$\eta_p^2 = 0.034$。

在潜伏期上，组别主效应显著，$F(1, 11) = 5.211$，$p = 0.043$，$\eta_p^2 = 0.321$，负向应激（$M = -102.528\mu V$，$S.E = 5.421$）比正向应激（$M = 87.654\mu V$，$S.E = 3.614$）的潜伏期更长；电极点主效应不显著，$F(1, 13) = 0.296$，$p = 0.635$；组别与电极点的交互作用不显著，$F(1, 13) = 0.534$，$p = 0.509$。

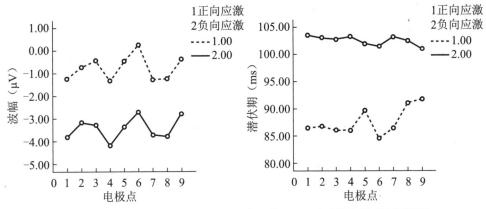

图 7-6 正、负向应激组在 9 个电极点上的 N1 平均波幅和潜伏期的差异

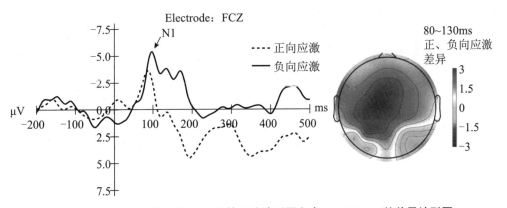

图 7-7 正、负向应激组在 FCz 上的平均波形图和在 80~130ms 总差异地形图

（2）P2（150~260ms）波幅和潜伏期。P2 平均波幅和潜伏期 2（正向应激、负向应激）×10（Fz、F1、FC1、FCz、Cz、C1、F2、FC2、C2、Pz）的两因素重复测量方差分析结果表明（图 7-8、图 7-9）：在平均波幅上，组别主效应不显著，$F(1, 11) = 3.003$，$p = 0.111$，$\eta_p^2 = 0.214$，但正向应激的波幅均值（$M = 3.290\mu V$，S.E = 1.164）明显大于负向应激的波幅均值（$M = -0.261\mu V$，S.E = 1.745）。电极点的主效应显著，$F(2, 21) = 5.295$，$p = 0.015$，$\eta_p^2 = 0.325$。事后检验结果表明，Fz 电极点的平均波幅显著大于其他电极点（$ps < 0.05$）。组别与电极位置的交互作用不显著，$F(2, 21) = 0.238$，$p = 0.778$，$\eta_p^2 = 0.021$。

在潜伏期上，组别主效应边缘显著，$F(1, 11) = 3.807$，$p = 0.077$，$\eta_p^2 = 0.257$，负向应激（$M = -235.125\mu V$，S.E = 10.378）比正向应激（$M = 210.789\mu V$，S.E = 6.919）的潜伏期更长；电极点主效应不显著，$F(2, 25) = 1.719$，$p = 0.197$；

组别与电极点的交互作用不显著，$F(2, 25) = 0.525$，$p = 0.622$。

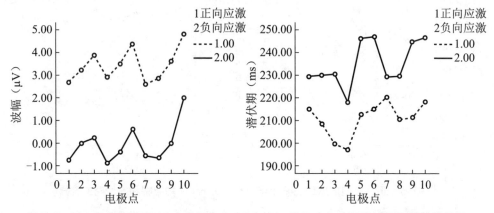

图 7-8　正、负向应激在 10 个电极点上 P2（150~260ms）的平均波幅与潜伏期差异

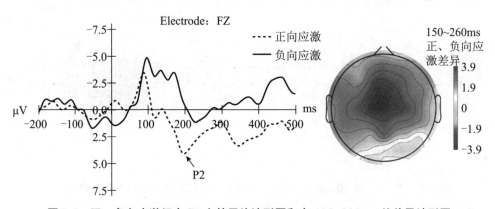

图 7-9　正、负向应激组在 Fz 上的平均波形图和在 150~260ms 总差异地形图

（3）LPP 波幅。LPP 在时间窗 300~500ms 的平均波幅 2（正向应激、负向应激）×4（Pz、CPz、Fz、Cz）的重复测量方差分析结果表明（图 7-10、图 7-11），组别主效应不显著，$F(1, 11) = 1.348$，$p = 0.270$，$\eta_p^2 = 0.109$；电极点的主效应显著，$F(1, 14) = 15.655$，$p = 0.001$，$\eta_p^2 = 0.587$。事后检验结果表明，Pz 电极点的平均波幅显著大于其他电极点的平均波幅（$ps < 0.05$），组别与电极位置的交互作用不显著，$F(2, 14) = 0.805$，$p = 0.418$，$\eta_p^2 = 0.068$。但正向应激的波幅均值（$M = 4.739\mu V$，S.E = 1.290）明显大于负向应激的波幅均值（$M = 2.04\mu V$，S.E = 1.935）。此外，尽管在 Pz、CPz、P3、P4 电极上各效应均未达显著，但正向应激的波幅均值（$M = 5.689\mu V$，S.E = 0.935）明显大于负向应激的波幅均值（$M = 4.406\mu V$，S.E = 1.403）。

LPP 在时间窗 500~700ms 的平均波幅 2（正向应激、负向应激）×4（Pz、CPz、P3、P4）的重复测量方差分析结果表明，组别主效应不显著，$F(1, 11) = 0.152$，$p = 0.704$，$\eta_p^2 = 0.014$；电极点的主效应不显著 $F(1, 15) = 0.980$，$p = 0.365$，$\eta_p^2 = 0.082$；组别与电极位置的交互作用不显著，$F(1, 15) = 1.014$，$p = 0.356$，$\eta_p^2 = 0.084$。但正向应激的波幅均值（$M = 3.018\mu V$，S.E = 1.151）小于负向应激（$M = 3.827\mu V$，S.E = 1.727）。

LPP 在时间窗 700~900ms 的平均波幅 2（正向应激、负向应激）×4（Pz、CPz、P3、P4）的重复测量方差分析结果表明，组别主效应不显著，$F(1, 11) = 0.126$，$p = 0.729$，$\eta_p^2 = 0.011$；电极点的主效应不显著 $F(2, 18) = 1.556$，$p = 0.238$，$\eta_p^2 = 0.124$；组别与电极位置的交互作用不显著，$F(2, 18) = 1.169$，$p = 0.323$，$\eta_p^2 = 0.096$。但正向应激的波幅均值（$M = 2.219\mu V$，S.E = 1.372）小于负向应激的波幅均值（$M = 3.097\mu V$，S.E = 2.059）。

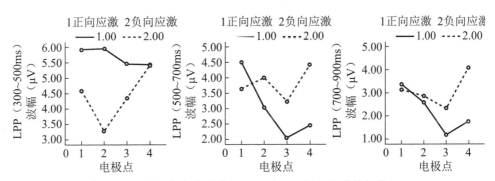

图 7-10 正、负向应激在 LPP 三个不同时间窗的波幅差异

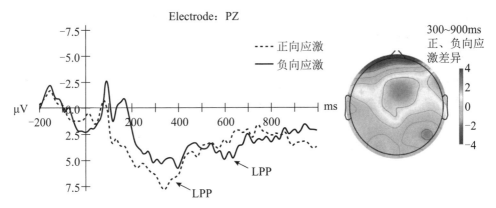

图 7-11 正、负向应激组在 Pz 上的平均波形图和在 300~900ms 总差异地形图

## 2）EEG 分析结果

（1）α 波（8~12Hz）。独立样本 $t$ 检验表明，在基线时间段内正、负向应激被试在所有电极上的 α 平均功率均不存在显著性差异（$p > 0.05$）。在应激任务实施结束 5 分钟之后，正、负向应激在 P2、PO3、PO4、CP5 和 TP8 电极上的 α 平均功率存在显著性差异（$p < 0.05$；其中 PO4、CP5 边缘显著）。正向应激者的 α 平均功率在这几个电极点上均显著高于负向应激者。在应激任务实施 20 分钟之后，正、负向应激在 CPz 电极上的 α 平均功率存在显著性差异（$p < 0.05$）；正向应激者的 α 平均功率显著低于负向应激者。以上具体如表 7-4 所示。

表 7-4 正、负向应激在各电极点上的 α 波平均功率差异　　　　单位：$\mu V^2/Hz$

| α 波 | 电极点 | 平均功率（$M \pm SD$）<br>正向应激 / 负向应激 | $t$ | $p$ |
|---|---|---|---|---|
| 600s | P2 | 0.123±0.043/0.057±0.004 | 2.581 | 0.027 |
|  | PO3 | 0.116±0.023/0.080±0.024 | 2.261 | 0.047 |
|  | PO4 | 0.110±0.022/0.074±0.034 | 2.181 | 0.054 |
|  | CP5 | 0.110±0.030/0.070±0.035 | 2.166 | 0.056 |
|  | TP8 | 0.107±0.025/0.062±0.005 | 3.066 | 0.012 |
| 1200s | CPz | 0.093±0.027/0.134±0.022 | -2.327 | 0.042 |

（2）β 波（12~30Hz）。独立样本 $t$ 检验表明，在基线时间段内正、负向应激被试在所有电极上的 β 波的平均功率均不存在显著性差异（$p > 0.05$）。在应激任务实施 5 分钟之后，正、负向应激在 FC4、FC6、C1、CPz 电极点上的 β 平均功率存在显著性差异（$p < 0.05$，其中 CPz 边缘显著）。正向应激者的 β 波的平均功率在这几个电极点上均显著低于负向应激者。在应激任务实施 20 分钟之后，正、负向应激在 FP1、AF4、FT8 电极点上的 β 的平均功率存在显著性差异（$p < 0.05$），且正向应激者的 β 平均功率显著低于负向应激者。以上具体如表 7-5 所示。

表 7-5　正、负向应激在各电极点上的 $\beta$ 波平均功率差异　　单位：$\mu V^2/Hz$

| $\beta$ 波 | 电极点 | 平均功率（$M \pm SD$）<br>正向应激 / 负向应激 | $t$ | $p$ |
|---|---|---|---|---|
| 600s | FC4 | 0.228±0.104/0.359±0.006 | -3.760 | 0.005 |
| | FC6 | 0.204±0.080/0.331±0.027 | -4.081 | 0.002 |
| | C1 | 0.211±0.078/0.320±0.023 | -2.312 | 0.043 |
| | CPz | 0.224±0.090/0.343±0.066 | -2.088 | 0.063 |
| 1200s | FP1 | 0.196±0.121/0.321±0.038 | -2.715 | 0.022 |
| | AF4 | 0.194±0.096/0.313±0.015 | -3.596 | 0.006 |
| | FT8 | 0.242±0.114/0.331±0.027 | -2.150 | 0.058 |

（3）$\theta$ 波（4~8Hz）。独立样本 $t$ 检验表明，在基线时间段内正、负向应激被试在所有电极上的 $\theta$ 波的平均功率均不存在显著性差异（$p > 0.05$）。在应激任务实施 5 分钟之后，正、负向应激仅在 P2 电极点上的 $\theta$ 波的平均功率存在显著性差异，$t(10) = 2.958$，$p = 0.017$；正向应激者的 $\theta$ 波的平均功率（$0.145 \pm 0.095 \mu V^2$）显著高于负向应激者（$0.050 \pm 0.009 \mu V^2$）。在应激任务实施 20 分钟之后，正、负向应激在 O2 电极点上的 $\theta$ 波的平均功率存在显著性差异，$t(10) = 2.478$，$p = 0.037$。且正向应激者的 $\theta$ 平均功率（$0.141 \pm 0.097 \mu V^2$）显著高于负向应激者（$0.060 \pm 0.009 \mu V^2$）。

### 7.2.4　讨论

本部分采用 ERP、EEG 技术探讨了正、负向应激心理反应者分别在 TSST 应激源刺激发生过程中及发生前后的大脑神经活动差异。尽管本研究采用 TSST 改编范式诱发应激，但几乎所有被试在实验之前均具有不同程度的应激：过去一年经历了很多压力的有 2 人，中等数量的有 11 人，相对较少压力的有 7 人。由于应激具有累积效应，因此本研究认为在此不能明确被试仅仅为急性应激，因而所有解释对急、慢性应激不予以区分，统一解释范畴为社会心理应激。

**1）关于 ERP 分析结果**

就 N1 成分而言，研究结果表明，负向应激比正向应激诱发了更大的 N1 波幅和更长的潜伏期。N1 成分反映了感知觉过程并对警觉水平较为敏感，警觉水平的上升往往会引起更负的 N1 成分。N1 成分还反映了注意条件下大脑对刺激的早期辨别性加工，N1 波幅大小反映了人脑完成对不同视觉刺激辨别加工的难易程度[382-384]。根据认知评价理论，这表明在应激发生的早期认知加工阶段，对刺激事件进行初级评估时：该刺激与自身无关还是有关，对自身是有益的还是有害，是威胁还是挑战的评估阶段，负向应激者比正向应激者可能更多关注了刺激的消极一面，因而对刺激进行了更多的感知觉加工，从而一般警觉性增强。研究表明，威胁条件下的探测刺激比安全条件下会诱发更负的 N1 成分，并认为该结果反映了随着威胁刺激的接近会使个体对外界刺激的一般警觉性增强[385]。本研究结果与其一致。负向应激者一般将刺激评估为威胁，因而在实时认知加工上表现为警觉性水平的升高，这与关于应激与皮质醇的关系研究结论一致。研究发现，暴露于压力源后完成 10 分钟的 n-back 任务中，TSST 导致反应时延长，正确应答减少[350]。反应时间减慢与更大的皮质醇增加有关。根据前期研究结论，负向应激比正向应激诱发了更大的唾液皮质醇峰值。本部分研究表明，负向应激比正向应激诱发了更长的潜伏期。这就在前后逻辑上得到验证。这表明负向应激者在应激发生的初级认知加工阶段的信息处理速度减慢，可能是由于涉及自身利益受损，因而对刺激的辨别加工难度增加，同时知觉负载也相应地增加，因而诱发了更负的 N1。此外，研究认为 N1 波幅变化与注意的集中程度有关[386]。因而可以认为负向应激比正向应激消耗了更多的注意资源，这与其他解释具有逻辑上的一致性。相应地，正向应激反应者在应激的早期认知加工阶段表现出更低的认知资源消耗、较强的认知辨别和更快的信息加工处理速度，这在一定程度上在大脑神经活动角度为正向应激提供了积极效应的证据。同时，在一定程度上也为以往相互矛盾的研究结论提供了新的探讨视角。以往采用类似范式进行的心理应激相关研究表明，急性心理性应激条件下 N1 活动增强，故有机体处于高警觉和高唤醒的状态[162]，早期感觉编码变得敏感[213, 384]，心理应激条件下的 N1 波幅减小[102]。但同样基于类似范式进行的心理应激研究发现，应激条件比控制条件出现了更负的 N1[358]。据此，我们可以认为 N1 活动增加的研究范式可能主要是诱发了被试的负向应激反应，而 N1 波幅减小的研究可能是所采用的范式更多地诱发了被试的正向应激反应。因此，今后的研究需结合主观评估考察诱发的应激性质才能充分说明问题。

就 P2 成分而言，研究结果表明负向应激比正向应激诱发了更长的潜伏期；与此同时，尽管在波幅上差异不显著，但在均值上正向应激的波幅明显大于负向应激。P2 反映了早期信息加工中知觉分析加工的强度与速度，潜伏期越长表明信息加工效率越低，同时也反映了对情绪重要性的一般评价。研究者发现大脑需要分配更多的注意资源时通常会使得 P2 波幅增大。P2 波幅的增加与注意资源分配有关，P2 波幅越大表明大脑对当前信息投入了更多的认知资源[213]。因此，本研究结果表明，正向应激者在应激发生早期的初级认知评价阶段，在早期感觉编码之后，可能知觉分析加工开始增强，并开始对产生的情绪进行评价，由于正向应激者可能会在初级认知评估阶段寻找刺激的正面意义，因而注意资源开始增加。而负向应激者由于在更早的感知觉唤醒阶段过度唤醒并投入过多认知资源，因而在认知分析阶段的认知资源投入减少。此外，负向应激比正向应激诱发了更长的潜伏期，这表明负向应激者的信息加工效率降低。本书前期研究表明正向应激心理反应的被试在估算题目的正确率及行为效率上均高于负向应激心理反应的被试。这与该结果具有逻辑上的一致性。

就 LPP 成分而言，研究结果表明，LPP 在时间窗 300~500ms、500~700ms、700~900ms 的平均波幅组别主效应不显著，但在 LPP 早期阶段（300~500ms）正向应激的波幅均值明显大于负向应激。从 500ms 开始到 900ms 转变为正向应激的波幅均值明显小于负向应激。其统计不显著可能是由于负向应激的划分采用了中值为 4（不确定）这一较低的标准，且在这 4 个负向应激者中多少存在一定程度的正向应激心理反应成分。如在焦虑、失控和无意义感维度得分高的被试同时也具有一定程度的希望感。因此，今后的研究需加大样本量，采用更严格的分类标准进行研究。

研究发现 LPP 成分在头皮的中央顶区处呈现最大的振幅，可能与动机系统的激活有关，并认为该成分能解释个体的主观评价过程[360]。LPP 的波幅可能反映的是个体对情绪刺激的评价及对情绪信息的认知加工。LPP 成分代表对情绪刺激的自动注意，反映大脑对情绪刺激的精加工[367, 360]。对情绪刺激加工越精细，情绪的唤醒度就会越高，波幅越大。此外，研究表明情绪体验与 LPP 成分有关，情绪体验强度降低会使 LPP 波幅更小；LPP 波幅的大小能反映情绪调节的效果，LPP 在消极情绪上的波幅大于积极情绪。LPP 波幅的变化被研究者们认为是情绪获得调节的一项稳定指标[379, 380]。负性情绪下降时，LPP 波幅呈现显著降低趋势[379]，LPP 波幅随着 SECPT 诱发的应激的负面刺激而增加[388]。本研究中在 LPP 早期阶段（300~500ms）正向应激的波幅均值明显大于负向应激，这表明正向应激者比负向应激者可能在应激发生的初级评价阶段对情绪刺激进行了更多的精加工，也可能涉及自动的情绪调节。因而经调节的 LPP 在后续阶段（500ms 之后）波幅开始降低，而负向应激者可能未对刺激进行情绪调节因而消极情绪持续上升，进而在 500ms 后波幅显著大于正向应激者，反映了负向应激者消极情绪的增加。相关研究表明，LPP 在 580~900ms 时段的积极和消极情绪之间存在显著差异，消极情绪比积极情绪表现了更正的波幅[389]。本研究结果似乎与此一致。因此，这在一定程度上再次论证了正向应激可能存在的积极效应，即正向应激者在应激初级评价的后续情绪加工阶段降低了消极情绪反应或情绪强度，如考虑到消极情绪与皮质醇分泌的正相关性，那么这种降低必然可能与积极的健康结果相联系。以往研究认为，应激对 HPA 轴和认知功能的影响可能取决于应激源持续的时间和强度，但基于本研究的结论，应激对 HPA 轴和认知功能的影响主要还应考虑应激诱发的心理反应特性。已有研究认为预测压力对 LPP 的影响最明显的是在应激后 30 分钟，是与最大糖皮质激素浓度的伴随而产生的 LPP。本研究由于研究可行性的局限，没有进行相应时间区间的 LPP 研究，今后应就应激在唾液皮质醇分泌上的规律进行相应的 ERP 研究。

**2）关于 EEG 分析结果**

以往研究表明，与 $\beta$ 波相比，$\alpha$ 节律对心理压力的响应更为显著，$\alpha$ 节律可能是心理应激的指标[362, 363]。因此重点对 $\alpha$ 波进行分析。研究表明，$\alpha$ 波为优势脑波时，代表个体处于放松状态，此时身心能量耗费较小，脑部获得的能量较高，大脑运作更加快速、顺畅，是学习与思考的最佳脑波状态。$\alpha$ 振荡参与抑制过程，可促进各种认知运作，如注意和记忆[390]。副交感神经系统的活性和脑波 $\alpha$ 能量有关[391]。本研究表明，在应激任务实施 5 分钟之后，正向应激者的 $\alpha$ 平均功率在顶区及中央顶区的几个极点上显著高于负向应激者。这与以往研究结论一致：正向应激者的 PSD 在 $\alpha$ 频段上显著增加[169]。这表明在唾液皮质醇分泌峰值阶段，对比负向应激者，正向应激者处于一个相对放松且大脑神经活动及认知功能良好的状态。这就在一定程度上为正向应激具有积极效应提供了神经基础上的证据。此外，建立在消极观点上的应激研究表明能量与应激呈负相关关系，压力增大伴随着能量减小[367, 368]。这也从另一个侧面论证了本研究的结论，即以往相关研究由于其对应激本身具有消极研究价值观，且其可能诱发较多的是负向应激，因而刚好论证了本研究关于负向应激的结论。本研究中负向应激者的 $\alpha$ 平均功率显著降低。本研究还表明在应激任务实施 20 分钟之后的 1200s 时间段内，正向应激者的 $\alpha$ 平均功率变得显著低于负向应激者。研究表明，当被试注意任何呈现的刺激时会产生散布大脑 $\alpha$ 频域反同步化现象（desynchronization），能量降低。因此这一结果证实了正向应激者 $\alpha$ 频域反同步化现象，这可能反映了其在 TSST 20 分钟之后抑制脑中正在进行但与即将出现的刺激无关的活动，并准备集中注意于即将出现的刺激[392]。这就可能表明正向应激者比负向应激者可更快地恢复基线水平并转向其他任务。也可能是 20 分钟的等待期提升了被试的焦虑水平所致。研究表明高焦虑者对刺激的反应通常伴随较高的 α 频域反同步化[393]。

在 β 波（12~30Hz）频段上，应激任务实施 5 分钟及 20 分钟后，正向应激者的 β 平均功率在前额区的几个电极点上显著低于负向应激者。这与以往研究一致：正向应激的 PSD 在 β 频段上显著降低[169]。β 波主要在中枢神经系统强烈活动时出现，与认知过程有关，是处于精神紧张、激动或亢奋时的脑波。研究表明，当心理负荷增加时，β 波也相应增加。Choi 等研究发现颞叶区的 β 能量节律与压力存在正相关关系[369]；压力过大不仅会引起交感神经活性的亢奋，同时也会引起 β 波的大量出现[394, 395]。由此可以看出，负向应激者在应激发生全程的心理紧张度、心理负荷上均可能大于正向应激者。

在 θ 波（4~8Hz）频段上，应激任务实施 5 分钟及 20 分钟之后，正向应激者在 P2、O2 的 θ 波平均功率显著高于负向应激者。这与以往研究结论一致：对比负向应激，与积极情感相联系的正向应激的 θ 频段能量显著增加[169]。θ 波属于身体放松到进入睡眠时所出现波形，能量越高代表越能放松，压力也比较小，有助于触发深层记忆、强化长期记忆。研究表明，θ 范围的低频振荡可能与动机和情绪的历程有关。θ 振荡涉及记忆和情绪调节，与情绪刺激呈现特别相关[390]。大多数的研究显示 θ 频域能量与焦虑有负向的联结[396]；前额 θ 波与任务难度相联系，θ 波的节律随着任务难度的增加而降低[370]。这表明正向应激者在紧张度上低于负向应激者，且在认知能力和记忆方面可能优于负向应激者，在焦虑程度上也可能低于负向应激者。

综上，根据以往相关研究，在压力任务中 β 节律功率显著增加，α 节律功率显著降低，正向应激的 PSD 在 θ 频段和 α 频段上显著增加，但在 β 频段上显著降低[169]；应激条件下的 α 节律均显著降低[363]。本研究结果基本支持了以上结论。

# 第3篇 应用研究

前期基础研究部分已论证了正、负向社会心理应激对认知功能有不同影响；认知因素在应激的后果效应上具有重要影响，并在正、负向应激心理反应生成及负向应激心理反应转化为正向反应上具有关键性意义。那么，针对实际生活实践中的具体认知现象，正、负向应激的影响又是如何？探讨正、负向应激与其的关系，尤其是与具有消极影响的认知现象的关系，则为基础研究部分的实际应用。本部分分别在认知偏差领域、风险决策领域和教师工作领域的实践中进一步检验基础研究部分的研究结论与理论模型。

## 8　研究六：正、负向社会心理应激对后见偏差的影响

### 引言

后见偏差是指在知道事件的结果信息后，认为事件结果是可预见的并且是必然的[397]。与事件发生前相比，个体在知道事件的结果信息后，倾向于认为自己有更准确的预测结果的能力。在日常生活事件中后见偏差现象时常发生。例如，大学校园中经常翘课的同学被老师点了名，其舍友可能会不假思索地说道："我早就知道他会被老师抓到……"俗话所说的"事后诸葛亮"，即为典型的后见偏差。也许平日里的这些小插曲不容易被大家所关注，毕竟日常生活中这样的情景可能不会造成负面后果。然而，如果是面对重大危机或压力事件时，能否同样用"我早就知道了"或者"早知如此……"等来认识或评论呢？尤其是那些特殊职业的人群或需对公共危机事件进行处理的人群，如果无意识地使用了事后诸葛亮的评论方式，那么就可能会造成"伤者更伤"或者不公正

裁决的消极影响。例如，2015年八仙乐园因喷撒彩色玉米粉引起粉尘爆炸导致498人灼伤、数人去世的事件。该事件发生后网络上开始出现一些热议，其中部分人评论说："如果是我，才不会去参加这种活动，根本就是玩命！"甚至有部分网民发出了责备伤者的舆论，例如："主办单位没脑、参加的人更没脑"等评论。同样类似的情形也发生在一起"天津港爆炸案"中。事故发生之后，网络上也出现了部分责备受害者的评论，甚至出现了责备消防人员、媒体报道人员等的舆论。研究表明，后见偏差存在两个潜在的消极影响：后见偏差会影响个体对事件结果责任能力的知觉并会限制个体从经验中学习的能力[398]。鉴于此，后见偏差是如何发生的呢？其与应激有何关系？如何才能避免或减少其负面影响？这是本研究的出发点。

后见偏差概念最早由美国学者Baruch Fischhoff提出，他将后见偏差定义为个体在知道事件结果后再看待事件时，会认为事件的结果比事情发生前预测时更不可避免、更容易预见的倾向[399]。同时，Fischhoff又认为后见偏差是后见判断（可益于事件结果反馈的判断）与先见判断（不知晓事件结果时的判断）的系统差异[400]，包含两个核心成分：必然性和可预见性[399]。Blank等（2008）认为后见偏差有三个成分：必然性印象、可预见性印象和记忆扭曲[401]。这三种成分都是典型的后见偏差的表现形式，根据不同的任务要求和具体情境的限制，它们可以单独出现也可以同时出现。本研究将基于以上概念进行研究。

当前对后见偏差进行解释的理论模型主要有认知模型、元认知模型、推理模型和动机模型。鉴于推理模型和动机模型的解释适用范围更广，不仅可以用于常识或理论类的简单的识记材料，而且对现实生活中的真实情景有一定的解释力。因此，本研究主要以推理模型和动机推理模型为理论基础。推理模型指出，如果被试的原始估计和反馈的结果信息之间存在很大的差别，就会产生惊奇感，这种感觉会推动被试进行反事实推理[402]。若被试成功进行反事实推理，就可以在很大程度上减小最初产生的惊奇感，进而产生后见偏差。相反，若被试不能成功进行反事实推理，就会导致后见偏差减小甚至反转。动机推理模型认为，人们倾向相信"我早就知道"的理由主要在于满足人们最基本的动机，即可预测性动机，以及维持公共或个人自我评价、自我表现的动机。此理论认为人们会为了提高他人对自己的尊重进而表现出学识充沛、全知全能之模样，进而产生后见偏差，高估自己的预测能力[403]。

关于后见偏差的研究范式主要有假设型实验设计和回忆型实验设计。假设型实验设计是"你会怎么判断"，回忆型实验设计是"你是怎么判断的"。通常假设型实验设计会得到更大的后见偏差，而回忆型实验设计中，由于被试的原始估计会在记忆中留下痕迹，因此本研究采用假设型实验范式。假设型实验设计是一种被试间实验设计。在实验的过程中，所有被试都会获得关于事件或判断的信息，其中一组被试在得到事件或判断信息之后会得到事件的结果信息 F（feedback），另一组被试不会获得结果信息。之后实验者会要求得到结果反馈的被试假设自己不知道事件的结果或者判断，并且对事件发生的真实性或者可能性进行评估 Ep（posterior estimates），另一组被试则直接对事件发生的真实性或可能性进行评估 B（baseline）。最后对两组被试的评估值进行比较。若和 B 相比，Ep 与事件的反馈结果 F 更接近，那么就表示产生了后见偏差。后见偏差的测量主要有三种任务类型，分别是琐事任务[403-405]、事件学习任务[406]和其他任务（如听觉任务、视觉任务）。其中，事件学习任务的实验材料更接近真实生活，因此本研究采用了事件学习任务。事件学习任务是指给被试呈现一段至少有两个可能结果的、真实的、具体的事件描述，如体育赛事、医疗纠纷等。被试要对每个可能结果的发生概率进行估计。后见偏差的指标主要有绝对后见偏差（$HB_{abs}$）和相对后见偏差（$HB_{rel}$）[407]。大多数实验使用 $HB_{abs}$ 或者 $HB_{rel}$ 作为衡量后见偏差大小的指标[408]。当 $HB_{abs}$ 或 $HB_{rel}$ 正值比负值多，或者平均值大于 0 时，就认为产生了后见偏差。但有研究者指出，在采用假设型实验设计的实验中，由于实验是被试间设计被试只进行一次判断，这时对实验组和控制组的数据进行比较才有意义。因此，只要对两组被试判断值的均值大小进行比较即可。如果相较于控制组被试原始估计的平均值，实验组事后估计的平均值明显朝着反馈值移动，并且两组数据相比具有显著差异，那么就认为产生了后见偏差[409]。本研究以事件学习任务为实验材料，并且采用的是假设型实验设计，因此在考察是否产生后见偏差时，只需要比较反馈组和无反馈组被试判断均值的大小。

　　研究表明，认知资源受限会增大后见偏差。个体在高认知负荷条件下，后见效应会被增大[410]。除此之外，后见偏差的形成与人们所采取的认知策略也有一定的关联。根据前期基础研究的结论，应激情境会影响认知功能，负向应激者表现出更高的认知资源消耗、更低的认知辨别能力和较慢的信息加工处理速度，在认知能力和记忆方面劣于正向应激者，而正向应激者则相反。那么，正、负向应激者在认知偏差上是否因此具有不同表现？

　　以往研究表明，应激对后见偏差的产生具有重要影响。如研究表明，TSST 诱发的心理应激会对包括认知在内的许多心理功能产生影响。患有应激障碍的被试和正常被试相比，会高估负面事件的可能性[411]。高压力情境下大学生的后见偏差表现更加显著[412]。有研究采用回忆型设计探讨了不同情绪状态与后见偏差的关系，结果表明：积极情绪状态下的个体会产生更大的后见偏差，但中性情绪和消极情绪下的后见偏差差异不显著[413]。显而易见，心理应激状态对后见偏差具有重要影响，并且有必要将心理应激进一步区分为正、负向社会心理应激，探讨其对后见偏差具有怎样的影响。

前期基础研究表明个体特质是后见偏差的重要影响因素，但以往研究多集中于对其认知过程的研究，少数研究者对影响后见偏差的人格变量进行了探讨。如研究发现后见偏差的大小与场依存性存在显著负相关[414, 415]。个体在公开场合保持积极形象的倾向越强，后见偏差越大[416]。相关研究表明，人格特质与认知能力有密切关系，如高神经质个体对消极情绪信息更加敏感[417]；外倾性与一般智力和流体智力存在显著的负相关，并对其具有负向预测作用[418]且外倾性能够预测加工速度和短时记忆[419]；高开放性者的智力水平和认知能力更高[420]；宜人性与认知能力之间存在负相关[420, 421]；尽责性是各认知能力的负向预测因子[418, 419, 422, 423]。综上，人格特质影响认知功能，这必然进而会对认知偏差产生影响。

基于以上，本研究以后见偏差的推理模型和动机模型作为理论基础，采用假设型实验范式探讨正、负向社会心理应激及人格特质对后见偏差的影响，可以补充后见偏差影响因素的研究，丰富后见偏差及应激研究领域，并且有助于相应干预策略的生成。最重要的是再次在后见偏差领域验证了前期基础研究的研究结论及其建构的应激理论模型。另外，在现实意义上，后见偏差广泛存在于现实生活中，包括选举、事故鉴定、司法审判、医疗诊断、财经预测、经济决策等领域。例如，在进行事故鉴定时，如何减少后见偏差的影响并做出公平的责任认定显得尤为重要，而通过对后见偏差进行深入的了解和探讨，毫无疑问会为合理解决争端提供帮助。此外，研究还可以为今后特殊职业的选拔提供依据。如法官这类职业，工作压力大并且每天都要面对负性事件，若法官在对案件审判过程中产生了后见偏差，则会导致判决有误，产生不公平的审判。因此，本研究对诸如此类的职业选拔亦具有重要意义。

## 8.1 研究目的

探讨正、负向社会心理应激对后见偏差的影响及其个体差异。

## 8.2 研究方法

### 8.2.1 研究对象及取样

通过张贴广告在某大学招募被试145人，最终获得138名有效被试，经签署知情同意书后进行实验。所有被试平均年龄为19.49±1.47岁；男生52名（37.7%），女生86名（62.3%）；专业上，文科66名（47.8%），理科67名（48.6%），体育艺术类5名（3.6%）；年级上，一年级54名（39.1%），二年级52名（37.7%），三年级21名（15.2%），四年级6名（4.3%），研究生5名（3.6%）。

### 8.2.2 研究材料和工具

（1）基本信息表。被试的背景资料，包括以下人口学变量：性别、民族、年龄、专业、年级等。

（2）正、负向社会心理应激心理反应问卷（前、后测版）。同基础研究部分的研究三。

（3）主观感受题目。采用连续评分题目测量被试主观应激程度，被试对自身的压力程度进行评价，0分代表无压力，100分代表非常有压力。根据前期研究诱发皮质醇反应最有效成分为失控感，自编两道题目用以测量被试TSST任务中自我控制程度的感受。鉴于主观感受及态度的复杂性，采用连续评分式量表，从完全不能控制（自主）到完全能控制（自主）（0~100分）的数轴上进行自我控制程度的判断。题目为"对于刚才的算术任务，请在数轴上标出一个最符合你的情况并写上分数，其中0分代表完全不能控制，100分代表完全能控制"。得分越高表明控制感程度越高。

（4）控制组阅读材料。同基础部分研究三。

（5）人格特质问卷。本研究人格特质的测量采用简版大五人格问卷（NEO Five-Factor Inventory，NEO-FFI），共60个题项。各维度情况如下：神经质指的是情绪的稳定性和情绪调控的情况，包括焦虑、生气敌意、沮丧、自我意识、冲动性和脆弱；外向性指的是人们活动的强度和数量，包括热情、乐群性、独断性、忙碌、寻求刺激、积极情绪；开放性指的是对经验保持开放和探究的态度，包括想象力、审美、感受、行动、观念、价值观；宜人性是指人际交互作用的特征，包括信赖、直率、利他、顺从、谦逊、亲切；尽责性是指自我控制和自律，包括胜任力、条理性、尽责、追求成就、自律、严谨。该问卷在华人地区的使用结果表明具有良好的信度和效度[424]。本研究中五个维度的内部一致性信度分别为0.86、0.77、0.73、0.68、0.81。

（6）后见偏差材料。后见偏差测量采用事件学习任务，事件为自编的新闻事件。具体材料如下："杨明是去年网球界中非常引人注目的一位年轻新秀，他的发球能力强并且有力，能够稳定地做底线抽球，有良好的上网能力。因此，他在去年的比赛中让人眼前一亮，很多人都认为他会在短期内成为世界冠军。但在今年的一场比赛中，杨明膝盖不慎受伤，休养了半年，大家都很期待他的复出。最近杨明复出的第一战对手是网球场上多年的老将，有非常丰富的球场经验，擅长打持久战，经过五盘的厮杀之后，杨明输掉了复出后的第一战。"本研究邀请了中文专业的教师就该材料的语句、语义等方面进行了检查修改。

本研究采用假设型设计对实验材料的有效性进行检验。方便选取在校本科生 60 名，将被试随机分为两组通过问卷星进行作答。实验组提供反馈结果，控制组无反馈结果。经独立样本 $t$ 检验对两组被试的后见偏差进行分析，结果表明实验组和控制组的后见偏差具有显著性差异（$t = -4.415$，$p < 0.001$），且实验组向反馈值方向偏移更多，证明该材料可作为研究后见偏差的材料。

### 8.2.3 研究过程

实验采用被试间设计，被试被随机分配到实验组或控制组，各 69 人。实验组采用标准 TSST 实验范式诱发社会心理应激，分为三个阶段：准备阶段、模拟面试阶段和口算阶段。控制组同样分为三个阶段分别是阅读文章阶段、复述文章阶段和笔算阶段。具体同基础研究部分。

具体实验流程如图 8-1 所示。

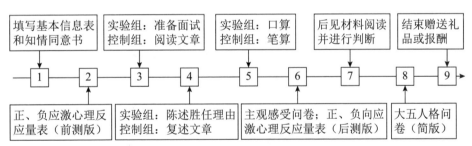

图 8-1　实验基本流程图

### 8.2.4 数据处理方法

首先，通过分析主观心理应激反应筛选出具有应激反应的被试；其次，通过分析具有应激反应的被试在正、负向应激量表各个维度上得分大于 5（表示该被试在这一维度上比较符合、符合、非常符合）的情况；最后，分析 TSST 情境下被试被诱发出的应激性质。为了排除前测的影响，采用协方差分析的方法，分别将正、负向应激前测分数、正向应激各维度和负向应激各维度前测分数作为协变量，对两组被试在正、负向应激心理反应量表上的得分进行差异分析。针对应激组被试，以人格特质各维度、正向与负向社会心理应激反应各维度为自变量，后见偏差为因变量进行回归分析，考察人格特质各维度、正向与负向社会心理应激及其各维度对后见偏差的预测力。分别以人格特质各维度得分高低分组和正、负向社会心理应激进行两因素方差分析，考察人格特质、正向与负向社会心理应激对后见偏差的交互作用。

对于后见偏差的测量，有研究者指出对于采用假设型实验设计的事件学习型任务，只需要对两组被试判断值的均值大小进行比较即可，如果实验组被试的事后估计均值和控制组被试的原始估计均值差异显著且向着反馈值移动，那么就认为发生了后见偏差[409]。因此，本研究中采用独立样本 $t$ 检验，分别将两组被试判断值和材料测评中的无反馈组判断值进行差异分析，以此测量是否产生后见偏差。此外，由于大五人格量表并不能测得某个被试是某一种人格，在每一维度上的得分高低只能说明个体在这一维度上的特点，比如个体在神经质上得分高可以说明的是其情绪不稳定，但不能确定个体的人格特质是神经质。因此，在具体分析时将人格特质各维度得分进行高低分组，对不同人格特质高低分组间的后见偏差进行独立样本 $t$ 检验。

## 8.3 结果

### 8.3.1 主观心理反应

采用独立样本 $t$ 检验对实验组和控制组在压力程度和控制感程度题目上的得分进行分析。结果如表 8-1 所示。实验组和控制组心理应激状态差异显著，实验组压力程度得分显著高于控制组（$p < 0.001$）；实验组和控制组在控制感得分上差异显著，实验组在语言任务和算数任务上的得分均小于控制组。这表明实验可以有效诱发被试的心理应激。

表 8-1 实验组、控制组主观应激得分 $t$ 检验

| 主观心理反应 | 实验组 | | 控制组 | | $t$ | $p$ |
|---|---|---|---|---|---|---|
| | M | SD | M | SD | | |
| 应激程度 | 66.847 | 24.702 | 45.015 | 20.863 | 5.583 | 0.000 |
| 语言任务控制感 | 35.556 | 24.272 | 47.849 | 21.509 | −3.137 | 0.002 |
| 算数任务控制感 | 29.097 | 25.068 | 68.803 | 22.134 | −9.827 | 0.000 |

### 8.3.2 应激状态与非应激状态下后见偏差的差异

经 $t$ 检验结果发现，实验组与无反馈组的判断值差异显著（$t = 5.769$,

$p < 0.001$），控制组与无反馈组的判断值差异显著（$t = 1.998$，$p = 0.048$），且两组被试的估计值均向反馈方向移动。这表明实验组和控制组被试均产生了后见偏差，该材料能够产生后见偏差。再进一步对应激组和控制组的判断均值进行独立样本 $t$ 检验，结果表明，应激组（$59.194 \pm 13.731$）和控制组（$51.742 \pm 17.221$）的后见偏差具有显著差异（$t = 2.794$，$p = 0.006$），且实验组判断均值向反馈方向偏移更多，表明应激组比控制组产生了更大的后见偏差，即个体在心理应激状态下产生了更大的后见偏差。

### 8.3.3 正向与负向社会心理应激状态下后见偏差的差异

实验组被试正、负向社会应激心理反应得分进行高低分组，分别将正向应激和负向应激按照量表总分从高到低进行排列，前27%为高分组，后27%为低分组，对正、负向应激高分组间的后见偏差进行独立样本 $t$ 检验。结果表明，正向社会心理应激高分组与负向社会心理应激高分组之间在后见偏差上具有显著性差异（$t = 3.071$，$p = 0.006$）。负向社会心理应激者的后见偏差（$72.500 \pm 9.886$）显著大于正向社会心理应激者（$62.182 \pm 5.345$），即负向社会心理应激下产生了更大的后见偏差。

### 8.3.4 应激状态下人格特质与后见偏差的关系

首先，分别将应激组被试在各人格特质（神经质、外倾性、开放性、宜人性、尽责性）上的得分按从高到低排列，将总分最高的27%和总分最低的27%分别作为高分组和低分组，再分别采用独立样本 $t$ 检验分析高低两组被试后见偏差的差异。结果表明：①应激条件下，神经质和尽责性的高低分组间的后见偏差均具有显著性差异（$t = 2.501$，$p = 0.019$；$t = -3.318$，$p = 0.005$），其中神经质高分组的后见偏差显著大于低分组的后见偏差，即神经质高分组后见偏差更大（$71.467 \pm 10.042$；$63.800 \pm 6.338$）。尽责性高分组的后见偏差（$61.800 \pm 3.590$）显著小于尽责性低分组的后见偏差（$72.077 \pm 10.657$），即尽责性低分组后见偏差更大。②应激条件下，外倾性、开放性和宜人性高低分组间在后见偏差上的差异均不显著（$p > 0.05$）。

其次，对大五人格各维度、正向与负向社会心理应激各维度和后见偏差进行 Person 相关分析，结果如表 8-2 所示。由表可知，正向社会心理应激与后见偏差存在显著负相关（$r = -0.317$，$p = 0.030$），其中希望感和意义感分别与后见偏差存在显著负相关（$r = -0.387$，$p = 0.007$；$r = -0.355$，$p = 0.014$）；负向社会心理应激与后见偏差存在极其显著正相关（$r = 0.502$，

表 8-2 人格特质各维度、正负向应激心理反应各维度、后见偏差相关汇总

| | 1 | 2 | 3 | 4 | 5 | 6 | 7 | 8 | 9 | 10 | 11 | 12 | 13 | 14 | 15 | 16 | 17 |
|---|---|---|---|---|---|---|---|---|---|---|---|---|---|---|---|---|---|
| 1 | 1 | | | | | | | | | | | | | | | | |
| 2 | -0.369* | 1 | | | | | | | | | | | | | | | |
| 3 | 0.106 | 0.298* | 1 | | | | | | | | | | | | | | |
| 4 | -0.352** | 0.669** | 0.151 | 1 | | | | | | | | | | | | | |
| 5 | -0.585** | 0.294* | 0.125 | 0.237 | 1 | | | | | | | | | | | | |
| 6 | -0.245 | 0.406** | 0.415** | 0.284 | 0.440** | 1 | | | | | | | | | | | |
| 7 | -0.256 | 0.419** | 0.393** | 0.257 | 0.490** | 0.848** | 1 | | | | | | | | | | |
| 8 | -0.309* | 0.224 | 0.313* | 0.184 | 0.447** | 0.780** | 0.701** | 1 | | | | | | | | | |
| 9 | -0.241 | 0.416** | 0.264 | 0.440** | 0.247 | 0.597** | 0.291* | 0.397** | 1 | | | | | | | | |
| 10 | -0.108 | 0.292* | 0.353* | 0.170 | 0.301* | 0.926** | 0.649** | 0.608** | 0.505** | 1 | | | | | | | |
| 11 | 0.328* | -0.177 | -0.362** | -0.132 | -0.535** | -0.707** | -0.712** | -0.668** | -0.496** | -0.520** | 1 | | | | | | |
| 12 | 0.370** | -0.321* | -0.311** | -0.303* | -0.477** | -0.752** | -0.671** | -0.458** | -0.596** | -0.659** | 0.791** | 1 | | | | | |
| 13 | 0.461** | -0.204 | -0.227 | -0.257 | -0.564** | -0.703** | -0.661** | -0.570** | -0.526** | -0.563** | 0.852** | 0.870** | 1 | | | | |
| 14 | 0.186 | -0.028 | -0.350* | 0.051 | -0.257 | -0.559** | -0.475** | -0.484** | -0.441** | -0.467** | 0.835** | 0.586** | 0.635** | 1 | | | |
| 15 | 0.134 | -0.048 | -0.355* | 0.054 | -0.467** | -0.501** | -0.596** | -0.647** | -0.243 | -0.292* | 0.876** | 0.467** | 0.568** | 0.692** | 1 | | |
| 16 | 0.353* | -0.263 | -0.184 | -0.297* | -0.466** | -0.460** | -0.554** | -0.550** | -0.370** | -0.225 | 0.743** | 0.467** | 0.534** | 0.466** | 0.696** | 1 | |
| 17 | 0.335* | -0.200 | 0.081 | -0.126 | -0.559** | -0.317* | -0.387** | -0.355* | -0.205 | -0.176 | 0.502** | 0.364** | 0.432** | 0.307** | 0.474** | 0.501** | 1 |

注:1. 神经质;2. 外倾性;3. 开放性;4. 宜人性;5. 正向应激;6. 尽责性;7. 希望感;8. 意义感;9. 可控感;10. 积极情绪;11. 负向应激;12. 无意义感;13. 失控感;14. 焦虑;15. 消极情绪;16. 生气敌意;17. 后见偏差。** 表示在 0.01 水平(双侧)上显著相关;* 表示在 0.05 水平(双侧)上显著相关。

$p=0.000$），其中无意义感与后见偏差存在显著正相关（$r=0.364$，$p=0.012$），失控感与后见偏差存在显著正相关（$r=0.432$，$p=0.002$），焦虑与后见偏差存在显著正相关（$r=0.307$，$p=0.036$），消极情绪、生气敌意分别与后见偏差存在极其显著正相关（$r=0.474$，$p=0.001$；$r=0.501$，$p<0.001$）；人格特质中的尽责性与后见偏差存在极其显著负相关（$r=-0.559$，$p<0.001$），神经质与后见偏差存在显著正相关（$r=0.335$，$p=0.021$）。

为进一步探讨应激状态下人格特质对后见偏差的影响及不同人格特质对后见偏差的预测力，首先采用简单线性回归分析分别考察人格特质各维度和正、负向社会心理应激及其各维度对后见偏差的预测作用，然后采用逐步回归的方法考察其中哪个预测变量更重要，回归分析结果如表 8-3 所示。神经质、负向社会心理应激、焦虑、无意义感、失控感、消极情绪、生气敌意对后见偏差均具有显著的正向预测力，其预测力分别为 9.2%、23.5%、7.4%、11.3%、16.9%、20.7%、23.4%；尽责性、正向社会心理应激、希望感、意义感对后见偏差具有显著的负向预测力，其预测力分别为 29.7%、8.1%、13.1%、10.7%。逐步回归分析显示，所有的预测变量只有尽责性、生气敌意进入了回归方程，表明尽责性和生气敌意对后见偏差的预测力最强，能够单独解释后见偏差 29.7% 和 35.9% 的变异。

表 8-3 人格特质、正向与负向社会应激心理反应对后见偏差的回归分析

| 自变量 | Adjusted $R^2$ | $F$ | $\beta$ | $t$ | $p$ |
| --- | --- | --- | --- | --- | --- |
| 神经质 | 0.092 | 5.680 | 0.335 | 2.383 | 0.021 |
| 外倾性 | 0.019 | 1.879 | -0.200 | -1.371 | 0.177 |
| 开放性 | 0.007 | 0.297 | 0.081 | 0.545 | 0.589 |
| 宜人性 | -0.006 | 0.725 | -0.126 | -0.851 | 0.399 |
| 尽责性 | 0.297 | 20.462 | -0.559 | -4.523 | 0.000 |
| 正向应激 | 0.081 | 5.038 | -0.317 | -2.245 | 0.030 |
| 希望 | 0.131 | 7.918 | -0.387 | -2.814 | 0.007 |
| 意义感 | 0.107 | 6.495 | -0.355 | -2.548 | 0.014 |
| 控制感 | 0.021 | 1.972 | -0.205 | -1.404 | 0.167 |
| 积极情绪 | 0.010 | 1.442 | -0.176 | -1.201 | 0.236 |
| 负向应激 | 0.235 | 15.151 | 0.502 | 3.892 | 0.000 |
| 焦虑 | 0.074 | 4.691 | 0.307 | 2.166 | 0.036 |
| 无意义感 | 0.113 | 6.873 | 0.364 | 2.622 | 0.012 |
| 失控感 | 0.169 | 10.337 | 0.432 | 3.215 | 0.002 |
| 消极情绪 | 0.207 | 13.040 | 0.474 | 3.611 | 0.001 |
| 生气敌意 | 0.234 | 15.083 | 0.501 | 3.884 | 0.000 |
| 尽责性 | 0.297 | 20.462 | -0.559 | -4.523 | 0.000 |
| 生气敌意 | 0.359 | 13.855 | 0.307 | 2.301 | 0.026 |

## 8.3.5 交互作用检验

鉴于相关分析和回归分析，正向与负向社会心理应激、神经质和尽责性与后见偏差都存在显著相关，并且对后见偏差都具有显著的预测作用。为进一步检验不同应激反应下，人格特质的不同水平对后见偏差影响，分别以人格特质各维度、正向与负向社会心理应激为自变量，以后见偏差为因变量进行两因素方差分析，探讨正、负向社会心理应激与人格特质的主效应和交互作用。分别对神经质等五个人格特质的高低分组和正、负社会心理应激条件下的后见偏差进行两因素方差分析，结果如下。

（1）神经质高低分组的主效应不显著（$F = 3.000$，$p = 0.095$，$\eta_p^2 = 0.103$），正、负向社会心理应激的主效应不显著（$F = 1.658$，$p = 0.209$，$\eta_p^2 = 0.060$），神经质高低分组和正、负向社会心理应激的交互作用边缘显著（$F = 3.429$，$p = 0.075$，$\eta_p^2 = 0.117$）。进一步做简单效应分析发现，在负向社会心理应激条件下，高神经质和低神经质个体之间的后见偏差存在显著差异（$F = 8.36$，$p = 0.008$，$\eta_p^2 = 0.243$），高神经质个体的后见偏差显著高于低神经质个体。在正向社会心理应激条件下，高低神经质个体之间的后见偏差没有显著差异（$F = 0.006$，$p = 0.940$，$\eta_p^2 = 0.000$）。在高神经质条件下，正、负向社会心理应激个体的后见偏差之间存在显著差异（$F = 4.401$，$p = 0.046$，$\eta_p^2 = 0.145$），负向社会心理应激个体的后见偏差高于正向社会心理应激个体。在低神经质条件下，正、负向社会心理应激间的后见偏差没有显著差异（$F = 0.181$，$p = 0.674$，$\eta_p^2 = 0.007$）。

（2）宜人性高低分组的主效应不显著（$F = 0.002$，$p = 0.961$，$\eta_p^2 = 0.000$），但正、负向社会心理应激的主效应显著（$F = 5.991$，$p = 0.021$，$\eta_p^2 = 0.182$）。负向社会心理应激条件下的后见偏差显著高于正向社会心理应激条件，这再次验证了前期的分析。宜人性高低分组和正、负向社会心理应激的交互作用不显著（$F = 3.035$，$p = 0.093$，$\eta_p^2 = 0.101$）。

（3）尽责性高低分组的主效应显著（$F = 4.818$，$p = 0.038$，$\eta_p^2 = 0.167$），尽责性高分组的后见偏差显著小于尽责性低分组的后见偏差，这与前期研究结果一致。正、负向社会心理应激的主效应不显著（$F = 1.528$，$p = 0.228$，$\eta_p^2 = 0.060$），尽责性高低分组和正、负向社会心理应激的交互作用不显著（$F = 0.006$，$p = 0.938$，$\eta_p^2 = 0.000$）。

（4）外倾性和开放性的高低分组的主效应均不显著，与正、负向社会心理应激的交互作用也均不显著（$p > 0.05$）。

## 8.4 讨论

本研究结果表明相较于非应激状态，应激状态下个体产生的后见偏差更大。这与以往研究一致。以往以大学生为被试的研究也发现高压力情境下的后见偏差表现更显著。Kawatani 等的研究发现，应激导致的机体神经内分泌水平的变化会降低机体的听觉和视觉注意，并且导致分散注意力的任务操作成绩显著降低[425]。应激引起的认知功能障碍会影响个体对生存环境的认知，进而诱导个体对生活事件的评价偏差。急性应激状态下，前额叶功能会受到影响[8, 426]，而前额叶是调节注意、思维和行动的关键性脑区[427, 428]。以上可能可以作为解释心理应激会增加个体后见偏差的视角。但是否正、负向应激都会增加个体的后见偏差呢？本研究进一步将应激区分为正、负向社会心理应激，分别分析正、负向社会心理应激对后见偏差的影响，结果显示负向社会心理应激状态下个体会产生更大的后见偏差。这可能与自我防御机制有关。自我防御机制是自我在面对可能的威胁或伤害时产生的反应机制。当外界的人或环境因素对个体产生威胁时，个体可能会无意识地激活一系列的防御机制，通过歪曲事实的方式来保护自己，以缓和或者消除不安和痛苦。因此，当在负向社会心理应激状态下人们对环境的认知评价为消极且会产生更多的消极情绪时，人们本能地就会想要将自己与所处环境分离开从而降低自身的危险性，这时再对事件的可能结果进行评价时，个体就可能会将消极结果发生的可能性提高，认为消极结果具有更大的必然性和可预见性，因此这就可能导致后见偏差增大。但在正向社会心理应激条件下，个体对环境的认知评价是积极的且产生更多的是积极心态，在这种情况下个体不会感受到危险，对事件的可能结果进行评价时，虽然仍会受到反馈结果的影响，但只是会产生相对较小的后见偏差。

以正、负向社会心理应激反应及其各维度为自变量，后见偏差为因变量的回归分析表明，正向社会心理应激、希望感、意义感对后见偏差具有显著的负向预测作用，即当个体处在社会心理应激条件下时，正向社会心理应激反应、希望感和意义感得分越高，后见偏差越小。负向社会心理应激、焦虑感、失控感、无意义感、消极情绪和生气敌意对后见偏差具有显著的正向预测作用，即个体负向社会应激心理反应越强烈，焦虑感、失控感、无意义感、消极情绪、生气敌意维度得分越高，个体产生的后见偏差越大。根据本研究结果，为了减少后见偏差或者避免后见偏差的产生，可通过减少个体焦虑、无意义感等负面情绪反应，将负向应激反应转化为正向应激反应来干预后见偏差。对于特殊职业的实际工作或职业选拔，如法官、仲裁员、会计审查员等，为了避免后见偏差带来的消极影响，可以提供积极的支持，必要的时候可以开展员工帮助计划、安排专家咨询与调查，了解并且帮助员工积极评估工作中的压力、及时缓解消极心态，让工作人员在工作中体会更多的希望感和意义感。此外，在特殊职业选拔中可甄选面对压力事件倾向具有正向应激心理反应特质的个体。

  根据前期基础研究部分的结论，在正、负向心理应激的生成上人格特质是比外在客观条件更为重要的因素。因此，为进一步研究应激状态下后见偏差的增加是否具有个体差异，本研究采用大五人格特质量表对被试的人格特质进行测量，对应激状态下人格特质各维度不同水平间的后见偏差进行分析。结果表明，在应激状态下，神经质和尽责性高低分组之间的后见偏差差异显著，而外倾性、开放性、宜人性高低分组之间的后见偏差差异不显著。回归分析结果表明，在应激状态下，神经质对后见偏差具有显著的正向预测作用，即个体的神经质得分越高，产生的后见偏差越大。尽责性对后见偏差具有负向预测作用，即个体的尽责性得分越高，产生的后见偏差越小。神经质个体最主要的特征就是情绪不稳定，在应激状态下，神经质个体容易受环境的影响，对事件的表征容易发生变化。因此，个体的神经质得分越高，产生的后见偏差越大。有研究者认为高神经质个体会更多地将注意力集中在对消极情绪信息的加工上[429,430]。本研究中后见偏差的材料为事件学习任务，其反馈结果为消极结果，神经质得分高的被试可能更多地将注意力放在消极情绪信息上，因此在要求其假设自己不知道结果信息，对可能结果发生的概率进行判断时，被试很难忽略结果信息和材料中消极情绪信息的影响，认为消极结果更有可能发生，从而产生了更大的后见偏差。尽责性是指个体的谨慎程度，控制自己、自律，包括胜任力、条理性、尽责、追求成就、自律、严谨。尽责性得分高的个体通常做事效率高并且有组织和计划，而不是随意的。这一类个体表现为自律、自制力高，并且尽职尽责和追求成就的倾向。在应激状态下，尽责性得分越高，后见偏差越小。因为尽责性高的个体更加尽职尽责、勤勉，因此在进行事后判断时，可能较少地受到反馈信息的影响。这些个体会更负责地对可能结果发生的概率进行推断，更具有条理性。此外，从变量间相关及回归分析结果看，正向应激者及具有尽责性人格特质的个体会产生更少的后见偏差，且对事件或生活的希望感和意义感在其中具有重要意义。而负向应激者及具有神经质人格特质的个体会更多地产生后见偏差，且对事件或生活的无意义感、失控感及焦虑、生气、消极情绪等可能是产生后见偏差的重要因素。这就提示我们在特殊职业选拔时应关注具有尽责性和对工作生活具有希望感、意义感的个体，并应排除具有神经质及负向应激反应的个体。

交互作用检验结果显示,神经质高低分组和正、负向社会应激心理反应的交互作用存在边缘显著。在负向社会应激心理反应下,神经质高分组的后见偏差更大;在正向社会应激心理反应下,神经质高低分组间的后见偏差差异不显著。这表明,无论是正、负向应激条件,低神经质的人格特质在避免产生后见偏差上是至关重要的,如在负向应激条件下加之高神经质人格就可能产生更大的后见偏差。根据本研究结果,对于工作强度较大或者需要面对大量应激事件的职业,在人才的选拔方面,为了避免产生更大的后见偏差,应该避免选用神经质得分高的个体。宜人性个体也不适合从事法官一类的职业。虽然在应激状态下,宜人性高低分组之间后见偏差差异不显著,但是宜人性个体在负向社会心理应激条件下会产生更大的后见偏差。相比较而言,尽责性得分高的个体更适合从事法官、仲裁、会计审查一类的工作。

本研究采用实验法结合问卷法探讨了正、负向社会心理应激与人格特质对后见偏差的影响,为验证不同性质的心理应激具有不同效应,并丰富后见偏差相关研究提供了重要的实证证据。但研究尚存在一定局限,有待后续研究进一步探讨。

第一,本研究的后见偏差材料为自编新闻事件,反馈结果为消极结果。有研究指出反馈类型不同,后见偏差也会产生相应的变化。因此,对比中立反馈结果和积极反馈结果时,个体在应激状态下的后见偏差会有怎样的变化及人格特质的作用尚不清楚。因此,后续研究可以进一步探究应激状态下不同的反馈类型对后见偏差的影响。

第二,本研究并未对后见偏差的三种成分进行分别测量。有研究发现,这三种成分对不同个体具有不同的影响,在假设型实验设计中,可预见性印象和必然性印象对后见偏差的影响更大。因此,今后的研究可以进一步对应激状态下后见偏差的三种成分的变化进行探讨。

第三,本研究主要关注的是正、负向社会心理应激及人格特质对后见偏差的影响。那么,采取什么样的具体措施可以有效减少后见偏差,从而使个体在应激状态下可以做出更准确的判断,这些问题是今后需要进一步关注的研究问题。

第四,在研究方法上,由于实验数据样本只是某高校大学生,具有强同质性,不可避免地存在研究对象群体总数低、结构单一等局限性,因此本数据分析结论在外部效度有一定局限。因此,今后研究应扩大取样范围,在不同群体中予以验证。

## 9 研究七：生命威胁情境下正、负向社会心理应激对风险决策的影响

### 引言

风险决策与人们的生活息息相关并渗透在生活的各个领域，如医疗、经济、教育、消费、管理、金融等。同时，日常生活中人们也都要面临各种应激状况，通常涉及两种：一种是由社会心理刺激诱发，包括社会评价威胁、社会拒绝、认知压力等；另一种是由会对个体生命产生威胁的刺激诱发。与此同时人们在生活中时常需要在复杂的应激环境下做出风险决策。此时，个体的风险决策结果可能关系到个体或他人的生存和发展，尤其是一些特殊职业人群，例如，参与新冠肺炎疫情救援任务的医生、护士或志愿者，他们的风险决策结果就会关系到社会及他人的生存和发展。因此，对应激状态下的风险决策研究具有相当的必要性。

风险决策是指个体在各个选项的结果和概率都不确定的情境下，从两个或两个以上具有一定风险的方案中选出最佳方案的过程[431]。当前风险决策理论主要从进化论的角度对风险决策进行探讨。该理论认为风险决策主要是与决策者所处的环境相关，决策者在充分掌握环境信息的基础上找出最优方案。决策对于环境的识别和利用是个体长期学习与进化的结果。本研究基于进化论对风险决策进行解释，认为风险决策是个体在掌握了当前环境信息并结合内在因素，从不同的风险备选方案中选择适用于个体的最优方案的决策过程。关于风险决策的测量方法通常有量表测量法、风险情境问卷法及模拟风险情境任务法。其

中，情境问卷法和量表测量法呈现出的是静态风险，即以书面形式将风险情境选择一次性呈现给被试，这就容易使实验结果的准确性受到被试态度和文化水平的影响。因此，研究者更倾向使用爱德华赌博范式、赌博范式决策和气球模拟风险决策这类以动态风险（即很少清晰定义好概率，通常呈现不同条件的不确定性）呈现的范式。因这些范式比较贴近人们的日常生活，更能体现出被试真实选择的意向。其中，气球模拟风险决策任务采用的是更能与现实任务相贴合的场景，不局限于赌博情境，在风险倾向选择的反复循环中更能体现出个体在决策过程中风险寻求的整体情况。因此，本研究采用了气球模拟风险决策任务范式。该范式通常以两种方式计算风险倾向，一种是被试吹破气球的个数，吹破越多表明个体越倾向于冒险，反之则越保守；另一种则是未吹破气球的平均充气次数，未吹破气球平均充气次数越多表明被试越倾向于冒险，反之则越保守[432]。

已有研究表明个体处于应激的状态下会做出更冒险的风险决策。例如，被试对骰子赌博任务中高风险与高回报的选择与被试对即将要进行演讲的预期压力水平相关，且个体的皮质醇水平与骰子赌博任务的总成绩呈显著负相关，即感知压力的个体更愿意冒风险[433]。与控制组相比，应激组的高心率与高风险倾向呈显著相关。应激的存在可能会使人忽略决策可能带来的后果[434]，研究表明，压力情境会使得人们做出更加冒险的决策。Donley 等的研究表明，与对照组相比，应激组在面对收益诱惑时会表现出更大的风险寻求，但是压力并没有改变损失领域的风险选择倾向[435]。然而另一些研究则得出不一致的结果，如 Mather 等的研究发现，个体的风险偏好受到年龄的影响，比较年轻的个体倾向于做出冒险决策行为，而年龄较大的被试倾向于做出保守的决策行为[436]。Yamakaw 等的研究表明，与控制组相比，应激组在收益上表现出显著的风险规避行为，在损失领域没有出现显著差别[437]。另外，还有研究通过让被试服用氢化可的松来诱发被试的应激状态，然后进行风险决策的研究，而研究结果并没有发现个体在风险决策上产生明显差别，但持续的应激让被试产生了风险规避的决策[438]。

综上，以往研究证实了应激对风险决策的影响，但是研究存在一些明显局限。首先，目前关于应激下风险决策的研究大都集中于非生命威胁的刺激情境，但在现代社会具有生命危险的威胁刺激也是同样存在的，诸如火灾、地震、车祸等突发性事件是重要的应激源，一些特殊职业人员（如飞行员、警察、消防员等）更是经常面临此类应激源。例如，2018 年 5 月 14 日川航 3U8633 航班在飞行途中挡风玻璃受到撞击破裂，飞机不得不进行紧急备降，机长临危不乱，沉着冷静地处理了该突发状况，避免了一次重大灾难的发生。

而另一起发生在 2010 年 8 月 24 日的航空事故中，机长在飞机降落、看不见飞机跑道的紧急情况下因选择了盲目着陆，最终导致飞机撞地造成重大人员伤亡。可见面对有生命威胁的应激事件，有的人能理性处理做出正确的判断，挽救生命财产安全，而有的人却丧失了理性判断做出冒险决策导致灾难发生。研究表明，个体经历生命威胁的应激情境会对个体造成不良影响，可能出现 PTSD[439]，但一些人面对类似的生命威胁应激情境却能做出很好的判断，并维护自己和他人的生命安全。如新冠肺炎疫情期间自愿支援疫区的医生、护士及志愿者，他们长期暴露于生命威胁应激情境之中，却能够坚守岗位顺利完成任务。由此，个体处于威胁生命的应激状态下做出不同风险决策的原因是什么？威胁生命的应激是否同样也会诱发出个体的正向应激？如果威胁生命的应激也存在正向应激心理反应的话，那么其对风险决策的影响如何？这是本研究关注的问题。

其次，在风险决策的研究方法上，以往研究多使用量表问卷及赌博任务作为个体的风险决策测量方式，但这些方法不太符合人们在日常生活中面临的风险决策情境，因此，实验结果可能会出现误差。此外，以往的研究大多采用了 TSST 应激诱发范式，这一范式的应激源是由社会评价威胁所导致，虽然更符合人们的日常生活应激情境，但是对于一些特殊职业人群而言，例如，军人、警察、急诊科医生、消防员等，他们经历的更多是由生命威胁所诱发的应激。那么，研究中应采取何种方式在符合研究伦理的框架下诱发该种应激，及何种风险决策诱发任务更具有生态效度是本研究探讨的问题之一。

最后，以往相关研究存在不一致的观点。有的研究表明应激状态下人们倾向于做出更加冒险的决策 [433-435, 440]，而有些研究则表明个体在应激下倾向做出更保守的决策 [436-438]。那么，根据前期基础研究部分相关结论，应激发生可能会同时产生积极与消极心理状态及相对应的正、负向两种性质的应激反应，即针对同一个压力源两者是可以同时存在的，并且以往应激对健康等后果变量同样存在不一致结论。本书基础研究部分证实了可以从正、负向应激心理反应角度进行解释，因此应激对风险决策的相关研究的不一致结论是否也是因为未对应激的心理反应加以区分而导致，这是本研究主要关注的问题。因此，本研究主要将生命威胁情境与正、负向应激相结合，探究生命威胁应激情境下正、负向心理应激对风险决策的影响。

综上，本研究的理论价值主要体现在对急性心理应激影响风险决策的结论与过程进行补充与创新。本研究将应激进一步区分为正向应激和负向应激，分别探讨其对风险决策的影响，可以对已有研究结果不一致的解释提供新的角度。此外，本研究结合生命威胁应激情境探讨正、负向应激心理反应对风险决策的影响，这将丰富应激与风险决策领域的研究，弥补该领域研究的不足。另外，应激状态下个体风险决策情况的研究具有十分重要的现实意义。本研究有助于研究者在具体情境中正确认识正、负向应激心理反应所带来的不同的决策结果，有利于个体了解自己在应激下的风险决策行为，为个体的风险决策行为提供一定的指导。另外，本研究有助于特殊职业人员的选拔，例如飞行员、警察、医生等。本次研究将结合生命威胁应激对风险决策进行探究，更符合这些特殊职业的现实情况。因此，本次研究结果可以为今后的职业选拔提供参考。

本研究拟通过以下两个子研究来探讨。子研究 1 考察中文版 BART 程序在我国大学生群体中的适用性，为后续的风险决策测量提供更加科学的研究工具。以往研究表明，感觉寻求和冲动性特质均与 BART 任务中的风险倾向具有显著相关[440]。因此，本研究将通过分析感觉寻求、Barratt 冲动性与风险倾向的相关来验证中文版学生信息气球任务的有效性。子研究 2 将探究在生命威胁应激情境下正、负向应激对风险决策的影响。为此研究分为两个部分进行。首先，采用访谈法对被采用虚拟现实技术实验任务诱发了生命威胁应激的个体进行访谈，以验证在生命威胁情境下诱发正、负向应激的有效性。其次，采用中文版 BART 程序、虚拟现实技术 CEDPRS、主观感受量表以及 HRV 的测量探讨在生命威胁情境下正、负向应激对风险决策的影响。研究假设，在生命威胁应激情境下，正向应激者与负向应激者的风险决策存在显著差异，具体表现为负向应激者倾向于做出冒险决策而正向应激者倾向于做出保守决策。

## 9.1 子研究 1 气球模拟风险决策任务的适用性

### 9.1.1 研究目的

鉴于国内许多学者在研究风险决策领域问题时是根据 Lejuez 对于 BART 的描述自编而成，并没有验证该范式在我国文化背景下大学生被试群体的有效性[441-443]。因此，本研究对该任务进行中文化编制并验证其在我国大学生被试群体的有效性，以便保障后续研究的有效性。

### 9.1.2 研究方法

**1）研究对象**

方便取样选取某本科大学在校大学生 30 人。其中男生 11 人，女生 19 人。

被试的平均年龄为 22.63，标准差为 2.39。

**2) 研究工具**

（1）中文版感觉寻求量表。中文版感觉寻求量表由赵闪根据 Zuckeman 英文版感觉寻求量表编制而成，包括兴奋与寻求冒险、去抑制两个维度，共 36 个项目[444]。该量表采用三点计分方式，分别是：①不想做；②想做但不一定做；③想做，若有机会一定去做。分别记 1~3 分。研究表明该量表具有较好的信效度[445]。本研究中该量表及其各维度的内部一致性系数分别为 0.91、0.88 和 0.88。

（2）中文版 Barratt 冲动量表。中文版 Barratt 冲动量表采用周亮于 2006 年修订的 Barratt 冲动量表（Barratt impulsiveness scale version 11，BIS-11）。该量表共 26 个项目 3 个维度，分别是：注意力冲动性、运动冲动性和无计划冲动性。该量表采用 4 点计分法（1= 几乎不 / 从不，2= 偶尔，3= 经常，4= 几乎总是 / 总是），量表的统计量为各维度得分和由各维度得分求和的量表总分，量表总分越高，表明个体冲动性特质越高[446]。本研究中该量表及其各维度的内部一致性系数分别为 0.71、0.76、0.56 和 0.69。

（3）气球模拟风险决策程序。本研究采用 E-Prime 2.0 软件编制气球模拟风险决策程序[313]。其主要内容为电脑屏幕呈现一个没有被吹起来的气球，按 F 键给气球充气，每充气一次获得 0.05 积分奖励，每个气球最多可以吹 30 次，气球爆炸点是数在 1 和 30 之间随机。一个气球爆炸后，间隔 300ms 出现下一个气球。在每个气球吹气过程中可以按 J 键停止充气，并获得当下气球奖励进入积分累计。当气球爆炸时，该次累计奖励为零并出现爆炸图片。随着气球吹气次数的增加，气球会慢慢地动态增大。正式实验前有两个试次给予被试练习。被试统一在计算机上完成测验，计算机键盘可正常使用。本研究气球充气次数设定为 30 次，累计的奖励将会变成现金给被试提供奖励，单个气球的奖励金额最多为 1.5 元。由于研究中气球的爆炸点是随机的，若以气球的爆炸次数值评估被试的风险倾向，则研究结果会出现较大的误差。因此，被试的风险倾向计算方法定义为没有吹破气球的平均充气次数。气球模拟风险决策任务的示意图如图 9-1 所示。

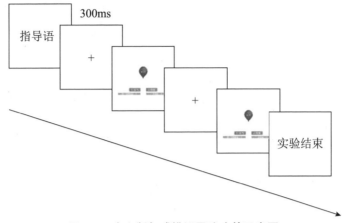

图 9-1 中文版气球模拟风险决策示意图

### 9.1.3 研究结果

**1）中文版感觉寻求量表得分与 BART 分数的相关分析**

中文版感觉寻求量表得分和 BART 风险倾向分数的相关分析结果表明：感觉寻求中的去抑制与 BART 分数存在显著正相关（$r = 0.512$，$p = 0.007$），这表明个体解除抑制后冒险做出的不当行为与 BART 分数相关。感觉寻求的另外一个维度兴奋与冒险也与 BART 分数存在显著正相关（$r = 0.417$，$p = 0.031$），表明个体对做出具有冒险和挑战性决策的意愿与 BART 分数之间存在显著相关。总体感觉寻求与风险决策呈显著正相关（$r = 0.469$，$p = 0.023$）。

**2）中文版 Barratt 冲动量表得分与 BART 分数的相关分析**

中文版 Barratt 冲动量表得分和 BART 风险倾向分数的相关分析结果表明，运动冲动性、注意力冲动性、无计划冲动性、冲动性总分分别与 BART 分数得分呈显著正相关（$p > 0.05$），这表明 BART 分数与个体的表达不充分、过度危险行为及一些与环境相违背的行为相关，具体如表 9-1 所示。

表 9-1 中文版 Barratt 冲动量表与 BART 得分相关关系

| 变量 | BART 分数 | 注意力冲动性 | 运动冲动性 | 无计划冲动性 |
| --- | --- | --- | --- | --- |
| 注意力冲动性 | 0.323* | | | |
| 运动冲动性 | 0.417* | 0.151 | | |
| 无计划冲动性 | 0.435* | 0.323* | 0.430** | |
| 冲动性总分 | 0.390* | 0.562** | 0.702** | 0.877** |

注：* 表示 $p < 0.05$；** 表示 $p < 0.01$。

综上，中文版 BART 程序测验出的风险决策倾向与风险决策相关的感觉寻求及冲动性特质显著相关，一定程度上验证了该任务在我国大学生群体样本中测量风险决策的有效性。

## 9.2 子研究 2 生命威胁情境下正、负向社会心理应激对风险决策的影响

### 9.2.1 访谈研究：虚拟现实视频诱发生命威胁心理应激的有效性

**1）研究目的**

通过对观看虚拟现实视频诱发出生命威胁情境下应激的个体进行主观自陈问卷测量及半结构访谈，验证该范式诱发应激的有效性，以及个体是否在生命威胁应激情境下存在正向应激心理反应。

**2）研究方法**

（1）研究对象。方便取样 30 名大学生观看诱发生命威胁情境应激的虚拟现实视频之后进行主观自陈问卷施测，并对方便取样中的 10 名大学生被试进行访谈。将这 10 名被试从 A 至 J 进行编码，其中男生有 5 人，女生有 5 人，具体如表 9-2 所示。所有被试均在实验前签署了知情同意书，平均年龄为 20.20，标准差为 1.03。

表 9-2 被试信息及访谈结果

| 代码 | 性别 | 年龄 | 居住地 | 文理科 | 是否独生子女 | 压力水平 | 消极感受 | 积极感受 |
|---|---|---|---|---|---|---|---|---|
| A | 男 | 19 | 城镇 | 文科 | 是 | 3 | 无意义感 | 可控感 |
| B | 女 | 21 | 农村 | 文科 | 是 | 8 | 消极情绪<br>焦虑<br>失控感 | |
| C | 女 | 19 | 农村 | 理科 | 否 | 7 | 消极情绪<br>焦虑 | |
| D | 男 | 20 | 农村 | 理科 | 是 | 5 | | 意义感 |
| E | 男 | 21 | 城镇 | 文科 | 否 | 3 | | 可控感 |
| F | 女 | 22 | 城镇 | 文科 | 否 | 8 | 消极情绪<br>焦虑<br>失控感 | |
| G | 女 | 21 | 农村 | 理科 | 否 | 5 | 焦虑 | 意义感 |
| H | 男 | 19 | 城镇 | 理科 | 是 | 5 | | 希望感 |

续表

| 代码 | 性别 | 年龄 | 居住地 | 文理科 | 是否独生子女 | 压力水平 | 消极感受 | 积极感受 |
|---|---|---|---|---|---|---|---|---|
| I | 男 | 20 | 农村 | 理科 | 否 | 4 |  | 希望感 |
| J | 女 | 20 | 农村 | 文科 | 否 | 7 | 消极情绪 |  |

（2）研究工具。①虚拟现实设备与材料。采用暴风魔镜五代眼镜，通过佩戴 VR 眼镜观看虚拟现实视频的方式诱发被试生命威胁情境下的应激。有研究验证，通过该设备播放的影片能有效诱发被试的情绪状态[447]。在本研究中诱发生命威胁情境下应激的 VR 视频呈现的是一组大桥坍塌的事故现场。视频具体内容是乘坐公共汽车通过一座大桥，大桥在车辆行驶途中发生坍塌事故，即视频体现的是紧急事故现场。被试在视频中可以看到，有些乘客已经落水，且有些乘客已经在事故中死亡，现场十分混乱。视频时长大约 5 分钟。

②主观应激感受问卷。自编两道题，主要测量被试观看完视频后感受到的应激程度和自身生命受到威胁的程度。分别让被试在 0~10 分数轴上打分，分数越高表明程度越大。

③访谈提纲。根据以往关于正、负向应激的研究及本次访谈目的，结合相关专家的意见及建议设计访谈提纲。访谈提纲内容包括被试的基本信息（包括性别、年龄、居住地、文理科、是否独生子女）、观看 VR 视频感受到的压力水平及观看完 VR 视频的积极或消极感受。

指导语为：同学你好，感谢你参与本次实验。现在请仔细回想下刚才你观看的 VR 视频，并回答一些关于你观看后感受的相关问题。调查结果仅做学术研究，不会用于其他用途，你的回答结果我们会严格保密，请你根据你的真实感受进行回答，谢谢！访谈问题如下。①在观看 VR 视频过程中，是否感受到压力？如果从 0~10 分给你观看完 VR 视频之后所感受到的压力打分，你会打几分？（0 表示没有压力，10 表示压力大到已经没有办法承受。）②观看完 VR 视频，总体你的心理感受是积极的还是消极的？③观看时及观看完 VR 视频你所感受到的积极（消极）的体验具体表现在哪些方面？你觉以下哪些更符合你观看 VR 视频的真实感受？①消极方面（负向应激）：消极情绪、焦虑、失控感、无意义感、敌意；②积极方面（正向应激）：希望感、意义感、控制感、积极情绪。

（3）实施程序。采用单组前后测设计对 30 名在校大学生进行测量，请被试分别在观看威胁生命应激诱发视频前后填写主观应激感受问卷，之后方便取样 10 人依据访谈提纲内容对其进行半结构化电话访谈。在正式访谈之前先向被试说明本次访谈的目的及访谈的保密原则，征得访谈获准，由此建立访谈关系。接着说明访谈的主题、所需时间（大约 5 分钟）、进行方式等以增进熟悉度，让受访者对研究者产生信任感。结合访谈大纲，引导受访者分享其真实想法和感受。访谈结束后询问受访者是否需要补充，以避免与研究相关的信息遗漏，作辅助分析之用。

（4）文本转录及编码。将访谈所获取的资料转成逐字稿，对访谈所得的资料保持开放态度，以来访者的观点来了解其口语表述含义，采用整体—内容的分析步骤，对原始资料反复阅读，尽量以不同角度解读资料。在逐字稿确认无误之后进行编码。

**3）研究结果**

（1）主观应激感受问卷结果。经配对样本 $t$ 检验结果表明，在应激程度感受上，观看VR视频前（$M = 0.90$，$SD = 0.66$）与观看VR视频后（$M = 5.30$，$SD = 1.60$）被试感受到的应激程度存在极其显著性差异（$t = -14.77$，$p < 0.001$），在生命受到威胁的程度上，观看VR视频前（$M = 0.37$，$SD = 0.49$）与VR视频后（$M = 5.47$，$SD = 1.28$）存在极其显著性差异（$t = -21.56$，$p < 0.001$）。这在一定程度上表明该VR视频能够有效诱发被试的主观压力感受和生命受到威胁的沉浸感，可作为生命威胁应激诱发的材料及方式。

（2）访谈结果。结合以往研究及访谈文本，将访谈结果整理如下，具体见表9-2。

①被试感知的压力水平。根据访谈提纲，本次访谈中被试在观看生命威胁VR视频后感知压力水平从0~10点计分。所有被试的压力感知平均值为5.6，标准差为1.90。其中4名被试为7分以上，表明该范式诱发了较高水平的应激。

②被试观看视频后的心理感受。消极情绪：在观看生命威胁VR视频后，4个被试出现比较多的消极情绪。例如，被试C表示："在观看该视频时，看到身边的人从高桥掉落，我感到很害怕、很慌张，感觉很恐怖。"被试J也表示："在观看那个视频时，我的第一感觉是痛苦，自己被吓到了，甚至都不敢睁开眼睛接着往下看，非常可怕。"由此可知生命威胁应激情境唤起了个体惊慌失措、恐惧等消极情绪。

焦虑：面对生命威胁应激情境，4人产生了较高程度的焦虑紧张、不安、忧虑、烦恼等不愉快的情绪感受。例如，被试F表示："看完视频我非常慌张，感觉自己也会像前面那个人一样掉下去受伤甚至会摔死，这种感受挺强烈的，一直在回想。"被试B同样感到了强烈的焦虑："那个视频让人看着很害怕，怎么说呢，就是很慌，然后想赶紧摆脱。平常生活中看到类似的我都会马上关掉，心里现在还是慌。"

失控感：失控感是指个体在思维、情感、自制力上失去了控制感，认为自己没有改变现状的能力，感受到失控。被试 J 说道："视频刚开始还好，后面我感受到自己有点失控，有不好的预感，好像有点控制不住自己的感觉，特别是桥塌掉那瞬间，我感觉自己要疯掉了。"在 VR 视频中大桥坍塌、人车下落这样灾难性事件发生时，被试 F、E、B 均表达了强烈的失控感："在看的时候，感觉自己会像前面那个人一样也掉下去，所以就很怕，很慌（F）。大桥塌了，什么事都做不了（E）。看的时候越发觉得，这样的事情发生在我身边，我该怎么办，非常无助（B）。"

无意义感：在面临生命威胁应激情境时，个体会感受到无意义感，具体表现为认为做某些事情很不值得，觉得活下去没有希望。例如，被试 C 表明："其实没有多大感受，如果真的发生，我应该会像前面的那些人一样，也从这上面掉下去，反正大家都跑不了。"被试 A 说道："桥塌了也没事啊，我觉得很平常呀，大家一起死也蛮好的。"

希望感：在面临生命威胁情境时可能也会激起被试的希望感，访谈对象中有两个被试有感受到较强的希望感。例如，被试 I 表示："桥忽然断的那下有被吓了一下。但我觉得其实这和小时候爬树的场景很像，虽然感觉很高、很可怕，但我总是能想到办法下去。就算掉下去有水，我会游泳，也没啥可怕的。"被试 H 表示："刚开始有被惊到，但是仔细回味下其实也还好，我也会想方法向安全地走过去，那桥边不是有护栏吗？可以通过那里一步步爬过去。"

意义感：意义感即感受自己的生活是有意义的，感觉到自己的重要性，认为自己是有价值的。访谈对象中有两个被试有感受到较强的意义感。例如，被试 D 表明："说实话是挺害怕的，但是就算掉下去或者卡在哪里，也不至于会放弃生命，想想我还有很多事情还没做，而且也不会这么倒霉吧，总有办法的。"被试 G 表示："哇，真的吓死了，如果我真的掉下去，那我妈他们一定心疼死，我得看看怎么样让自己不掉下去。就算掉下去，那也得想办法上来啊。"

控制感：控制感即个体当下资源能够应付当前环境的变化。访谈对象中有两个被试有感受到较强的控制感。例如，被试 A 说道："再说了，能不能掉下去还不一定呢，我觉得这视频还蛮有趣，我是不怕这种场面，也吓不到我。"被试 E 说道："我觉得还行吧，没什么太大的感受，就一点点心慌，可以忽略不计，遇到这种情况的话不是更不应该慌吗？"

综上所述，在生命威胁应激情境下，有的个体倾向于产生负向应激心理反应，如焦虑、失控感、无意义感；有的个体倾向于产生正向应激心理反应，如希望感、意义感、控制感。这表明该 VR 视频能够诱发出生命威胁情境下的应激,并且个体在生命威胁应激情境下同样也会存在正向应激心理反应。

## 9.2.2 实验研究:生命威胁情境下正、负向社会心理应激对风险决策的影响

**1)研究目的**

考察在生命威胁情境下正、负向社会心理应激对风险决策的影响。

**2)研究方法**

(1)研究对象。通过QQ、微信等平台发布广告,采用方便取样在某师范大学共招募符合条件被试30人。其中实验过程中有3名被试因仪器脱落而被剔除,则有效被试为27人,其中男生11人,女生16人,平均年龄为18.59,标准差为1.86。实验经相关伦理委员会批准。被试在参与实验前先签署了知情同意书。被试的人口学变量如表9-3所示。

表9-3 被试人口学变量

| 人口学变量 | | 人 数 | 百分比(%) |
| --- | --- | --- | --- |
| 性别 | 男 | 11 | 40.7 |
| | 女 | 16 | 59.3 |
| 专业 | 文科 | 10 | 37.0 |
| | 理科 | 15 | 55.6 |
| | 其他 | 2 | 7.4 |
| 年级 | 大一 | 13 | 59.3 |
| | 大二 | 4 | 48.1 |
| | 大三 | 1 | 3.7 |
| | 大四 | 3 | 11.1 |
| | 研究生 | 6 | 22.2 |
| 居住地 | 农村 | 12 | 44.4 |
| | 城镇 | 9 | 33.3 |
| | 城市 | 6 | 22.2 |
| 独生子女 | 是 | 12 | 44.4 |
| | 否 | 15 | 55.6 |

(2)研究材料和工具,具体如下。

① CEDPRS:同基础研究部分。

②主观感受量表。主观感受量表包括三道题目,用以测量被试当下的应激

状态，分别为：当前感受到的应激程度、当前应激的影响程度及当前对该应激可以应付或控制程度。三道题目计分方式采取 1~10 分的计分方式。

③心率客观指标收集。使用原产于芬兰博能公司的心率手表 Polar RS800CX 跑步运动系列，该设备包括心率传感器、USB 红外传输器、Polar Protrainer 5 软件，用于测量被试的 HRV 指标。在实验过程中所有被试需佩戴心率传感器并由 Polar 心率表对心率数据进行记录，通过 Polar Protrainer 5 软件进行时域和频域分析。其中时域指标包括：MEAN RR、RMSSD、pNN50。频域指标为 LF/HF。研究表明，该设备在 HRV 时域和频域指标上都能进行有效的测量，每个测量的时间约为 2 分钟[448]。

④中文版气球模拟风险决策任务：同子研究 1。

⑤虚拟现实设备与材料：同子研究 2 访谈研究。

（3）实验程序。实验整体流程如下，具体如图 9-2 所示。

①被试抵达实验室休息 5 分钟后填写知情同意书和基本信息表，由实验助理协助佩戴心率传感器，休息 5 分钟后采集第一次主观感受和 HRV 数据。

②被试佩戴眼镜观看 VR 视频，结束后采集第二次主观感受和 HRV 数据。

③被试填写 CEDPRS 量表，之后采集第三次主观感受、HRV 数据。

④被试进行气球模拟风险决策任务，结束后采集第四次主观感受、HRV 数据。

⑤被试进行 10 分钟休息，休息结束后采集第五次主观感受和 HRV 数据。

⑥被试继续进行 10 分钟休息，休息结束后采集第六次主观感受和 HRV 数据。

⑦被试继续进行 10 分钟休息，休息结束后采集第七次主观感受和 HRV 数据，实验结束。给予被试一定现金报酬，并告诉被试具体的实验目的，若有被试出现情绪问题，后续安排心理咨询师为其缓解与疏导。

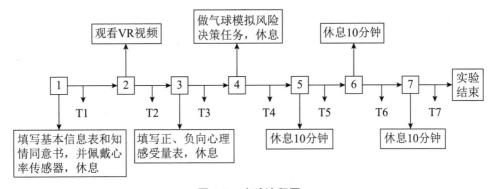

图 9-2 实验流程图

注：T 表明对该阶段的主观感受和 HRV 数据进行测量。

（4）数据分析。采用 CEDPRS 对被试在生命威胁应激情境中的心理反应性质进行测量。根据前期基础部分的研究结论，正、负向应激心理反应筛选严格标准为：正向应激者即在正向应激所有维度平均得分大于 4 分（4 分为基本符合）且在负向应激所有维度平均得分小于 4 分；负向应激者则在负向应激维度平均得分大于 4 分且在正向应激各维度平均得分小于 4 分。据此本研究共筛选正向应激者 15 人，负向应激者 5 人。以应激性质（正向应激/负向应激）为被试间变量，7 个测量时间点为被试内变量对应激主观感受与 4 个 HRV 指标（MEANRR、RMSSD、pNN50、LF/HF）进行重复测量方差分析，以验证在生命威胁应激情境下正、负向应激分组的有效性。用未吹破气球的平均充气次数来衡量被试风险决策中的风险倾向水平，将正向应激组和负向应激组的风险决策行为进行差异检验、相关分析及回归分析，以考察在生命威胁情境下正、负向应激对风险决策的影响。

3）研究结果

（1）应激诱发主观感受结果，具体如下。

①感知应激主观报告。经重复测量方差分析结果显示，感知压力测量时间主效应显著，$F(6, 108) = 33.53$，$p < 0.001$，$\eta_p^2 = 0.65$；时间与组别交互效应不显著，$F(6, 108) = 1.07$，$p = 0.39$，$\eta_p^2 = 0.06$；组别主效应不显著，$F(1, 18) = 0.01$，$p = 0.93$，$\eta_p^2 = 0.00$。这表明，在威胁生命的应激情境下，正、负向应激组在感知威胁生命情境下的压力程度上不存在显著性差异（$p > 0.05$），但负向应激组比正向应激组在应激期诱发了更高的压力水平，具体如图 9-3 所示。

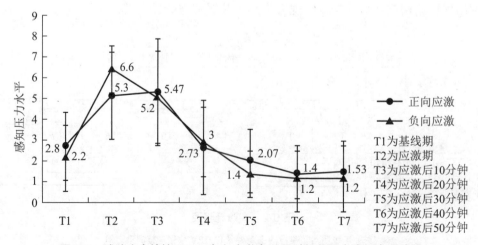

图 9-3　威胁生命情境下正、负向应激者不同时间段压力感知水平差异

②应激影响程度主观报告。结果显示,威胁生命应激情境下应激影响程度上的测量时间主效应显著,$F(6, 108) = 24.62$,$p < 0.001$,$\eta_p^2 = 0.58$;测量时间与组别交互效应不显著,$F(6, 108) = 1.06$,$p = 0.39$,$\eta_p^2 = 0.06$;组别主效应不显著,$F(1, 18) = 0.02$,$p = 0.90$,$\eta_p^2 = 0.00$。这表明,在威胁生命应激情境下正、负向应激组在应激影响程度上的感知不存在显著差异($p > 0.05$),但在应激期,负向应激组比正向应激组体验到更高的压力影响程度。整体来看,正向应激者在威胁生命应激情境下的应激影响程度回落得更快一些。具体如图9-4所示。

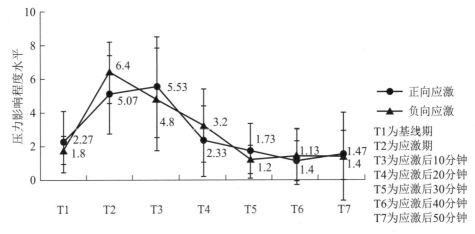

图9-4 威胁生命情境下正、负向应激者不同时间段压力影响程度差异

③压力控制程度主观报告。在压力控制程度主观报告上,测量主效应显著 $F(7, 140) = 26.82$,$p < 0.001$,$\eta_p^2 = 0.60$;测量与组别交互效应显著,$F(7, 140) = 3.35$,$p = 0.01$,$\eta_p^2 = 0.16$;组别主效应不显著,$F(1, 20) = 0.55$,$p = 0.47$,$\eta_p^2 = 0.03$。但正、负向应激组在应激期感受到的失控感均显著高于其他阶段($p < 0.05$),负向应激组在应激期感受到了更大的失控程度。具体如图9-5所示。

(2)心率变异性(HRV)结果,具体如下。

①平均RR间期。在MEAN RR指标上,测量主效应显著,$F(6, 108) = 21.56$,$p < 0.001$,$\eta_p^2 = 0.55$;测量与组别交互效应不显著,$F(6, 108) = 0.65$,$p = 0.65$,$\eta_p^2 = 0.04$;组别主效应不显著,$F(1, 18) = 0.12$,$p = 0.74$,$\eta_p^2 = 0.01$。结果表明,威胁生命情境下的正、负应激组在MEAN RR水平上不存在显著差异($p > 0.05$),但正、负向应激组在应激期的MEAN RR水平均低于其他阶段。

具体如图 9-6 所示。

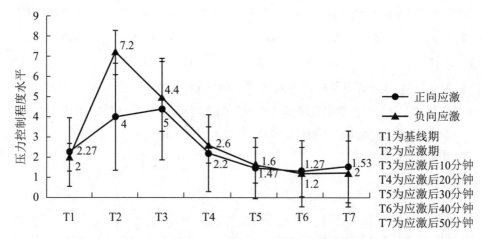

图 9-5　威胁生命情境下正、负向应激者不同时间段失控程度差异

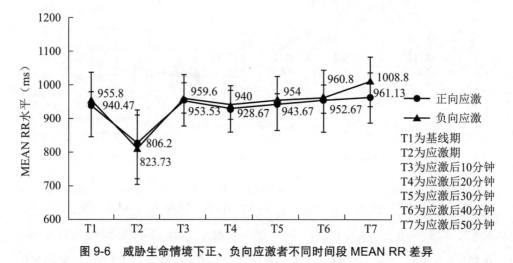

图 9-6　威胁生命情境下正、负向应激者不同时间段 MEAN RR 差异

②相差大于 50ms 的 R-R 间期占 R-R 间期总数的百分比（pNN50）。在 pNN50 指标上，研究结果显示测量主效应显著，$F(6, 108) = 8.88$，$p < 0.001$，$\eta_p^2 = 0.33$；测量与组别交互效应不显著，$F(6, 108) = 0.36$，$p = 0.90$，$\eta_p^2 = 0.02$；组别主效应不显著，$F(1, 18) = 0.40$，$p = 0.54$，$\eta_p^2 = 0.02$。这表明，负向应激组与正向应激组在 pNN50 水平上不存在显著差异（$p > 0.05$），但正、负向应激组在应激期的 pNN50 水平上均显著低于其他阶段（$p < 0.001$）。具体情况如图 9-7 所示。

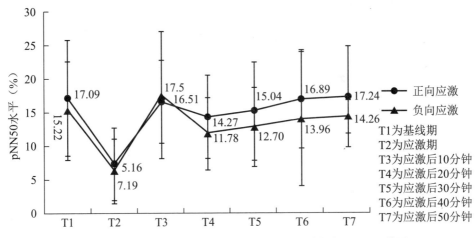

图 9-7 威胁生命情境下正、负向应激者不同时间段 pNN50 差异

③相邻 R-R 间期差均方（RMSSD）结果。在 RMSSD 指标上，测量主效应不显著，$F(6,108)=2.00$，$p=0.72$，$\eta_p^2=0.10$；测量与组别交互效应不显著，$F(6,108)=1.00$，$p=0.42$，$\eta_p^2=0.05$；组别主效应不显著，$F(1,18)=0.51$，$p=0.48$，$\eta_p^2=0.03$。结果表明，负向应激组与正向应激组在 RMSSD 水平上不存在显著性差异（$p>0.05$），但从应激期的平均数看，负向应激组仍然表现出更低的 RMSSD。具体如图 9-8 所示。

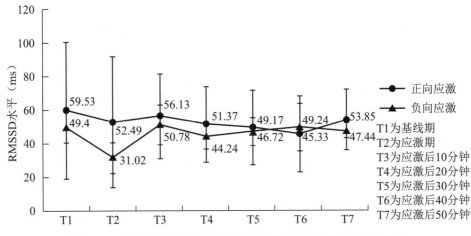

图 9-8 威胁生命情境下正、负向应激者不同时间段 pNN50 差异

④低频/高频比（LF/HF）结果。在 LF/HF 指标上，测量主效应显著，$F(6,108)=27.61$，$p<0.001$，$\eta_p^2=0.61$；测量与组别交互效应显著，$F(6,108)=5.14$，$p<0.001$，$\eta_p^2=0.22$；组别主效应不显著，$F(1,18)=1.07$，$p=0.31$，

$\eta_p^2 = 0.06$。结果表明，负向应激组与正向应激组在 LF/HF 水平上不存在显著性差异（$p > 0.05$），但是无论是正向应激组还是负向应激组，在应激期的 LF/HF 水平上均显著低于其他时间段（$p < 0.001$），且负向应激组比正向应激组在应激期表现出了显著高的 LF/HF 水平。具体如图 9-9 所示。

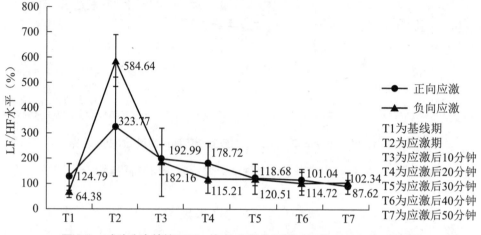

图 9-9　威胁生命情境下正、负向应激者不同时间段 LF/HF 水平差异

综合主观感受指标与客观 HRV 指标结果表明，观看 VR 视频有效地诱发了被试的应激及正、负向应激心理反应。尽管正、负向应激组在有些客观指标上的组别效应不存在显著性差异，但在主观指标上，负向应激组的应激水平、应激影响程度及失控程度均高于正向应激组。在 LF/HF 水平上，负向应激组明显高于正向应激组，这表明在生命威胁应激情境下，正、负向应激的诱发具有一定的有效性，并且说明即使在生命威胁的情境下，个体也会产生正向应激。

（3）生命威胁情境下正、负向应激对风险决策的影响。将生命威胁应激情境下正、负向应激组的风险决策倾向进行差异检验，结果表明，生命威胁应激情境下，正向应激组（$M = 10.20$，$SD = 1.38$）与负向应激组（$M = 19.03$，$SD = 1.76$）在风险决策上存在极其显著性差异，且效应量值很高，表明该结果具有相当的可靠性（$t = -13.20$，$p < 0.001$，$\eta_p^2 = 0.96$）。正向应激组更倾向于做出保守的决策而负向应激组更倾向于做出冒险的决策。

将正、负向应激各维度的得分与风险决策维度进行相关分析，结果显示，除了正向应激中的可控感这一维度与风险决策之间不存在显著相关之外（$p > 0.05$），正、负向应激以及其他所有维度均与风险决策呈显著性相关（$p < 0.05$），且呈高相关（$r > 0.05$）。详见表 9-4。其中，风险决策与正向应激及正向应激维度中的意义感的相关最高，其次是负向应激、积极情绪与消极情绪。正、负向应激及其各维度对风险决策倾向的多元逐步回归分析表明，意义感、积极情绪对风险决策具有显著的负向预测作用（$\beta = -0.89$，$t = -4.81$，$p = 0.001$；$\beta = -0.49$，$t = -2.71$，$p = 0.020$），但生气敌意维度也对风险决策具有显著的负向预测作用（$\beta = -0.51$，$t = -3.40$，$p = 0.006$）。三者总共能够解释风险决策倾向的 90.1% 的变异，具有极高的解释力，其中具有最高解释力的是意义感，可解释风险决策的 82%。这表明一定程度上意义感在生命威胁应激情境下的风险决策更具重要性。

表 9-4　正、负向应激及其各维度与风险决策相关关系

|    | 1 | 2 | 3 | 4 | 5 | 6 | 7 | 8 | 9 | 10 | 11 |
|---|---|---|---|---|---|---|---|---|---|---|---|
| 2 | -0.874** | | | | | | | | | | |
| 3 | 0.862** | -0.941** | | | | | | | | | |
| 4 | -0.798** | 0.940** | -0.935** | | | | | | | | |
| 5 | 0.790** | -0.818** | 0.898** | -0.847** | | | | | | | |
| 6 | 0.905** | 0.949** | -0.952** | 0.918** | -0.862** | | | | | | |
| 7 | 0.837** | -0.870** | 0.907** | -0.860** | 0.767** | -0.882 | | | | | |
| 8 | 0.832** | -0.817** | 0.894** | -0.846** | 0.743** | -0.842** | 0.850** | | | | |
| 9 | -0.861** | 0.911** | -0.858** | 0.771** | -0.719** | 0.871** | -0.829** | -0.708** | | | |
| 10 | 0.802** | -0.909** | 0.936** | -0.872** | 0.778** | -0.882** | 0.756** | 0.816** | -0.822** | | |
| 11 | -0.387 | 0.616* | -0.422 | 0.487 | -0.312 | 0.421 | -0.328 | -0.349 | 0.412 | -0.518* | |
| 12 | 0.597* | -0.804** | 0.854** | -0.769** | 0.692** | -0.807** | 0.802** | 0.640* | -0.792** | 0.777 | -0.316 |

注：1 表示风险决策，2 表示正向应激，3 表示负向应激，4 表示希望感，5 表示焦虑，6 表示意义感，7 表示失控感，8 表示无意义感，9 表示积极情绪，10 表示消极情绪，11 表示控制感，12 表示敌意；* 表示在 0.05 水平（双侧）上显著相关；** 表示在 0.01 水平（双侧）上显著相关。

## 9.2.3　讨论

本研究采用 e-prime 2.0 软件对气球模拟风险决策任务进行编制并验证该范式在我国文化背景下的适用性。结果表明，中文版 BART 范式与中文版 Barratt 冲动量表及中文版感觉寻求量表存在显著相关，这与 Lejuez 的原范式研究结果相一致[432]。Lauriola 等在一项人格差异与风险决策关系的元分析研究中，选取感觉寻求、冲动性两种人格特质分析其与 BART 的关系，发现感觉寻求与气球模拟冒险任务中表现出来的冒险性具有显著相关[449]。Suhr、Barbara 等的研究表明感觉寻求与风险决策具有显著相关[450]。而冲动性是一种人格特质，对行为负性结果的敏感性较低，在对刺激的信息处理完成之前就迅速做出无计划的反应，个体缺乏对行为后果的考虑。国内相关研

究表明，与低冲动被试相比，高冲动特质被试表现出较高水平的风险寻求倾向[451]。王玉洁等利用 ERP 技术探讨了冲动性对风险决策影响的神经基础，其中行为与 ERP 证据均表明高冲动者更倾向于风险寻求[452]。因此，本研究表明该范式具有较好的适用性，可用于测量我国文化背景下个体的风险决策情况，并适合应用于我国大学生群体风险决策的相关研究中。

本研究探究了生命威胁应激情境下正、负向应激对风险决策的影响。结果表明，在生命威胁情境下，无论是正向应激组还是负向应激组，在应激期主观报告的压力程度、压力影响程度及失控程度都显著上升，这表明个体在应激期正、负向应激组都体验到了更高的压力，更强的压力影响程度及更强烈的失控感。另外在客观 HRV 指标上，正、负向应激两组也表现为在应激期的时域指标（MEAN RR、pNN50、RMSSD）上显著低于其他测量阶段，同时频域指标 LF/HF 在此阶段显著升高。这表明本研究采用的虚拟现实应激诱发范式是有效的。研究表明，与由社会威胁评价（TSST）诱发的应激相似，由生命威胁情境所诱发的应激会引起类似的主观、情感及外围应激反应[278]。此外，正、负向应激组在某些指标上不存在显著性差异，这可能与负向应激者样本量不足有关。但负向应激组在各指标上均高于正向应激组，且在 LF/HF 水平上高于正向应激组。这表明即便是在威胁生命的应激情境下，依然会有个体产生正向的应激心理反应。这一点在访谈研究中也得以充分证实。这就从对生命可能产生威胁的应激源角度再次论证了基础研究部分的结论，即应激发生时可能会涉及不同的心理状态，有些是积极的，有些是消极的。积极与消极评价导致了彼此独立又相互联系的应激反应，针对同一个压力源，积极和消极的应激反应可同时产生。令人兴奋的是，即使根据正、负比例进行的正、负向应激划分也同样证实了正向应激者在威胁生命情境下的存在，这在一定程度上对日常观念提出了挑战。在人们的日常观念里，在面临诸如死亡（如迎面而来的敌人）之类的情境时个体是不可能产生具有积极心理状态的正向应激反应的。但若从应激发生时间段上的分析看，本研究是在应激事件发生后进行的访谈和问卷测量，并非事件发生在当下。因此这一结论可能只能基于应激发生后而言，而在应激发生当下的情况则需要另外探讨和继续研究。本研究表明，总体上正向应激者在生命威胁应激情境下的应激影响程度会回落得更快一些，这就在另一层面证实了正向应激存在的积极效应，与本研究结论正向应激可减少风险决策的冒险倾向相一致。同时，威胁生命情境下的应激也可产生正向的应激心理反应，这一研究结论也在一定程度上说明了创伤后可以受益的观点。

本研究验证了在生命威胁应激状态下，正、负向应激对风险决策的影响存在显著差异,具体表现为正向应激组在风险决策中更倾向于做出保守决策,而负向应激组则更倾向于做出冒险的决策。相关分析表明,风险决策与正向应激及意义感的相关最高,其次是负向应激、积极情绪与消极情绪。回归分析表明,意义感、积极情绪及生气敌对对风险决策具有显著的预测作用,其中具有最高解释力的是意义感。这表明情绪因素对生命威胁应激情境下的风险决策具有重要意义,且似乎正向应激及其意义感更具重要性。这与访谈结果具有逻辑上的一致性。这就提示我们,当面临威胁生命的应激事件时,应多寻找生活的意义。但敌意对风险决策却存在负向的预测作用,与相关分析及差异分析结果不符。这可能是由于生命危险遏制了敌意对于风险决策的正向影响,也可能是敌意反而增加了求生的欲望而致。这需要今后扩大样本做进一步更加具体的分析。

综上,本研究在以下几方面有一定的价值。首先,本研究采用更符合人们实际生活的风险决策的 BART 程序对风险决策进行了测量,并验证了其在我国大学生群体中的适用性。中文版 BART 程序弥补了以往风险决策研究方法单一、不适用于大学生群体的缺点,今后对风险决策在我国大学生群体的研究中有了更加可靠的研究工具,并增加了本研究的生态效度。其次,本研究针对以往关于应激对风险决策影响的研究不足提出研究问题并进行补充,利用虚拟现实的方法在实验室对威胁生命情境下的应激进行诱发,弥补了应激诱发及其研究领域的不足,有助于更加全面地看待应激对风险决策的影响。本研究通过考察生命威胁应激情境下正、负向应激心理反应对风险决策的影响,有助于正确认识正、负向应激反应所带来的不同决策结果,有利于个体了解应激下的风险决策行为,为特殊职业的人才选拔提供一定的依据,也为揭示不同性质的应激反应机制提供了重要的实证。

但研究尚存在一定局限。在研究对象取样上,总体呈现男多女少、正向应激者多于负向应激者的情况,因此可能会产生由性别偏差对实验结果产生的误差。因此,后续研究需要加大样本量,注意样本代表性并增加样本异质性。本研究中被试是在应激状态下填写的正、负向应激反应量表,可能由于量表的表述存在社会赞许性的问题,导致负向应激组被试相对较少的情况。未来研究需要对正、负向应激反应量表进行修订,从而更加科学地对正向应激组和负向应激组被试进行筛选。尤其是在正、负向应激者的划分标准上需加强探讨。另外,在 VR 诱发被试应激的效果上,由于有些被试自我卷入低,降低了实验的效度。未来研究需要在仪器设备及材料上不断推陈出新,以加强 VR 诱发应激的有效性。

# 10 研究八：正、负向工作压力对新生代中小学教师健康的影响

## 引言

国外学者将新生代的职场群体称为"Generation Y"，Reynolds 等西方学者认为"Y 一代"的主体是 20 世纪 80 年代以后出生的人群，其注重互联网技术在生活中的应用[453]。社会学家把第二次世界大战以后每 10 年分成一个阶段进行研究，"80 后"指的是 1980 年 1 月 1 日到 1989 年 12 月 31 日出生的人群。鉴于此，本研究将新生代中小学教师定义为 1990 年 1 月 1 日到 1999 年 12 月 31 日出生的在职中小学教师。

根据《2017—2022 年中国劳动力市场运营态势及行业发展趋势研究报告》，现阶段我国以"90 后"为代表的新生代中小学教师已经成为基础教育的主力军，是国家和教育实现新时代发展的核心载体，关系着中小学生身心健康的发展，在实现"健康中国"战略中具有重要作用。对近 10 年工作压力领域的研究主题和热点进行的分析及具有全球影响力的研究表明，工作压力对健康具有重要影响[454, 455]，而中小学教师在相关研究中被认为是一个高压力工作的职业，新生代中小学教师具有较高的工作压力水平[456, 457]。因此在当今"健康中国行动"背景下，探讨新生代中小学教师的工作压力与健康状况是十分必要的。

诸多研究关注工作压力对健康具有重要的不良影响。例如，Monteiro 认为疾病与压力存在重大联系，40%~50% 的疾病与压力有关，工作压力使个人生理、心理和行为偏离常态[458]。压力是影响教师身心健康的重要变量[459]，工作压力对身心健康有负向影响[460, 461]。然而，以往关于工作压力对于健康的影响方面，极少研究区分了工作压力的正、负向性质且呈现了不一致的研究结论。例如，研究显示压力与健康之间存在负相关，但另一些研究则相反。如有研究表明压力对健康具有不利影响，认为压力会促进肿瘤生长，压力对心理健康具有重大不良影响[454, 462]；但一些研究证实压力对健康存在积极的影响，压力可以促进健康，压力会使免疫系统做好对抗疾病的准备、增强心血管功能[121, 124]；有些研究则显示两者关联性很低甚至相关不显著[116, 123, 463]。关于中小学教师工作压力与健康的相关研究方面，研究者大多关注的是工作压力对中小学教师的消极影响，如职业倦怠、身心不健康、低工作绩效等[464, 465]。大众基本对工作压力存在消极的偏见，几乎将"压力"概念与"消极压力"概念等同。多数研究认为教师职业压力对教师健康状况具有负面影响，但也有部分研究结果显示教师职业压力和健康状况之间没有相关或相关很小[466-468]，例如，李建（2000）对中小学教师职业压力与健康状况关系的研究结果表明：非教师组的健康状况优于教师组，且压力与健康之间相关较小[466]。

基于本书基础研究部分的结论及对以往研究中压力对健康影响的分析，本研究认为在工作压力与健康关系上存在不一致甚至相反研究结论的原因，亦同基础研究部分所阐述，即未能对工作压力的正、负性质予以区分，工作压力也同样具有正、负向的区分。例如，当你得知上司要提拔你时，你可能会因为自己的工作成绩得到认可而产生愉悦感和满意感，也会为自己在今后工作中拥有实现新目标和新挑战的机会而兴奋不已，但同时你也可能因为虽然升职但是加薪幅度达不到预期而失望，或者是升职后工作任务加重而感到焦虑。面对同一个工作压力源，个体可能会同时产生积极心理反应和消极心理反应，这两种反应在本质上是相互独立又相互联系的，正如前期基础研究部分与一些研究的结论[196, 469]。因此，我们需从唯物辩证法及系统论的观点出发，首先，搞明白工作压力的性质，分别探讨正向压力和负向压力对健康的影响。本研究基于刺激—反应交互作用的压力观点，在参考前期基础研究部分对正、负向应激概念理解的基础之上，将正向（积极）工作压力界定为工作压力源经个体认知评估后产生的积极心理状态，负向（消极）工作压力界定为工作压力源经个体认知评价后产生的消极心理状态。此外，基于前期基础研究部分提出的社会心理应激模型及 Quick 的整体压力模型：在各种压力源与其他后果变量（如健康、工作绩效）之间，正向工作压力、负向工作压力起中介作用[470]。本研究将正、负向工作压力放在同一个研究框架之中，以更加整体的角度探讨工作压力。

其次，在工作压力与健康的关系研究领域，社会支持受到学者们的广泛关注。对中小学教师的相关研究表明，社会支持和应对方式在工作压力与身心健康之间起缓冲作用，对个体发展具有积极意义。有研究认为压力与健康之间并没有直接关系，二者之间可能存在一些调节变量[119, 471]，社会支持是最重要的调节变量。研究认为社会关系和健康紧密联系，社会支持至少在理论上被认为是缓解工作压力的重要资源。但近20年的实证研究均未能明确社会支持与健康结果及与工作压力的关系究竟是怎么样的，如研究表明在某些情境中社会支持是加剧而不是缓解了压力的负面影响[301]。这就促使人们研究与社会支持另一方面相关的部分，即帮助或支持他人的给予社会支持。一项历时5年的追踪研究表明，那些不帮助他人的个体暴露在压力下会增加其30%的死亡风险[122]。因此，研究认为，在压力与健康关系中，研究个体的助人行为比获取帮助或支持更具意义。因此，给予社会支持在教师工作压力与健康的关系中及其压力结果发生的过程中起了什么作用？是如何起作用的？这是个值得探讨的问题。研究发现，相较于接受社会支持，给予社会支持对健康更具有重要意义[473-475]。因此，本研究将探讨给予社会支持对工作压力及健康的影响。

综上所述，本研究以"90后"新生代中小学教师为研究对象，以JDCS模型、整体压力模型、认知评价理论为理论基础，拟对以下主要研究问题进行探讨：正、负向工作压力对其健康的影响及其影响机制是什么？给予社会支持在其中起了什么作用？这些问题的探讨将关系到如何减少工作压力对新生代中小学教师的消极影响，及如何最大限度地激发他们的工作热情、健康地投入到工作中，并为更好地开展工作压力干预方案及健康风险管理策略提供依据。

## 10.1 研究目的

考察"90后"新生代中小学教师正、负向工作压力心理反应在其工作压力程度与健康之间的作用并探讨给予社会支持对该过程的影响，从而了解工作压力影响健康的心理机制。

## 10.2 研究假设

根据前期基础研究部分及JDCS模型、整体压力模型、认知评价理论，提出以下研究假设。

假设 1：正、负向工作压力在工作压力程度和健康之间具有中介效应。

假设 2：给予社会支持调节正、负向工作压力在工作压力程度和健康之间的中介效应，即给予社会支持调节工作压力程度通过正向与负向工作压力影响健康的中介效应。理论模型图如图 10-1 所示。

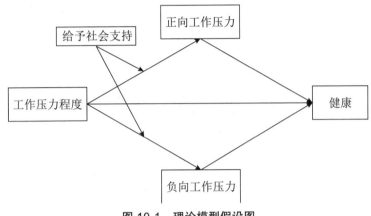

图 10-1 理论模型假设图

## 10.3 研究方法

### 10.3.1 研究对象

方便取样 455 名"90 后"中小学教师，分别通过网络平台及线下课间发放问卷，共回收有效问卷 404 份，有效回收率为 88.8%。其中，纸质有效问卷为 144 份，电子有效问卷为 260 份；男性 101 人，女性 303 人；已婚 116 人，未婚 285 人；小学教师 232 人，初中教师 108 人，高中教师 63 人。人口学基本情况如表 10-1 所示。

表 10-1 研究对象人口学基本情况

| 人口学变量 | | 人　数 | 百分比（%） |
| --- | --- | --- | --- |
| 性别 | 男 | 101 | 25.0 |
| | 女 | 303 | 75.0 |
| 工作时间（月） | 0~24（含） | 192 | 47.5 |
| | 25~48（含） | 101 | 25.0 |
| | 49 以上 | 100 | 24.8 |

续表

| 人口学变量 | | 人数 | 百分比（%） |
|---|---|---|---|
| 独生子女 | 是 | 109 | 27.0 |
| | 否 | 295 | 73.0 |
| 婚姻状况 | 已婚 | 116 | 28.7 |
| | 未婚 | 285 | 70.5 |
| 出生地 | 城市 | 117 | 29.0 |
| | 农村 | 287 | 71.0 |
| 班主任 | 是 | 164 | 40.6 |
| | 否 | 233 | 57.7 |
| 学历水平 | 大专 | 19 | 4.7 |
| | 本科 | 367 | 90.8 |
| | 研究生 | 18 | 4.5 |
| 工作单位 | 小学 | 232 | 57.4 |
| | 初中 | 108 | 26.7 |
| | 高中 | 63 | 15.6 |

## 10.3.2 研究工具

（1）自编"90后"中小学教师基本情况问卷。该部分包括人口学变量的信息，如性别、年龄、工作年限、婚姻状况、学历水平等9个题项，对"90后"中小学教师的工作压力水平进行调查。让调查对象回忆最近发生的压力事件并判断该事件给自身带来的压力程度，让其在0（无压力）~10分（压力非常大）之间按真实感受打分。

（2）正、负向工作压力心理反应量表。本研究基于前期基础研究部分的正、负向社会心理应激心理反应量表，结合"90后"中小学教师工作实际对该量表进行了修改。例如，为使其适合"90后"中小学教师群体，将问卷指导语修改为：在您工作中因经历该工作事件而感到压力之后，您的感受如何？请按照您真实的情况作答。同时，为避免问卷题项过多引起调查对象疲劳，删除了不适用于中小学教师群体及语义重复的项目，并根据中小学教师职业背景修改了语句表达。如消极情感维度题项：我觉得我很容易动怒。最后剩下44题形成本研究正式问卷。本研究中正向工作压力分量表 $\alpha$ 系数为0.92，负向工作压力分

量表 $\alpha$ 系数为 0.96，分量表内各个维度的 $\alpha$ 系数均在 0.68 以上。验证性因子分析表明该量表结构符合心理测量学要求（$\chi^2/df$ = 1.97，RMSEA = 0.05，CFI = 0.91，TLI = 0.90，SRMR = 0.06）。

（3）简版双向社会支持问卷。该量表共 12 个题项，包括给予社会支持和接受社会支持两个一阶因子，及接受工具性社会支持、给予工具性社会支持、接受情感性社会支持和给予情感性社会支持四个二阶因子。研究表明该量表具有良好的信效度[476]。本研究采用了其中的给予社会支持分量表。为使其适合"90 后"中小学教师群体，将问卷指导语修改为：在您因经历该工作事件而感到压力之后，通常您是怎么想和怎么做的？在符合您实际情况的选项上打"√"。本研究中该问卷的 $\alpha$ 系数为 0.94，给予社会支持维度 $\alpha$ 系数为 0.93。

（4）健康感知问卷。采用 Ware（1978）编制的健康感知量表中的目前健康维度，为了避免问卷题项过多引起调查对象的疲劳，按照 Loading 值大小保留了该维度的 3 个题项以测量个体对目前自身健康水平的知觉[477]。本研究中目前健康感知问卷的 $\alpha$ 系数为 0.96。

### 10.3.3 数据分析

采用 Mplus 7.0 软件进行并行中介效应检验及有调节的双中介效应检验。通过 $\chi^2$（Chi-Square）、AIC、BIC、RMSEA、TLI、CFI、SRMR 等拟合指标来判断模型拟合情况。拟合指数满足以下条件模型可接受：$\chi^2/df$ < 2，RMSEA、SRMR < 0.80，CFI、TLI > 0.90[252]。

## 10.4 研究结果

### 10.4.1 区分效度及共同方法偏差检验

本研究采用 Harman 单因子法对问卷数据的共同方法偏差进行分析，结果显示所有项目在未旋转时得到的第一个主成分解释了 36.8% 的变异率，小于 40% 的临界值，说明本研究共同方法偏差不严重。但也有研究认为单因子模型检验有一定局限，推荐引入方法因子进行检验。采用不可测量潜在方法因子效应控制法对共同方法偏差再次进行检验，结果显示，模型拟合指数并没有明显改善，说明共同方法偏差不明显。

## 10.4.2 正、负向工作压力在工作压力程度与健康之间的中介效应

根据理论假设,正向工作压力和负向工作压力在工作压力程度和健康之间存在并行中介作用。模型拟合结果显示:$\chi^2 = 0$, $df = 0$, CFI = 1.00, TLI = 1.00, RMSEA = 0.00, SRMR = 0.00,表明该模型为饱和模型,需要观察具体的路径系数和显著性。如图 10-2 所示,本研究假设工作压力程度对健康的影响由一条直接路径和两条间接路径实现。两条间接路径如下:①工作压力程度→正向工作压力→健康;②工作压力程度→负向工作压力→健康。两条间接路径可分解为四条直接路径:工作压力程度→正向工作压力($\beta = -0.177$, $p < 0.01$);正向工作压力→健康($\beta = 0.460$, $p < 0.001$);工作压力程度→负向工作压力($\beta = 0.295$, $p < 0.001$);负向工作压力→健康($\beta = -0.182$, $p < 0.01$)。研究认为 Bootstrap 方法具有较高的统计检验力且不受数据分布影响,被认为是最理想的中介效应的检验方法[480]。因此,本研究采用偏差矫正的 Bootstrap 方法,抽取 2000 次 Bootstrap 样本验证正向工作压力和负向工作压力在工作压力程度和健康之间存在并行中介作用,结果如表 10-2 所示。

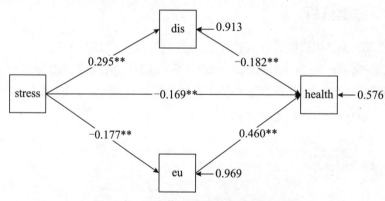

图 10-2 不完全双中介效应模型路径图

注:stress 表示工作压力程度;dis 表示负向工作压力;eu 表示正向工作压力;health 表示健康;** 表示 $p < 0.01$。

表 10-2 工作压力程度与健康之间的双重中介效应分析结果

| 中介效应 | 估计值 | 标准误 | $p$ | 95% 的置信区间 ||
|---|---|---|---|---|---|
| | | | | 下限 | 上限 |
| 正向工作压力的中介效应 | -0.08 | 0.03 | < 0.01 | -0.13 | -0.03 |
| 负向工作压力的中介效应 | -0.05 | 0.02 | < 0.05 | -0.10 | -0.01 |
| 总的中介效应 | -0.13 | 0.03 | < 0.001 | -0.20 | -0.07 |

根据路径分解效应，工作压力程度到健康的总效应等于直接效应（-0.169）加上间接效应（-0.13）为 -0.299，间接效应在总效应所占的比例为（-0.136）/（0.299）= 45.48%，即工作压力程度作用于健康的效应有 45.48% 是通过正向工作压力和负向工作压力起作用。其中，正向工作压力在工作压力程度和健康之间的中介效应为 -0.08，95%CI 为 [-0.13，-0.03]；负向工作压力在工作压力程度和健康之间的中介效应为 -0.05，95%CI 为 [-0.10，-0.01]。两条间接路径的中介效应在 95%CI 中均不包括 0，说明正向工作压力和负向工作压力在工作压力程度和健康之间的中介作用均成立，假设 1 成立。为了比较正向工作压力与负向工作压力在工作压力程度影响健康中的作用差异，对两者的中介效应进行差异检验（正向工作压力的中介效应—负向工作压力的中介效应）。结果表明，估计值为 -0.03，标准误为 0.04，$p = 0.47$，95%CI 为 [-0.11，0.04]。虽然差异检验结果不显著，但在工作压力程度影响健康的过程中，正向工作压力比负向工作压力具有更大的作用。这与本研究的子研究 1 结果一致，表明正向工作压力对健康更具有重要意义，而不是工作压力的程度。这就意味着即使在高压力情境下，依然有可能保持身体健康。此外，由于工作压力程度对健康的路径显著（$\beta = -0.169$，$p < 0.001$），工作压力程度对健康的影响只有部分通过正向工作压力和负向工作压力这两个中介变量实现，该模型为不完全双中介效应模型。这表明，工作压力程度对健康的影响近乎一半是通过正、负向工作压力心理反应产生作用的。这一结果从一个侧面验证了基础研究部分的研究二。

### 10.4.3 给予社会支持对正、负向工作压力在工作压力程度与健康中介的调节效应

采用 Bootstrap 检验方法，首先使用 SPSS 24.0 软件对所有测量项目进行标准化处理并构建中介效应及工作压力程度和给予社会支持的乘积项[481]。然后按照方杰和温忠麟（2018）推荐的有调节的中介模型分析流程进行分析[478]。流程如下。

第一步，判断对于不含交互项的基准 SEM 模型结果是否可以接受。本研究模型的拟合结果显示该模型为饱和模型（$\chi^2 = 0$，$df = 0$，CFI= 1.00，TLI = 1.00，RMSEA= 0.00，SRMR= 0.00），因此需要观察具体的路径系数和显著性。结果如图 10-3 所示，该模型可以接受，因此进入下一步分析。

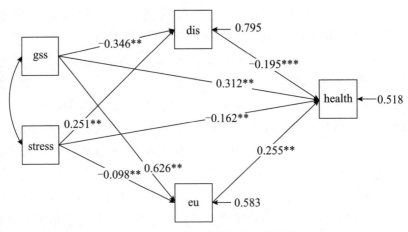

图 10-3 不含交互项的基准模型图

注：stress 表示工作压力程度；gss 表示给予社会支持；eu 表示正向工作压力；dis 表示负向工作压力；health 表示健康；** 表示 $p < 0.01$；*** 表示 $p < 0.001$。

第二步，判断包含交互项的有调节的中介 SEM 是否可以接受。SEM 分析结果表明根据理论假设建构的模型拟合良好（$\chi^2 = 0.47$，$df = 1$，CFI = 1.00，TLI = 1.00，RMSEA = 0.00，SRMR = 0.004）。其中，给予社会支持在工作压力程度对负向工作压力影响中的调节作用不显著（$\beta = -0.03$，$p = 0.56$），但给予社会支持在工作压力程度对正向工作压力影响中的调节作用显著（$\beta = 0.11$，$p < 0.05$）。删去给予社会支持在工作压力程度对负向工作压力影响的调节作用的路径，重新建构模型，结果表明模型拟合良好（$\chi^2 = 0.86$，$df = 2$，CFI = 1.00，TLI = 1.00，RMSEA = 0.00，SRMR = 0.006）。经对比，有调节的中介模型的 AIC = 2748.69 比基准模型的 AIC = 2759.86 减少了 11.18，一定程度上表明模型有所改善。因此，有调节的中介模型可以接受。

中介模型分析结果显示（图 10-4），工作压力程度对健康的预测作用显著（$\beta = -0.162$，$p < 0.001$）；工作压力程度对正向工作压力的预测作用显著（$\beta = -0.109$，$p = 0.006$）；工作压力程度对负向工作压力的预测作用显著（$\beta = 0.251$，$p < 0.001$）；负向工作压力对健康的预测作用显著（$\beta = -0.195$，$p = 0.004$）；正向工作压力对健康的预测作用显著（$\beta = 0.255$，$p = 0.001$）。综上，工作压力程度分别通过正向工作压力和负向工作压力的中介对健康产生影响，具体中介效应如表 10-3 所示。

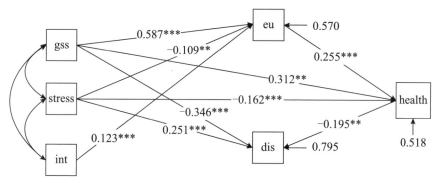

图 10-4 有调节的双中介模型图

注：stress 表示工作压力程度；gss 表示给予社会支持；int 表示工作压力程度和给予社会支持的乘积项；eu 表示正向工作压力；dis 表示负向工作压力；health 表示健康；** 表示 $p < 0.01$；*** 表示 $p < 0.001$。

表 10-3 正负向工作压力在工作压力程度与健康间的中介效应

| 中介效应 | 估计值 | 标准误 | p | 95% 的置信区间 | |
| --- | --- | --- | --- | --- | --- |
| | | | | 下限 | 上限 |
| 正向工作压力的中介效应 | -0.03 | 0.01 | < 0.05 | -0.05 | -0.01 |
| 负向工作压力的中介效应 | -0.05 | 0.02 | < 0.05 | -0.09 | -0.01 |
| 总的中介效应 | -0.08 | 0.02 | < 0.01 | -0.12 | -0.04 |

给予社会支持对正向工作压力的预测作用显著（$\beta = 0.587$，$p < 0.001$）；给予社会支持对负向工作压力的预测作用显著（$\beta = -0.346$，$p < 0.001$）；工作压力程度与给予社会支持的交互项对正向工作压力的预测作用显著（$\beta = 0.123$，$p = 0.009$）。这表明给予社会支持调节了工作压力程度与正向工作压力之间的关系，但并未调节工作压力程度与负向工作压力之间的关系。

为进一步分析给予社会支持的调节效应，本研究将给予社会支持分为高给予社会支持（$M+1SD$）、中给予社会支持（$M$）和低给予社会支持（$M-1SD$），然后进行给予社会支持在工作压力程度与正向工作压力间的简单斜率分析（图 10-5）。结果表明，在低给予社会支持状态下，随着工作压力程度的增加，正向工作压力心理反应呈显著下降趋势；但在高给予社会支持状态下，随着工作压力程度的增加，正向工作压力变化并不明显。这表明给予社会支持正向调节了工作压力程度与正向工作压力的关系。同时，由图 10-5 可知，无论工作压力程度高低，高给予社会支持的个体，其正向工作压力均高于低给予社会支持的个体。这表明，即使高工作压力情境下，也可具有一定的正向心理状态，其中助人行为、给予他人支持等给予社会支持具有重要作用。

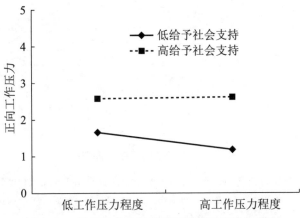

图 10-5 给予社会支持作为调节变量的简单斜率

此外，采用 Mplus 7.0 分别计算出给予社会支持在平均值及正负一个标准差情况下的中介效应，结果如表 10-4 所示。低给予社会支持状态时，工作压力程度通过正向工作压力对健康的中介效应显著（效应值为 -0.06，95%CI 为 [-0.11, -0.02]）；中给予社会支持状态时，工作压力程度通过正向工作压力对健康的中介效应显著（效应值为 -0.03，95%CI 为 [-0.06, -0.01]）；高给予社会支持状态时，工作压力程度通过正向工作压力对健康的中介效应不显著（效应值为 0.00，95%CI 为 [-0.03, 0.04]）。高、低给予社会支持的中介效应差异：95%CI 为 [0.02, 0.13]，差异区间不含 0。因此，给予受社会支持正向调节了工作压力程度通过正向工作压力影响健康之间的中介作用，有调节的中介模型成立。这表明，随着给予社会支持的升高，正向工作压力的中介效应变小，说明给予社会支持的调节作用非常重要，是个体应对压力过程中关键的社会资源。

表 10-4 有调节的中介效应分析

| 调节变量给予社会支持 | 效 应 值 | SE | 95%CI | |
|---|---|---|---|---|
| | | | 下限 | 上限 |
| 低 | -0.06 | 0.02 | -0.11 | -0.02 |
| 中 | -0.03 | 0.01 | -0.06 | -0.01 |
| 高 | 0.00 | 0.02 | -0.03 | 0.08 |
| Diff | 0.06 | 0.03 | 0.02 | 0.13 |

注：低给予社会支持为 $M$-1SD、中给予社会支持为 $M$、高给予社会支持为 $M$+1SD；Diff= 高给予社会支持—低给予社会支持。

## 10.5 讨论

本研究结果表明，正向工作压力和负向工作压力在工作压力程度和健康之间起不完全的中介效应，这与过往学者的研究结果基本一致[469, 470]。工作压力程度不仅直接影响健康状况，也会通过正向工作压力和负向工作压力间接影响健康状况。其中，间接效应达到45.48%，几乎接近一半。这说明，在压力与健康关系的研究中对正、负向工作压力心理反应的研究是十分重要的。这一结果再次验证了本书基础研究部分的结论，即研究二部分的正、负向应激模型。正向工作压力在工作压力程度和健康之间的中介效应高于负向工作压力在工作压力程度和健康之间的中介效应。这表明正向工作压力在工作压力程度影响健康的过程中的作用更具重要性，也意味着对正向工作压力的关注对于完善工作压力模型确实很有必要。过往学者大多将关注点聚焦于工作压力源对健康的直接影响，或者直接将压力反应作为工作压力源的结果进行分析，而忽略了压力心理反应在工作压力过程中的重要作用。这是今后研究需要关注的问题。

以往大量研究论证了社会支持在缓解消极应激负向影响中的作用，及其在调节应激源与应激结果之间关系中的中介或调节作用，如压力缓冲说、JDCS模型。研究认为，社会支持可以缓冲工作压力源对个体造成的消极影响。当个体处于压力情境中，社会支持可以增强个体对压力事件的控制感及个体的积极感受，并能减轻个体无助和无能为力等消极感受[482]。但遗憾的是，相关实证研究结论存在诸多不一致，甚至有相反的结论，有些研究并不支持社会支持具有缓冲作用的假设[483]。有研究表明在某些情境中社会支持会加剧而不是缓解了压力的负面影响[301]。近20年的实证研究均未能明确社会联系与身体健康的结果及其与应激的关系，这就促使人们转向研究与社会支持相关的另一方面部分，即给予社会支持。研究认为，帮助他人会提升帮助者本身的健康水平，如志愿活动能够预测志愿者自我评价的健康水平[303, 304]。一项历时5年的追踪研究表明，那些不帮助他人的个体中，暴露在压力下会增加其30%的死亡风险[122]，但压力并没有预测过去一年帮助他人的个体的死亡风险，压力对那些没有提供给他人帮助的个体的死亡率具有显著预测作用。本研究结果充分支持了这一观点。给予社会支持正向调节了工作压力程度通过正向工作压力影响健康之间的中介作用，给予社会支持是个体应对压力过程中的关键资源，即使是在高压力工作情境下。同时本结论也再次验证了本书基础研究部分中研究四的结论，即助人行为会促进正向应激的生成，进而有益于保持健康。

此外，根据认知评价理论，个体处于压力情境中时会对环境和自身进行三级认知评估。社会支持作为一种重要的社会资源,在认知评价中发挥着重要的作用。当个体拥有较多的社会资源时,可能倾向于降低压力事件危害性的评价,提高对自身应对资源和可选择行为的评估。从该角度也可理解本研究的结论。至于给予社会支持对健康的积极作用优于接受社会支持,这可能是由于接受社会支持会损害个体的自尊心,而给予社会支持可以提升个体的自我价值感,从而使个体产生积极的心境。已有研究表明在应激与健康关系中,研究个体的助人行为比获取帮助或支持更具意义。更愿意帮助他人的人在面对同样的应激源时可能更倾向于产生积极的认知评价,进而采用更积极的心理状态应对应激。鉴于正向应激在健康等方面的积极效应,这在一定程度上可以理解为"善有善报"。从进化心理学角度看,这似乎也可从中找到证据。进化心理学认为,支持或给予有益健康的机制可能是从帮助养育和支持婴儿或其他需要帮助的人的照料系统演化而来。给予他人可能依赖于不同的神经区域,而这些神经区域有助于强化照料行为,且又参与了压力反应的调节,如腹侧纹状体(VS)和隔区。动物中涉及母性照料行为和人类提供社会支持的神经区域均涉及处理基本奖励,并与杏仁核等已知与威胁和应激反应有关的区域具有抑制联系[484]。

综合各研究结果,我们可以发现:即使有较高的工作压力程度,"90后"中小学教师可通过对工作压力源的认知评价,产生了较多的正向工作压力反应和较少的负向工作压力反应,从而获得了较高的健康水平,其中给予社会支持在其中起了重要作用。当今社会竞争日益激烈,压力无处不在。我们应摈弃对压力的消极偏见,正确地认识压力,从而变压力为动力。这无论是对个体的身心健康还是对组织的成长壮大,都将具有重要的积极意义。本研究结论可成为从正、负向工作压力管理的角度提出工作压力干预方案及健康风险管理策略的依据。相较于过往学者过多地关注于工作压力的消极效应,本研究更关注工作压力的积极效应,这有助于人们正确认识工作压力。同时也有助于将传统压力管理侧重于对工作压力消极效应的干预扩展到对正向工作压力的管理,进而丰富工作压力管理的概念和研究。但本研究尚存在一定局限,有待后续研究进一步探讨。今后研究可从以下几个方面着手。

(1)研究工具。采用当前健康感知问卷测量个体主观感知的身体健康状况,可能会受到社会赞许效应和个体自身偏好的影响,这可能会与实际情况存在较大的偏差。今后研究应采用更加客观的测量工具或指标以增加研究结果的可靠性,如当年的体检报告。

(2)行为指标的引入。正向和负向工作压力反应分为心理、生理和行为三类指标,未来研究中可以将正、负向压力反应的行为指标(如应对方式)引入工作压力的模型之中,使模型更为完善。

(3)认知评价的考量。认知评价是一个复杂的过程,受到很多因素的影响。本研究只考虑了应对资源中的社会支持在认知评价环节的影响。实际上,个体资源、个体差异或个体特质也会影响其对工作要求评价的方式。在后续研究中,可以加入更多的影响因素探讨在工作压力源与正、负向工作压力反应之间复杂的心理机制。

# 第4篇　总讨论与总结论

# 11 综合讨论

## 11.1 关于研究结果

根据知识图谱可视化分析技术对近 10 年间应激领域的研究主题和研究热点进行的分析,以及 Science 子刊近几年发表的相关研究和位居 Altmetric 指数百强榜单的研究分析,综合反映了当前应激研究的消极导向及病理学研究的主导地位,也反映了研究者及民众对于应激概念的强烈消极刻板印象。这一现实和研究者们不加区别应激的正、负性质所进行的研究进而造成研究结论不一致,引起了本书的研究初衷。尽管自 Selye(1936)以来就提出应激具有积极和消极的两面,但至今在实践中并未有研究进行全面而有力的论证,包括概念的界定;尽管 Quick(1998)很早就指出应激具有积极效应,但并未见付诸实际的研究;尽管 20 世纪以来就有研究表明压力对健康有积极的影响,但缺乏直接确定的证据。鉴于以上,本研究旨在为应激正名,消除应激的消极刻板认知,并由此建立有益于健康和发展的研究导向和理论模型,让人们认识到压力可能并不是健康不良或癌症等疾病的直接影响因素,与应激有关的疾病等不良后果跟个体的认知及行为更具有直接关系。并且应激还可能对个体的健康或发展是有益的,压力下可以保持健康,应激中可以受益。为此本书基于基础研究和应用研究两大部分,通过八个研究及若干子研究对正、负向社会心理应激问题展开层层递进的探讨。基础研究分别涉及正、负向社会心理应激的测量、后果效应、影响因素、神经基础;应用研究主要涉及认知偏差、风险决策和中小学教师工作领域中的正、负向社会心理应激影响。

第一，基础研究部分的研究一探讨了正、负向应激是两个彼此独立又相互联系的结构，由此论证了正、负向应激分开研究的必要性，并建立了中文版正、负向社会心理应激心理反应量表及正、负向社会心理应激的心理反应指标。正向应激心理反应指标为希望感、意义感、积极情绪和可控感；负向应激心理指标为焦虑、消极情绪、无意义感、失控感、生气与敌意。

第二，在确立了相应研究工具的基础上，研究二采用该研究工具分别考察了正、负向应激对健康等后果变量的影响，由此间接论证了应激在某种情况下（即正向应激）存在有益健康的可能，并主要以此作为正向应激存在积极效应、负向应激存在消极效应的证据。此外鉴于相关理论和研究，在决定或预测未来压力后果中，与应激有关的健康风险认知是关键因素，认知评估在应激与健康的关系中具有重要意义，负向应激通过认知重评可转变其消极影响。为此，研究二通过逻辑回归检验了压力有害健康的认知与不良健康结果相联系这一问题，为相关理论在中国样本中建立了一个新的概念，即压力有害健康的认知与不良健康结果有关。这就为我们重新审视压力或应激提供了一个新的视角，并为我们正确看待压力及其与健康的关系提供了证据。由于逻辑回归主要反映的是变量间的相关关系，而相关关系不能说明变量间关系的方向，因此研究二又采用了可以在一定意义上论证因果关系的结构方程模型来论证这一问题。总体研究二分别从逻辑回归和 SEM 层面上论证了正向应激对健康的积极意义；应激影响健康的认知对应激结果的重要意义；负向应激通过应激影响健康的认知可能会转变其性质进而对健康产生正向作用。

第三，尽管因果模型适用于检验理论假设，并为推断因果关系提供了可能性和相应的基础，但研究二模型中的关系只是假设的因果关系，其涉及的自变量和因变量是在同一时间点。如因变量健康因素是由同时自我报告获得，因而难以满足推论因果关系的先因后果的必要条件。此外，根据系统方法论，对变量间的因果关系需进行多次的不同方式的检验。因此研究三采用了实验室诱发应激的方式收集数据结合 SEM 再次论证研究二中的问题，并在 TSST 之后加入了基于划消测验表现出的行为效率及社交倾向这两个因变量，这就在一定程度上弥补了变量间在发生的时间序列上应是先因后果的因果关系推论条件。研究三在基于 TSST 实验数据的 SEM 意义上验证了理论假设，得出结论：正向应激对健康及工作效率具有积极效应；负向应激对健康具有消极效应；可通过认知调整将消极压力状态转换为积极的状态。

第四，本研究的研究一、研究二、研究三均表明了正向应激的积极效应，那么就有必要对其影响因素做进一步分析，以探索如何促进正向应激的生成及负向应激的转变。研究四基于更为辩证、更为完善的关系论——班杜拉的三元交互决定论，并基于人是自己命运的主人、环境的作用影响取决于主体认知把握的价值观导向，从行为、个体特质、认知评价、生理反应及情境因素 5 个方面探讨了正、负向社会心理应激的影响因素。研究结果表明：正、负向社会心理应激均表现出唾液皮质醇显著上升的趋势，但正向应激上升趋势低于负向应激；促进正向应激生成的个体特质是自我效能感、毅力和助人行为；个体人格特质及内部因素比外部因素对正向应激的生成更具重要性。值得鼓舞的是，具有更强操作性的助人行为可以作为干预的重点，并且由此从一个侧面论证了"善有善报"这一积极导向的价值观。此外，研究四还表明对应激生理唤醒的正向认知评价对正向应激具有正向影响，对负向应激具有负向影响。正向认知重评在应激应对中具有积极效应，对正向应激的生成具有积极意义。这又为我们提供了一个具有操作性的研究干预角度。

第五，仅仅基于以上行为方面的研究还不足以有力地回答研究问题，本部分研究希望在神经物质基础上可以找到以上研究结论的证据。为此，研究五分别采用了 ERP 和 EEG 技术对正、负向心理应激反应发生时及发生前后的脑电神经特征进行了探索性研究，重点考察了正向社会心理应激的神经特点，应激发生时其相应的认知加工，尤其是初级认知评价过程中的大脑神经电生理变化。研究结果表明：在应激发生的早期认知加工阶段，负向社会心理应激者比正向社会心理应激者可能更多地关注了刺激消极的一面。正向社会心理应激反应者在应激的早期认知加工阶段表现出更低的认知资源消耗、较强的认知辨别和更快的信息加工处理速度。正向应激者在应激初级评价的后续情绪加工阶段降低了消极情绪反应或情绪强度。如鉴于消极情绪与皮质醇分泌的正相关性，那么这种降低必然可能与积极的健康结果相联系。至此，为正向应激的存在及正、负向社会心理应激的效应找到了神经活动层面上的证据。

鉴于以上，通过整合本书各项研究结果，我们在理论上构建出了一个包括正、负向应激的较为完整的社会心理应激模型，以期能够为今后的研究及其应激干预提供借鉴。如图 11-1 所示，该理论模型重点表达了以下两点。①同一应激源在同一个体身上可同时产生正向和负向的应激心理反应，其中应激的数量、持续时间、不同应激源和程度需要不同的研究继续论证。②正、负向应激需从生理指标，包括神经活动方面的特征、心理指标和行为指标上予以考量。其中生物标记主要应考量唾液皮质醇，根据本研究的探索，主要应是唾液皮质醇随时间变化的趋势而不是总量。HRV 是另一个主要的生物标记，在生化指标上两者应结合考虑。在脑电活动标记上，本研究认为主要是考察 LPP 波的变化及 $\theta$（4~8Hz）、$\alpha$（8~12Hz）的平均功率；心理指标需要继续探讨各自的核心要素。根据本书的研究结论：①情绪因素似乎并不是区分正、负向应激的核心成分，希望感、意义感等心理状态更具重要性；②行为指标方面，根据新近研究，被试的特定用词比自我报告能更好地反映其应激状态[485]，因此今后研究可考虑从语言表现上考量正、负向应激；③正向应激的生成条件应从个体内部特质、认知、环境和行为方面进行探索，尤其应关注个体的认知评价和认知重评在负向应激转变中的作用；④在应激发生全过程中均应关注调节或中介变量的作用；⑤对应激或压力本身的认知或观念在正、负向应激生成及结果中具有关键作用。

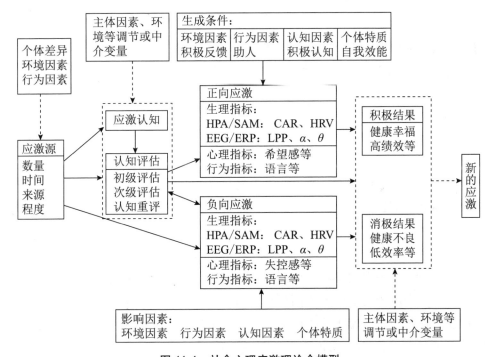

**图 11-1　社会心理应激理论全模型**

第六，可重复性和可检验性是科学研究的重要特征。为进一步在社会生活实践中检验基础研究部分的研究结论和理论观点，基于基础研究部分的理论观点、研究结果及构建的社会心理应激理论全模型，我们在认知偏差、风险决策和工作实践领域中开展了正、负向社会心理应激的相关研究，分别是研究六、研究七和研究八。

研究六在认知偏差领域探讨了正、负向社会心理应激对后见偏差的影响，并探讨了应激状态下个体的人格特质与后见偏差的关系。即应激状态下哪些人格特质更容易或更不容易产生后见偏差,以及人格特质在正、负向社会心理应激与后见偏差之间的作用。主要研究结果表明:①相较于非应激状态,在应激状态下个体会产生更大的后见偏差,负向社会心理应激状态下个体会产生更大的后见偏差;②应激状态下,高神经质个体的后见偏差更大,负向社会心理应激者的后见偏差更大,正向社会心理应激具有更少的后见偏差。研究七探讨了威胁生命情境下,正、负向社会心理应激对风险决策的影响。结果表明:①在生命威胁应激情境下,负向应激者具有更高的压力、更强的压力影响程度及更强烈的失控感;②正向应激者比负向应激者更倾向于做出保守的风险决策,而负向应激者在面临生命威胁应激情境下更可能做出冒险冲动的行为。研究八在中小学教师的工作实践领域探讨了正、负向工作压力对其健康的影响及影响机制,并通过建构有调节的并行中介模型检验正、负向工作压力在工作压力程度与健康之间的中介效应是否受到给予社会支持的调节。研究结果认为:①工作压力程度、负向工作压力对"90后"中小学教师的健康状况具有消极影响,给予社会支持、正向工作压力对"90后"中小学教师的健康状况具有积极影响;②正、负向工作压力心理反应在工作压力程度与健康之间分别具有中介效应,给予社会支持是个体应对压力的关键资源,且对正向压力的生成具有重要意义。

综观这三个应用研究,基本支持了基础研究部分的核心研究结论。分别体现在以下几方面。①正、负向应激是两个彼此独立且又相互联系的结构,针对同一压力源两者同时存在,即使是在威胁生命的应激情境下。此外,CEDPRS的有效性在不同的实践领域得以论证。②负向应激是健康的危险因素,正向应激是健康的保护因素。正向应激具有积极效应,负向应激具有消极效应。③在正、负向应激影响因素方面,个体特质比情境因素似乎更具重要性,即使在威胁生命的应激情境下,正向应激者依然表现优秀。助人行为对正、负向应激的生成具有显著影响。助人行为包括给予社会支持。这在中小学教师的工作压力领域同样支持这一结论,给予社会支持对正向压力的生成具有重要意义。综上,这在一定程度上从科学研究的可重复性角度充分说明了本书研究的科学性。所谓可重复性,即指不同研究运用同样或类似的程序和方法可以得出相似的结论。实践是检验真理的唯一标准。至此,我们可以在一定程度上有把握明确该研究的研究信度。

本研究认为正、负向应激的区分是个比例关系问题,而不是全或无的关系。根据进化形成的机制,正向应激产生的积极效应或负向应激的消极效应可以遵循计划机制失败或成功适应的思路来理解。进化形成的机制主要在以下三个方面发生失败：①激活失败，当面临相应的适应性问题时，机制未能被激活，比如一个人看到蛇时不觉得害怕；②背景失败，在不应该激活的情境下机制却被激活了，比如对玩具蛇产生恐惧；③协作失败，一种机制未能和其他机制相互协作，而它们本来应该相互协作，比如对自身配偶价值进行评估的机制在现有情境下追求合适的择偶对象时未能发挥指导作用[182]。本研究认为应对面试、升职等具有发展意义事件时而产生的同车祸等负向事件一致的生理应激反应可能就属于第二种进化机制发生失败的情况，即在不该激活的情境下被激活，由此可能产生了应激适应不良。此外，第三种失败也可能可以解释正、负向应激的生成机制，即在刺激事件发生时，正向应激反应与负向应激反应同时产生。如果两者可以互相协作，就可以达成良好的适应进而避免了不良后果的产生，即生成正向应激；如果两者不能协同作用就可能产生不良后果，即产生传统应激观点认为的消极后果。例如应激发生时，有机体除了分泌被认为具有促进肿瘤生长的肾上腺素与去甲肾上腺素分泌的同时，还会释放可以保护心脏系统的催产素。不同作用的激素释放均是为了良好应对外界刺激，若可以协作良好就达成适应。在心理反应方面，产生消极情绪、焦虑等不良心理状态的同时也可能产生希望感、意义感等积极的心理状态。消极心理有利于警戒，积极心理有利于发展，两者良好的协作达成适应。但有些功能障碍或适应不良可能是环境差异造成的适应不良。比如，远古环境与现代环境存在巨大差异甚至天壤之别，因此进化已形成的机制仍能完全执行其本来的设计功能，但由于环境剧变产生了适应不良。比如，对蛇仍然具有相应的正常应激反应机制，但对电影里的蛇也具有类似的反应，而后者则可能属于适应不良，这可以通过认知调整进行适应纠正。因此，在现代人类社会我们不能再去遵循战斗—逃跑的应激机制或观点去理解所有的应激现象。从个体自身角度，如果均具有此种应激消极认知，就可能会有更多的机会被反复唤醒而进入消极应激状态，从而加剧消极后果的发生。因此，正、负向应激的区分在人类发展意义上具有很大的必要性。

## 11.2 关于研究工具与研究方法

本书采用了多种收集数据的方法、多角度论证的研究思路，综合运用多类型的方式与手段论证变量间的关系以更全面地认识问题的本质，并最大化地遵循了因果关系建立的逻辑。例如，logistic 回归主要反映的是变量间的相关关系，而相关关系不能说明变量间关系的方向，因此又采用了可以在一定意义上论证因果关系的 SEM 进行论证。其主要体现在研究设计上，即在横向数据研究的基础上建立相应的研究工具并对研究问题进行初步验证，然后在横向研究发现的基础上，进一步采用实验研究范式结合 SEM 进行特定的研究设计再次验证变量间的因果关系。又采用认知神经科学技术对研究问题进行了验证。在具体研究方法上，综合采用知识图谱文献可视化分析法、问卷调查法、访谈法、行为实验法、ERP 技术和 EEG 技术等多种研究方法对正、负向社会心理应激的相关问题进行了系统研究。在数理统计上，综合采用了探索性因素分析、验证性因素分析、方差分析、共同方法偏差分析、logistic 回归分析、中介效应分析及 SEM 分析等方法多角度保证了分析的客观性和可靠性。本研究数据分析中始终以理论而非数据为导向，如模型的修正、比较及最终模型拟合的接受，并采用了系统方法论所强调的最优化思路——竞争模型择优选取的思路。

  本书共探讨了四个正、负向社会心理应激相关研究工具。以往研究对于正向应激的界定存在操作化的困难，使得正向应激及正、负向应激分开的研究与应用只是更多地停留在理论和概念层面，较少进行实证研究和实践应用研究。本书关于研究工具部分的研究为今后的相关研究提供了一定的研究基础和操作可行性。主要体现为以下几点。①关于中文版正、负向社会心理应激心理反应量表的发展，其翻译工作和内容审查充分考虑了文化差异及群体差异问题，并且在修订及翻译流程上依据了经典翻译模型和相关翻译方法学原则，从而保障了量表的内容效度与专家效度。经预测及正式施测的信效度检验，表明该量表具有可接受的效度和良好的信度，可作为后续研究的有效工具。②关于正、负向社会心理应激实验室诱发范式的建立，本研究从应激源引发的心理反应角度对当前元分析认为的最具有应激诱发效力的 TSST 范式诱发应激的正、负向性质进行了探讨，以期建立能够诱发正向应激的实验室范式。结果表明，TSST 能够作为正向应激诱发的工具，可以成为进一步探讨正向应激积极效应的工具。③关于正、负向应激 ERP 研究诱发范式的建立，本研究基于 TSST 和以往研究改编的、包含公众演讲及计算机心算估算任务的范式进行了适用于 ERP 技术的社会心理应激研究范式的探索。结果表明本研究设计的适用于 ERP 技术的应激诱发方式在 HPA 轴、SAM 轴及心理反应上均显著诱发了心理应激，并且既诱发了正向应激心理反应，又诱发了负向应激心理反应。故认为可以使用这一范式进行正、负向应激的 ERP 研究。④关于威胁生命的应激情境下正、负向应激心理反应的测量，本研究通过佩戴 VR 眼镜观看 VR 视频的方式诱发被试生命威胁情境下的应激。在本研究中诱发生命威胁情境下应激的 VR 视频是一组大桥坍塌的紧急事故现场。数据分析结果及访谈结果表明虚拟现实生命威胁应激诱发范式是有效的。这为今后的生命威胁情境下的应激研究提供了可操作的实验室范式。以上研究工具为社会心理应激研究拓宽了研究思路,为正向应激的研究及不同性质的应激研究提供了实践操作的可行性,尤其是 CEDPRS 的发展和确立。这一研究结果对压力管理、健康实践及压力理论的研究均会有一定的贡献,显而易见地为建立全面的压力模型提供了工具支持。此外,鉴于以往关于压力和健康关系研究结果的不一致,该工具在压力正、负类型区分的基础上对研究压力与健康的关系具有重要意义。研究人员可以使用 CEDPRS 来了解压力的不同影响,并识别不同的个体,即哪些是正向应激者,哪些是负向应激者。因而,压力的管理和干预可能会变得更加有效和更具有针对性,在特殊职业的选拔上该量表也具有重要筛选作用。当然,鉴于研究工具的局限性,未来的研究者有必要在不同的职业领域和不同的年龄组别重复我们的研究,以评估 CEDPRS 的外部效度和普遍适用性。

所有的研究结果均指向一个重要观点:压力是人们生活的一部分,在工作中尤其如此。对个体来说,压力根本就不是固有的坏事。因此,更深入地探讨如何促进正向压力的生成会更具有生产力和幸福效益。

# 12 研究评价与展望

## 12.1 研究价值与创新

本书遵循多角度、多层面、多学科的研究思路，对正向应激和负向应激的心理机制及其神经基础问题进行了系统地探讨和实证研究，一定程度上揭示了正、负向应激的结构、心理指标及形成机制，尤其关注了正向应激的积极效应、生成条件和神经基础，为丰富和发展全面的应激理论模型奠定了一定的研究基础，且对于切实推进应激的积极干预思路转变及应激概念的正确认识具有一定的启示和指导意义。综合而言，本研究在以下几方面有所拓展和创新。

### 12.1.1 研究视角和思路方面

（1）新的思路：最好的科学与实践方法应包含积极和消极（正、负）两种视角。本书总体以系统论、整体论和辩证唯物主义的观点为研究思路指引，基于压力下可以保持健康、应激中可以受益的理念，在关注负向应激的同时强调对应激积极效应的重视，以建构全面的应激模型。

（2）新的角度：从进化心理学和三元交互决定论的视角提出问题并解决问题，提出在现代人类社会可能存在的原应激反应模式的适应性偏差问题，并主张遵循更符合人性和应激复杂性的三元交互决定论来探讨变量间的因果关系，以修正或完善已有的应激理论。

更为重要的是，本书在一定程度上为消除应激的消极认知偏见提供了研证据，这对于如何辩证地看待应激或压力、纠正已有的压力偏颇认知具有重要意义。

### 12.1.2 研究方法方面

（1）采用知识图谱可视化分析手段对研究文献进行分析，为在大量研究文献信息中有效把握应激领域的研究现状、研究主题和研究热点提供了保障。

（2）采用实验室应激诱发范式与问卷调查横向数据建模结合的范式探讨社会心理应激问题，从多角度保障了因果关系建立的可靠性和研究效度，从行为数据和脑电活动数据上增加对正、负向社会心理应激的理解。

（3）联合采用 ERP 和 EEG 技术对正、负向社会心理应激发生时及发生前后的脑电神经特征进行探索性研究，这为更清晰、全面地揭示应激过程的神经生理机制提供了基础，为我们从大脑神经基础上理解现有应激研究之间的分歧与不一致提供了另一个解释的视角。

### 12.1.3 研究内容方面

（1）本研究创新性地探讨了 TSST 的应激诱发性质问题，并将正向社会心理应激纳入 TSST 范式下的实验室研究，避免了采用完全自陈式量表和其他不成熟实验诱发范式研究积极压力的弊端。

（2）本研究对正、负向社会心理应激相关的研究工具进行了有益的探索：在中国被试群体中开发并验证了正、负向社会心理应激心理反应量表；对 TSST 作为正向应激诱发手段进行了探索；结合 ERP 技术和以往相关研究对 TSST 进行了改造，完整保留了不可控性和社会评价威胁这两大诱发心理应激的关键性因素，并克服了已有代表性研究范式中省略面试成分等不能满足 ERP 技术或诱发效应不足的缺点。

（3）本研究多角度、多方法论证了同一个应激源可同时产生正、负向应激心理反应，正向应激心理反应的存在及积极效应，并开创性地综合探讨了正、负向社会心理应激的心理指标和生理指标。目前研究者关于心理应激产生的效应及原因，如对健康的影响仍存在较大分歧或偏见，本研究在一定程度上能够为该争论提供数据支持。

（4）本研究从班杜拉三元交互决定论的角度探讨了正、负向社会心理应激的影响因素问题，并多角度论证了认知因素在正、负向社会心理应激生成过程中的重要作用，基本肯定了可被主体控制的因素在应激发生或应激结果中的重要作用。这就为社会心理应激的干预提供了积极的思路。

## 12.2 研究局限

基础研究部分通过 5 个研究系统论证了正向社会心理应激和负向社会心理应激的心理机制及神经基础，着重探讨了正向社会心理应激的积极效应、生成条件和神经基础，为揭示不同性质的社会心理应激反应机制提供了重要的实证证据。但研究局限是显而易见的，主要体现在以下几方面。

第一，取样的范围和样本量方面。本研究受到经济、时间和可行性的限制，在样本量上存在一定的局限，且各项研究取样仅限于大学生，因此在研究结论的推广性上也存在一定局限。由于样本量不足而影响了本研究效度的几个情形列举如下。①本研究在论证 TSST 诱发的正、负向社会心理应激性质时，由于样本量较小，且在正、负向社会心理应激的分类上存在一定的技术缺陷，造成基于正、负向社会心理应激心理反应问卷划分的负向应激组被试过少。因此，今后研究应在更大样本中进一步论证，并探讨和证实正、负向应激的分类标准。②尽管本研究分别采用问卷法和实验室诱发应激的方式进行数据收集并运用 logistic 回归及 SEM 论证了变量间的关系，对变量间的因果关系进行了多次的、不同方式的检验，一定程度上满足了因果关系推论的必要条件，但由于研究样本量相对较小，造成模型包含了比观测更多的估计参数而使得模型不够稳定，因此个别不显著路径需要加大样本量进行再次探讨。③本研究中 HRV 频域指标与时域指标在实验条件和控制条件下均未呈现显著性差异，这也可能与样本量不足有关。在正、负向社会心理应激的神经基础研究中也存在由于样本量小而可能存在的正、负向心理应激划分不严格问题，今后的研究需加大样本量，并采用更严格的划分标准进行探讨。

第二，本研究没有严格区分急、慢性应激。问卷调查中没有排除可能经历急性应激的被试，采用急性社会心理应激诱发范式 TSST 时也没有排除被试已有应激经历的影响（尽管以往研究也没有排除被试已有应激经历），因而研究结果的推论需考虑该问题。如在探讨适用于 ERP 的 TSST 改编应激诱发范式中，几乎所有被试在实验之前均经历了不同程度的应激。鉴于应激具有累积效应，不能明确被试是否仅仅为急性应激，因而所有相关结论对急、慢性应激不予以区分，统一解释范畴为社会心理应激。这是今后研究需要继续探讨的问题。

第三，本研究通过横断问卷调查，采用主观自我报告的方式收集相关压力数量、压力影响健康的认知及健康的数据可能会存在误差。尽管研究在论证应激效应时采用了工作效率和社交倾向进行了一定程度的补充，但在论证应激与健康的关系问题上仍然存在缺陷，横向数据毕竟在满足因果关系推论的条件上存在很大不足。因此，今后应采用纵向研究和大数据进一步论证正、负向应激心理反应与健康的关系，尤其是对健康变量的测量。基于主观自陈的数据必然缺乏效度，今后研究可考虑基于体检报告的大数据。

第四，正、负向社会心理应激的心理反应指标仍需进一步探讨。尤其是正向社会心理应激心理指标中的"可控感"是否成立，需要进一步论证。本研究中可控感这一维度的负荷较低可能是与题目反向表达有关。可控感的核心含义是指个体对可支配资源能否满足需要的感受，但可控感的几个题目可能并未准确反映其核心含义。因此该测量项目还有待于进一步的验证和完善。

第五，在研究设计和分析上，本研究中应激程度仅仅指向的是量的方面，因此在变量表述时称为"应激数量"，今后研究关于应激程度还需在质的方面予以考量。本研究没有针对任何具体的应激来源，只是使用一个项目测量过去一年中经历的压力数量以评估个体可能承受的应激程度。鉴于研究的经济性和可行性，在论证 TSST 有效性时仅进行了 4 次皮质醇测量，这些都是本研究的局限所在。此外，由于心率采集为全程，为防止实验干扰而没有在实验过程中设置时间点，在后续数据分析过程中考虑到手动截取时间点可能对 HRV 数据分析造成误差，因此没有对 HRV 数据进行对应时间点的分析，这是今后研究需改善的地方。此外，本研究关于积极反馈对应激反应的影响结论与以往研究相反。这可能是由于本研究在实验设计中没有认识到被主观感知到的积极反馈才更具有意义，本研究中由面试官发出的积极反馈在面试者看来可能并不具有积极支持的含义。这也是本研究的缺陷所在。因此，今后的研究应注意积极反馈的发出者及其实施的时间顺序。

第六，在正、负向社会心理应激的神经基础的论证上，基础研究部分仅在时间维度上采用了 EEG 和 ERP 技术进行了论证，还缺乏在空间维度上的神经活动证据。EEG 和 ERP 虽然具有毫秒级的时间分辨率，但其空间分辨率较低。近红外脑成像技术（fNIRS）在时间分辨率和空间分辨率之间实现了折中，允许研究者在不同环境下施测，因此今后研究可采用 fNIRS 从空间维度的神经机制上探究正、负向社会心理应激的不同效应。

第七，尽管本研究立足于建立包括正、负向应激、前因变量、中介变量、调节变量、后果变量等因素的全面的社会心理应激模型，但该模型还仅仅是个理论假设模型，并且缺乏精确性和简洁性，其可检验性有待今后大量研究的论证。在整体模型的论证上仍然缺乏实际数据的支持，今后应扩大样本以进一步完善。基于本研究，显而易见的问题是：同一应激源在同一个体身上可同时产生正向和负向的应激心理反应，但在生理反应上是否存在实质差异仍需再探讨。不同的应激数量、持续时间、应激源和应激程度是否也同样可同时产生正向和负向的应激心理反应，仍需要不同的研究继续论证。

第八，应用研究部分尽管支持了基础研究部分的主要研究结论，但并不能充分论证基于基础研究结果构建出来的理论模型。该理论模型仍然是松散的、笼统的表达，与真正的科学模型差距甚远，今后仍需大量的数据论证。此外，这三个应用研究在应激的指标上未使用应激的黄金指标唾液皮质醇，由此可能限制了其研究效度。

## 12.3 研究展望

### 12.3.1 建立不同研究领域的统一概念

根据研究综述部分，我们了解到当前对应激概念的理解存在诸多不一致，尤其是国内的研究。应激概念有多个名称，例如有的领域倾向于称为"应激"，有的领域倾向于称为"压力"，甚至有人认为压力与应激是两个不同的概念。在正向应激的称谓方面就更加混乱，其有多个称谓，如良性压力、挑战性压力等。专业术语的不统一和多样性不仅会给阅读和理解带来不便，更重要的是会阻碍学科研究和发展。例如，本研究在进行文献检索时，检索式就难以明确。尽管已经尽可能覆盖常见表达方式，但检索结果的精确性仍然有欠缺，出现了一些不相关文献。这就阻碍了研究者对文献的掌握，限制了对该领域研究的全面了解。这在研究方面的影响也是显而易见的。例如，理论抽象概念的界定不清限制了其操作概念的界定。因此，关于应激的测量必然会存在很多问题。同时，这也必然会严重地影响相应理论的发展和建构。也许这十多年来应激理论发展的停滞不前可能一定程度上与应激概念的界定与测量局限有关。所谓理论，即由一定科学概念、概念间的关系及其论证组成的知识体系。可见统一明确的概念对于学科的发展至关重要。然而从当前的研究看，尽管部分研究认同了从交互作用角度出发的应激概念界定，但仍有许多研究从刺激角度、反应角度、生理反应、心理反应等单一角度进行界定和理解，一元单向论的倾向仍然十分明显。此外，在现实实践中，如果缺乏明确清晰的概念，将会导致研究者或其他相关人员之间沟通困难，甚至造成误解和挑战。因此，未来该领域国内的重要研究任务之一应是统一对应激概念的学术术语表达。

对此，有学者指出可以通过以下几种思路帮助解决术语多样性的问题：

①关注概念的结构效度，例如从增值效度和区分效度两方面对概念进行界定；②对类似概念的文献进行综合回顾和分析；③更精确具体的概念将更有利于理论模型建构，因此应将现有概念考虑扩展其层次或维度[486]。本书认为鉴于中国文化的理解，统一称为"压力"可能更为妥当。关于研究概念和理论，本书认为当前最主要的分歧是研究的量和质的问题。由此才能对正、负向应激概念进行了明确的界定和理解，这对于今后的研究是至关重要的。例如，在医学领域中占主导地位的概念理解是适度的应激即为正向应激，过度的超过机体承受力的为负向应激，这种单一从生理角度理解的应激概念事实证明是有局限性的。生理意义上的适度或者过度应如何衡量是个问题，且应激是个动态过程，不是此时此刻的状态，因此这可能就涉及一个身心关系的问题：能否按照生理应激、生理活动反映的氧化应激去理解心理方面的应激。这是个仍需探讨的重要问题。因此，从这个意义上加强不同学科，尤其是心理学与医学相关领域的交流是非常有必要的。

## 12.3.2　增进交叉学科之间的对话，加强文献梳理

随着学科边界的淡化，跨学科研究成为当下新的研究趋势。经前期文献梳理及近十几年应激研究的知识图谱可视化分析，我们发现应激领域的研究涉及了多个学科，主要是临床医学、公共卫生与预防医学、社会学、心理学、教育学等。其中应激研究涉及最多的学科是临床医学。各学科研究的对话和交流可以彼此启发与促进，这就提示我们至少要加强心理学与临床医学上对于应激的研究联系。例如，医学领域或生物学领域里对氧化应激的研究，就该领域中对正向应激的探讨是我们可以借鉴的。其中，应激医学可能是最需要与心理应激研究加强联系的学科，它是一门涉及生理学、病理学、免疫学、生物化学与分子生物学、心理学等学科的新兴交叉学科，也是应国家重大需求而设立的特种医学一级学科下的二级学科。应激医学主要探讨的是应激状态下的生理、病理过程和应激损伤机制，并探索应激相关疾病的预防和治疗策略。但我们认为从应激研究的整体看，这只是应激研究的一个方面或者流派。在具体研究方面，尤其是在应激概念的理解上与心理学研究角度存在较大分歧。例如，应激医学认为应激这一概念被学者们公认为是有机体在受到内在和外在较为强烈的因素刺激时所产生的非特异性反应[487]。但这一概念理解正如本书综述部分所述，有很多需要摒弃和修正的地方。然而在单一生理意义上的氧化正向应激的研究却是可以沟通借鉴的，即该学科认为的适度水平的氧化应激为氧化正向应激，是机体在各种刺激或压力下维持正常生理功能的关键因素。当然，其中的具体刺

激是否涉及心理应激意义上的刺激是有待具体对话的。

我们在梳理国内应激领域相关研究时发现，国内压力的跨学科研究主要表现在其突破了心理学的边界，逐步向教育学、管理学和医学方向融合，并产生了相应的研究成果。国内学者对于压力的定义因角度不同而各不相同，通常是从一个面或者一个点出发，这也从侧面反映出关于压力研究的分散性。因而当前我们迫切需要对国内压力的相关研究进行梳理和总结，以便为开展后续的压力研究提供依据。但若要做好这一点，就必须加强各学科之间的对话与沟通，不能各自学科搞各自学科的，自成一统。应激研究需要进行各学科研究成果的整理和思考。从研究热点看，国内近 10 年在压力研究领域基本仍然处于描述和相关研究阶段且主要为横向研究，相关理论建构及因果研究、干预研究方面甚少，在研究对象上的广泛性上也较局限。根据文献可视化分析的网络中心密度数据表明，各研究只有 1.39% 的网络连接，这说明近 10 年国内压力研究领域中的研究结构较为稀疏松散，还没有建立出统一的知识体系，在理论框架上还是不够清晰，相关研究较零碎，各个学科的应激研究缺乏整合。我们认为要建立起统一的知识体系，首先要关注不同学科间应激研究的对话和交流，加强相关研究的文献总结与梳理，这些均可成为未来研究的着眼点。

此外，国内压力领域的研究文献在 21 世纪之后呈快速增长态势。特别是 2004 年之后，相关研究文献急剧增加。但当前国内对压力的研究相对比较分散，研究内容之间缺乏联系，没有形成成熟的知识网络。因此，通过对压力文献的整理与分析，总结压力研究的主要内容与研究方向，厘清关键点与重要事件之间的内部联系，可有助于拓宽压力领域研究的眼界与思路，并且对压力研究的历史、发展现状与未来研究趋势进行探索与分析，在当前时代境遇下也具有较强的现实意义。

### 12.3.3　加强应激研究的方法学探索

有效地测量压力及其过程对推动压力研究的发展至关重要。研究的突破往往就在于研究方法上的突破。对于现代科学，尤其是社会科学，研究方法的发展在很大程度上能够推动整个学科的发展。研究方法的落后必然会限制学科的发展，研究方法的发展也必然带来理论上的发展和学术水平的提高。综观心理学发展历史，实验法、条件反射法和数理逻辑方法的引入极大地推动了心理学学科的发展。因此，有学者就深刻强调了应激领域的研究局限是由于其研究方法的滞后及研究范式的混乱。尤其是正向应激的研究，到目前为止仍未见重要进展，2012 年至今 WOS 核心合集全库还不到 100 篇文献。尽管从文献可视化分析看，2015年开始正向应激的研究就凸显了其重要地位，但其研究的增长率远远低于负向应激及应激其他方面的研究。其中最重要的原因之一，我们认为就是研究工具和研究手段的匮乏，以及研究理念和价值导向的滞后。因此，今后的研究需加强应激研究方法学方面的探讨，尤其是正向应激的研究方法方面，如正向应激的分类标准、诱发范式、核心指标，心理、生化、行为及神经活动上的标记等。

就本研究中涉及的正、负向社会心理应激的分类标准问题，目前在实践上对于如何准确区分正、负向社会心理应激仍存在很多不足。仅仅基于问卷或得分进行的正、负向社会心理应激划分必然存在一定程度的主观性，其有效性需采用更为客观的手段进行验证。因此，今后研究可以通过遗传算法对基于正、负向社会心理应激心理反应量表分类标准的可靠性进行验证。支持向量机分类方法作为一种优秀的学习和搜索算法，具有较好的推广能力和较强的非线性动态数据处理能力，它可根据有限的数据通过数据拟合来获得问题的隐式表达，这或许能够为基于正、负向社会心理应激心理反应量表的正、负向应激的划分提供一个更科学的依据。

当前，应激的测量方面是个亟待加强的问题。应激研究中测量不一致并且异质结构混为一谈，这是个严重的问题。不同的压力测量方法及标准会影响研究者整合研究成果的能力。这也可能是诸多类似研究呈现研究结果不一致的原因之一。因此，我们需要使用共同的概念框架，并需考虑到压力的多层次性和复杂性，从而更好地阐明应激的测量方法。建构共同的概念和测量框架可以通过分析不同研究之间的核心相似性及共通性，并通过跨学科领域进行交叉研究比较来达成一致。我们在完善现有的和开发新的压力测量工具方面还有很多工作要做。比如，可以在语言方面、无意识行为方面进行压力测量的研究，研究认为这在挖掘应激与健康不良有关的个体差异方面有很大的未开发的作用[488]。还有压力的神经活动区域方面的研究，应激的神经生物标记的研究可能是更为精确测量的方向。此外，有研究认为单一测量压力的反应及影响而不测量个体所经历压力源的背景，则会限制其预测能力，因为历史背景会影响个体的压力习惯性反应，最终决定该应激是否会产生累积效应[16]。我们认为这也是个需要考虑的压力测量问题。最后，需要特别关注质的研究在应激领域的应用。当前关于应激的质的研究凤毛麟角，这是非常大的缺陷。今后的研究应将量的研究与质的研究相结合，采用多元化的研究方法开展应激研究。尤其是在正向应激及其理论模型的建构上，多角度的论证才能加强其研究效度，具有更强的说服力。

## 12.3.4 加强应激整体化模型的建构

心理学者在早期的机能主义学派中就提到"心理学应该有实用价值,心理学家应该找到有益于人的科学方式"[489],继而人本主义学派提出心理学要着重从个体成长的积极性上找出整个人的价值[490],之后,积极心理学呼吁心理学应研究人类的快乐与力量,强调不能仅仅局限在人性的幽暗面,应更进一步探讨人类的心理优势与价值[491]。因而关注正向应激或积极压力应是未来的应激研究方向。积极压力的本质、前因、后果及其相关第三方变量的研究、模型中变量之间复杂的交互作用,是未来值得继续深入探讨的。由此,压力研究与管理实践、压力研究与健康实践也将会有新的认识。未来研究应指向探索全面的模型建构及正、负向应激的生理、心理和行为指标。当然,这并不意味着要忽略消极压力而走向另一个极端。未来的研究须发展综合性的取向,同时考察应激的积极影响和消极影响,以及各自的生成原因和干预措施,应同时从正向与负向角度评估应激。两者并不是一个全或无的概念,不是一个非此即彼的问题,而是一个相辅相成的问题。尽管占优势的观点必然与社会建构有关,与有利于当前社会文化和价值观的延续有关,但最好的科学和实践方法必然是一分为二的辩证观点[1, 492]。由于正、负向应激是应激中两个独立且彼此相互联系的两个方面,因此一个完整的应激模型应当包含正、负向应激,而不是单独强调正向应激或负向应激的模型[183, 493]。今后研究仍应继续探索并检验本书提出的理论模型。

综观应激研究历史,应激研究及其发展的另一个障碍是我们关于应激是如何运作的理论模型不够精确,无法生成具有高度预测力的模型。传统的刺激—反应框架下建立的理论对于观察和研究压力过程的各个组成部分是有用的,但这些模型往往是线性的。今后的研究需摒弃传统科学的简单性原则产生的元素论和线性因果关系思路,应基于系统论的一般科学方法论考虑应激模型的建构,遵循整体性、综合性、动态性的原则,从它的成分、结构、功能、相互联系方式及历史等方面进行综合的考察。

## 12.3.5 加强正向社会心理应激生成的研究

研究表明,在压力与应激干预上,病理学方向的预防并不能阻碍严重的心理疾病,预防的重大进步主要来自个体相关能力的促进[186]。如应激的应对能力、应激的自我效能、将负向应激转变为正向应激的能力。积极心理学研究发现,人类的某些优势最有可能抵御心理疾病,如乐观、希望、毅力等。因此,个体特质在其中的重要作用不可忽视。尽管我们知道了应激可能会对大脑有损伤，但如何避免损伤才是更重要的，而非治疗。如果能让我们从应激中受益，那更值得积极探索。因而，社会心理应激的脑认知神经科学也应关注应激积极的一面。人们常说需要活得没有压力、无忧无虑，但研究已经证明我们所渴望的没有压力本身也可能意味着压力的产生。我们希望未来的应激研究跳出消极的病理学框架，尤其是来自医学领域的研究，因为人们更在意应激对健康的影响问题。而根据现有的研究结论：应激有害健康的认知更可能损害健康，这一思路本身就是对应激的积极干预。我们希望改变那种对应激的消极刻板观念，如承受压力、遭遇应激就是会产生问题，或健康问题、心理问题等是由压力造成。本研究可能是在挑战一个主流的观点，但我们绝不是否定或反对主流的观点，而是做一补充，希望为之完整。因而在应激的干预上，我们希望根据本书研究初步构建的包括正、负向应激的理论模型能够有益于应激干预措施的建立。实践是检验理论正确与否的有效手段，我们希望今后的干预研究可以对该理论模型继续进行检验。

根据本书提出的社会心理应激理论全模型，正向应激的促进可以从应激源本身的特点、环境系统因素、行为因素、认知因素、个体本身的心理特质等角度进行干预。其中最主要的是个体本身的因素，如自我效能感、坚毅的品质。该因素干预的空间较小，需根据不同年龄进行不同考量；其次是认知和行为因素，该因素干预的空间更大些，在对压力的认知上、应对行为的塑造方面可以多加研究。我们认为认知改变可能需要更长期的干预，且其可控性较差，但行为的塑造可以在短期内完成，因而行为主义的观点在正向应激的生成方面可能更具效力。

目前，由于许多国家政府立法要求组织对员工的心理健康进行评估和风险管理，因而压力的干预研究需求空前高涨，但什么样的干预最有效还无定论。为此我们对应激的干预设计提出一些建议。从干预的思路上看，首先应基于不同的应激性质（正向与负向）开发干预项目。我们期望能在以往应激干预的基础上同时走积极干预的路，即让遭遇压力的人从中受益，在修复应激带来的消极影响的同时给人以正面的力量。以往基于消极应激的干预主要思路是：探寻某因素 A 对个体是否具有不良影响。干预主要涉及三个方面：管理好 A 因素、避免 A 因素的影响、修复 A 因素造成的影响。而基于正向应激的干预思路为：探寻某因素 B 对个体是否具有积极影响。干预主要涉及两个方面：促进 B 因素产生、促进 B 因素的积极影响。此外，在三级干预的目标上两者也应具有明显的区别。例如在初级干预阶段，基于消极应激的干预目标是消除或管理好问题的根源，以防止问题发生或可能造成的伤害，但正向应激的干预目标应是管理好或促进积极结果及积极效应的产生。在二级干预阶段，基于负向应激的干预目的是降低或减少可能的伤害。但基于正向应激的干预是如何将负向应激转变为正向应激，促进应激的积极效应发生。由于基于负向应激的三级干预涉及病理性的问题，这可能不在正向应激的范畴。以上我们提到的两种干预思路可以理解为消极和积极两种。压力的历史也是职业健康心理学的历史[494]，近几年积极职业健康心理学开始关注压力的积极干预，如关注促进健康的工作环境设计，开始由对消极概念的关注转向对积极概念的关注。在这个层面上，本书的研究也顺应了职业健康心理学研究的未来方向。因此，我们有充分的理由相信，我们提出的整体压力模型将在未来研究中得以证实。

最后，正如本书问题提出部分所强调，我们必须意识到，在现代社会中传统的基于动物模型建构出来的应激理论可能存在适应性认知偏差问题。因此，我们认为由 Selye 提出的非特异性应激生理反应机制是存在的，但可能存在适用性偏差，或者是只解释了应激的一个方面。因此，无论是在应激的概念理解、测量及理论建构、干预等方面都需要纠正这种认知上的偏差。需要以多角度、系统化的、辩证的观点作为今后应激研究的指引。

Hans Selye 曾写道：在一般适应综合征的具体研究没被令人满意地阐明之前，将需要很多年，甚至很多代人去探索。事实上，我们将永远无法真正'理解'这一现象，因为对生命的完全理解超出了人类心智的极限。[495] 也许 Selye 的观点略带悲观，未像尼采一样看到困境中的无穷潜力，但在应激研究的道路上所要面临的挑战是显而易见的。尼采曾说过，他的话是说给两百年以后的耳朵听的。19 世纪 30 年代至今，应激研究已经历经了 80 多年，在正向应激的研究道路上、在真正理解整个压力现象的道路上，还有很长的路要走，我们相信前面将会有更多令人兴奋的应激研究时代。

## 总结论

综合本书八个研究的结果，得出主要研究结论如下。

（1）正、负向社会心理应激是两个彼此独立又相互联系的结构。正向社会心理应激的心理指标为希望感、意义感、积极情绪和可控感；负向社会心理应激的心理指标为焦虑、消极情绪、无意义感、失控感、生气与敌意。

（2）中文版正、负向社会心理应激心理反应量表具有良好的信度和效度；

TSST 在中国大学生样本中能够作为实验室诱发正、负向社会心理应激的工具；基于 TSST 改编的适用于 ERP 技术的应激诱发范式可以作为正、负向社会心理应激 ERP 研究的工具。

（3）负向社会心理应激是健康的危险因素，正向社会心理应激是健康的保护因素；正向社会心理应激对健康及行为效率均具有积极效应；应激有害健康的认知对应激结果具有重要意义；认知因素在应激与应激结果之间、正向与负向应激心理反应之间具有重要作用，可通过认知调整将负向应激状态转换为积极的状态。

（4）正、负向社会心理应激均表现为唾液皮质醇显著上升趋势，且正向应激的唾液皮质醇上升趋势低于负向应激。促进正向应激生成的个体特质首要的是自我效能感，其次是毅力和助人行为。毅力及自我效能感对负向应激的生成也具有显著影响。任务难度与积极反馈本身在正、负向社会心理应激的形成上不具显著影响。正向认知重评在心理应激应对中具有积极效应，对正向应激的生成具有积极意义。

（5）在大脑神经活动的 ERP 证据上，正向社会心理应激具有积极效应。在应激发生的早期认知加工阶段，正向社会心理应激反应者表现出更低的认知资源消耗、较强的认知辨别和更快的信息加工处理速度。在大脑神经活动的 EEG 证据上，正向社会心理应激具有积极效应。正向社会心理应激者比负向社会心理应激者更快地恢复基线并转向其他任务。正向社会心理应激者在紧张度、焦虑程度上低于负向社会心理应激者，且在认知能力和记忆方面优于负向社会心理应激者。

（6）在正、负向社会心理应激对后见偏差的影响方面，社会心理应激状态下，个体会产生更大的后见偏差，且负向社会心理应激者表现更甚，尤其是具有神经质特质的负向应激者。正向社会心理应激者具有更少的后见偏差，尤其是具有尽责性人格特质的个体。

（7）在正、负向社会心理应激对风险决策的影响方面，生命威胁情境下，负向社会心理应激者均倾向于做出更冒险的决策，正向社会心理应激者则倾向于做出更保守的决策。

（8）负向工作压力对"90 后"中小学教师的健康状况具有消极影响，正向工作压力对"90 后"中小学教师的健康状况具有积极影响。正、负向工作压力在工作压力程度与健康之间分别具有中介效应，给予社会支持是个体应对压力的关键资源，对正向压力的生成具有重要意义。

## 附录1 正、负向社会心理应激心理反应量表（预测版列举）

亲爱的同学：

您好！这是一项关于大学生生活状况的科学研究，请您花一些时间来填答此问卷。您所填的资料非常宝贵、重要，并且绝对保密，仅做学习和研究之用。您的任何回答都无对错之分，只需依照您的实际情形作答，您的回答愈真实，愈能提升研究结果的正确性。问卷不记姓名，每一道题目请务必填答。千万不要漏答，否则本问卷作废。衷心感谢您的支持与协助！

第一部分：您的基本资料。（不记名，请务必填写，谢谢！）

| 院系（专业）：　　年龄：　　　民族： |
|---|
| 性别：A. 男　B. 女　　是否独生子女：A. 是　B. 否 |

第二部分：请按照您个人真实的做法或想法，在适当的空格内打√。

| | |
|---|---|
| 1 | 在过去的一年中，你觉得你经历了：<br>A. 很多的压力　B. 中等数量的压力　C. 相对较少的压力　D. 几乎没有压力 |
| 2 | 在过去的一年中，你认为你所经历的压力对你健康的影响程度是：<br>A. 很大　B. 一些　C. 很少　D. 没有 |

第三部分：请按照您个人真实的做法或想法，选出最符合您现在此时此刻感觉的选项，在适当的选项上打√。

## 附录1  正、负向社会心理应激心理反应量表（预测版列举）

| 序号 | 题项 | 非常不符合 | 不符合 | 比较不符合 | 不确定 | 比较符合 | 符合 | 非常符合 |
|---|---|---|---|---|---|---|---|---|
| 1 | 目前我觉得自己是相当成功的。 | A | B | C | D | E | F | G |
| 2 | 我觉得我有很多办法可以达成自己的目标。 | A | B | C | D | E | F | G |
| 3 | 我觉得我正朝着既定的目标努力。 | A | B | C | D | E | F | G |
| 4 | 我觉得有许多方法来解决现在所遇到的问题。 | A | B | C | D | E | F | G |
| 5 | 我感到害怕，好像要发生可怕的事。 | A | B | C | D | E | F | G |
| 6 | 我对自己感到自豪。 | A | B | C | D | E | F | G |
| 7 | 我感到惭愧。 | A | B | C | D | E | F | G |

## ● 附录 2　正、负向社会心理应激心理反应量表（后测版）及社交倾向测量节选

第一部分：请按照您真实的做法或想法，勾选出最符合您现在此时此刻感觉的选项。

| | |
|---|---|
| 1 | 假如此时走出实验室，刚好碰到有人遇到困难或向你求助（例如下雨借伞），你愿意帮助他（她）吗？<br>A. 非常愿意　B. 比较愿意　C. 不确定　D. 比较不愿意　E. 非常不愿意 |
| 2 | 此时此刻我想向他人倾诉刚才发生的事。<br>A. 非常符合　B. 比较符合　C. 不确定　D. 比较不符合　E. 非常不符合 |
| 3 | 此时此刻我想向他人诉说我的感受。<br>A. 非常符合　B. 比较符合　C. 不确定　D. 比较不符合　E. 非常不符合 |
| 4 | 此时此刻我想向实验人员或有类似经验的人请教以解除我的困惑。<br>A. 非常符合　B. 比较符合　C. 不确定　D. 比较不符合　E. 非常不符合 |

## 附录2 正、负向社会心理应激心理反应量表（后测版）及社交倾向测量节选

第二部分：请勾选出最符合您现在此时此刻感觉的选项。

| 序号 | 题项 | 非常不符合 | 不符合 | 比较不符合 | 不确定 | 比较符合 | 符合 | 非常符合 |
|---|---|---|---|---|---|---|---|---|
| 1 | 现在各种思想那么多，我无法确定该信奉哪一个。 | A | B | C | D | E | F | G |
| 2 | 我觉得我无法控制地想对别人发火。 | A | B | C | D | E | F | G |
| 3 | 我觉得自己很容易被激惹。 | A | B | C | D | E | F | G |
| 4 | 我觉得我的生活是单调乏味的。 | A | B | C | D | E | F | G |
| 5 | 必须与他人合作才能完成的事，我觉得事更难以办好。 | A | B | C | D | E | F | G |
| 6 | 我觉得自己对各种各样的事情担忧过多。 | A | B | C | D | E | F | G |
| 7 | 我对自己感到自豪。 | A | B | C | D | E | F | G |
| 8 | 我觉得目前我正全力追求我的目标。 | A | B | C | D | E | F | G |
| 9 | 如果我深陷困境，我觉得我会想方设法走出来。 | A | B | C | D | E | F | G |
| 10 | 我觉得生活很美好。 | A | B | C | D | E | F | G |

## 附录3  正、负向社会心理应激心理反应量表（前测版）及毅力、自我效能测量节选

第一部分：请在以下符合自己描述的选项上打√。

| 序号 | 题项 | 非常像我 | 大部分像我 | 有点像我 | 大部分不像我 | 非常不像我 |
|---|---|---|---|---|---|---|
| 1 | 我经常为自己树立目标，但是之后却又转移到另一个目标。 | A | B | C | D | E |
| 2 | 我曾特别着迷某种事情或者事物，但是之后不久就失去了兴趣。 | A | B | C | D | E |
| 3 | 需要集中注意力花很长时间才能完成的事情对我来说很困难。 | A | B | C | D | E |
| 4 | 我是一个很勤奋的人。 | A | B | C | D | E |
| 5 | 挫折使我灰心。 | A | B | C | D | E |
| 6 | 我做事情从一而终，开始了就要把它做完。 | A | B | C | D | E |

第二部分：以下请勾选出最符合您现在此时此刻感觉的选项。

| 序号 | 题项 | 非常不符合 | 不符合 | 比较不符合 | 不确定 | 比较符合 | 符合 | 非常符合 |
|---|---|---|---|---|---|---|---|---|
| 1 | 从体检结果来看，我觉得我现在的身体健康状况良好。 | A | B | C | D | E | F | G |
| 2 | 我觉得我和周围的人一样很健康。 | A | B | C | D | E | F | G |

第三部分：请勾选出最符合您现在此时此刻感觉的选项。

| 序号 | 题项 | 非常不符合 | 不符合 | 比较不符合 | 不确定 | 比较符合 | 符合 | 非常符合 |
|---|---|---|---|---|---|---|---|---|
| 1 | 我有种无能为力感。 | A | B | C | D | E | F | G |
| 2 | 遇到麻烦时，我觉得我无法依靠他人。 | A | B | C | D | E | F | G |
| 3 | 我觉得我的生活是单调乏味的。 | A | B | C | D | E | F | G |

# 参 考 文 献

[1] Nilsson M B, Sun H Y, Diao L X, et al. Stress hormones promote EGFR inhibitor resistance in NSCLC: Implications for combinations with β-blockers[J].Science translational medicine, 2017, 9(415): 10.

[2] Levecque K, Anseel F, De Beuckelaer A, et al. Work organization and mental health problems in PhD students[J].Research Policy, 2017, 46(4): 868-879.

[3] Steptoe A, Kivimäki M. Stress and cardiovascular disease[J].Nature Reviews Cardiology, 2012, 9(6): 360-370.

[4] Dimsdale J E. Psychological stress and cardiovascular disease[J].Journal of the American College of Cardiology, 2008, 51(13): 1237-1246.

[5] Osborne M T, Abohashem S, Zureigat H, et al. Multimodality molecular imaging: Gaining insights into the mechanisms linking chronic stress to cardiovascular disease[J].Journal of Nuclear Cardiology, 2021, 28(3): 955-966.

[6] Steptoe A, Kivimäki M. Stress and cardiovascular disease: an update on current knowledge [J]. Annual review of public health, 2013, 34: 337-354.

[7] Evans T M, Bira L, Gastelum J B, et al. Evidence for a mental health crisis in graduate education[J]. Nature biotechnology, 2018, 36(3): 282-284.

[8] Arnsten A F. Stress signalling pathways that impair prefrontal cortex structure and function [J]. Nature reviews neuroscience, 2009, 10(6): 410-422.

[9] Arnsten A F. Prefrontal cortical network connections: key site of vulnerability in stress and schizophrenia[J].International Journal of Developmental Neuroscience, 2011, 29(3): 215-223.

[10] Branson V, Palmer E, Dry M J, et al. A holistic understanding of the effect of stress on adolescent well‐being: A conditional process analysis[J]. Stress and Health, 2019, 35(5): 626-641.

[11] Merino M D, Vallellano M D, Oliver C, et al. What makes one feel eustress or distress in quarantine? An analysis from conservation of resources (COR) theory[J]. British Journal of Health Psychology, 2021, 26(2): 606-623.

[12] Walker M E, O'Donnell A A, Himali J J, et al. Associations of the Mediterranean-DASH Intervention for Neurodegenerative Delay Diet with cardiac remodeling in the community: The Framingham Heart Study[J]. British Journal of Nutrition, 2021: 1-28.

[13] Langer K, Hagedorn B, Stock L-M, et al. Acute stress improves the effectivity of cognitive emotion regulation in men[J]. Scientific Reports, 2020, 10(1): 1-13.

[14] DeSteno D, Gross J J, Kubzansky L. Affective science and health: The importance of emotion and emotion regulation[J]. Health Psychology, 2013, 32(5): 474-486.

[15] Okely J A, Weiss A, Gale C R. The interaction between stress and positive affect in

predicting mortality[J]. Journal of psychosomatic research, 2017, 100: 53-60.

[16] Epel E S, Crosswell A D, Mayer S E, et al. More than a feeling: A unified view of stress measurement for population science[J]. Frontiers in neuroendocrinology, 2018, 49: 146-169.

[17] Braunstein J J, Toister R P. Medical Applications of the Behavioral Sciences[M]. Year Book Medical Publishing, 1981.

[18] Dobson C B. Stress: The hidden adversary[M]. Springer Science & Business Media, 2012.

[19] Cooper C L, Marshall J. Understanding executive stress[M]. Springer, 1978.

[20] Kalat J W, Shiota M N, 周仁来. 情绪 [M]. 北京：中国轻工业出版社，2009.

[21] 严进，路长林，刘振全. 现代应激理论概述 [M]. 北京：科学出版社，2007.

[22] 梁宝勇. 精神压力，应对与健康：应激与应对的临床心理学研究 [M]. 北京：教育科学出版社.

[23] Holmes T H, Rahe R H. The social readjustment rating scale[J]. Journal of psychosomatic research, 1967, 11(2): 213-218.

[24] Gibson J L J M, Donnelly Jr J H. Organizations: bahavior, structure, processes/James L. Gibson, John M. Ivancevich, James H. Donnelly, Jr[M]. 1994.

[25] Goldberger L, Breznitz S. Handbook of stress[M]. Simon and Schuster, 2010.

[26] Johnson J H. Life events as stressors in childhood and adolescence[M]. Sage Publications, 1986.

[27] Cohen S, Kessler R C, Gordon L U. Measuring stress: A guide for health and social scientists[M]. Oxford University Press on Demand, 1997.

[28] Sarafino E. Health Psychology. Biophysical Interactions [Z]. New York: John Wiley & Sons, Inc. 1998.

[29] Scully J A, Tosi H, Banning K. Life event checklists: Revisiting the social readjustment rating scale after 30 years[J]. Educational and psychological measurement, 2000, 60(6): 864-876.

[30] Lazarus R S, Folkman S. Coping and adaptation[J]. The handbook of behavioral medicine, 1984: 282-325.

[31] 班杜拉. 思想和行动的社会基础：社会认知论（下册）[M]. 林颖，译. 上海：华东师范大学出版社，2001.

[32] Stoney C M, Niaura R, Bausserman L, et al. Lipid reactivity to stress: I. Comparison of chronic and acute stress responses in middle-aged airline pilots[J]. Health Psychology, 1999, 18(3): 241-250.

[33] 威肯斯. 工程心理学与人的作业 [M]. 张侃，孙向红，译. 北京：机械工业出版社，2014.

[34] Miller G E, Chen E, Zhou E S. If it goes up, must it come down? Chronic stress and the hypothalamic-pituitary-adrenocortical axis in humans[J]. Psychological bulletin, 2007, 133(1): 25.

[35] Folkman S. The Oxford handbook of stress, health, and coping[M]. Oxford University Press, 2011.

[36] Shanahan M J, Mortimer J T. Understanding the positive consequences of psychosocial stress[J]. Advances in Group Processes, 1996, 13: 189-209.

[37] 张懿，苏文君，蒋春雷. 应激生理指标皮质醇和 α- 淀粉酶的研究进展 [J]. 军事医学，2017, 41(2): 146-149.

[38] VandenBos G R. APA dictionary of psychology[M]. American Psychological Association, 2007.

[39] 蒋春雷，路长林. 应激医学 [Z]. 上海：上海科学技术出版社，2006.

[40] Asif A, Majid M, Anwar S M. Human stress classification using EEG signals in response to music tracks[J].Computers in biology and medicine, 2019, 107: 182-196.

[41] Song S-H, Kim D K. Development of a stress classification model using deep belief networks for stress monitoring[J]. Healthcare informatics research, 2017,23(4): 285-292.

[42] Blanco J A, Vanleer A C, Calibo T K, et al. Single-trial cognitive stress classification using portable wireless electroencephalography[J]. Sensors, 2019, 19(3): 499.

[43] Perez-Valero E, Lopez-Gordo M A, Vaquero-Blasco M A. EEG-based multi-level stress classification with and without smoothing filter[J]. Biomedical Signal Processing and Control, 2021, 69.

[44] Park C L, Cohen L H, Murch R L.Assessment and prediction of stress‐related growth[J]. Journal of personality, 1996, 64(1): 71-105.

[45] Nelson D L, Simmons B L. Eustress: An elusive construct, an engaging pursuit [M]. Emotional and physiological processes and positive intervention strategies. Emerald Group Publishing Limited, 2003: 265-322.

[46] Selye H. The stress of life (Revised Edition) New York: McGram [Z]. Hill Books, 1976.

[47] Quick J D, Quick J C, Nelson D L. The theory of preventive stress management in organizations[J]. Theories of organizational stress, 1998: 246-268.

[48] Milsum J H. A model of the eustress system for health/illness[J]. Systems Research and Behavioral Science, 1985, 30(4): 179-186.

[49] Hurrell Jr J J, Nelson D L, Simmons B L. Measuring job stressors and strains: Where we have been, where we are, and where we need to go[J]. Journal of occupational health psychology, 1998, 3(4): 368-389.

[50] Nelson L D, Simmons J, Simonsohn U. Psychology's renaissance[J]. Annual review of psychology, 2018, 69: 511-534.

[51] Allen R J. Human stress: Its nature and control[M]. Burgess, 1983.

[52] Simmons B L, Nelson D L. Eustress at work: The relationship between hope and health in hospital nurses[J]. Health care management review, 2001, 26(4): 7-18.

[53] Mason J W. A historical view of the stress field[J]. Journal of human stress, 1975, 1(2): 22-36.

[54] Lovallo W R, Buford B A. Stress and health[J]. Psyccritiques, 1997, 42(12): 1134.

[55] Edwards J R, Cooper C L. The impacts of positive psychological states on physical health: A review and theoretical framework[J]. Social Science & Medicine, 1988, 27(12): 1447-1459.

[56] Hargrove M B, Quick J C, Nelson D L, et al. The theory of preventive stress management: a 33‐year review and evaluation[J]. Stress and Health, 2011, 27(3): 182-193.

[57] Dhabhar F S. Effects of stress on immune function: Implications for immunoprotection and immunopathology[J]. The handbook of stress science: Biology, psychology, and health, 2011: 47-63.

[58] Brulé G, Morgan R. Working with stress: Can we turn distress into eustress[J]. Journal of Neuropsychology & Stress Management, 2018, 3(4): 1-3.

[59] Hargrove M B, Becker W S, Hargrove D F. The HRD eustress model: Generating positive stress with challenging work[J]. Human resource development review, 2015, 14(3): 279-298.

[60] Parker K N, Ragsdale J M. Effects of distress and eustress on changes in fatigue from waking to working[J]. Applied Psychology: Health and Well‐Being, 2015, 7(3): 293-315.

[61] Mesurado B, Cristina Richaud M, José Mateo N. Engagement, flow, self-efficacy, and Eustress of University Students: a cross-national comparison between the Philippines and Argentina[J]. The Journal of psychology, 2016, 150(3): 281-299.

[62] Mende M, Scott M L, Bitner M J, et al. Activating consumers for better service coproduction outcomes through eustress: The interplay of firm-assigned workload, service literacy, and organizational support[J]. Journal of Public Policy & Marketing, 2017, 36(1): 137-155.

[63] Cox T, Cox T. Stress[M]. Macmillan Pr, 1978.

[64] Rice P L. 压力与健康 [M]. 石林，古丽娜，梁竹苑，等，译. 北京：中国轻工业出版社，2000.

[65] Curtis A J. Health psychology [M]. Psychology Press, 2000.

[66] 黑格尔. 精神现象学 [M]. 先刚，译. 北京：人民出版社，2015.

[67] Stanton A L, Bower J E, Low C A. Posttraumatic growth after cancer[J]. Handbook of posttraumatic growth: Research and practice, 2014: 138-175.

[68] Karasek Jr R A. Job demands, job decision latitude, and mental strain: Implications for job redesign[J]. Administrative science quarterly, 1979: 285-308.

[69] Taris T W. Is there a relationship between burnout and objective performance? A critical review of 16 studies[J]. Work & Stress, 2006, 20(4): 316-334.

[70] Johnson J V, Hall E M. Job strain, work place social support, and cardiovascular disease: a cross-sectional study of a random sample of the Swedish working population[J].American journal of public health, 1988, 78(10): 1336-1342.

[71] Siegrist J. Adverse health effects of high-effort/low-reward conditions[J].Journal of occupational health psychology, 1996, 1(1): 27-41.

[72] Siegrist J. Effort-reward imbalance at work: Theory, measurement and evidence[J]. Department of Medical Sociology, University Düsseldorf, Düsseldorf, 2012, 19.

[73] Leka S, Griffiths A, Cox T, et al. Work organisation and stress: systematic problem approaches for employers, managers and trade union representatives[M]. World Health Organization, 2003.

[74] Cox T, Griffiths A, Rial-Gonzalez E. Work-related stress[J]. Office for Official Publications of the European Communities, Luxembourg, 2000.

[75] Cox T, Griffiths A. The nature and measurement of work-related stress: theory and practice [M]. 2005.

[76] 奎克，蒂特里克. 职业健康心理学手册 [M]. 蒋奖，许燕，译. 北京：高等教育出版社，2010.

[77] Aston-Jones G, Cohen J D. An integrative theory of locus coeruleus-norepinephrine function: adaptive gain and optimal performance[J]. Annu Rev Neurosci, 2005, 28: 403-450.

[78] Lupien S J, Maheu F, Tu M, et al. The effects of stress and stress hormones on human cognition: Implications for the field of brain and cognition[J]. Brain and cognition, 2007, 65(3): 209-237.

[79] Kirschbaum C, Pirke K M, Hellhammer D H. The "Trier Social Stress Test"—a tool for investigating psychobiological stress responses in a laboratory setting[J]. Neuropsychobiology, 1993, 28(1-2): 76-81.

[80] Skoluda N, Strahler J, Schlotz W, et al. Intra-individual psychological and physiological responses to acute laboratory stressors of different intensity[J]. Psychoneuroendocrinology, 2015, 51: 227-236.

[81] Allen A P, Kennedy P J, Cryan J F, et al. Biological and psychological markers of stress in humans: focus on the Trier Social Stress Test[J]. Neuroscience & Biobehavioral Reviews, 2014, 38: 94-124.

[82] Petrowski K, Wintermann G-B, Siepmann M. Cortisol response to repeated psychosocial stress[J]. Applied psychophysiology and biofeedback, 2012, 37(2): 103-107.

[83] Gordis E B, Granger D A, Susman E J, et al. Asymmetry between salivary cortisol and α-amylase reactivity to stress: Relation to aggressive behavior in adolescents[J]. Psychoneuroendocrinology, 2006, 31(8): 976-987.

[84] Yim I S, Quas J A, Cahill L, et al. Children's and adults' salivary cortisol responses to an identical psychosocial laboratory stressor[J]. Psychoneuroendocrinology, 2010, 35(2): 241-248.

[85] Rimmele U, Seiler R, Marti B, et al. The level of physical activity affects adrenal and cardiovascular reactivity to psychosocial stress[J]. Psychoneuroendocrinology, 2009, 34(2): 190-198.

[86] Het S, Schoofs D, Rohleder N, et al. Stress-induced cortisol level elevations are associated with reduced negative affect after stress: indications for a mood-buffering cortisol effect[J]. Psychosomatic Medicine, 2012, 74(1): 23-32.

[87] Campbell J, Ehlert U. Acute psychosocial stress: does the emotional stress response correspond with physiological responses?[J]. Psychoneuroendocrinology, 2012, 37(8): 1111-1134.

[88] Akinola M, Mendes W B. The dark side of creativity: Biological vulnerability and negative emotions lead to greater artistic creativity[J]. Personality and Social Psychology Bulletin, 2008, 34(12): 1677-1686.

[89] 郑全全, 陈树林. 中学生应激源量表的初步编制[J]. 心理发展与教育, 1999, 15(4): 45-49.

[90] 王妤, 孟宪璋. 中国护士工作压力源量表的初步修订[J]. 中国临床心理学杂志, 2007(2): 129-131.

[91] 李虹, 梅锦荣. 大学生压力量表的编制[J]. 应用心理学, 2002(1): 27-32.

[92] 刘文华, 王公平, 王明辉. 大学生良性压力问卷的修订[J]. 中国健康心理学杂志, 2015, 23(7): 1046-1050.

[93] 冯军. 工作积极压力问卷的编制[J]. 安徽师范大学学报（人文社会科学版）, 2010, 38(3): 342-346.

[94] Cavanaugh M A, Boswell W R, Roehling M V, et al. An empirical examination of self-reported work stress among US managers[J]. Journal of applied psychology, 2000, 85(1): 65-74.

[95] 张一, 史占彪, 张立英, 等. 挑战性—阻断性压力量表在职业群体中的试用[J]. 中国心理卫生杂志, 2013, 27(5): 384-388.

[96] Hermans E J, van Marle H J, Ossewaarde L, et al. Stress-related noradrenergic activity prompts large-scale neural network reconfiguration[J]. Science, 2011, 334(6059): 1151-1153.

[97] Kelly M M, Tyrka A R, Anderson G M, et al. Sex differences in emotional and physiological responses to the Trier Social Stress Test[J]. Journal of behavior therapy and experimental psychiatry, 2008, 39(1): 87-98.

[98] 段海军，王雪微，王博韬，等. 急性应激：诱发范式、测量指标及效果分析 [J]. 心理科学进展，2017, 25(10): 1780-1790.

[99] 张禹，罗禹，孙丽娟，等. 急性应激对工作记忆的影响受工作记忆负荷调节：来自电生理的证据 [J]. 心理科学，2015, 38(1): 42-47.

[100] Pruessner J C, Hellhammer D H, Kirschbaum C. Low self-esteem, induced failure and the adrenocortical stress response[J]. Personality and individual differences, 1999, 27(3): 477-489.

[101] Kirschbaum C. Cortisolmessung im Speichel-eine Methode der biologischen Psychologie [M]. Huber, 1991.

[102] Dedovic K, Renwick R, Mahani N K, et al. The Montreal Imaging Stress Task: using functional imaging to investigate the effects of perceiving and processing psychosocial stress in the human brain[J]. Journal of Psychiatry and Neuroscience, 2005, 30(5): 319-325.

[103] Yang J, Qi M, Guan L, et al. The time course of psychological stress as revealed by event-related potentials[J]. Neuroscience letters, 2012, 530(1): 1-6.

[104] Qi M, Gao H, Liu G. Effect of acute psychological stress on response inhibition: An event-related potential study[J]. Behavioural brain research, 2017, 323: 32-37.

[105] 汪杼彬，张玉麟，董凯喜，等. 基于高空 VR 场景的应激反应诱发范式有效性验证 [J]. 航天医学与医学工程，2020, 33(1): 28-34.

[106] Smeets T, Cornelisse S, Quaedflieg C W, et al. Introducing the Maastricht Acute Stress Test (MAST): a quick and non-invasive approach to elicit robust autonomic and glucocorticoid stress responses[J]. Psychoneuroendocrinology, 2012, 37(12): 1998-2008.

[107] Meyer T, Smeets T, Giesbrecht T, et al. Acute stress differentially affects spatial configuration learning in high and low cortisol-responding healthy adults[J]. European Journal of Psychotraumatology, 2013, 4(1): 19854.

[108] Kolotylova T, Koschke M, Bär K-J, et al. Development of the "Mannheim Multicomponent Stress Test"(MMST)[J]. Psychotherapie, Psychosomatik, Medizinische Psychologie, 2009, 60(2): 64-72.

[109] Reinhardt T, Kleindienst N, Treede R-D, et al. Individual modulation of pain sensitivity under stress[J]. Pain Medicine, 2013, 14(5): 676-685.

[110] Peifer C. Psychophysiological correlates of flow-experience[J]. Advances in flow research, 2012: 139-164.

[111] West J, Otte C, Geher K, et al. Effects of Hatha yoga and African dance on perceived stress, affect, and salivary cortisol[J]. Annals of Behavioral Medicine, 2004, 28(2): 114-118.

[112] O'Connor D B, Thayer J F, Vedhara K. Stress and health: A review of psychobiological processes[J]. Annual review of psychology, 2021, 72: 663-688.

[113] Rabkin J G, Struening E L. Life events, stress, and illness[J]. Science, 1976, 194(4269): 1013-1020.

[114] 彭秀玲. 大学生的生活压力和自我强度对心理健康的影响 [D]. 台北：台湾大学心理学研究所，1986.

[115] 邱兆宏. 压力与健康：整合分析与模式验证之研究 [J]. 高雄医学大学行为科学研究所学位论文，2004: 1-200.

[116] 孙敏华. 军中生活压力与身心健康之研究 [Z]. 中华心理卫生学刊，1995.

[117] Jamal M. Relationship of job stress and Type-A behavior to employees' job satisfaction, organizational commitment, psychosomatic health problems, and turnover motivation [J]. Human Relations, 1990, 43(8): 727-738.

[118] 陆洛. 工作压力之历程：理论与研究的对话 [J]. 中华心理卫生学刊，1997, 10: 19-51.

[119] Gaugler J E, Anderson K A, Zarit S H, et al. Family Involvement in Nursing Homes: Effects on Stress and Well-Being[J]. Aging and Mental Health, 2004, 8(1): 65-75.

[120] 魏方亭. 嘉南地区国中教师工作价值观，自我效能感及工作压力与任教承诺关系之研究 [D]. 嘉义：中正大学，2001.

[121] Benschop R J, Godaert G, Geenen R, et al. Relationships between cardiovascular and immunological changes in an experimental stress model[J]. Psychological medicine, 1995, 25(2): 323-327.

[122] Poulin M J, Brown S L, Dillard A J, et al. Giving to others and the association between stress and mortality[J]. American journal of public health, 2013, 103(9): 1649-1655.

[123] Keller A, Litzelman K, Wisk L E, et al. Does the perception that stress affects health matter? The association with health and mortality[J]. Health psychology, 2012, 31(5): 677-684.

[124] Mendes W B, Blascovich J, Hunter S B, et al. Threatened by the unexpected: Physiological responses during social interactions with expectancy-violating partners[J]. Journal of personality and social psychology, 2007, 92(4): 698-716.

[125] Rose R M, Bhagat R, Dalton J. Neuroendocrine effects of work stress[J]. Work stress: Health care systems in the workplace, 1987: 130-147.

[126] Schrepf A, Markon K, Lutgendorf S K. From childhood trauma to elevated C-reactive protein in adulthood: the role of anxiety and emotional eating[J]. Psychosomatic Medicine, 2014, 76(5): 327-336.

[127] Vedhara K, Miles J N, Sanderman R, et al. Psychosocial factors associated with indices of cortisol production in women with breast cancer and controls[J]. Psychoneuroendocrinology, 2006, 31(3): 299-311.

[128] Turner-Cobb J M, Rixon L, Jessop D S. Hypothalamic–pituitary–adrenal axis activity and upper respiratory tract infection in young children transitioning to primary school[J]. Psychopharmacology, 2011, 214(1): 309-317.

[129] Abercrombie H C, Kalin N H, Thurow M E, et al. Cortisol variation in humans affects memory for emotionally laden and neutral information[J]. Behavioral neuroscience, 2003, 117(3): 505-516.

[130] Domes G, Heinrichs M, Reichwald U, et al. Hypothalamic–pituitary–adrenal axis reactivity to psychological stress and memory in middle-aged women: High responders exhibit enhanced declarative memory performance[J]. Psychoneuroendocrinology, 2002, 27(7): 843-853.

[131] Nater U M, Moor C, Okere U, et al. Performance on a declarative memory task is better

in high than low cortisol responders to psychosocial stress[J]. Psychoneuroendocrinology, 2007, 32(6): 758-763.

[132] Beato M S, Cadavid S, Pulido R F, et al. No effect of stress on false recognition[J]. Psicothema, 2013, 25(1): 25-30.

[133] Echterhoff G, Wolf O T. The stressed eyewitness: the interaction of thematic arousal and post-event stress in memory for central and peripheral event information[J]. Frontiers in integrative neuroscience, 2012, 6: 57.

[134] Cornelisse S, van Stegeren A H, Joëls M. Implications of psychosocial stress on memory formation in a typical male versus female student sample[J]. Psychoneuroendocrinology, 2011, 36(4): 569-578.

[135] Bernhard A, Martinelli A, Ackermann K, et al. Reactivity of oxytocin in the Trier Social Stress Test: A proof of concept study[J]. Psychoneuroendocrinology, 2015, 61: 73.

[136] Kumsta R, Heinrichs M. Oxytocin, stress and social behavior: neurogenetics of the human oxytocin system[J]. Current opinion in neurobiology, 2013, 23(1): 11-16.

[137] Heinrichs M, Baumgartner T, Kirschbaum C, et al. Social support and oxytocin interact to suppress cortisol and subjective responses to psychosocial stress[J]. Biological psychiatry, 2003, 54(12): 1389-1398.

[138] Tubre T C, Collins J M. Jackson and schuler (1985) revisited: a meta analysis of the relationships between role ambiguity, role conflict, and job performance1[J]. Journal of management, 2000, 26(1): 155-169.

[139] LePine J A, Podsakoff N P, LePine M A. A meta-analytic test of the challenge stressor-hindrance stressor framework: An explanation for inconsistent relationships among stressors and performance[J]. Academy of Management Journal, 2005, 48(5): 764-775.

[140] Folkman S, Lazarus R S. If it changes it must be a process: study of emotion and coping during three stages of a college examination[J]. Journal of personality and social psychology, 1985, 48(1): 150-170.

[141] Nelson D L, Simmons B L. Health psychology and work stress: A more positive approach[J]. Handbook of occupational health psychology, 2003, 2: 97-119.

[142] Simmons B L, Nelson D L, Quick J C. Health for the hopeful: A study of attachment behavior in home health care nurses[J]. International Journal of Stress Management, 2003, 10(4): 361-375.

[143] Chang E C, Rand K L, Strunk D R. Optimism and risk for job burnout among working college students: stress as a mediator[J]. Personality and Individual Differences, 2000, 29(2): 255-263.

[144] Jobin J, Wrosch C, Scheier M F. Associations between dispositional optimism and diurnal cortisol in a community sample: When stress is perceived as higher than normal[J]. Health psychology, 2014, 33(4): 382-391.

[145] Pierson P B, Hamilton A, Pepper M, et al. Stress Hardiness and Lawyers[J]. J Legal Prof, 2017, 42: 1.

[146] Maddi S R. Hardiness as a pathway to resilience under stress[J]. The Routledge international handbook of psychosocial resilience, 2016: 104-110.

[147] Ouellette S, DiPlacido J. Personality's role in the protection and enhancement of health:

Where the research has been, where it is stuck, how it might move[J]. Handbook of health psychology, 2001: 175-193.

[148] Sandler I N, Lakey B. Locus of control as a stress moderator: The role of control perceptions and social support[J]. American Journal of Community Psychology, 1982, 10(1): 65-80.

[149] Lefcourt H M. Locus of control: Current trends in theory & research[M]. Psychology Press, 2014.

[150] Quick J C, Joplin J R, Nelson D L, et al. Self-reliance and military service training outcomes[J]. Military Psychology, 1996, 8(4): 279-293.

[151] Moksnes U K, Espnes G A, Haugan G. Stress, sense of coherence and emotional symptoms in adolescents[J]. Psychology & Health, 2014, 29(1): 32-49.

[152] Heath R L, Saliba M, Mahmassani O, et al. Locus of control moderates the relationship between headache pain and depression[J]. The journal of headache and pain, 2008, 9(5): 301-308.

[153] Schönfeld P, Brailovskaia J, Bieda A, et al. The effects of daily stress on positive and negative mental health: Mediation through self-efficacy[J]. International Journal of Clinical and Health Psychology, 2016, 16(1): 1-10.

[154] Hobfoll S E. Conservation of resources: a new attempt at conceptualizing stress[J]. American psychologist, 1989, 44(3): 513-524.

[155] Hobfoll S E. Social and psychological resources and adaptation[J]. Review of general psychology, 2002, 6(4): 307-324.

[156] Stafford M, Deeg D, Kuh D. Educational attainment and women's environmental mastery in midlife: findings from a British birth cohort study[J]. The International Journal of Aging and Human Development, 2016, 82(4): 314-335.

[157] Critchley H D, Nagai Y, Gray M A, et al. Dissecting axes of autonomic control in humans: insights from neuroimaging[J]. Autonomic Neuroscience, 2011, 161(1-2): 34-42.

[158] Resstel L, Correa F. Involvement of the medial prefrontal cortex in central cardiovascular modulation in the rat[J]. Autonomic Neuroscience, 2006, 126: 130-138.

[159] Dedovic K, Rexroth M, Wolff E, et al. Neural correlates of processing stressful information: an event-related fMRI study[J]. Brain research, 2009, 1293: 49-60.

[160] Pruessner J C, Dedovic K, Khalili-Mahani N, et al. Deactivation of the limbic system during acute psychosocial stress: evidence from positron emission tomography and functional magnetic resonance imaging studies[J]. Biological psychiatry, 2008, 63(2): 234-240.

[161] 甄珍, 秦绍正, 朱睿达, 等. 应激的脑机制及其对社会决策的影响探究 [J]. 北京师范大学学报（自然科学版）, 2017, 53(3): 372-378.

[162] Wang J, Rao H, Wetmore G S, et al. Perfusion functional MRI reveals cerebral blood flow pattern under psychological stress[J]. Proceedings of the National Academy of Sciences of the United States of America, 2005, 102(49): 17804-17809.

[163] Ansell E B, Rando K, Tuit K, et al. Cumulative adversity and smaller gray matter volume in medial prefrontal, anterior cingulate, and insula regions[J]. Biological psychiatry, 2012, 72(1): 57-64.

[164] Moreno G L, Bruss J, Denburg N L. Increased perceived stress is related to decreased prefrontal cortex volumes among older adults[J]. Journal of clinical and experimental

neuropsychology, 2017, 39(4): 313-325.

[165] Gianaros P J, Jennings J R, Sheu L K, et al. Prospective reports of chronic life stress predict decreased grey matter volume in the hippocampus[J]. Neuroimage, 2007, 35(2): 795-803.

[166] Lovallo W R. Stress and health: Biological and psychological interactions[M]. Sage publications, 2015.

[167] Stern C M. Corticotropin-releasing factor in the hippocampus: eustress or distress?[J]. Journal of Neuroscience, 2011, 31(6): 1935-1936.

[168] Sapolsky R M. Why stress is bad for your brain[J]. Science, 1996, 273(5276): 749-750.

[169] Berk L, Cavalcanti P, Bains G. EEG brain wave band differentiation during a eustress state of humor associated mirthful laughter compared to a distress state[J]. The FASEB Journal, 2012, 26.

[170] 罗跃嘉，林婉君，吴健辉，等．应激的认知神经科学研 [J]．生理科学进展，2013, 44(5): 345-353.

[171] Spinelli M, Lionetti F, Pastore M, et al. Parents' stress and children's psychological problems in families facing the COVID-19 outbreak in Italy[J]. Frontiers in psychology, 2020, 11: 1713.

[172] 王俊秀，高文珺，陈满琪，等．新冠肺炎疫情下的社会心态调查报告：基于 2020 年 1 月 24—25 日的调查数据分析 [J]．国家治理，2020(Z1): 55-64.

[173] 陈悦，刘则渊，侯海燕．科学知识图谱：方法与应用 [Z]．人民出版社，2008.

[174] 陈悦，陈超美，刘则渊，等．CiteSpace 知识图谱的方法论功能 [J]．科学学研究，2015, 33(2): 242-253.

[175] Nesse R M. Evolutionary explanations of emotions[J]. Human nature, 1990, 1(3): 261-289.

[176] LoBue V, DeLoache J S. Detecting the snake in the grass: Attention to fear-relevant stimuli by adults and young children[J]. Psychological science, 2008, 19(3): 284-289.

[177] Jackson R E, Cormack L K. Evolved navigation theory and the environmental vertical illusion[J]. Evolution and Human Behavior, 2008, 29(5): 299-304.

[178] 张禹，罗禹，赵守盈，等．对威胁刺激的注意偏向：注意定向加速还是注意解除困难？[J]．心理科学进展，2014, 22(7): 1129-1138.

[179] 斯奈德，洛佩斯，王彦，等．积极心理学：探索人类优势的科学与实践 [M]．北京：人民邮电出版社，2013.

[180] Kang S Y, Staniford A K, Dollard M F, et al. Knowledge development and content in occupational health psychology: a systematic analysis of the Journal of Occupational Health Psychology, and Work and Stress 1996-2006[J].Occupational Health Psychology 2008, 3: 27-62.

[181] Houdmont J, Leka S. Future directions in Occupational Health Psychology[J]. Occupational health psychology, 2010: 298-321.

[182] 戴维·巴斯．进化心理学 [M]．张勇，蒋柯，译．上海：商务印书馆，2015.

[183] Simmons B L, Nelson D L. Eustress at work: Extending the holistic stress model[J]. Positive organizational behavior, 2007: 40-53.

[184] Gaab J, Rohleder N, Nater U M, et al. Psychological determinants of the cortisol stress response: the role of anticipatory cognitive appraisal[J]. Psychoneuroendocrinology, 2005, 30(6): 599-610.

[185] Hassard J, Teoh K R, Visockaite G, et al. The cost of work-related stress to society: A systematic review[J]. Journal of occupational health psychology, 2018, 23(1): 1-17.

[186] Maddux J E, Snyder C R, Lopez S J. Toward a Positive Clinical Psychology: Deconstructing the Illness Ideology and Constructing an Ideology of Human Strengths and Potential[M]. 2004.

[187] Folkman S. Positive psychological states and coping with severe stress[J]. Social science & medicine, 1997, 45(8): 1207-1021.

[188] Watson D. Intraindividual and interindividual analyses of positive and negative affect: their relation to health complaints, perceived stress, and daily activities[J]. Journal of personality and social psychology, 1988, 54(6): 1020-1030.

[189] Lazarus R S, Folkman S. Stress, appraisal and coping[J]. Children's health care, 2010, 29(4).

[190] Liu C, Nauta M M, Spector P E, et al. Direct and indirect conflicts at work in China and the US: A cross-cultural comparison[J]. Work & Stress, 2008, 22(4): 295-313.

[191] Di Fabio A, Peiró J M, Rodríguez I, et al. The valencia eustress-distress appraisal scale (VEDAS): Validation of the italian version[J]. Sustainability, 2018, 10(11): 3903.

[192] Rodríguez I, Kozusznik M W, Peiró J M. Development and validation of the Valencia Eustress-Distress Appraisal Scale[J]. International Journal of Stress Management, 2013, 20(4): 279-308.

[193] Hofstede G. Dimensionalizing cultures: The Hofstede model in context[J]. Online readings in psychology and culture, 2011, 2(1): 2307-0919.1014.

[194] Brislin R W. Research instruments[J]. Field methods in cross-cultural research, 1986, 8: 137-164.

[195] 吴淑芳. 国外量表之两阶段翻译及信，效度测试 [J]. 护理杂志，2006, 53(1): 65-71.

[196] Simmons B L. Eustress at work: Accentuating the positive[D]. Oklahoma State University, 2000.

[197] Stewart A, Ware J E, Brook R H, et al. Conceptualization and measurement of health for adults in the Health Insurance Study[M]. Rand Corporation, 1978.

[198] Lackschewitz H, Gerald Hüther, Kröner-Herwig B. Physiological and psychological stress responses in adults with attention-deficit/hyperactivity disorder (ADHD)[J]. Psychoneuroendocrinology, 2008, 33(5): 612-624.

[199] 杨东，张进辅. 大学生疏离感和价值观关系的研究 [J]. 西南师范大学学报（人文社会科学版），2000(4): 78-83.

[200] Feldman D B, Snyder C R. Hope and the meaningful life: Theoretical and empirical associations between goal–directed thinking and life meaning[J]. Journal of Social and clinical Psychology, 2005, 24(3): 401-421.

[201] Edwards, Lisa, M, et al. Hope Measurement in Mexican American Youth[J]. Hispanic Journal of Behavioral Sciences, 2007.

[202] Valle M F, Huebner E S, Suldo S M. Further evaluation of the Children's Hope Scale[J]. Journal of Psychoeducational Assessment, 2004, 22(4): 320-337.

[203] Snyder C R. Hope theory: Rainbows in the mind[J]. Psychological inquiry, 2002, 13(4): 249-275.

[204] Artinian B M, Conger M M. The intersystem model: Integrating theory and practice[M].

Sage, 1997.

[205] Antonovsky A. Unraveling the mystery of health: How people manage stress and stay well[M]. Jossey-bass, 1987.

[206] Antonovsky A. The structure and properties of the sense of coherence scale[J]. Social science & medicine, 1993, 36(6): 725-733.

[207] Lustig D C, Rosenthal D A, Strauser D R, et al. The relationship between sense of coherence and adjustment in persons with disabilities[J]. Rehabilitation Counseling Bulletin, 2000, 43(3): 134-141.

[208] 王力，李中权，柳恒超，等. PANAS-X 总维度量表在中国人群中的因素结构 [J]. 中国临床心理学杂志，2007(6): 565-568.

[209] Watson D, Clark L A, Tellegen A. Development and validation of brief measures of positive and negative affect: the PANAS scales[J]. Journal of personality and social psychology, 1988, 54(6): 1063-1070.

[210] 张卫东，刁静，Constance J.Schick. 正、负性情绪的跨文化心理测量：PANAS 维度结构检验 [J]. 心理科学，2004(1): 77-79.

[211] 何筱衍，李春波，钱洁，等. 广泛性焦虑量表在综合性医院的信度和效度研究 [J]. 上海精神医学，2010, 22(4): 200-203.

[212] Spitzer R L, Kroenke K, Williams J B, et al. A brief measure for assessing generalized anxiety disorder: the GAD-7[J]. Archives of internal medicine, 2006, 166(10): 1092-1097.

[213] Löwe B, Decker O, Müller S, et al. Validation and standardization of the Generalized Anxiety Disorder Screener (GAD-7) in the general population[J]. Medical care, 2008: 266-274.

[214] 蔡丞俊. 广泛性焦虑障碍量表在基层医疗中应用的信度和效度 [D]. 上海：复旦大学，2013.

[215] 王进，董燕，王好博，等. 广泛性焦虑量表在军人群体应用中的信度和效度 [J]. 中国健康心理学杂志，2017, 25(5): 733-736.

[216] 杨东，张进辅，黄希庭. 青少年学生疏离感的理论构建及量表编制 [J]. 心理学报，2002(4): 407-413.

[217] Vella-Brodrick D A, White V. Response set of social desirability in relation to the mental, physical and spiritual well-being scale[J]. Psychological Reports, 1997, 81(1): 127-130.

[218] 邓肯·米切尔. 新社会学词典 [M]. 蔡振扬，译. 上海：上海译文出版社，1987.

[219] Jöreskog K G, Sörbom D. LISREL 8: Structural equation modeling with the SIMPLIS command language[M]. Scientific Software International, 1993.

[220] Johnson D R, Creech J C. Ordinal measures in multiple indicator models: A simulation study of categorization error[J]. American Sociological Review, 1983: 398-407.

[221] 张文彤，董伟. SPSS 统计分析高级教程 [M]. 北京：高等教育出版社，2004.

[222] Dimitrov D M, Shamrani A R. Psychometric Features of the General Aptitude Test–Verbal Part (GAT-V) A Large-Scale Assessment of High School Graduates in Saudi Arabia[J]. Measurement and Evaluation in Counseling and Development, 2015, 48(2): 79-94.

[223] Kanner A D, Coyne J C, Schaefer C, et al. Comparison of two modes of stress measurement: Daily hassles and uplifts versus major life events[J]. Journal of behavioral medicine, 1981, 4(1): 1-39.

[224] Morin A J S, Marsh H W, Nagengast B. Exploratory structural equation modeling[J]. Structural equation modeling, 2013, 395: 395-436.

[225] Kline R B. Principles and practice of structural equation modeling[M]. Guilford publications, 2015.

[226] DeLongis A, Folkman S, Lazarus R S. The impact of daily stress on health and mood: psychological and social resources as mediators[J]. Journal of personality and social psychology, 1988, 54(3): 486-495.

[227] Kelloway E K. Using LISREL for structural equation modeling: A researcher's guide[M]. Sage, 1998.

[228] Chen F F, Sousa K H, West S G. Teacher's corner: Testing measurement invariance of second-order factor models[J]. Structural equation modeling, 2005, 12(3): 471-492.

[229] 侯杰泰, 温忠麟, 成子娟. 结构方程模型及其应用 [M]. 北京: 教育科学出版社, 2004.

[230] Marsh H W, Hocevar D. Application of confirmatory factor analysis to the study of self-concept: First-and higher order factor models and their invariance across groups[J]. Psychological bulletin, 1985, 97(3): 562.

[231] 刘克嘉, 邬勤娥. 应激与应激性疾病 [M]. 北京: 人民军医出版社, 1991.

[232] Jamieson J P, Nock M K, Mendes W B. Mind over matter: Reappraising arousal improves cardiovascular and cognitive responses to stress[J]. Journal of Experimental Psychology: General, 2012, 141(3): 417-422.

[233] McGonigal K. The upside of stress: Why stress is good for you, and how to get good at it [M]. Penguin, 2016.

[234] Lazarus R S, Folkman S. Stress, Appraisal and Coping[J]. Children's Health Care, 2010, 29(4).

[235] Fredrickson B L, Losada M F. Positive affect and the complex dynamics of human flourishing[J]. American psychologist, 2005, 60(7): 678-686.

[236] Keyes C L, Lopez S J. Toward a science of mental health[J]. Handbook of positive psychology, 2002: 45-59.

[237] Williams J, MacKinnon D P. Resampling and distribution of the product methods for testing indirect effects in complex models[J]. Structural Equation Modeling, 2008, 15(1): 23-51.

[238] Taylor A B, MacKinnon D P, Tein J-Y. Tests of the three-path mediated effect[J]. Organizational Research Methods, 2008, 11(2): 241-269.

[239] Frankenhauser M. TM Dembroski, TH Schmidt, & G. Blumchen. ed[J]. Biobehavioral Bases of Coronary Heart Disease, 1983: 91-105.

[240] Fibiger W, Evans O, Singer G. Hormonal responses to a graded mental workload[J]. European journal of applied physiology and occupational physiology, 1986, 55(4): 339-343.

[241] 邱皓政. 量化研究与统计分析 [M]. 台北: 五南图书出版股份有限公司, 2006.

[242] Jackson D L, Gillaspy Jr J A, Purc-Stephenson R. Reporting practices in confirmatory factor analysis: an overview and some recommendations[J]. Psychological methods, 2009, 14(1): 6-23.

[243] MacKinnon D P. Introduction to statistical mediation analysis[M]. Routledge, 2008.

[244] 杨鑫辉. 心理学通史 (第四卷) [M]. 济南: 山东教育出版社, 2000.

[245] Steiger J H. Structural model evaluation and modification: An interval estimation approach

[J]. Multivariate behavioral research, 1990, 25(2): 173-180.

[246] McEwen B S. The neurobiology of stress: from serendipity to clinical relevance1[J]. Brain research, 2000, 886(1-2): 172-189.

[247] 耿柳娜, 王雪, 相鹏, 等. 慢性压力的生理指标: 头发皮质醇 [J]. 心理科学进展, 2015, 23(10): 1799-1807.

[248] Baum A, Garofalo J, Yali A. Socioeconomic status and chronic stress: does stress account for SES effects on health?[J]. Annals of the New York Academy of Sciences, 1999, 896(1): 131-144.

[249] 王重鸣. 心理学研究方法 [M]. 北京: 人民教育出版社, 2000.

[250] 恩格斯. 自然辩证法 [M]. 编译局, 译. 北京: 人民出版社, 1971.

[251] Russell D W, Kahn J H, Spoth R, et al. Analyzing data from experimental studies: A latent variable structural equation modeling approac[J]. Journal of Counseling Psychology, 1998, 45(1): 18.

[252] 王孟成. 潜变量建模与 Mplus 应用 [M]. 重庆: 重庆大学出版社, 2014.

[253] Kudielka B M, Hellhammer D H, Kirschbaum C, et al. Ten years of research with the Trier Social Stress Test—revisited[J]. Social neuroscience, 2007, 56: 56-83.

[254] Goodman W K, Janson J, Wolf J M. Meta-analytical assessment of the effects of protocol variations on cortisol responses to the Trier Social Stress Test[J]. Psychoneuroendocrinology, 2017, 80: 26-35.

[255] 董奇. 心理与教育研究方法 [M]. 广州: 广东教育出版社, 1992.

[256] 刘广维, 李晨. 从霍夫斯泰德文化维度理论看中德文化差异 [J]. 佳木斯职业学院学报, 2016(7): 40.

[257] 刘佳汇. 从霍夫斯泰德文化维度模式看中国当代大学生的文化价值取向 [D]. 吉林: 长春工业大学, 2011.

[258] Stigler J W, Lee S-y, Lucker G W, et al. Curriculum and achievement in mathematics: A study of elementary school children in Japan, Taiwan, and the United States[J]. Journal of Educational Psychology, 1982, 74(3): 315-322.

[259] Stigler J W, Lee S-Y, Stevenson H W. Digit memory in Chinese and English: Evidence for a temporally limited store[J]. Cognition, 1986, 23(1): 1-20.

[260] Mason J W. A review of psychoendocrine research on the pituitary-adrenal cortical system [J]. Psychosomatic medicine, 1968, 30(5): 576-607.

[261] Izawa S, Miki K, Liu X, et al. The diurnal patterns of salivary interleukin-6 and C-reactive protein in healthy young adults[J]. Brain, behavior, and immunity, 2013, 27: 38-41.

[262] Solso R L, MacLin M K. 实验心理学: 通过实例入门 [M]. 北京: 中国轻工业出版社, 2004.

[263] 杨娟, 侯燕, 杨瑜, 等. 特里尔社会应激测试（TSST）对唾液皮质醇分泌的影响 [J]. 心理学报, 2011, 43(4): 403-409.

[264] Dickerson S S, Kemeny M E. Acute stressors and cortisol responses: a theoretical integration and synthesis of laboratory research[J]. Psychological bulletin, 2004, 130(3): 355-391.

[265] Het S, Rohleder N, Schoofs D, et al. Neuroendocrine and psychometric evaluation of a placebo version of the "Trier Social Stress Test"[J]. Psychoneuroendocrinology, 2009, 34(7): 1075-1086.

[266] Buchanan T W, Bagley S L, Stansfield R B, et al. The empathic, physiological resonance of stress[J]. Social neuroscience, 2012, 7(2): 191-201.

[267] Association A P. Ethical principles of psychologists and code of conduct[J]. American psychologist, 2002, 57(12): 1060-1073.

[268] Pearson C A, Chong J. Contributions of job content and social information on organizational commitment and job satisfaction: An exploration in a Malaysian nursing context[J]. Journal of Occupational and Organizational Psychology, 1997, 70(4): 357-374.

[269] O'Donnell E, Landolt K, Hazi A, et al. An experimental study of the job demand–control model with measures of heart rate variability and salivary alpha-amylase: Evidence of increased stress responses to increased break autonomy[J]. Psychoneuroendocrinology, 2015, 51: 24-34.

[270] Castaldo R, Melillo P, Bracale U, et al. Acute mental stress assessment via short term HRV analysis in healthy adults: A systematic review with meta-analysis[J]. Biomedical Signal Processing and Control, 2015, 18: 370-377.

[271] 于路. 基于心电指标的心理压力检测研究 [J]. 心理科学，2017, 40(2): 277-282.

[272] 齐铭铭. 急性心理性应激对注意加工过程的影响 [D]. 重庆：西南大学，2017.

[273] Traina M, Cataldo A, Galullo F, et al. Effects of anxiety due to mental stress on heart rate variability in healthy subjects[J]. Minerva Psichiatrica, 2011, 52(52): 227-231.

[274] Visnovcova Z, Mestanik M, Javorka M, et al. Complexity and time asymmetry of heart rate variability are altered in acute mental stress[J]. Physiological measurement, 2014, 35(7): 1319-1334.

[275] Schubert C, Lambertz M, Nelesen R, et al. Effects of stress on heart rate complexity—a comparison between short-term and chronic stress[J]. Biological psychology, 2009, 80(3): 325-232.

[276] Tharion E, Parthasarathy S, Neelakantan N. Short-term heart rate variability measures in students during examinations [J]. Natl Med J India, 2009, 22(2): 63-66.

[277] Hjortskov N, Rissén D, Blangsted A K, et al. The effect of mental stress on heart rate variability and blood pressure during computer work[J]. European journal of applied physiology, 2004, 92(1-2): 84-89.

[278] Moons W G, Eisenberger N I, Taylor S E. Anger and fear responses to stress have different biological profiles[J]. Brain, behavior, and immunity, 2010, 24(2): 215-219.

[279] Robertson I. The Stress Test: How Pressure Can Make You Stronger and Sharper[M]. Bloomsbury Publishing, 2016.

[280] Luethi M, Meier B, Sandi C. Stress effects on working memory, explicit memory, and implicit memory for neutral and emotional stimuli in healthy men[J]. Frontiers in behavioral neuroscience, 2009, 2: 5.

[281] Rodrigues S M, Saslow L R, Garcia N, et al. Oxytocin receptor genetic variation relates to empathy and stress reactivity in humans[J]. Proceedings of the National Academy of Sciences, 2009, 106(50): 21437-21441.

[282] Chen F S, Kumsta R, von Dawans B, et al. Common oxytocin receptor gene (OXTR) polymorphism and social support interact to reduce stress in humans[J]. Proceedings of the National Academy of Sciences, 2011, 108(50): 19937-19942.

[283] Quick J C, Wright T A, Adkins J A, et al. Preventive stress management in organizations [M]. American Psychological Association, 2013.

[284] 杨博民. 心理实验纲要 [M]. 北京：北京大学出版社，1989.

[285] Frankenhaeuser M. A psychobiological framework for research on human stress and coping [J]. Dynamics of stress, 1986, 1(1): 101-116.

[286] Clow A, Thorn L, Evans P, et al. The awakening cortisol response: methodological issues and significance[J]. Stress, 2004, 7(1): 29-37.

[287] Brüne M, Nadolny N, Güntürkün O, et al. Stress induces a functional asymmetry in an emotional attention task[J]. Cognition & emotion, 2013, 27(3): 558-566.

[288] Jamieson J P, Mendes W B, Nock M K. Improving acute stress responses: The power of reappraisal[J]. Current Directions in Psychological Science, 2013, 22(1): 51-56.

[289] Taris T W, Kompier M A. Cause and effect: Optimizing the designs of longitudinal studies in occupational health psychology[Z]. Taylor & Francis, 2014.

[290] 高申春，吴英璋，车文博. 人性辉煌之路：班杜拉的社会学习理论 [M]. 台北：猫头鹰出版社，2001.

[291] Chida Y, Steptoe A. Cortisol awakening response and psychosocial factors: a systematic review and meta-analysis[J]. Biological psychology, 2009, 80(3): 265-278.

[292] Steptoe A, Serwinski B. Cortisol awakening response[J]. Stress: Concepts, Cognition, Emotion, and Behavior. 2016: 277-283.

[293] Steptoe A, Gibson E L, Hamer M, et al. Neuroendocrine and cardiovascular correlates of positive affect measured by ecological momentary assessment and by questionnaire[J]. Psychoneuroendocrinology, 2007, 32(1): 56-64.

[294] Lovallo W R, Thomas T L. Stress hormones in psychophysiological research: Emotional, behavioral, and cognitive implications[J]. Cambridge University Press, 2012.

[295] Selye H. Confusion and controversy in the stress field[J]. Journal of human stress, 1975, 1(2): 37-44.

[296] Frankenhaeuser M. The psychophysiology of workload, stress, and health: Comparison between the sexes[J]. Annals of Behavioral Medicine, 1991, 13(4): 197-204.

[297] Burke H M, Davis M C, Otte C, et al. Depression and cortisol responses to psychological stress: a meta-analysis[J]. Psychoneuroendocrinology, 2005, 30(9): 846-856.

[298] Zorn J V, Schür R R, Boks M P, et al. Cortisol stress reactivity across psychiatric disorders: a systematic review and meta-analysis[J]. Psychoneuroendocrinology, 2017, 77: 25-36.

[299] House J S, Landis K R, Umberson D. Social relationships and health[J]. Science, 1988, 241(4865): 540-545.

[300] Moyle P, Parkes K. The effects of transition stress: A relocation study[J]. Journal of Organizational behavior, 1999: 625-646.

[301] Kaufmann G M, Beehr T A. Interactions between job stressors and social support: Some counterintuitive results[J]. Journal of applied psychology, 1986, 71(3): 522.

[302] Smith C E, Fernengel K, Holcroft C, et al. Meta-analysis of the associations between social support and health outcomes[J]. Annals of Behavioral Medicine, 1994, 16(4): 352-362.

[303] Oman D. Does volunteering foster physical health and longevity?[J]. 2007.

[304] Shmotkin D, Blumstein T, Modan B. Beyond keeping active: Concomitants of being a

volunteer in old-old age[J]. Psychology and aging, 2003, 18(3): 602-607.

[305] O'Reilly D, Connolly S, Rosato M, et al. Is caring associated with an increased risk of mortality? A longitudinal study[J]. Social science & medicine, 2008, 67(8): 1282-1290.

[306] Brown S L, Smith D M, Schulz R, et al. Caregiving behavior is associated with decreased mortality risk[J]. Psychological science, 2009, 20(4): 488-494.

[307] Brown S L, Brown R M. Selective investment theory: Recasting the functional significance of close relationships[J]. Psychological Inquiry, 2006, 17(1): 1-29.

[308] Floyd K. Human affection exchange: XII. Affectionate communication is associated with diurnal variation in salivary free cortisol[J]. Western Journal of Communication, 2006, 70(1): 47-63.

[309] Brown S L, Brown R M, House J S, et al. Coping with spousal loss: Potential buffering effects of self-reported helping behavior[J]. Personality and Social Psychology Bulletin, 2008, 34(6): 849-861.

[310] Inagaki T K, Eisenberger N I. Giving support to others reduces sympathetic nervous system - related responses to stress[J]. Psychophysiology, 2016, 53(4): 427-435.

[311] Perkins-Gough D. The significance of grit: A conversation with Angela Lee Duckworth[J]. Educational Leadership, 2013, 71(1): 14-20.

[312] Duckworth A L, Peterson C, Matthews M D, et al. Grit: perseverance and passion for long-term goals[J]. Journal of personality and social psychology, 2007, 92(6): 1087-1101.

[313] Kelly D R, Matthews M D, Bartone P T. Grit and hardiness as predictors of performance among West Point cadets[J]. Military Psychology, 2014, 26(4): 327-342.

[314] Salles A, Cohen G L, Mueller C M. The relationship between grit and resident well-being [J]. The American Journal of Surgery, 2014, 207(2): 251-254.

[315] Bandura A. Self-efficacy: The exercise of control[M]. Macmillan, 1997.

[316] Bandura A. Human agency in social cognitive theory[J]. American psychologist, 1989, 44(9): 1175.

[317] Bandura A. Exercise of personal agency through the self-efficacy mechanism; proceedings of the This chapter includes revised and expanded material presented as an invited address at the annual meeting of the British Psychological Society, St Andrews, Scotland, Apr 1989, F, 1992 [C]. Hemisphere Publishing Corp.

[318] Bandura A. Health promotion from the perspective of social cognitive theory[J]. Psychology and health, 1998, 13(4): 623-649.

[319] Jerusalem M, Schwarzer R. Self-efficacy as a resource factor in stress appraisal processes [J]. Self-efficacy: Thought control of action, 1992, 195-213.

[320] Duckworth A L, Quinn P D. Development and validation of the Short Grit Scale (GRIT–S)[J]. Journal of personality assessment, 2009, 91(2): 166-174.

[321] 梁崴，王丹丹，张春青，等．简式毅力问卷在中国专业运动员和大学生运动员群体中的信效度检验 [J]．中国运动医学杂志，2016, 35(11): 1031-1037.

[322] Luszczynska A, Scholz U, Schwarzer R. The general self-efficacy scale: multicultural validation studies[J]. The Journal of psychology, 2005, 139(5): 439-457.

[323] 王才康，胡中锋，刘勇．一般自我效能感量表的信度和效度研究 [J]．应用心理学，2001(1): 37-40.

[324] 杜江红，李永鑫. 职业健康心理学：基于 Work and Stress 的可视化分析 [J]. 心理研究, 2014, 7(1): 46-50.

[325] Taris T W. Bricks without clay: On urban myths in occupational health psychology[J]. Work & Stress, 2006, 20(2): 99-104.

[326] Cox T, Griffiths A, Rial-González E. Research on work-related stress[M]. European Communities, 2000.

[327] Spielberger C D, Vagg P R. JSS: Job Stress Survey: Professional manual[M]. Psychological Assessment Resources, 1999.

[328] Bakker A B, Van Veldhoven M, Xanthopoulou D. Beyond the demand-control model: Thriving on high job demands and resources[J]. Journal of Personnel Psychology, 2010, 9(1): 3-16.

[329] Crocker J, Cornwell B, Major B. The stigma of overweight: Affective consequences of attributional ambiguity[J]. Journal of personality and social psychology, 1993, 64(1): 60-70.

[330] Dickerson S S, Gruenewald T L, Kemeny M E. When the social self is threatened: Shame, physiology, and health[J]. Journal of personality, 2004, 72(6): 1191-1216.

[331] Mendes W B, Major B, McCoy S, et al. How attributional ambiguity shapes physiological and emotional responses to social rejection and acceptance[J]. Journal of personality and social psychology, 2008, 94(2): 278-291.

[332] Kassam K S, Koslov K, Mendes W B. Decisions under distress: Stress profiles influence anchoring and adjustment[J]. Psychological science, 2009, 20(11): 1394-1399.

[333] Coleman D, Iso-Ahola S E. Leisure and health: The role of social support and self-determination[J]. Journal of leisure research, 1993, 25(2): 111-128.

[334] Lau Y, Wong F, Wang Y, et al. Interaction of subjective social support and perceived stress on antenatal depressive and anxiety symptoms among pregnant Chengdu women[J]. International Journal of Mental Health Nursing, 2015.

[335] Boswell W R, Olson-Buchanan J B, LePine M A. Relations between stress and work outcomes: The role of felt challenge, job control, and psychological strain[J]. Journal of Vocational Behavior, 2004, 64(1): 165-181.

[336] McDonough M H, Sabiston C M, Wrosch C. Predicting changes in posttraumatic growth and subjective well‐being among breast cancer survivors: the role of social support and stress[J]. Psycho‐Oncology, 2014, 23(1): 114-120.

[337] 朱宝荣. 心理哲学 [M]. 上海：复旦大学出版社，2004.

[338] Blascovich J, Mendes W B. Social psychophysiology and embodiment[J]. Handbook of social psychology, 2010.

[339] Jamieson J P, Mendes W B, Blackstock E, et al. Turning the knots in your stomach into bows: Reappraising arousal improves performance on the GRE[J]. Journal of Experimental Social Psychology, 2010, 46(1): 208-212.

[340] Jamieson J, Nock M, Mendes W. Changing the conceptualization of stress improves affective and physiological outcomes in social anxiety disorder[J]. Manuscript submitted for publication, 2012.

[341] Garnefski N, Teerds J, Kraaij V, et al. Cognitive emotion regulation strategies and depressive symptoms: Differences between males and females[J]. Personality and Individual

Differences, 2004, 36(2): 267-276.

[342] Brosschot J F. Markers of chronic stress: Prolonged physiological activation and (un)conscious perseverative cognition[J]. Neuroscience & Biobehavioral Reviews, 2010, 35(1): 46-50.

[343] Dienstbier R A. Arousal and physiological toughness: implications for mental and physical health[J]. Psychological review, 1989, 96(1): 84-100.

[344] Seligman M E, Csikszentmihalyi M. Positive psychology: An introduction[M]. American Psychological Association, 2000, 55(1): 5-14.

[345] Davidson R J. Affective neuroscience and psychophysiology: toward a synthesis[J]. Psychophysiology, 2003, 40(5): 655-665.

[346] Reanaree P, Tananchana P, Narongwongwathana W, et al. Stress and office-syndrome detection using EEG, HRV and hand movement[C]. 2016 9th Biomedical Engineering International Conference (BMEiCON). IEEE, 2016: 1-4.

[347] Alonso J, Romero S, Ballester M, et al. Stress assessment based on EEG univariate features and functional connectivity measures[J]. Physiological measurement, 2015, 36(7): 1351-1365.

[348] Beste C, Yildiz A, Meissner T W, et al. Stress improves task processing efficiency in dual-tasks[J]. Behavioural brain research, 2013, 252: 260-265.

[349] Weerda R, Muehlhan M, Wolf O T, et al. Effects of acute psychosocial stress on working memory related brain activity in men[J]. Human brain mapping, 2010, 31(9): 1418-1429.

[350] Schoofs D, Preu D, Wolf O T. Psychosocial stress induces working memory impairments in an n-back paradigm[J]. Psychoneuroendocrinology, 2008, 33(5): 643-653.

[351] Bar-Haim Y, Holoshitz Y, Eldar S, et al. Life-threatening danger and suppression of attention bias to threat[J]. American Journal of Psychiatry, 2010, 167(6): 694-698.

[352] Plessow F, Kiesel A, Kirschbaum C. The stressed prefrontal cortex and goal-directed behaviour: acute psychosocial stress impairs the flexible implementation of task goals[J]. Experimental brain research, 2012, 216(3): 397-408.

[353] 齐铭铭, 关丽丽, 侯燕, 等. 估算任务诱发心理应激反应有效性的行为学检验 [J]. 中国心理卫生杂志, 2012, 26(9): 696-702.

[354] 陈尔冬, 周菁. 心率变异性的研究及应用进展 [J]. 心血管病学进展, 2014, 35(4): 435-439.

[355] Gaab J, Blättler N, Menzi T, et al. Randomized controlled evaluation of the effects of cognitive–behavioral stress management on cortisol responses to acute stress in healthy subjects[J]. Psychoneuroendocrinology, 2003, 28(6): 767-779.

[356] Hammerfald K, Eberle C, Grau M, et al. Persistent effects of cognitive-behavioral stress management on cortisol responses to acute stress in healthy subjects—a randomized controlled trial[J]. Psychoneuroendocrinology, 2006, 31(3): 333-339.

[357] Olver J S, Pinney M, Maruff P, et al. Impairments of spatial working memory and attention following acute psychosocial stress[J]. Stress and Health, 2015, 31(2): 115-123.

[358] Qi M, Gao H, Guan L, et al. Subjective stress, salivary cortisol, and electrophysiological responses to psychological stress[J]. Frontiers in psychology, 2016, 7: 229.

[359] Auerbach R P, Stanton C H, Proudfit G H, et al. Self-referential processing in depressed

adolescents: A high-density event-related potential study[J]. Journal of abnormal psychology, 2015, 124(2): 233-245.

[360] Cuthbert B N, Schupp H T, Bradley M M, et al. Brain potentials in affective picture processing: covariation with autonomic arousal and affective report[J]. Biological psychology, 2000, 52(2): 95-111.

[361] Lewis S. Qualitative inquiry and research design: Choosing among five approaches[J]. Health promotion practice, 2015, 16(4): 473-475.

[362] Al-Shargie F, Kiguchi M, Badruddin N, et al. Mental stress assessment using simultaneous measurement of EEG and fNIRS[J]. Biomedical optics express, 2016, 7(10): 3882-3898.

[363] Al-Shargie F, Tang T B, Kiguchi M. Stress Assessment Based on Decision Fusion of EEG and fNIRS Signals[J]. IEEE Access, 2017, 5: 19889-19896.

[364] Chanel G, Kronegg J, Grandjean D, et al. Emotion assessment: Arousal evaluation using EEG's and peripheral physiological signals; proceedings of the International workshop on multimedia content representation, classification and security, F, 2006 [C]. Springer.

[365] Takahashi T, Murata T, Hamada T, et al. Changes in EEG and autonomic nervous activity during meditation and their association with personality traits[J]. International Journal of Psychophysiology, 2005, 55(2): 199-207.

[366] Huiku M, Uutela K, Van Gils M, et al. Assessment of surgical stress during general anaesthesia[J]. British journal of anaesthesia, 2007, 98(4): 447-455.

[367] Marshall A C, Cooper N R, Segrave R, et al. The effects of long-term stress exposure on aging cognition: a behavioral and EEG investigation[J]. Neurobiology of aging, 2015, 36(6): 2136-2144.

[368] Lopez‐Duran N L, Nusslock R, George C, et al. Frontal EEG asymmetry moderates the effects of stressful life events on internalizing symptoms in children at familial risk for depression[J]. Psychophysiology, 2012, 49(4): 510-521.

[369] Choi Y, Kim M, Chun C. Measurement of occupants' stress based on electroencephalograms (EEG) in twelve combined environments[J]. Building and Environment, 2015, 88: 65-72.

[370] Missonnier P, Herrmann F R, Rodriguez C, et al. Age-related differences on event-related potentials and brain rhythm oscillations during working memory activation[J]. Journal of Neural Transmission, 2011, 118(6): 945-955.

[371] Alberdi A, Aztiria A, Basarab A. Towards an automatic early stress recognition system for office environments based on multimodal measurements: A review[J]. Journal of biomedical informatics, 2016, 59: 49-75.

[372] Xin L, Zetao C, Yunpeng Z, et al. Stress State Evaluation by Improved Support Vector Machine[J]. Journal of Medical Imaging and Health Informatics, 2015, 5(4): 742-747.

[373] Sharma N, Gedeon T. Modeling observer stress for typical real environments[J]. Expert Systems with Applications, 2014, 41(5): 2231-2238.

[374] Bertsch K, Böhnke R, Kruk M R, et al. Exogenous cortisol facilitates responses to social threat under high provocation[J]. Hormones and behavior, 2011, 59(4): 428-434.

[375] Michalski A. Novel environment as a stress-inducing factor. An event-related potentials study[J]. Acta neurobiologiae experimentalis, 1998, 58: 199-206.

[376] Alomari R A, Fernandez M, Banks J B, et al. Acute stress dysregulates the LPP ERP

response to emotional pictures and impairs sustained attention: time-sensitive effects[J]. Brain sciences, 2015, 5(2): 201-219.

[377] Choi D, Ota S, Watanuki S. Does cigarette smoking relieve stress? Evidence from the event-related potential (ERP)[J]. International Journal of Psychophysiology, 2015, 98(3): 470-476.

[378] Schupp H T, Junghöfer M, Weike A I, et al. The selective processing of briefly presented affective pictures: an ERP analysis[J]. Psychophysiology, 2004, 41(3): 441-449.

[379] Hajcak G, Nieuwenhuis S. Reappraisal modulates the electrocortical response to unpleasant pictures[J]. Cognitive, Affective, & Behavioral Neuroscience, 2006, 6(4): 291-297.

[380] Moran T P, Jendrusina A A, Moser J S. The psychometric properties of the late positive potential during emotion processing and regulation[J]. Brain Research, 2013, 1516: 66-75.

[381] Blechert J, Sheppes G, Di Tella C, et al. See what you think: Reappraisal modulates behavioral and neural responses to social stimuli[J]. Psychological Science, 2012, 23(4): 346-353.

[382] Näätänen R, Picton T. The N1 wave of the human electric and magnetic response to sound: a review and an analysis of the component structure[J]. Psychophysiology, 1987, 24(4): 375-425.

[383] Ohno H, Chiba D, Matsukura F, et al. Electric-field control of ferromagnetism[J]. Nature, 2000, 408(6815): 944-946.

[384] Shackman A J, Maxwell J S, McMenamin B W, et al. Stress potentiates early and attenuates late stages of visual processing[J]. Journal of Neuroscience, 2011, 31(3): 1156-1161.

[385] Löw A, Weymar M, Hamm A O. When threat is near, get out of here: Dynamics of defensive behavior during freezing and active avoidance[J]. Psychological science, 2015, 26(11): 1706-1716.

[386] Luck S J, Woodman G F, Vogel E K. Event-related potential studies of attention[J]. Trends in cognitive sciences, 2000, 4(11): 432-440.

[387] 张文海，卢家楣. 注意分散情绪调节的晚期正电位 [J]. 中国临床心理学杂志，2012, 20(6): 773-776.

[388] Weymar M, Schwabe L, Löw A, et al. Stress sensitizes the brain: Increased processing of unpleasant pictures after exposure to acute stress[J]. Journal of Cognitive Neuroscience, 2012, 24(7): 1511-1518.

[389] 高培霞，刘惠军，丁妮，等. 青少年对情绪性图片加工的脑电反应特征 [J]. 心理学报，2010(3): 342-351.

[390] Knyazev G G. Motivation, emotion, and their inhibitory control mirrored in brain oscillations[J]. Neuroscience & Biobehavioral Reviews, 2007, 31(3): 377-395.

[391] 刘立民. 藉心率变异和脑波之频谱分析探讨尿毒症患者中枢自律神经系统调节网路 [J]. 高雄医学大学医学研究所学位论文，2010: 1-85.

[392] Knyazev G G, Bocharov A V, Levin E A, et al. Anxiety and oscillatory responses to emotional facial expressions[J]. Brain Research, 2008, 1227: 174-188.

[393] Knyazev G G, Savostyanov A N, Levin E A. Alpha synchronization and anxiety: implications for inhibition vs. alertness hypotheses[J]. International Journal of Psychophysiology, 2006, 59(2): 151-158.

[394] 丰东洋，洪聪敏，黄英哲. 气功对放松及情绪影响之脑波研究 [J]. 台湾运动心理学报，

2004(5): 19-42.

[395] Enoch M-A, Shen P-H, Ducci F, et al. Common genetic origins for EEG, alcoholism and anxiety: the role of CRH-BP[J]. PloS one, 2008, 3(10): e3620.

[396] Aftanas L I, Pavlov S V, Reva N V, et al. Trait anxiety impact on the EEG theta band power changes during appraisal of threatening and pleasant visual stimuli[J]. International Journal of Psychophysiology, 2003, 50(3): 205-212.

[397] Pohl R F, Bender M, Lachmann G. Hindsight bias around the world[J]. Experimental Psychology, 2002, 49(4): 270-282.

[398] Bukszar E, Connolly T. Hindsight bias and strategic choice: Some problems in learning from experience[J]. Academy of Management Journal, 1988, 31(3): 628-641.

[399] Fischhoff B. Hindsight is not equal to foresight: the effect of outcome knowledge on judgment under uncertainty[J]. Journal of Experimental Psychology: Human perception and performance, 1975, 1(3): 288-299.

[400] 钟毅平，彭慰慰. 法律决策中事件结果对后见偏差的影响 [J]. 心理科学，2010(4): 994-996.

[401] Blank H, Nestler S, von Collani G, et al. How many hindsight biases are there?[J]. Cognition, 2008, 106(3): 1408-1440.

[402] Pezzo M. Surprise, defence, or making sense: What removes hindsight bias?[J]. Memory, 2003, 11(4-5): 421-441.

[403] Pezzo M V, Pezzo S P. Making sense of failure: A motivated model of hindsight bias[J]. Social cognition, 2007, 25(1): 147-164.

[404] Fischhoff B. Perceived informativeness of facts[J]. Journal of Experimental Psychology: Human Perception and Performance, 1977, 3(2): 349-358.

[405] Hoffrage U, Hertwig R, Gigerenzer G. Hindsight bias: A by-product of knowledge updating?[J]. Journal of Experimental Psychology: Learning, Memory, and Cognition, 2000, 26(3): 566.

[406] Christensen-Szalanski J J, Willham C F. The hindsight bias: A meta-analysis[J]. Organizational behavior and human decision processes, 1991, 48(1): 147-168.

[407] Hell W, Gigerenzer G, Gauggel S, et al. Hindsight bias: An interaction of automatic and motivational factors?[J]. Memory & Cognition, 1988, 16(6): 533-538.

[408] Pohl R F. Ways to assess hindsight bias[J]. Social Cognition, 2007, 25(1): 14-31.

[409] Nestler S, Blank H, von Collani G. Hindsight bias and causal attribution: A causal model theory of creeping determinism[J]. Social Psychology, 2008, 39(3): 182-188.

[410] 王成功. 认知资源限制对后见之明偏差大小的影响 [D]. 宁波：宁波大学，2015.

[411] Foa E B, Steketee G, Rothbaum B O. Behavioral/cognitive conceptualizations of post-traumatic stress disorder[J]. Behavior therapy, 1989, 20(2): 155-176.

[412] 张昕. 大学生后见之明偏见及其影响因素的研究 [D]. 重庆：西南大学，2014.

[413] 杜慧凤. 后见之明偏差与元认知，成就动机，情绪状态的关系研究 [D]. 南京：南京师范大学，2012.

[414] Musch J. Personality differences in hindsight bias[J]. Memory, 2003, 11(4-5): 473-489.

[415] Davies M F. Field dependence and hindsight bias: Cognitive restructuring and the generation of reasons[J]. Journal of Research in Personality, 1992, 26(1): 58-74.

[416] Campbell J D, Tesser A. Motivational interpretations of hindsight bias: An individual difference analysis[J]. Journal of Personality, 1983, 51(4): 605-620.

[417] 杜鹃. 不同文化价值观对当代大学生心理健康及人格影响研究 [D]. 苏州：苏州大学，2010.

[418] Moutafi J, Furnham A, Crump J. What facets of openness and conscientiousness predict fluid intelligence score?[J]. Learning and Individual Differences, 2006, 16(1): 31-42.

[419] Pearman A. Basic cognition in adulthood: Combined effects of sex and personality[J]. Personality and Individual Differences, 2009, 47(4): 357-362.

[420] Graham E K, Lachman M E. Personality stability is associated with better cognitive performance in adulthood: are the stable more able?[J]. Journals of Gerontology Series B: Psychological Sciences and Social Sciences, 2012, 67(5): 545-554.

[421] Baker T J, Bichsel J. Personality predictors of intelligence: Differences between young and cognitively healthy older adults[J]. Personality and Individual Differences, 2006, 41(5): 861-871.

[422] Soubelet A, Salthouse T A. Personality–cognition relations across adulthood[J]. Developmental psychology, 2011, 47(2): 303-310.

[423] Sutin A R, Terracciano A, Kitner-Triolo M H, et al. Personality traits prospectively predict verbal fluency in a lifespan sample[J]. Psychology and aging, 2011, 26(4): 994-999.

[424] 姚若松，梁乐瑶. 大五人格量表简化版（NEO-FFI）在大学生人群的应用分析 [J]. 中国临床心理学杂志，2010(4): 457-459.

[425] Kawatani M, Tsukahara H, Mayumi M. Evaluation of oxidative stress status in children with pervasive developmental disorder and attention deficit hyperactivity disorder using urinary-specific biomarkers[J]. Redox Report, 2011, 16(1): 45-46.

[426] Ramos B P, Arnsten A F. Adrenergic pharmacology and cognition: focus on the prefrontal cortex[J]. Pharmacology & therapeutics, 2007, 113(3): 523-536.

[427] Goldman-Rakic P S. Development of cortical circuitry and cognitive function[J]. Child development, 1987: 601-622.

[428] Robbins T. From arousal to cognition: the integrative position of the prefrontal cortex[J]. Progress in brain research, 2000, 126: 469-483.

[429] 戴琴，冯正直. 抑郁个体对情绪面孔的返回抑制能力不足 [J]. 心理学报，2009, 41(12): 1175-1188.

[430] 杜巍，高红丽，闫春平，等. 不同人格类型对情绪信息注意偏向的影响 [J]. 中国临床心理学杂志，2012, 20(3): 309-311.

[431] 谢晓非，徐联仓. 风险认知研究概况及理论框架 [J]. 心理科学进展，1995, 3(2): 17-22.

[432] Lejuez C W, Read J P, Kahler C W, et al. Evaluation of a behavioral measure of risk taking: the Balloon Analogue Risk Task (BART) [J]. Journal of Experimental Psychology: Applied, 2002, 8(2): 75-84.

[433] Starcke K, Wolf O T, Markowitsch H J, et al. Anticipatory stress influences decision making under explicit risk conditions[J]. Behavioral neuroscience, 2008, 122(6): 1352-1360.

[434] Wemm S E, Wulfert E. Effects of acute stress on decision making[J]. Applied psychophysiology and biofeedback, 2017, 42(1): 1-12.

[435] Donley S. You're Stressing Me Out: Adolescent Stress Response to Social Evaluation and

its Effect on Risky Decision-Making [D]. UC Irvine, 2017.

[436] Mather M, Mazar N, Gorlick M A, et al. Risk preferences and aging: The "certainty effect" in older adults' decision making[J]. Psychology and aging, 2012, 27(4): 801-816.

[437] Yamakawa K, Ohira H, Matsunaga M, et al. Prolonged effects of acute stress on decision-making under risk: A human psychophysiological study[J]. Frontiers in human neuroscience, 2016, 10: 444.

[438] Kandasamy N, Hardy B, Page L, et al. Cortisol shifts financial risk preferences[J]. Proceedings of the National Academy of Sciences, 2014, 111(9): 3608-3613.

[439] 陈征, 周丹, 曹江, 等. 创伤后应激障碍流行病学特征及防治进展 [J]. 国际精神病学杂志, 2018, 45(5): 797-799.

[440] Johnson S B, Dariotis J K, Wang C. Adolescent risk taking under stressed and nonstressed conditions: conservative, calculating, and impulsive types[J]. Journal of Adolescent Health, 2012, 51(2): S34-S40.

[441] 高明. 赌博任务下成就动机对风险决策的影响 [D]. 辽宁师范大学, 2016.

[442] 祁昕. 网络游戏成瘾青少年风险决策功能的 BART-fMRI 研究 [D]. 天津医科大学, 2016.

[443] 王垒, 张冰, 肖玮. 恐惧对高低自控人群不确定风险决策的影响 [J]. 中国健康心理学杂志, 2018, (6): 931-935.

[444] 赵闪, 秦培涛. 感觉寻求——考察网络成瘾成因的新视角 [J]. 西北医学教育, 2008, 16(3): 469-471.

[445] 何玲. 情绪与情绪调节策略对不同感觉寻求运动员冲动行为的影响 [D]. 北京体育大学, 2019.

[446] 周亮, 肖水源, 何晓燕, 等. BIS-11 中文版的信度与效度检验 [J]. 中国临床心理学杂志, 2006, 14(4): 343-344.

[447] 张雪凤. 虚拟现实情境下恐惧影片的情绪诱发和自主神经反应特点 [D]. 山东师范大学, 2018.

[448] Vasconcellos F V, Seabra A, Cunha F A, et al. Heart rate variability assessment with fingertip photoplethysmography and polar RS800cx as compared with electrocardiography in obese adolescents[J]. Blood pressure monitoring, 2015, 20(6): 351-360.

[449] Lauriola M, Panno A, Levin I P, et al. Individual differences in risky decision making: A meta‐analysis of sensation seeking and impulsivity with the balloon analogue risk task[J]. Journal of Behavioral Decision Making, 2014, 27(1): 20-36.

[450] Suhr J. The choosing by advantages decisionmaking system[M]. Greenwood Publishing Group, 1999.

[451] Suhr J A, Tsanadis J. Affect and personality correlates of the Iowa Gambling Task[J]. Personality and Individual Differences, 2007, 43(1): 27-36.

[452] 王玉洁, 窦凯, 刘毅. 冲动性影响风险决策的实验研究 [C]. 中国心理学会. 心理学与创新能力提升——第十六届全国心理学学术会议论文集, 2013: 618-619.

[453] Reynolds L, Bush E, Geist R. The Gen Y imperative. Communication World, 19–22. Diambil daripada May 12, 2014 [Z]. 2008.

[454] Nilsson M, Blomqvist K, Andersson I. Salutogenic resources in relation to teachers' work-life balance[J]. Work, 2017, 56(4): 591-602.

[455] Evans T M, Bira L, Gastelum J B, et al. Evidence for a mental health crisis in graduate

education[J]. Nature biotechnology, 2018, 36(3): 282-284.
[456] 王怀南. 新生代中学教师工作压力, 工作价值观与工作投入的关系 [D]. 湖南师范大学, 2016.
[457] 余倩. 小学初任教师职业压力现状及对策研究 [D]. 重庆师范大学, 2018.
[458] Monteiro S, Marques-Pinto A. Journalists' occupational stress: a comparative study between reporting critical events and domestic news[J]. The Spanish Journal of Psychology, 2017, 20: e34.
[459] 刘晓佳. 教师职业压力研究综述 [J]. 时代农机, 2016(2): 95-97.
[460] 曾垂凯, 时勘. 工作压力与员工心理健康的实证研究 [J]. 人类工效学, 2008, 14(4).
[461] 吴旭敏. 中小学教师工作压力, 人格特征对心身健康的影响研究 [D]. 上海师范大学, 2018.
[462] Levecque K, De Beuckelaer A, Mortier A. Mental health during the PhD adventure: findings for Flanders 2013 and 2018: ECOOM Brief 22 [J]. ECOOM BRIEFS, 2019, (22): 1-6.
[463] 邱兆宏. 压力与健康: 整合分析与模式验证之研究 [D]. 高雄医学大学, 2004.
[464] 吕邹沁. 中小学教师工作压力, 社会支持与职业倦怠的关系研究 [D]. 湖南师范大学, 2015.
[465] 徐存秀. 青海省中学教师职业压力, 应对方式与心理健康关系研究 [D]. 青海师范大学, 2012.
[466] 李健. 中小学教师职业紧张与紧张反应的研究 [D]. 华西医科大学, 2000.
[467] Seiler R E, Pearson D A. Stress among accounting educators in the United States[J]. Research in Higher Education, 1984, 21(3): 301-316.
[468] Mäkinen R, Kinnunen U. Teacher stress over a school year[J]. Scandinavian Journal of Educationl Research, 1986, 30(2): 55-70.
[469] 任海燕. 消极压力, 积极压力及其与健康关系的研究 [D]. 北京师范大学, 2007.
[470] 尼尔森, 库伯. 积极组织行为学 [M]. 王明辉, 译. 北京: 中国轻工业出版社, 2011.
[471] Sarafino E P, Dillon J M. Relationships among respiratory infections, triggers of attacks, and asthma severity in children[J]. Journal of Asthma, 1998, 35(6): 497-504.
[472] Maton K I. Patterns and psychological correlates of material support within a religious setting: The bidirectional support hypothesis[J]. American Journal of Community Psychology, 1987, 15(2): 185-207.
[473] Hether H J, Murphy S T, Valente T W. It's better to give than to receive: The role of social support, trust, and participation on health-related social networking sites[J]. Journal of health communication, 2014, 19(12): 1424-1439.
[474] Liang J, Krause N M, Bennett J M. Social exchange and well-being: is giving better than receiving?[J]. Psychology and aging, 2001, 16(3): 511-523.
[475] Brown S L, Nesse R M, Vinokur A D, et al. Providing social support may be more beneficial than receiving it: Results from a prospective study of mortality[J]. Psychological science, 2003, 14(4): 320-327.
[476] Obst P, Shakespeare-Finch J, Krosch D J, et al. Reliability and validity of the Brief 2-Way Social Support Scale: an investigation of social support in promoting older adult well-being[J]. Sage open medicine, 2019, 7.
[477] Ware J E, Davies-Avery A, Donald C A. Conceptualization and measurement of health for

adults in the health insurance study: Vol. V, general health perceptions[J]. Santa Monica, CA: Rand Corporation, 1978, 479.

[478] 方杰, 温忠麟. 基于结构方程模型的有调节的中介效应分析 [J]. 心理科学, 2018, 41(2): 6.

[479] 温忠麟, 黄彬彬, 汤丹丹. 问卷数据建模前传 [J]. 心理科学, 2018, 41(1): 204-210.

[480] 温忠麟, 叶宝娟. 有调节的中介模型检验方法: 竞争还是替补? [J]. 心理学报, 2014, 46(5): 714-726.

[481] 温忠麟, 侯杰泰, Marsh H W. 结构方程模型中调节效应的标准化估计 [J]. 心理学报, 2008, 40(6): 729-736.

[482] Cohen S, Wills T A. Stress, social support, and the buffering hypothesis[J]. Psychological bulletin, 1985, 98(2): 310-357.

[483] Moyle P, Parkes K. The effects of transition stress: A relocation study[J]. Journal of Organizational behavior, 1999, 20(5): 625-646.

[484] Inagaki T K, Haltom K E B, Suzuki S, et al. The neurobiology of giving versus receiving support: the role of stress-related and social reward-related neural activity[J]. Psychosomatic medicine, 2016, 78(4): 443-453.

[485] Marchant J. Language patterns reveal body's hidden response to stress[J]. Nature News, 2017.

[486] Sinclair R R, Wang M, Tetrick L E. Research methods in occupational health psychology: Measurement, design, and data analysis[M]. Routledge, 2012.

[487] 钱令嘉. 应激与应激医学 [J]. 疾病控制杂志, 2003, 7(5): 393-396.

[488] Mehl M R, Raison C L, Pace T W, et al. Natural language indicators of differential gene regulation in the human immune system[J]. Proceedings of the National Academy of Sciences, 2017, 114(47): 12554-12559.

[489] James W. The Principles of Psychology[M]. Cosimo, Inc, 2007.

[490] Maslow A H. A theory of human motivation[J]. Psychological review, 1943, 50(4): 370.

[491] Seligman M E, Csikszentmihalyi M. Special issue on happiness, excellence, and optimal human functioning[J]. American Psychologist, 2000, 55(1): 5-183.

[492] Maddux J E, Snyder C R, Lopez S J. Toward a positive clinical psychology: Deconstructing the illness ideology and constructing an ideology of human strengths and potential[J]. Positive psychology in practice, 2004: 320-334.

[493] Wright T A. Positive organizational behavior: An idea whose time has truly come[J]. Journal of Organizational Behavior, 2003, 24(4): 437-442.

[494] Cooper C, Dewe P. A brief history of stress [Z]. Blackwell, Oxford. 2004.

[495] Selye H. Stress and the general adaptation syndrome[J]. British medical journal, 1950, 1(4667): 1383.

[496] 黄丽, 杨廷忠, 季忠民. 正性负性情绪量表的中国人群适用性研究 [J]. 中国心理卫生杂志 2003 年 17 卷 1 期, 54-56 页, ISTIC PKU CSCD, 2004.

[497] 周浩, 龙立荣. 共同方法偏差的统计检验与控制方法 [J]. 心理科学进展, 2004, 12(6): 942-942.

[498] Cannon, Walter B. Stress and Strains of Homeostasis[J]. The American Journal of the Medical Sciences, 1935, 189(1): 13-14.

# 致　　谢

这部书稿是在我的博士论文研究的基础上进行修改、补序，又历经四年多的探索和研究的成果整理。

潜心学术无畏，无问西东求真。

回首来时路，一路上几番起伏，困惑与喜悦交织。在学术的海洋中漂泊，每每遭遇困顿时，总会有优秀的人在给予我无私的支持和帮助，为本书的研究提出精辟见解，并针砭研究、匡正缺失，使得研究更加完善，并带给我心灵的顿悟，令我受益匪浅。在此向每一位致以最诚挚的谢意和敬意！

首先特别感谢郭明春教授及院领导、同事们为本书的出版所给予的大力支持，以及福建省社会科学一般项目（FJ2022B157）给予的支持。衷心感谢叶一舵教授，恩师学养兼备，给予了我最大的研究自由度和最无私的支持；衷心感谢庞维国教授和王益文教授给予的鼓励和指点；衷心感谢为研究实验付出无私帮助和为此做出辛苦努力的各位老师和同学，在我们困难之际伸出援助之手！尤其感谢TSST团队全体同学的大力支持和辛苦工作！其中应用研究主体部分是由我所带的研究生团队共同完成，在此特别感谢宋冉冉同学、陈炜同学和林泽林同学在应用研究部分所做的贡献。清华大学出版社的编校团队为本书的出版付出了辛勤的劳动，在此特别感谢！

真诚感谢中科院心理研究所的吴建辉研究员和蒋彩虹博士、浙江师范大学的贾磊老师、西南大学肖治兵同学、中国认知神经语言研究会赵仑博士、广州大学王孟成老师、南京航空航天大学王笑博士、北京博浩通Polar公司李工程师，以及各学术网络中不知其姓名的学者们。我们不曾相识，你们却愿为我慷慨解惑，坚定我研究信心。愿好人一生平安！特别感谢女儿，小小的你知道为妈妈分忧，体谅妈妈的辛苦，让妈妈深感欣慰，愿你活成自己喜爱的模样！

书稿撰写是一段充实且充满挑战的历程，其间健康无恙且有成长、喜悦和感动。在即将完稿之际，我再次体会到了正向应激的力量！由于电脑缓存告急，文档保存非常缓慢，我把书稿的.doc文件转换成.docx文件继续修改了一半之后，突然发现很多格式变了，某些符号也不翼而飞，这几十万字的工作量让我瞬间崩溃……但在几分钟后，我突然意识到为何很多工作上的文档都有各种不能理解的要求，如必须用word编辑，必须将文件保存为.doc，等等。此刻,我理解并停止了对此的各种抱怨,同时也重新审视了这段时间紧张焦虑的内心,促使我主动联系多时未联系的朋友,主动求助专业人士,从而又扩大加强了我的社会联系。这件事让我焦虑的同时也再次让我感受到生活的希望和趣味,也使得我一鼓作气加速完成了书稿。这让我更加坚信了本书的意义。最后,愿每一位读者都能从中有所收获,虽然身处泥泞,眼中仍有星光!